U0536135

毛泽东
晚年读书纪实

徐中远 著

中共中央党校出版社

图书在版编目（CIP）数据

毛泽东晚年读书纪实/徐中远著 . --北京：中共中央党校出版社，2024.11. -- ISBN 978-7-5035-7785-7

Ⅰ.A752

中国国家版本馆CIP数据核字第2024TB1591号

毛泽东晚年读书纪实

MAOZEDONG WANNIAN DUSHU JISHU

策划统筹	曾忆梦
责任编辑	刘海燕
责任印制	陈梦楠
责任校对	王　微
出版发行	中共中央党校出版社
地　　址	北京市海淀区长春桥路6号
电　　话	（010）68922815（总编室）　（010）68922233（发行部）
传　　真	（010）68922814
经　　销	全国新华书店
印　　刷	中煤（北京）印务有限公司
开　　本	710毫米×1000毫米　1/16
字　　数	360千字
印　　张	33.5
版　　次	2024年11月第1版　2024年11月第1次印刷
定　　价	68.00元

微 信 ID：中共中央党校出版社　　邮　箱：zydxcbs2018@163.com

版权所有·侵权必究

如有印装质量问题，请与本社发行部联系调换

第一版前言

2011年12月26日,是我国各族人民的伟大领袖毛泽东诞辰118周年。毛泽东虽然离开我们已经35年了,但全国各族人民包括湖南家乡的人民,曾经与他一起战斗、工作、学习、生活过的同学、同志和战友,曾经为他服务过和在他身边工作过的人员,当然也包括我,始终无比敬仰、无比爱戴、无比怀念他。说起毛泽东,广大共产党员,广大人民群众,特别是年岁大一些的老同志、老工人、老农民、老将军、老战士,都会有滔滔的话语。亲历的往事、生动的故事、种种逸闻趣事,讲不完,说不尽,道不全。毛泽东永远是我们心目中最敬爱的、最难以忘怀的伟大的导师。

我们是从1966年开始为毛泽东做图书服务和管理工作的。直到1976年9月9日,毛泽东离开之后,我们几个有关的同志依然像往常一样,一直伴随着他老人家生前阅读批注过的数万册图书,依然每天进出在他曾工作生活长达27个春秋的中南海故居。故居的主人虽然随着流逝的岁月离我们越来越远,然而,每天每时,当我们走进故居,看到故居的主人生前用过的一件件物品、一直很喜爱的一册册字帖和一件件古今著名人物的字画，整理抄录一册册他老人家生前读了又读而且写了许多批注的图书的时候，我们的脑海中不由得就浮现出他老人家的音容笑貌和一件件往事，仿佛他老人家仍在我们身边。他老人家仍是那么神采，那么慈祥，那么幽默，那么令人敬仰、令人难忘。他老人家一直活在我们心中。

毛泽东终身酷爱读书，博览群书。不管工作多忙，他每天都要挤出时间坚持读书。进入20世纪70年代，特别是从1971年林彪叛逃事件之后，毛泽东的体质愈来愈差，多种疾病接连不断。在病魔缠身的最后几年，他一直喜爱的散步、游泳等运动几乎全都心有余而力不足了。他真的是年老了，体弱了，病多了，两腿不能走路了，眼睛看不清东西了，听力也下降了，说话也越来越让人难以听懂了。可是他老人家还日日夜夜一页一页地读，一本一本地看，一笔一笔地画，一字一字地写批注。眼睛看不见了，就让人读；手拿不动了，就让人举着；精装本、平装本重了，就读大字线装本的。白天读，夜里读，常常是通宵达旦地读。是白天，还是黑夜，他老人家是不关注的，吃饭、睡觉、工作、看书，天天如此。吃饭时他也常常要看书，他常说吃饭用嘴巴，看书用眼睛。有时看书忘记了吃饭，有时一顿饭，凉了热，热了凉，热来热去，端来端去，反复好几次，他老人家才能吃上一点。吃的时候，他常常也是大口大口地、以军人的速度很快吃完，然后把碗筷往旁边一推，又全神贯注地看起书来。具体吃什么，每天吃几顿饭，他老人家都不关注，肚子饿了，想吃了，就找东西吃。有时吃两块红薯，喝一杯糊糊，就算一餐饭。他常说："饭可以少吃，觉可以少睡，书可不能不读啊！"他老人家看书，没有固定的时间，也不分什么时间，吃饭前、会客前、开会前、睡觉前，一有空就看，睡不着觉时也看。他老人家睡眠不好，有时失眠，靠安眠药助睡。吃完药，入睡前，他总是习惯看书。常常看着看着睡着了，睡醒觉接着看。他老人家看书，也没有固定的地方，会议室里、办公桌旁、会客厅的沙发上、卧室的床上、游泳池旁、吃饭桌旁、浴室间、卫生间，到处都有书，随手翻开看。

1972年之后，他老人家看书大多是半躺着看的，看的大多是大字线装书，因为线装书比较轻，又是竖排的，一册一册拿在手里看起来很方便。从1972年底到1976年初，他先后看了129种数百万字的新印的大字线装本书刊。没有大字本的，就用放大镜一行一行、一字一字地看。在生命的最后几年，毛泽东说已经收到马克思给他的请柬，他知道留给他的时间不是很多了。所以，他每天手不释卷，不分昼夜地读书。在中南海游泳池住地，在外出的列车上，走到哪里，书就带到哪里。无论在北京还是在杭州、武汉等地，毛泽东日常生活的地方什么最多？书籍最多。他睡觉的木板床上总是大半边放满了书，只留下一个人睡觉的空地方。有一次，他病情加重，发烧到39℃，还要看书。

医务人员曾给他规定每天只能看15～30分钟的文件或书，而实际上他每天看书的时间远远超过了这个规定时间。病重期间，医生建议他少读书或不读书，可是他还天天带病坚持读书。因腿病不能站立、不能走路，坐在沙发上、躺在床上也要读书。因患老年性白内障两眼不能看书，便每天让身边的同志给他读书。直到心脏停止跳动的前几个小时，他已经无力说话了，还示意工作人员给他读书。真是感人至深，让人心疼，令人敬佩。正如他46岁时在延安说的："年老的也要学习，我如果再过10年死了，那么就要学9年零359天（是按阴历一年为360天计算的）。"毛泽东是这样说的，一生也是这样做的，直到生命的最后一刻，才结束了一生中从未间断过的读书生活。

有人曾经把中南海毛泽东的住地比作书籍的海洋，这是因为在他的住地到处都放着书，连厕所里和睡觉的床上都摆满了书。与其说毛泽东是生活工作在中南海，不如说毛泽东是生活工作在书籍的海洋里。几十年来，他老人家以极大的革命热情和一丝不苟的科学态度，广泛地阅读古今中外的书籍。从中南海毛泽东故居的存书中我们可以看到，除了各种马列主义经典著作外，还有各种社会科学和许多自然科学书籍。毛泽东一生中读书数量之多，范围之广，是很惊人的。正如胡耀邦同志说的那样："毛主席啊，毛主席，谁也没有你老人家看书看得多啊！"中南海故居里存放的数万册图书，有的是毛泽东青少年时代在湖南上学时读过的，有的是延安时期读过的，更多的是新中国成立以后阅读过的。有的有毛泽东本人的亲笔签名，有的盖有毛泽东的印章，有的书上还写有许多的批注文字和圈画的种种符号。这一册册的图书，一直伴随着毛泽东。它们是毛泽东读书生活最真实的记录，也是研究毛泽东和毛泽东的读书生活的珍贵资料。

1966—1976年，是毛泽东在中南海度过的生命中的最后10年，也是他老人家带病读书、刻苦读书的10年。这10年中，读书、看书、谈书、评书，是毛泽东每天生活中不可缺少的内容。读书充实了毛泽东的生活、丰富了毛泽东的头脑，为他消除了寂寞和孤独，带来了生活和精神的快乐。然而，在这10年中，毛泽东到底读了哪些书，为什么要读这些书，他是怎样读这些书的等，这些都是广大读者，广大毛泽东的崇敬者、研究者、信仰者，很为关注很想知道的。我们直接为毛泽东做图书服务工作的10年，是我们增知识、长见识、成长进步的10年。我是苏北农村一个贫苦农民的儿子，一步步走进中南海红墙大门，来到伟大领袖毛泽东的身旁，陪伴着毛泽东度过了最后的10年岁月。年年岁岁，日日夜夜，我与其他方面的工作人员一样，每天都以无限忠诚的心坚守在工作岗位上，全心全意为他老人家服务。他老人家要看什么书，我们给他找什么书。小字本的书看不清了，我们就印成大字线装本的送给他看。他老人家看过的、批注过的、批画过的，一函函、一本本，我们都十分用心地给他妥善管理好、存放好。他老人家珍藏的数万册图书、报刊、资料，从中南海丰泽园故居到中南海游泳池，从松寿斋、菊香书屋到增福堂、永福堂，书库、书房、书架上，我们几乎天天要打扫、要通风、要防潮，一天天，一月月，我们从不懈怠，总是井井有条，精心保护保管。10年的时间是短暂的，10年的工作和经历的往事是难忘的，10年的教育教诲是深刻的，10年的情感是真挚的，10年的情谊是深厚的，10年的成长进步是显著的。这10年中，所经历的事，所做的工作，所见所闻，等等，也是很值得回忆的。

毛泽东逝世后，很多朋友建议我把这10年为毛泽东图书服务工作的实际情况和自己的所见所闻、所思所想等都写出来。这对认识毛泽东、了解毛泽东、研究毛泽东、宣传毛泽东、学习毛泽东、继承毛泽东、弘扬毛泽东等都是很有意义的。由于笔者的工作很忙，再加上材料不全、资料查阅困难等诸多方面的原因，总是想得很多，行动得很缓慢，写出来的很少。直到2005年春离开工作岗位，才有时间、有条件静下心来，慢慢地总体构思，一边收集准备相关资料，一边回忆过去的那10年工作中的件件往事和日日夜夜，一边动笔草拟片段文稿。一晃，毛泽东115周年诞辰这个值得纪念的日子又过去了。岁月不等人，光阴一去不复返。2009年春节一过，我就注意自我加压，抓紧时间，利用时间，除参加必需的活动之外，每天把主要的精力都用在本书的回忆写作上来。一天一天，一年一年，因为毛泽东最后10年读书很多，内容很丰富，我在撰写本书时力求全面反映，所以直到今天，《毛泽东晚年读书纪实》一书才终于完稿。

谨以此书纪念毛泽东诞辰118周年。

徐中远
2011年6月2日于北京

作者为本书第二版写的话

《毛泽东晚年读书纪实》（以下简称《纪实》）第一版出版合同时间就要到了，中共中央党校出版社拟重新出第二版，笔者欣然同意了。

笔者为什么同意中共中央党校出版社重新出版《纪实》？主要有以下几个方面的考虑：

第一方面的考虑是为了让更多的读者，更好更全面学习、了解毛泽东晚年的读书生活，弘扬毛泽东的读书思想和读书精神。本书部分文稿是笔者在20世纪80年代末90年代初草拟的。当时因还在实际工作岗位上，只能利用节假日和工作之外的极少时间断断续续编写。2005年2月从中央办公厅老干部局局长领导岗位上正式退下来之后，才有时间、有条件静下心来，慢慢地总体构思、总体设计本书出版相关事项。那些时日，一有空就一边整理收集相关的资料，用心构思本书的总体架构；一边回忆为毛泽东作图书服务工作的日日夜夜。到2011年6月初，除"读中国古诗词曲赋"部分，全书文稿基本完成。这样前后联系起来，从草拟初稿到基本完稿实际经过了20余年的时间。这是一部专门反映毛泽东晚年读书生活实际情况的专著，笔者喜爱把它形象地说成毛泽东晚年读书生活的"现场实况直播"。

本书是笔者在为毛泽东晚年做图书服务工作中的所见所闻、所记所录、所思所想与密切联系毛泽东晚年读书实际的实事实记实说相融相合之产物。本书第一版于2012年1月正式出版发行。本书出版之后，受到社会各界、各方面人士的重视和关注，得到广大读者，特别是广大中青年和老年读者的欢迎和好评。2013年国家新闻出版广电总局曾将其作为百种青少年优秀读物的第一种向全国广大青少年推荐。发行量突破20万册，是同类出版物中少见的。第一版第一次印刷5万册，不到两个月就销售一空。很多朋友、读者直接给笔者或出版社打电话询问去哪里购买本书，有的直接把书款汇给笔者，为其代购。在北京是这样，在外地、在边远地区的新华书店更是难见本书。

之所以产生如此好的效果，最主要的原因是毛泽东的伟大功绩和广大人民群众对他的无限崇敬与无尽思念。毛泽东虽然逝世40多年了，但他还一直活在全国各族人民的心中。读书，是毛泽东成长、成才、辉煌的一条重要途径。读书应学毛泽东，这是为毛泽东晚年做图书服务工作的一条最深切的感受。毛泽东之所以能取得前无古人的伟大成就，就在于他科学地、完整地掌握运用马克思主义基本原理指导了中国共产党领导的全中国人民当时正在进行的波澜壮阔的伟大的革命斗争，并在中国人民艰难曲折的实际斗争中创造性地发展了马克思列宁主义这一最先进的理论。在实际中读书，在实际中运用，在实际中总结与提高。对于这一点，毛泽东自己是这样说的：读了《共产党宣言》这本书，"我才知道人类自有史以来就有阶级斗争，阶级斗争是社会发展的原动力，初步地得到认识问题的方法论。可是这些书上，并没有中国的湖南、湖北，也没有中国的蒋介石和陈独秀。我只取了它四个字：'阶级斗争'，老老实实地来开始研究实际的阶级斗争。"后来，毛泽东自己回忆说：正是《共产党宣言》这部马克思主义著作，"使我树立起马克思主义的信仰。我接受马克思主义，认为它是对历史的正确解释，以后，就一直没有动摇过"。从此，毛泽东就确立了对《共产党宣言》基本原理的终身信仰，开始了对真理、对共产主义的执着追求。

《共产党宣言》是毛泽东读的第一本马列主义著作，时间是1920年，毛泽东27岁。后来的56年里，对这本马克思主义的经典著作，毛泽东不知反复读过多少遍，这本书中的许多精辟论断，他几乎全能背下来。《共产党宣言》是毛泽东一生最爱读的，也是读的遍数最多的一本马列主义经典著作。正是这本马克思主义的划时代著作，成了毛泽东选择科学社会主义的入门向导。

毛泽东青年时期就立下的追求真理、拯救中华民族的远大志向，不是头脑里固有的，是在他读了西方资产阶级民主主义、近代科学的许多启蒙著作和《共产党宣言》之后逐步形成的。

　　读书，一生密切联系实际读书。这是毛泽东成长、成功的一条根本途径。《纪实》是毛泽东晚年读书生活纪实，也是毛泽东一生读书生活重点的纪实。本书着重反映的是毛泽东晚年的读书生活，也联系到其他时期的读书实际。一部《纪实》在手，一生读书生活的重点、要点、亮点等尽现其中。所以，人们喜爱《纪实》，爱读《纪实》，这是很自然的。

　　除了上述毛泽东本人的因素外，还有以下几个方面的因素：一是本书首次较为全面地为人们披露了毛泽东许多鲜为人知的读书生活和相关资料。关于毛泽东晚年读书生活，在此之前虽然也有过报道，但大都是"二手货""转手货"，既不够具体，又不够全面。所以很多读者都渴望有更多、更翔实的报道。本书的出版客观上满足了当时社会上这方面人士的迫切需要。二是笔者曾为毛泽东晚年做过图书管理服务工作，书中所记所述大都是亲身经历和所见所闻、所思所想、所感所获，资料、材料来源真实、可信，所记所述、所议所论有据且有利于维护毛泽东的伟大形象，全书充满正能量，充满对毛泽东的热爱、敬仰之情。笔者撰写本书的情感与广大读者的心境是一致的。情相同、心相连，意真切。三是文字简明、简洁，语言通俗，生动幽默，易读、易懂、易记。所以，无论是大众读者，毛泽东的崇拜者、信仰者、拥护者，还是研究毛泽东的专家、学者等，都可以阅读本书，都可以从中受益，受到启示，受到教育。笔者也曾收到各方面读者的来信称赞本书出版及时，内容丰富，很多研究毛泽东的人员来信给予称赞和好评。本书无论是在当时，现在，还是在以后的岁月，都有一定的可读性，可以说是一部"开卷有益"的书。本书是认识、理解、学习毛泽东晚年读书生活和弘扬毛泽东读书精神的一本不可多得的好读物。

毛泽东的一生是革命的一生，是全心全意为全国各族人民服务的一生，也是读书学习的一生。毛泽东渊博的知识、卓越的才能、深邃的思想，一是来源于实践，二是来源于读书。他既爱读有字之书，也重视无字之书，在繁忙的工作中总是挤出时间深入到工人、农民等广大人民群众中去。广袤的实践天地、艰难曲折的革命斗争、浩瀚的书籍海洋、亿万的人民群众，把这位从湖南韶山冲走出来的一个普通农民的儿子培育、磨炼、打造成为伟大的马克思主义者和无产阶级革命家、战略家、理论家，成为全党和全国各族人民的伟大领袖。人民敬仰毛泽东，全党爱戴毛泽东。毛泽东的丰功伟绩，与他一生博览群书是分不开的。读书使毛泽东更渊博，读书使毛泽东更伟大。读书，毛泽东永远是我们学习的光辉典范。为了使人们能更好地学习毛泽东的读书目的、读书思想、读书方法、读书精神，在人生的长河里更好地成长，更顺利地前行，笔者愿意再下功夫，再作努力，为本书丰富内容，重新出版本书。这是笔者同意再版本书的第一方面的考虑，也是最根本、最主要方面的考虑。

第二个方面的考虑是借本书再版之机增补一部分重要内容，修改调整个别结构、文字，使之更完善、更严谨、更符合实际。毛泽东直到病魔缠身的最后几年，还带病读了大量的经、史、子、集古籍图书。特别是关于古诗词曲赋著作，他老人家一直爱不释手，一直放在案头、放在卧室的床上、放在办公桌旁，几乎每天都会翻阅，读了又读，画了又画，圈了又圈。关于这部分重要内容，在《纪实》第一版正式出版时，由于时间紧迫，尚未完稿便放下了。这一放就放了10年。在这期间，我也几次向原出版社提出把这部分内容补充进去，但因要补充增加新的内容必须要等再版时重新办理报批手续才能做到。出版社的同志要我耐心等待，终于等来了这次再版的机会。

读古诗词曲赋是毛泽东晚年读书生活的重要内容，也是毛泽东晚年读书生活的重要实际。缺少这部分内容，就不能真正全面展现毛泽东晚年的读书生活。再版本书，把毛泽东晚年读中国古诗词曲赋的内容补充进去，是笔者久有的愿望。这次如愿以偿，笔者心里感到很欣慰。

除了补充毛泽东晚年读中国古诗词曲赋的内容之外，笔者还结合毛泽东一生的读书实际，突出重点，实事求是，补充了"读书首先要明白'为什么要读书'"这一小节的内容，作为《纪实》一书中"毛泽东读书的启示"的第一条。

"为什么要读书"的问题是能不能读好书的首要问题,是能不能不懈读书、自觉读书、发愤读书的动力源泉问题。毛泽东之所以能做到一生酷爱读书,从不懈怠读书,晚年病魔缠身还坚持读书,最重要的就是他明白"为什么要读书"。他既有人生读书总的目的,又有不同时期读书的具体的目的。既有长远的目的追求,又有近期的阶段性的目的需求。"为什么要读书",毛泽东从思想认识上,从他当时的心理追求上,从他在实际生活中追求的行动上,都很清楚,都很明白。所以,毛泽东一生中把有限的剩余时间,有限的人生精力总是用来读书。毛泽东"为什么要读书"?总的来说,就是为了改造旧中国,拯救民族危难,建设社会主义新中国,造福全世界、造福全人类。简单地说,就是"为祖国为民族为人民谋利造福"而读书,"为中华民族的伟大复兴而读书"。因为他从思想认识上,从心理追求上都非常明白、都十分清楚"为什么要读书",所以,他做到了活到老,读书到老。他是一个真正的"生命不息,读书不止"的人。他一生中读书之多、读书的范围之广,在古今中国的史册上是不多见的。

所以,笔者把"为什么要读书"放在"毛泽东读书的启示"的第一条。把"为什么要读书"的思想认识、心理追求的理念问题解决好了,行动上自然"不用扬鞭"自己就会"奋蹄"了。

这样增补、调整和修改,使本书的史实、史料更加丰富，整体结构更加严谨，与毛泽东读书生活实际更加贴近。希望广大读者能理解、喜欢。

《纪实》是记述毛泽东晚年读书生活最全面、最真实、最可信、最有据的一部力作，是笔者耗费的精力最多、下功夫最多、花费的时间最多的一部力作。它是笔者20多年的努力、追求、辛劳、心血与勤奋、刻苦、忘我、担当、执着以及对毛泽东的忠诚、信仰、信服、崇敬、感谢、感恩等多方面元素的融合与结晶。

《纪实》一书出版之后为什么很受广大读者欢迎和好评，这里笔者仅摘录三位读者的评说。全国人大常务委员会原副委员长顾秀莲读后说："徐中远同志的新著《毛泽东晚年读书纪实》一书的出版，首次向读者公开披露了许多新的鲜为人知的内容，不少内容我是第一次看到。这对人们全面了解认识毛泽东、全面正确评价毛泽东、深入理解研究毛泽东等都有重要的积极作用。本书是研究毛泽东，特别是研究晚年的毛泽东不可多得的好读物。作者在书中有记述、有回忆、有故事、有分析、有评论，全书文字流畅，通俗易懂，是很值得一读的。"中国人民大学原党委书记马绍孟读后评价说："读了徐中远同志的《毛泽东晚年读书纪实》一书，很受教益。这是一本难得的好书。徐中远同志以毛主席身边的工作人员、多年为毛主席做图书服务工作的特殊身份，怀着对毛主席无比崇敬和爱戴的真情实感，以学习毛泽东、继承毛泽东、弘扬毛泽东的正确导向，用丰富感人的第一手资料和严谨朴实的构思与记述,展现了毛泽东晚年孜孜不倦、刻苦忘我的读书生活,从一个重要的侧面,反映了毛泽东作为伟大的马克思主义者、革命领袖和导师的渊博学识、宽广胸怀和崇高精神境界。许多具体事例,感人肺腑,令人折服,发人深省,催人奋进,难以忘怀。"国防科技大学刘济西博士读后专门写了一篇书评,题目是《千金难买一索引——品读徐中远新著〈毛泽东晚年读书纪实〉》,他在书评中写道:"徐中远先生这本由中央文献出版社出版,汪东兴同志作序的书籍,无疑是研究毛泽东同志晚年读书生活的重要历史文献。"他把《纪实》比作毛泽东"人生索引"。他写道:"看看本书如此抓人的目录,就让人感到,这本书不仅是一本读书索引,更是一本思想和思维的索引。""是一部探寻毛泽东晚年思想轨迹的索引。作者参考大量历史文献,在书中列举了许多毛泽东的谈话、语录、批注、信件以及真实的历史事件,字里行间处处透露出晚年毛泽东的思想脉络。""这本书就像一把钥匙,将晚年毛泽东的思想门扉静静打开,细读下去,我们看到的则是当时社会背景的真实写照,是晚年共和国领袖对国家经济社会发展的独特思考。这本书还是一部关于伟人求学方法、治学精神的索引。"[①]

总之,《纪实》是有利于各级领导干部和广大共产党员

[①] 刘济西:《千金难买一索引——品读徐中远新著〈毛泽东晚年读书纪实〉》,《解放军报》2012年5月25日。

学习毛泽东读书的一部好书，是有益于社会各界各方面人士、人群阅读的一部好书，值得再版。

中共中央党校出版社再版《纪实》，是全面学习贯彻党的二十大精神、推进社会主义现代化国家新征程各项事业蓬勃发展的需要，是讲政治、识时务、有远见、不负时代、不负人民的具体体现。宣传毛泽东，学习毛泽东，研究毛泽东，继承毛泽东，弘扬毛泽东，是中华儿女一项长久的责任和使命。本书不会过时，本书永远有读者。有志者，有理想、有抱负、有追求者，想干大事、想干成大事的年轻的朋友们，定要挤时间读读此书，从此书中寻求人生成长、成才、成功的真谛。

读书是人生的一种追求、一种信仰、一种修养、一种境界。"读万卷书，行万里路"，"从天下国家万事万物而学之"，"生命不息，读书不止"，毛泽东都做到了。读万卷"有字之书"，毛泽东是我们的榜样。密切联系天下国家万事万物读"无字之书"，毛泽东也是我们的榜样。毛泽东是永远值得全党全国各族人民学习的光辉榜样。

毛泽东的读书生活是毛泽东人生实践的重要组成部分。毛泽东在成长中读书，在读书中成长。读书成就了毛泽东，实践锤炼了毛泽东。毛泽东渊博的知识，杰出高超的思想、理论和非凡的领导才能主要来源于读书和实践。毛泽东的一生就是融书本与实际于一体的一部魅力无比的大书。宣传毛泽东，学习毛泽东，继承毛泽东，弘扬毛泽东，是新时代赋予中华儿女的新的历史使命。

历史是一面镜子。新版的《纪实》也将成为历史。新版的《纪实》也是一面镜子。愿这面镜子能照亮我们一代又一代中华儿女读书追求的新征程，志存高远，多读书、勤读书、善读书、读好书。

愿中共中央党校出版社重新出版《纪实》这本著作能在全社会大兴读书之风，在全国各族人民中兴起读书新高潮！

愿毛泽东一生为党为国为民谋利造福而读书追求的思想理念与实践，能引领一代又一代中华儿女攀登人生的新高峰，能激励、鼓舞一代又一代中华子孙创造人生的新辉煌！

徐中远

2024 年 1 月 12 日

于北京市西城区灵境胡同 12 号院寓所

目　　录

一、毛泽东晚年爱读什么书 ……………………………… 1

二、读马列著作终身不懈 ………………………………… 9

　（一）从毛泽东读第一本马列著作谈起 ……………… 9

　（二）读《反杜林论》和《资本论》 ………………… 15

　（三）读《国家与革命》和《共产主义运动中的"左派"幼稚病》 ……………………………………… 18

　（四）读《苏联社会主义经济问题》和《政治经济学教科书》（社会主义部分） ………………………… 21

三、读逻辑学论文和专著 ………………………………… 50

四、读中国五部古典小说 ………………………………… 67

　（一）把《红楼梦》当作历史读 ……………………… 67

　（二）"《水浒》要当作一部政治书看" ……………… 88

　（三）"看《三国演义》不但要看战争，看外交，而且要看组织" …………………………………………… 102

　（四）读《西游记》，"要看到他们有个坚强的信仰" …… 118

　（五）"《聊斋志异》可以当作清朝的史料看" ……… 143

五、读鲁迅著作 …………………………………………… 166

- （一）鲁迅著作伴终身 …… 166
- （二）读鲁迅的小说和杂文 …… 174
- （三）爱读爱书写鲁迅的诗 …… 180

六、读二十四史 …… 187
- （一）二十四史是毛泽东晚年最爱读的、读得最多的书籍 …… 187
- （二）读二十四史时写的批注 …… 196
- （三）毛泽东是怎样读二十四史的 …… 222
- （四）读二十四史的视角 …… 236

七、读中国古诗词曲赋 …… 245
- （一）终身爱读屈原的诗作 …… 246
- （二）最爱读唐代"三李"的诗作 …… 253
- （三）也爱读晚唐罗隐的诗 …… 262
- （四）圈画最多的是辛弃疾的词 …… 266
- （五）爱读中国历代名家赋作 …… 271
- （六）读古代诗话 …… 281

八、读报章杂志 …… 298
- （一）读报章杂志每天都不能少 …… 298
- （二）每天必读的一报一刊 …… 305
- （三）爱读《人民日报》的学术、理论文章，对光明日报《文学遗产》《哲学》《史学》等专刊特别有兴趣 … 322

九、潜心学习自然科学 … 348
（一）学习自然科学书籍垂老不倦 … 348
（二）重视和关注自然科学的研究和振兴 … 354
（三）关注《自然辩证法研究通讯》和"基本粒子" … 358

十、读笑话书 … 367
（一）第一次为毛泽东查找笑话书 … 367
（二）"快印些，印好一册送一册" … 376
（三）《笑话新谈》重印始末 … 382

十一、博览群帖，研究书法 … 390
（一）"学字要有帖" … 390
（二）晚年爱看的字帖、墨迹 … 395
（三）改装《三希堂法帖》 … 408
（四）"朋友交往要重信义" … 411

十二、读《智囊》 … 416
十三、读《一种清醒的作法》 … 428
十四、读《柳文指要》 … 438
十五、读《容斋随笔》——生前要读的最后一部线装书 … 443
十六、读新印的大字线装书 … 449
十七、毛泽东读书的启示 … 466
（一）读书首先要明白"为什么要读书" … 466

（二）读书要"下苦功"、要"挤"和"钻" ……………… 470
（三）读书要紧密联系实际 ………………………… 476
（四）"不动笔墨不看书" …………………………… 478
（五）读书要独立思考，不要死读书，不要尽信书 ……… 482

附录一　毛泽东晚年读过的逻辑学书目 ……………… 486
附录二　读过的新印的大字线装书 …………………… 493
附录三　毛泽东晚年爱看的字帖、墨迹目录 …………… 499
后　记 ……………………………………………… 505

一、毛泽东晚年爱读什么书

　　毛泽东是一个很爱读书的人。毛泽东晚年读了什么书、最爱读什么书，为什么要读这些书，是怎样读的，这是广大读者都很关注、想要了解的。为了说清这个问题，我想从胡耀邦担任总书记期间与我的几次谈话说起。

　　胡耀邦同志爱散步，当年他每天沿着中南海边大概走一万步。1984—1986年期间，因中南海对人民群众开放，他就改在丰泽园毛泽东故居院内散步。丰泽园故居是典型的旧式四合院建筑，位于中海和南海之间。当时，我在丰泽园故居整理登记毛泽东的图书资料。为了防潮防湿，白天我们经常开门开窗通风。耀邦同志散步的时候，看见丰泽园故居内存书屋子的大门敞开着，就常进去看书，并与我们亲切交谈。我记得，耀邦同志第一次与我交谈时，问我："你是做什么工作的？"我回答说："我是给晚年的毛主席做图书服务工作的，就是毛主席晚年的图书服务员。"耀邦同志说："'噢！你是毛主席晚年的图书服务员。'那我问你：'主席晚年是不是天天都看《金瓶梅》？'"这是耀邦同志与我交谈时向我提的第一个问题。我说："说真话，毛主席晚年没有看过《金瓶梅》。我们是从1966年5月开始为毛主席做图书服务工作的。毛主席每天看什么书我们都有登记，直到他老人家逝世。这10多年的时间里，毛主席没有向我们要过《金瓶梅》，我们也没有发现他老人家看过《金瓶梅》，但可以有把握地说，毛主席生前看过《金瓶梅》。"接着，我向耀邦同志汇报了毛泽东先后三次对《金瓶梅》的评论。

第一次是在1956年2月19日、20日的一次会议上，毛泽东听取国家建筑工业委员会和建筑工业部领导同志汇报时，问当时参加汇报的万里同志是什么地方的人。万里回答是山东人。毛泽东接着又问："你看过《水浒》和《金瓶梅》没有？"万里说没有看过。毛泽东说："《水浒》是反映当时政治情况的，《金瓶梅》是反映当时经济情况的，是《红楼梦》的老祖宗，不可不看。"这是毛泽东第一次说《金瓶梅》是《红楼梦》的老祖宗，也是毛泽东第一次在众人面前评论《金瓶梅》。

第二次是1961年12月20日，毛泽东在中共中央政治局常委和中央局第一书记会议上的讲话中，又一次说到《金瓶梅》。毛泽东说："中国小说写社会历史的只有三部：《红楼梦》《聊斋志异》《金瓶梅》。你们看过《金瓶梅》没有？我推荐你们都看一看，这部书写了宋朝的真正社会历史，暴露了封建统治，揭露了统治和被压迫的矛盾，有一部分写得很细致。《金瓶梅》是《红楼梦》的祖宗，没有《金瓶梅》就写不出《红楼梦》。但是，《金瓶梅》的作者是不尊重女性的，《红楼梦》《聊斋志异》是尊重的。"这是毛泽东第二次在众人面前评论《金瓶梅》。

第三次是1962年8月11日，毛泽东在中央工作会议核心小组会上的讲话中也说到了《金瓶梅》。毛泽东说："有些小说如《官场现形记》等，是光写黑暗的，鲁迅称之为谴责小说。只揭露黑暗，人们不喜欢看。不如《红楼梦》《西游记》使人爱看。《金瓶梅》没有传开，不只是因为它的淫秽，主要是它只写黑

一、毛泽东晚年爱读什么书

暗,虽然写得不错,但人们不爱看。"这是毛泽东第三次评论《金瓶梅》。

我对耀邦同志说:"对《金瓶梅》的这三次评论,足以说明毛主席在1956年2月之前就看过《金瓶梅》。毛主席到底是什么时候读的《金瓶梅》,我没有考证过。"

听了我的汇报,耀邦同志点头称赞我说得有道理。

接着,耀邦同志又很严肃地向我提出第二个问题。他说:"那你告诉我,毛主席最爱读什么书?"耀邦同志的提问,一下把我难住了。我说:"耀邦同志,你提的这个问题,我很难回答。"耀邦同志皱了眉头说:"怎么很难回答!你是老人家的图书管理员,老人家最爱读什么书,你还不知道?"我说:"耀邦同志,不是这个意思。毛主席几十年,读书千万种。从青少年时代,到战争岁月,直到生命的最后时刻,他老人家读了很多很多的书。一生中,他最爱读什么书,我真的很难用准确的语言把它表达出来。如果您把题目变得小一些,如在某一段时间内,他老人家最爱读什么书?读了些什么书?我就好回答了。例如:您要问我,'在延安时期,毛主席最爱读什么书?'我就可以有把握地告诉您'毛主席最爱读哲学方面的书'。"说到毛泽东在延安时期读书的事,耀邦同志谈话的兴趣更浓了。他说:"在延安的时候,我到主席住地去过几次,每次去看到主席不是在看书就是在写文章。他老人家习惯夜晚办公看书,常常看书看到天明。"说到这里,耀邦同志还非常高兴地给我讲了一个小故事。说有一天早晨,太阳刚从东方升起,他爬山回来,路过毛泽东的窑洞,看到毛泽东坐在窑洞门前看书。他就走到跟前说:"主席,您今天早上起得这么早啊!"毛泽东抬头一看,笑笑说："我还没睡呢！"听完这段故事后，我就问耀邦同志："毛主席在延安的时候，他办公室到底有多少书啊？"耀邦同志指了指菊香书屋毛泽东吃饭桌旁的书架说："像这样大小的书架，至少有5个，上面放的全是书。"说完，耀邦同志站起身来，非常严肃地说："毛主席啊，毛主席，谁也没有您老人家看书看得多啊！"因为我听说耀邦同志也是很爱读书的，他常常晚上工作忙完了之后，还要读一两个小时的书才休息。所以，我就接着说："耀邦同志，听说您也读了很多的书啊！"耀邦同志说："我不能与他老人家比，我读的书最多是他老人家的五分之一。"大概是觉得五分之一少了一些，走到床头两个书柜前，他又回过头来说："最多是三分之一。"

接着，我向耀邦同志介绍了新中国成立初期到20世纪60年代中期、后期及70年代，毛泽东的读书情况。我说，毛泽东存书中有清乾隆武英殿版的大字线装本二十四史，这部纪传体史书是当时做图书服务工作的同志根据毛泽东的读书需要于1952年购买的。这部二十四史，毛泽东整整读了24年。全书800多册，4000万字左右，他老人家是通读过的。传记部分是老人家最爱读的，有许多传记，他在阅读中还十分用心地作了标点、断句，画了着重线和作了多种不同的标记，许多地方都写有批注文字，其中《史记》《汉书》《后汉书》《三国志》《唐书》《新唐书》《晋书》《明史》等都读过多遍。直到他老人家生命的最后两年，他在病中还坚持读《晋书》，用颤抖的手在好几册的封面上用红铅笔写上："一九七五年，八月再阅"，"一九七五，九月再阅"。他老人家还常常把有意义的人物传记，批送给周恩来、刘少奇、邓小平、彭德怀、彭真等中央领导同志阅读。

一、毛泽东晚年爱读什么书

当耀邦同志翻看毛泽东批画阅读过的二十四史时，他充满深情地说："毛主席啊，毛主席，谁也没有您老人家读中国历史读得多啊！"我对耀邦同志说："毛主席不仅爱读正史二十四史，还爱读各种野史、稗史以及历史小说。"毛泽东说过，"不仅二十四史，稗官野史也要读""所谓野史也大半是假的。可是你不能因为它假的多，就自己来搞一套历史，不读了，那是形而上学，是傻子"。实际上，毛泽东除了爱读二十四史外，《资治通鉴》、《续资治通鉴》、《纲鉴易知录》、历朝纪事本末、中国历朝历史演义和历史小说，他老人家都爱读。例如：《红楼梦》《三国演义》《水浒》《西游记》《聊斋志异》等著名的历史小说，他老人家都读过多遍。毛泽东对中国文学方面的书籍，也读得很多。《诗经》《楚辞》，汉魏六朝的文章，唐、宋、元、明、清诗别裁集，《词综》《曲选》，《韩昌黎全集》《昭明文选》《唐诗三百首》《唐宋名家词选》等书都是毛泽东爱读的。读过的《唐宋名家词选》本子就有好几种。1974年8月25日他已经重病在身，还亲手写了"唐宋名家词选"的书名，并告诉我们工作人员他还要看这种书。到外地考察巡视，他也常常把这些书带在身边。毛泽东不但爱读唐、宋代名人的诗文作品，而且对一些作者和作品也都很有研究。如读《初唐四杰集》一书时，他写了这样一段批注："这个人①高才博学，为文光昌流丽，反映当时封建盛世的社会动态，很可以读。"② 王勃是唐代有名的青年诗人，毛泽东认为："一个二十八岁的人，写了十六卷诗文作品，与王弼

---

① 指王勃——笔者注。
② 《毛泽东文艺论集》，中央文献出版社2002年版，第240页。

的哲学（主观唯心主义）、贾谊的历史学和政治学，可以媲美，都是少年英发，贾谊死时三十几，王弼死时二十四，还有李贺死时二十七，夏完淳死时十七。都是英俊天才，惜乎死得太早了。"① 这些历史名人，虽然生活贫贱，可是在青年时都很有作为。毛泽东称赞他们是"英俊天才"，对他们死得太早感到非常可惜。他老人家饱含深情地写道："青年人比老年人强，贫人、贱人、被人们看不起的人、地位低的人，大部分发明创造，占百分之七十以上，都是他们干的。百分之三十的中老年而有干劲的，也有发明创造。这种三七开的比例，为什么如此，值得大家深深地想一想。结论就是因为他们贫贱低微，生力旺盛，迷信较少，顾虑少，天不怕，地不怕，敢想敢说敢干。如果党再对他们加以鼓励，不怕失败，不泼冷水，承认世界主要是他们的，那就会有很多的发明创造。"② 毛泽东还特别喜欢读唐代"三李"（李白、李贺、李商隐）的诗以及宋代辛弃疾等人的词，直到晚年，他还常常背诵、书写唐诗和宋词。

我对耀邦同志说，毛泽东也爱读鲁迅的著作。1938年1月12日，毛泽东给当时在延安抗日军政大学任主任教员的艾思奇写过一封信。他在信中写道："我没有《鲁迅全集》，有几本零的，《朝花夕拾》也在内，遍寻都不见了。"③ 1938年8月，上海出版了精装二十卷本的《鲁迅全集》，有关同志通过党的地下组织，给毛泽东买了一套。毛泽东收到《鲁迅全集》之后，一直

---

① 《毛泽东读文史古籍批语集》，中央文献出版社1993年版，第10页。
② 《毛泽东读文史古籍批语集》，中央文献出版社1993年版，第11—12页。
③ 《毛泽东书信选集》，中央文献出版社2003年版，第108页。

把它放在自己的办公室，忙中找闲，秉烛夜读。同读其他的著作一样，一边读，一边在书上圈圈画画，直线、曲线、点点、三角、问号等符号和标志画满了全书。凡是原书中有文字排版颠倒、错字、漏字的地方，他在阅读中都——改正过来。这套《鲁迅全集》一直伴随他进了中南海。1949年12月，毛泽东出访苏联时，还亲手挑选了几本鲁迅的著作在途中阅读！对鲁迅的小说、杂文和诗，毛泽东都爱读。1959年3月文物出版社出版的《鲁迅诗集》、1972年9月文物出版社出版的《鲁迅手稿选集三编》（线装本）以及新中国成立后出版的鲁迅著作单行本等，毛泽东都读过。1974年，毛泽东患了老年性白内障，1975年8月，右眼做了白内障切除手术。手术后视力稍有恢复，他就要读新印的大字线装本的《鲁迅全集》，并用红铅笔在第5卷第5分册封面上用颤颤巍巍的手写下"吃烂苹果，1975.8"几个字，时间是1975年8月下旬。

毛泽东还很爱书写鲁迅的诗和诗句。平时有友人请他题字、题词时，他常书录鲁迅的诗句赠之。鲁迅的"横眉冷对千夫指，俯首甘为孺子牛"是他老人家最爱书写的。

我告诉耀邦同志，毛泽东读书的范围十分广泛，从内容上来说，马列主义著作、哲学著作、鲁迅著作、历史著作、经济学著作、军事著作、文学著作、自然科学著作、技术科学著作等，他都终身爱读。从时间上来说，古代的、现代的、当代的，他老人家都有兴趣。他对哲学著作有兴趣，对逻辑学、美学、佛学等著作也有兴趣。佛教的经典《金刚经》《六祖坛经》《华严经》等他都读过，基督教的《圣经》也读过。从各门自然科学、自然科学史到《无线电话是怎样工作的》等通俗书籍，他都有兴趣涉猎。1975年还要读李约瑟的《中国科学技术史》、杨振宁的《基本粒子发现简史》、李政道的《不平常的核态》等理论著作。1974年、1975年，他还读过《化石》《动物学》杂志，对生命科学、天文学、物理学、土壤学等著作都有兴趣。

他不仅对中外文学名著读了又读，爱不释手，对中国古今的笑话书、小人书等也很爱读。从1974年1月1日到6月30日，整整半年的时间，他老人家大部分时间读的是笑话书。如：《古代笑话选》《历代笑话选》《笑话新选》《笑话新谈》《笑林广记》《新笑林一千种》《哈哈笑》《笑话三千篇》《幽默笑话集》《时代笑话五百首》等数十种笑话书，他都看过。20世纪70年代，《红楼梦》《三国演义》《水浒》《西游记》等人民美术出版社出版的小人书，他老人家也常在茶余饭后翻阅。还有历代字帖、名人墨迹、名家书画作品、《楹联丛话》等，他更是爱不释手，看了又看，读了又读。

毛泽东的一生，是革命的一生，也是读书的一生。1976年9月8日晨，也就是在他老人家临终前一天的5时50分，在全身布满了多种监护抢救器械的情况下，他老人家自己已经无力拿书了，由工作人员托着书还坚持读了7分钟。

毛泽东终身酷爱读书，毛泽东身边从来没有离开过书，毛泽东是一个真正的博览群书的人。耀邦同志听了我的介绍后说："像毛主席这样活到老，学到老，生命不息，读书学习不止的精神，是永远值得我们共产党人学习的！"

二、读马列著作终身不懈

毛泽东是马克思主义坚定的信仰者，也是马克思主义矢志不渝的实践者。毛泽东的一生，是孜孜不倦地学习马列著作的一生，也是始终坚持不懈把马克思主义运用到中国并结合中国的具体实际加以发展和创新的一生。毛泽东是马克思主义中国化即创建中国特色马克思主义理论最杰出、最卓著的领导者和实践者。毛泽东由信马列、读马列、研究马列，到运用马列、发展马列、创新马列，几十年的追求、几十年的不懈、几十年的实践是很值得我们永远学习的。

（一）从毛泽东读第一本马列著作谈起

《共产党宣言》是毛泽东读的第一本马列主义著作，时间是1920年。在此后的56年里，毛泽东不知反复读过多少次。这本书中的许多精辟论断，他几乎全能背下来。他老人家辞世的时候，身旁还放着一本大字线装本的《共产党宣言》和两本战争年代出版的字很小的、本子很破旧的《共产党宣言》。《共产党宣言》是毛泽东一生最爱读的也是读得遍数最多的一本马列主义经典著作。

毛泽东为什么如此爱读《共产党宣言》呢？他又是怎样一

遍又一遍读的呢？

《共产党宣言》是1848年马克思、恩格斯为共产主义者同盟起草的纲领，是共产主义的第一个纲领性文献，它完整、系统而严密地阐述了马克思主义的主要思想。伟大导师列宁曾评价说："这部著作以天才的透彻而鲜明的语言描述了新的世界观，即把社会生活领域也包括在内的彻底的唯物主义、作为最全面最深刻的发展学说的辩证法以及关于阶级斗争和共产主义新社会创造者无产阶级肩负的世界历史性的革命使命的理论。"[①] 五四运动以后，《共产党宣言》的基本观点为中国先进分子所接受，毛泽东就是这群具有初步共产主义思想的先进分子中最杰出的代表。

毛泽东从青年时代起就精心研读《共产党宣言》，正是这本划时代著作，成了毛泽东选择科学社会主义的入门向导。他曾说，读了《共产党宣言》这本书，"我才知道人类自有史以来就有阶级斗争，阶级斗争是社会发展的原动力，初步地得到认识问题的方法论。可是这些书上，并没有中国的湖南、湖北，也没有中国的蒋介石和陈独秀。我只取了它四个字：'阶级斗争'，老老实实地来开始研究实际的阶级斗争"[②]。

新中国成立之后，毛泽东又多次用心阅读《共产党宣言》，一边读，一边思考，一边在书上圈圈画画。这本书中有关废除资产阶级所有制，剥夺资产阶级占有他人劳动、奴役他人劳动的权力，与传统的所有制观念决裂等处，都作了密密麻麻的

---

① 《列宁全集》第26卷，人民出版社2017年版，第50页。
② 《毛泽东农村调查文集》，人民出版社1982年版，第21—22页。

二、读马列著作终身不懈

圈画。

1958年8月北戴河会议之后,各地迅速掀起全民炼钢和人民公社化运动的高潮。9月以后,毛泽东对《共产党宣言》中有关建立公有制方面的论述读得更加仔细,在很多地方作了圈点批画。这里仅举以下几例:

"共产主义革命就是要最坚决地打破过去传下来的所有制关系;所以,毫不奇怪,它在自己的发展进程中要最坚决地打破过去传下来的各种观念。"在这段文字旁画了直线、曲线,段末还画了个圈。

"无产阶级运用自己的政治统治,一步一步地夺取资产阶级所有的全部资本,把一切生产工具集中在国家手里,即集中在已组织成为统治阶级的无产阶级手里(在这里画了一个圈),并且尽可能更快地增加生产力的总量。"在这段文字旁画了直线、双直线、曲线,段末画了三个圈,本段右侧画了三个圈。

"要做到这一点,当然首先必须对所有权和资产阶级生产关系实行暴力的干涉,即采取这样一些措施,它们在经济上似乎不够充分和没有效力,但是在运动进程中它们却会越出本身,成为变革全部生产方式所不可避免的手段。"在这段文字旁画了直线、曲线。

"这些措施在各个不同的国家里当然会是各不相同的。"在这句话旁画了直线、曲线。

当读到"但是,在各个最先进的国家里几乎到处可以采取下面的办法"时,他又在旁边画上了直线、双直线和曲线。

"1. 剥夺地产,将地租供国家支出之用。

2. 征收高额累进税。

3. 废除继承权。

4. 没收一切流亡分子和叛乱分子的财产。

5. 通过拥有国家资本和独享垄断权的国家银行，把信贷集中在国家手里。

6. 把全部运输业集中在国家手中。

7. 增加国营工厂和生产工具数量，按照总的计划来开垦荒地和改良土壤。"在以上几条文字旁都分别画了直线、曲线。

"8. 实行普遍劳动义务制，成立产业军，特别是在农业方面。"在这段文字旁画了直线，段前加画了三个圈。

"9. 把农业同工业结合起来，促使城乡之间的差别逐步消灭。"在这段文字旁画了直线、曲线，段前还加画了三个圈，段后加画了一个圈。

"10. 对一切儿童实行公共的和免费的教育。（此处画圈）取消现在这种工厂童工劳动。把教育同物质生产结合起来，等等。"在这段文字旁画了直线、曲线，段前也加画了三个圈，段后加画了一个圈。

"在发展进程中，当阶级差别已经消灭和全部生产集中在由各个成员组成的一个团体手里的时候，公众的权力就失去了自己的政治性质。"在这段文字旁画了双圈。

紧接的一段文字："原来意义上的政治权力，乃是一个阶级用以镇压另一个阶级的有组织的暴力。如果说无产阶级在反对资产阶级的斗争中一定要团结成为阶级，如果说它通过革命使自己成为统治阶级，并以统治阶级的资格运用暴力消灭旧的生产关系，那么它在消灭这种生产关系的同时，就消灭阶级对立存在的条件，就根本消灭一切阶级，从而也就一并消灭它自己这个阶级的统治。"读完后,他在文字旁画了直线、双直线、曲线,段后画了三个圈,段左画了双直线。

"代替那存在着各种阶级以及阶级对立的资产阶级旧社会的,将是一个以各个人自由发展为一切人自由发展的条件的联合体。"在这段文字旁画了直线、双直线和曲线。

以上列举的毛泽东在读《共产党宣言》时所作的圈圈画画,一方面说明毛泽东读书非常认真、非常用心,另一方面也说明当时的毛泽东很想从本书中找到解决中国社会主义建设中遇到的实际问题的答案。他当时已经把《共产党宣言》与中国社会主义建设中遇到的实际问题紧密地联系起来了。联系实际读马列,这是毛泽东读书的一个显著的特点。

在整个社会主义建设时期,毛泽东从未中断对《共产党宣言》的研读。1963年,他提出要学习包括《共产党宣言》在内的30本马列著作,并指示30本书都要出大字本,以便老同志阅读。1965年4月,他在长沙召集了艾思奇等5位专家,连同他自己共6个人,要为《共产党宣言》等6部马列经典著作的中文版各写一篇序言。毛泽东自告奋勇,要亲自为《共产党宣言》作序。他还多次表示:要结合中国革命的经验,为《共产党宣言》作注释。遗憾的是,他的这一愿望没有实现。1970年,在批陈整风运动中,毛泽东再次号召党内外广大干部和群众学习马列6本书,居其首者,仍是《共产党宣言》。

1974年,毛泽东在一份指示中,要曾经长期从事《共产党宣言》翻译工作的成仿吾到中共中央党校,专门从事马恩著作中译本的校正工作。此后,成仿吾就带着几位助手,对《共产党宣言》中译本进行了严格的校正。1976年5月的一天,当朱德读完成仿吾重新译校的《共产党宣言》试用本后说:"你们重新译校的《共产党宣言》,我昨天一口气看完了,很好,很好懂,主要问题都抓住了。"他又说:"现在许多问题讲来讲去,总是要请教马克思和恩格斯,总得看《宣言》是如何讲的。""有许多干部都亲自听到过,毛主席说自己每年都把《宣言》读几遍。"①

毛泽东不但研读中文版的《共产党宣言》,而且对其英文版也颇有兴趣。他的秘书林克回忆说,从1954年秋天起,毛泽东重新开始学英语。"毛主席想学一些马列主义经典著作的英文本,第一本选的就是《共产党宣言》,这本书的文字比较艰深,而且生字比较多,学起来当然有不少困难,但是他的毅力非常坚强。我发现他在《共产党宣言》的第一页到最后一页,全部都密密麻麻地用蝇头小字注得很整齐,很仔细,他的这种精神,很感人。"②对于这部英文版的《共产党宣言》,一直到晚年,毛泽东每重读一遍,就补注一次。他老人家还风趣地说:"我活一天就要学习一天,尽可能多学一点,不然,见马克思的时候怎么办?"③

1920年,毛泽东27岁。从青年到晚年,一直到他生命的最后岁月,毛泽东对《共产党宣言》都充满着浓厚的兴趣。一本《共产党宣言》,毛泽东前后读了56年。56年里,毛泽东到底读过多少遍呢?我们知道,他老人家读过的版本中存放在中南海

---

① 范若愚:《无产阶级将获得整个世界》,《人民日报》1978年2月18日。
② 林克:《真理的召唤》,《人民日报》1990年8月15日。
③ 《毛泽东的读书生活》,中央文献出版社2003年版,第264页。

故居的就有：1943年延安解放出版社出版、博古译的版本；1949年解放出版社出版、根据苏联莫斯科外文书局出版局中文版翻印的版本；1964年人民出版社出版、中共中央马恩列斯著作编译局翻印的大字本等几种。毛泽东逝世以后，我们在他书房床边经常阅读的书中，还发现了两本战争年代出版的《共产党宣言》以及他生前读过的英文版的。当然，这还是很不完全的，1920年陈望道的翻译本，故居里就没有看到。还有战争年代他读过的已经丢失的各种版本。这本经典大作，多种版本长期放在他的床边、会客的书架上，他随时可以翻阅。56年里到底读过多少遍，谁能说清楚呢！但我们知道的是：《共产党宣言》陪伴了毛泽东56年，是他非常珍视、非常爱读、生前读得遍数最多的一本马列著作。

（二）读《反杜林论》和《资本论》

1. 读《反杜林论》

《反杜林论》是马克思主义的一部重要的经典著作，也是毛泽东生前读了又读的又一部马列著作。

《反杜林论》，恩格斯著，写于1876—1878年，是作为德国社会民主党内思想斗争的直接结果而产生的。它全面阐述了马克思主义的三个组成部分。书稿得到马克思的赞同，其中第二篇第十章《批判史论述》为马克思撰写。

《反杜林论》是毛泽东非常喜爱的一部哲学经典。毛泽东很少成段地引用马列原文，但在《矛盾论》中，却大段地引用了

《反杜林论》中第一编第十二节的"辩证法·量与质"。

毛泽东用恩格斯的论述来说明自己的观点，一方面说明他对恩格斯观点的赞同，另一方面也说明他对恩格斯《反杜林论》的熟悉和重视。可见毛泽东在研读恩格斯著作时是下了很大功夫的。

1963年8月4日，毛泽东专为印马列著作大字本问题写信给周扬，并且嘱咐封面不要用硬纸，如《唯物主义和经验批判主义》《反杜林论》，应分装4本或8本，使每本减轻重量。为什么呢？就是为了便于老同志阅读，也便于他自己阅读。翻开毛泽东读书记录，我们可以看到，20世纪60年代、70年代，毛泽东多次阅读《反杜林论》，去外地巡视、视察时，常嘱咐工作人员带上《反杜林论》。他老人家读过的《反杜林论》，有精装本、平装本，还有大字本和多种单行本。

2. 读《资本论》

《资本论》是马克思最重要的著作之一，集中了他毕生的研究成果和心血。全书共4卷，头3卷是理论部分，第4卷是理论史部分。1867年出版第1卷德文第1版，1872年到1873年出版第2版。马克思逝世后，恩格斯根据马克思遗稿于1886年编辑出版第2卷，1894年编辑出版第3卷。第4卷是恩格斯逝世后由考茨基根据马克思遗稿首次编辑出版的。

马克思在这部不朽巨著中，论述了资本主义社会经济运动的规律，揭示了它的内部矛盾，无可辩驳地论证了资本主义的必然灭亡和共产主义的必然胜利，从而把社会主义学说置于牢固的科学基础之上。《资本论》的主要基础是剩余价值理论。马

二、读马列著作终身不懈

克思充分运用他创立的唯物辩证法，创立了无产阶级的政治经济学。可以说，这部巨著是马克思主义的百科全书，是无产阶级进行革命斗争的锐利思想武器。

1954年，毛泽东为了适应大规模经济建设的需要，重新阅读《资本论》，并兼读《政治经济学批判》《列宁有关政治经济学论文十三篇》等经典作品。《资本论》第1卷的版权页上写着"1938—1867＝71，在71年之后中国才出版"的字样，在目次页上边写着："1867年，距今87年。"虽然这些简单的批注不能说明他的思想，但至少可以证明毛泽东在20世纪50年代还在阅读《资本论》，并加以细心的探究和思考。

之后，毛泽东反复阅读《资本论》。20世纪60年代，毛泽东在读大字本《资本论》"第二版的跋"时，在"马克思把社会的运动看为是一个自然史的过程；支配它的规律，不仅不以人的意志、意识和意图为转移，而且宁可反过来说是决定人的意志、意识和意图的……"这一段以及论述《资本论》的写作方法等处都用红铅笔画上了着重线。在"法文版的序和跋""致读者""第三版的序"等处也都有红、黑铅笔画的着重线。这些批画告诉我们，这部被称为"工人阶级的圣经"的《资本论》中重要章节，毛泽东多次读过。

到了20世纪70年代，毛泽东在中南海游泳池会见外宾的书房里还放有大字本的《资本论》，有的还是翻开放着的，可见毛泽东还在读《资本论》。

写到这里，我想到20世纪80年代中期，有一位领导同志在中共中央党校的一次报告中，说毛泽东没有读过《资本论》，这是不符合实际的。毛泽东不仅读过《资本论》，而且从1938

年一直读到生命的最后岁月。毛泽东读过的《资本论》，平装本、精装本、大字本等，都还存放在中南海毛泽东故居里。

（三）读《国家与革命》和《共产主义运动中的"左派"幼稚病》

列宁著的《国家与革命》和《共产主义运动中的"左派"幼稚病》两本著作，是毛泽东几十年里读了又读、读了多遍的马列经典著作。直到生命的最后几年，他老人家对这两本光辉著作还爱不释手，时常翻阅。

毛泽东为什么对列宁的这两部著作终身不倦、读而不厌呢？首先，他欲从列宁的著作中寻求殖民地、半殖民地国家进行民主革命以及由民主革命向社会主义革命转变的理论，从列宁的著作中学习和吸取指导中国斗争的经验和启示。其次，毛泽东非常喜欢列宁的风格。正如他在1958年4月6日的一次讲话中所说："列宁的作品，特别是革命时期的著作，生动活泼。他说理，把心交给人，讲真话，不吞吞吐吐，即使和敌人斗争，也是如此。"[①]

1. 读《国家与革命》

新中国成立后，毛泽东一直把《国家与革命》一书放在身边，有时在外出的旅途中，他还拿着放大镜一页一页地读。1958年，新版的《国家与革命》出版之后，毛泽东再一次认真

[①] 《毛泽东与读书学习》，中央文献出版社2004年版，第13页。

阅读，一边读，一边做笔记。书中论述国家消亡的部分、社会主义与共产主义的差别等处都密密麻麻画着几种符号，重要的段落还画着竖直线、曲线、大圈套着小圈，以示极为重要。特别在论述有关国家与民主、平等的关系等处，圈画尤多。1964年出版了大字本的《国家与革命》，毛泽东在读关于"从资本主义向共产主义的过渡""共产主义社会的第一阶段""共产主义社会的高级阶段"等章节时，又都画满了直线、曲线、圈、双圈等符号，说明这些都是他当时关心的问题。

在20世纪70年代，毛泽东还读过几次大字本的《国家与革命》。他办公室的书柜上放着的大字本马列著作，有的叠了一个角，有的夹有纸条。《国家与革命》一书的封面上画了一个圈。《国家与革命》与其他的马列著作一样，一直陪伴毛泽东走过了生命的最后岁月。

2. 读《共产主义运动中的"左派"幼稚病》

列宁的《共产主义运动中的"左派"幼稚病》，也是毛泽东很爱读的而且读过多遍的一本马列著作。

《共产主义运动中的"左派"幼稚病》是共产国际初期的重要历史文献，是一部系统地阐述马克思主义战略和策略的重要著作，为当时各国共产主义者提供了新的思想武器。

根据延安时期给毛泽东管过图书的史敬棠回忆，毛泽东在延安经常读《共产主义运动中的"左派"幼稚病》。他读的这本书是经过万里长征从中央苏区带来的，虽然破旧了，他仍爱不释手。毛泽东在这本书中写了一些批语，用几种不同颜色的笔画了圈、点和杠杠，写有某年某月"初读"，某年某月"二读"，某年某月"三读"的字样。这说明，截至那个时候，这本书至少已读过三遍了。非常可惜的是，这本毛泽东读过多遍的马列著作，我们在毛泽东的存书中没有看到，据说早已丢失。

当时毛泽东结合中国革命的实践经验，对列宁的这本书有深刻的理解。一方面，他从理论上认识到大革命失败的原因，就主观方面说，是陈独秀犯了放弃无产阶级对民主革命领导权的右倾投降主义错误；另一方面，从理论上认识了王明"左"倾路线对革命的严重危害性，"左"倾同右倾一样危害革命事业。到了延安以后，为了系统总结中国革命的经验，指导中国革命继续前进，也为了从理论上清理王明"左"倾路线的错误，毛泽东广泛地收集马列主义的书籍。

1945年，毛泽东在党的第七次代表大会上又特别提出要读5本马列著作，其中就包括《共产主义运动中的"左派"幼稚病》。

《共产主义运动中的"左派"幼稚病》第二章"布尔什维克成功的基本条件之一"讲的是"无产阶级的无条件的集中制和极严格的纪律"。1942年4月20日，毛泽东在《关于整顿三风》的报告中直接引述了这一思想。他说："身为党员，铁的纪律就非执行不可，孙行者头上套的箍是金的，列宁论共产党的纪律说纪律是铁的，比孙行者的金箍还厉害，还硬，这是上了书的，《共产主义运动中的'左派'幼稚病》上就有。"[①] 毛泽东还把列宁论党的纪律列为延安整风的学习文件。

1948年4月21日，中国人民解放战争正在乘胜前进，为了

---

① 《毛泽东文集》第2卷，人民出版社1993年版，第416页。

克服革命队伍内部存在的无纪律状态和无政府状态,保证革命战争的彻底胜利,毛泽东重读《共产主义运动中的"左派"幼稚病》第二章并在书的封面上用毛笔写了一个批语:"请同志们看此书的第二章,使同志们懂得必须消灭现在我们工作中的某些严重的无纪律状态或无政府状态。"① 中共中央宣传部在6月1日发出毛泽东这一指示,要求全党学习《共产主义运动中的"左派"幼稚病》第二章。

1949年,在中国革命即将取得全国胜利的时候,党的七届二中全会决定干部要学习12本马列主义著作。1963年,毛泽东又提出学习30本马列著作的意见。7月11日,毛泽东在中南海颐年堂召集中央分管理论宣传教育工作的同志,就学习马列著作问题作出布置。毛泽东说,要读几本、十几本、几十本马列的书。要有计划地进行,在几年内读完十几本马列的书。这"几本""十几本""几十本"马列的书中,都含有《共产主义运动中的"左派"幼稚病》一书。毛泽东是这样要求领导干部的,实际上他自己就一直是这样做的。直到耄耋之年,毛泽东还多次潜心研读《共产主义运动中的"左派"幼稚病》这本光辉著作。

(四) 读《苏联社会主义经济问题》和《政治经济学教科书》(社会主义部分)

联系实际读马列著作,是毛泽东读书的一大特点,也是毛

---

① 《毛泽东年谱(1893—1949)》下册,中央文献出版社2013年版,第304页。

泽东始终遵循的一种读书方法。

新中国成立后，党的工作重心逐步转移到经济建设上，毛泽东的读书重点也随之转移到经济学经典著作上。他先后阅读过的马列经济学方面的著作有：《哥达纲领批判》《政治经济学批判》《经济学大纲》《资本论》《帝国主义是资本主义的最高阶段》《列宁有关政治经济学论文十三篇》《马恩列斯论共产主义社会》①《苏联社会主义经济问题》《俄国资本主义的发展》等。这一时期毛泽东读得最多、下功夫最多的是《苏联社会主义经济问题》和《政治经济学教科书》（社会主义部分）这两部著作。

1. 读《苏联社会主义经济问题》

《苏联社会主义经济问题》一书是斯大林经济思想的代表作。早在20世纪30年代，斯大林就很重视苏联科学院，开始着手改写政治经济学教科书一事。1951年，在斯大林倡议和指导下，联共（布）中央评定书稿，于11月召开经济问题讨论会，许多人发表了不同的意见。针对不同意见的观点特别是流行的错误观点，斯大林于1952年2月至9月间，写了《对于1951年11月讨论会有关的经济问题的意见》和《答亚历山大·伊里奇·诺特京同志》《关于尔·德·雅罗申柯同志的错误》《答阿·符·萨宁娜和符·格·温什尔两同志》三封信，发表之后结集出版，定名为《苏联社会主义经济问题》一书。这部著作是斯大林对苏联30多年来社会主义建设的经验总结。

---

① 《马恩列斯论共产主义社会》，即人民出版社1958年编辑、出版的《马克思恩格斯列宁斯大林论共产主义社会》。

二、读马列著作终身不懈

这部著作的中文版于1953年一出版，毛泽东就快速地通读了一遍，并在封面上用铅笔画了一个大大的圈圈，表示他已经读过一遍。1957年，本书又出了第二版，毛泽东又多次阅读，一边读，一边批画。我们从存书中看到，他批注、批画过的就有四个本子，书上留下了不同颜色的批注文字和批画符号。由此可见，毛泽东读《苏联社会主义经济问题》一书下了很多功夫。毛泽东很想从马列的这些书中找到解决当时中国社会主义经济革命和经济建设所遇到的诸多实际问题的办法，并及时纠正当时"大跃进"和公社化运动中人们思想认识上和实际工作中所出现的种种错误。

毛泽东在读《苏联社会主义经济问题》时，对书中论述社会主义制度下经济法则的性质问题很重视。他在"关于社会主义制度下经济法则的性质问题"一节中，在"经济法则的性质"七个字下用铅笔画了三条着重线。关于这一章的内容，三本书中都密密麻麻地画着着重线和圈，在重要的段落下画着两个圈、三个圈，有的天头上还画着三个圈，并批注："这是完全重要的一章"[1]。书中批评那种认为"苏维埃政权有可能来消灭现存的经济法则和创造新的经济法则"时，毛泽东批注："这是一个客观的法则。"他还进一步联系实际批问："我们是否研究了、掌握了、学会熟练地应用了这个客观法则？我们的计划是否完全反映了这个客观法则？"[2] 同时还在这一段的天头上画了一个大圈。书中讲到"生产关系一定要适合生产力性质这个经济法则"时，毛泽东批注："在往后亿万年中，生产力性质不会不发生变

---

[1] 《建国以来毛泽东文稿》第7册，中央文献出版社1992年版，第661页。
[2] 《建国以来毛泽东文稿》第7册，中央文献出版社1992年版，第664页。

化的，为了一定要适合它，生产关系也得改变，而且将有无数的改变。"在"关于社会主义制度下的商品生产问题"一章中，毛泽东在"商品生产"下画了双直线，文内几乎全画满了直线、双直线、圈、双圈、三个圈、三角等他特有的标记。对文中批评那种认为党在取得政权并把生产资料收归国有以后就应当消除商品生产的观点，毛泽东认为："我们也有这样的人。"[①] 1958年陈伯达、张春桥等人提出取消商品生产，甚至废除货币的主张。在1958年11月召开的第一次郑州会议上，10日上午和下午，毛泽东两次讲话，谈他对斯大林的《苏联社会主义经济问题》一书的看法，着重批评混淆集体所有制同全民所有制的界限和取消商品的错误观点。

他说："现在仍然是农民问题。有些同志忽然把农民看得很高，以为农民是第一，工人是第二了，农民甚至比工人阶级还高，是老大哥了。""这样看，是不是马克思主义的？有的同志读马克思主义教科书时是马克思主义者，一碰到实际问题就要打折扣。""于是谨慎小心，避开使用还有积极意义的资本主义范畴——商品生产、商品流通、价值法则等来为社会主义服务。第三十六条[②]的写法就是证据，尽量用不明显的词句，来蒙混过关，以便显得农民进入共产主义了。这是对马克思主义不彻底、不严肃的态度。这是关系到几亿农民的事。""我们没有宣布土

[①] 《建国以来毛泽东文稿》第7册，中央文献出版社1992年版，第665页。
[②] 指《十五年社会主义建设纲要四十条（1958—1972）》第一次修正稿修改时重新改写的第三十六条，内容是："人民公社应当根据必要的社会分工发展生产，既要增加自给性产品，又必须增加用以交换的产品。产品的交换，除了在公社相互之间可以继续采取合同制度以外，在国家和公社之间，应当逐步地从合同制度过渡到调拨制度。"这个纲要后来没有形成正式文件。

地国有，而是宣布土地、种子、牲畜、大小农具社有。这一段时期内，只有经过商品生产、商品交换，才能引导农民发展生产，进入全民所有制。"

他又说："现在，我们有些人大有要消灭商品生产之势。他们向往共产主义，一提商品生产就发愁，觉得这是资本主义的东西，没有分清社会主义商品生产和资本主义商品生产的区别，不懂得在社会主义条件下利用商品生产的作用的重要性。这是不承认客观法则的表现，是不认识五亿农民的问题。在社会主义时期，应当利用商品生产来团结几亿农民。我以为有了人民公社以后，商品生产、商品交换更要发展，要有计划地大大发展社会主义的商品生产，例如畜产品、大豆、黄麻、肠衣、果木、皮毛。现在有人倾向不要商业了，至少有几十万人不要商业了。这个观点是错误的，这是违背客观法则的。"

他还说："商品生产不能与资本主义混为一谈。为什么怕商品生产？无非是怕资本主义。现在是国家同人民公社做生意，早已排除资本主义，怕商品生产做什么？不要怕，我看要大大发展商品生产。"①

针对陈伯达、张春桥等人的错误的观点和主张，毛泽东气愤地说："现在秀才（指陈伯达）要造反了，你们知道不知道？今天我给大家开课，讲《苏联社会主义经济问题》。"他结合我国的具体实践，领着与会同志逐章逐段地分析了斯大林的这本书，驳斥了陈伯达的错误观点。对于斯大林著作中的观点，毛

---

① 《毛泽东文集》第7卷，人民出版社1999年版，第436—439页。

泽东有肯定和发挥,也有否定和商榷。他针对当时公社化运动中普遍存在的混淆社会主义与共产主义、集体所有制与全民所有制的情况,明确指出,必须划清这两种界限,肯定现阶段是社会主义,肯定人民公社是集体所有制。同时,关于商品生产和价值法则,从现实出发,从理论上作了精辟的阐述。

针对当时一些领导同志思想上的错误观点和模糊认识,毛泽东进一步指出:"人民公社的经济主要是自给经济的说法不对。公社要扩大社会交换,要尽量生产能和本地、本省、本国和世界交换的东西。公社不能'小国寡民',要搞多种经济作物,要搞工业,扩大生产可交换的产品。农业人口可以减少一半,就地搞到工业中去。为什么要5亿人口搞农业?农业和工业要有一个大的分工。苏联集体农庄不办工业,无法消灭城乡差别。商品、工资、价值法则、经济核算、价格、货币,这些概念在目前阶段还有它的积极作用。我们是为了消灭商品生产而发展商品生产,正如为了消灭专政而加强专政一样。商品,如斯大林所说'只限于个人消费品'货币,行不通。还有农业工具(包括拖拉机)、手工业工具也是商品。这样是否会导致资本主义?不会。斯大林把拖拉机完全由国营拖拉机站垄断,不卖给集体农庄。赫鲁晓夫不是把农业机械卖给农庄了吗?农庄并没有因此而变成资本主义嘛!历来就有商品生产,现在加上一种社会主义商品生产。"[①]

在"关于社会主义制度下的价值法则"一章,毛泽东在价值法则发生作用的范围、价值法则受到限制等处也都画了着重

---

① 《缅怀毛泽东》下,中央文献出版社1993年版,第340—342页。

二、读马列著作终身不懈

线，天头、句末还画上了圈圈。

在斯大林讲到社会主义条件下商品生产的"活动范围只限于个人消费品"的地方，毛泽东则写道："限于个人消费品吗？不，在我国，农业和手工业生产工具也是商品。是否会导致资本主义呢？不。"① 书中还有许多的批注和批画情况，这些批注和批画反映了当时毛泽东对社会主义社会发展商品生产的一些基本观点，在一定程度上澄清了我国社会主义建设过程中出现的一些混乱认识问题。

毛泽东不仅自己下功夫读《苏联社会主义经济问题》，而且要求中央、省市自治区、地、县四级党委委员同志读这本书。1958年11月9日，毛泽东亲自给中央、省市自治区、地、县四级党委委员写信。他在信中写道：

> 不为别的，单为一件事：向同志们建议读两本书。一本，斯大林著《苏联社会主义经济问题》；一本，《马恩列斯论共产主义社会》。每人每本用心读三遍，随读随想，加以分析，哪些是正确的（我以为这是主要的）；哪些说得不正确，或者不大正确，或者模糊影响，作者对于所要说的问题，在某些点上，自己并不甚清楚。读时，三五个人为一组，逐章逐节加以讨论，有两至三个月，也就可能读通了。要联系中国社会主义经济革命和经济建设去读这两本书，使自己获得一个清醒的头脑，以利指导我们伟大的经济工作……

---

① 《建国以来毛泽东文稿》第7册，中央文献出版社1992年版，第672页。

27

为此目的，我建议你们读这两本书。将来有时间，可以再读一本，就是苏联同志们编的那本《政治经济学教科书》。乡级同志如有兴趣，也可以读。①

关于为什么要读这两本书，怎样读这两本书，毛泽东在信中都写得清清楚楚。1958年11月初，参加第一次郑州会议的每位同志发了这两本书。会上，毛泽东带领大家边读边议，使与会同志受到深刻的启示和教育。

毛泽东在信中要求读的另一本书《马恩列斯论共产主义社会》一书，也有很大篇幅讲到社会主义的经济问题。毛泽东读这本书时，在有关国家消亡、公有制的建立、共产主义社会的物质基础、共产主义社会中生产可以大大发展、有计划地发展生产、充分地发挥群众的创造性、共产主义劳动等论述的地方，几乎通篇都画满了直线、双直线、三直线、圈、曲线，重要的段落旁边还画了竖线、圈等标记。我们看到，在列宁的《苏维埃政权的当前任务》一文中，毛泽东在"我们甚至不可能确切地想象到，在社会主义制度下蕴藏着怎样的力量，和能够发挥出怎样的力量。我们的任务就是为这些力量扫清道路"这段话下面画了着重线、曲线，在其后面连着画了五个圈。在《伟大的创举》一文中，毛泽东也作了圈画。"劳动生产率，归根到底是保证新社会制度胜利的最重要最主要的东西，资本主义造成了在农奴制度下所没有过的劳动生产率。资本主义可以被彻底战胜，而且一定会被彻底战胜，因为社会主义能造成新的高得

---

① 《毛泽东书信选集》，中央文献出版社2003年版，第508—509页。

多的劳动生产率。……共产主义就是利用先进技术的、自愿自觉的、联合起来的工人所创造出来的较资本主义更高的劳动生产率。共产主义星期六义务劳动非常可贵，它是共产主义的实际开端，而这是极其难得的，因为我们现时所处的阶段，'只是实行最初步骤从资本主义向共产主义过渡'（正如我们党纲中完全正确地指出的那样）。"这段文字的下面画着着重线，其中好几句的后面都画着三个圈。这段文字的旁边还画着竖的双直线和三个圈。从毛泽东在这本书上的批画也能看出，他对当时经济革命和经济建设中的实际问题是非常重视的。同时，我们可以看到他对社会主义制度的优越性有着坚定不移的信念，对群众的社会主义积极性有着高度的信任。

直到 1961 年 6 月 12 日上午，毛泽东在中央工作会议结束时的讲话中又建议大家再读一读斯大林的《苏联社会主义经济问题》。他说：这本书只有极少数个别问题有毛病，我最近又看了三遍。他讲客观规律，把社会科学的这种客观真理，同自然科学的客观真理并提，你违反了它，就一定要受惩罚。我们就是受了惩罚，最近三年受了大惩罚。①关于《苏联社会主义经济问题》一书，毛泽东在会上说"我最近又看了三遍"。本书从 1953 年中文版出版以来，特别是从 1958 年以来，他多次强调，号召大家读这本书。这次他说"又看了三遍"，他看过的本子至少有四种，在多种会上还与大家一起读，一起讨论。这本书，毛泽东不知读了多少遍！

---

① 《毛泽东传》第五册，中央文献出版社 2011 年版，第 2128 页。

2. 读苏联《政治经济学教科书》(社会主义部分)

《政治经济学教科书》是由苏联科学院经济研究所研究人员集体编写的。

1960年初，毛泽东读苏联《政治经济学教科书》时说："我们党里有人说，学哲学只要读《反杜林论》、《唯物主义和经验批判主义》就够了，其他的书可以不必读。这种观点是错的。马克思这些老祖宗的书，必须读，他们的基本原理必须遵守，这是第一。但是，任何国家的共产党，任何国家的思想界，都要创造新的理论，写作新的著作，产生自己的理论家，来为当前的政治服务。单靠老祖宗是不行的。只有马克思和恩格斯，没有列宁，不写出'两种策略'等著作，就不能解决一九〇五年和以后出现的新问题。单有一九〇八年的《唯物主义和经验批判主义》，还不足以对付十月革命前后发生的新问题。适应这个时期革命的需要，列宁就写了《帝国主义论》、《国家与革命》等著作，列宁死了，又需要斯大林写出《论列宁主义基础》和《列宁主义问题》这样的著作，来对付反对派，保卫列宁主义。我们在第二次国内革命战争末期和抗战初期写了《实践论》、《矛盾论》，这些都是适应于当时的需要而不能不写的。现在，我们已经进入社会主义时代，出现了一系列的新问题，如果单有《实践论》、《矛盾论》，不适应新的需要，写出新的著作，形成新的理论，也是不行的。"[①] 这段意味深长的话，足以表明毛泽东读马列著作、学习研究马列著作的态度。

---

① 《毛泽东传》第五册，中央文献出版社2011年版，第2011—2012页。

二、读马列著作终身不懈

正是在这个思想指导下，毛泽东在1963年提出要为马列主义经典著作写序、作注。

毛泽东读苏联《政治经济学教科书》（社会主义部分），时间集中在20世纪50年代后期和60年代前期。在这一时期，他不仅自己读，而且号召党的各级领导干部读。他要求"每人每本用心读三遍，随读随想，加以分析"。这一时期几种不同版本的苏联《政治经济学教科书》，他都用心读过，从种种批注的笔迹和批画的情形来看，许多篇章他至少读过五遍以上。读书的方式有三种：一是自己一个人读，随读随想；二是与其他几个人一起读，边读边议；三是在会议上与与会人员一起读，边读边想边讲。总之，毛泽东读苏联《政治经济学教科书》下了很多功夫。为什么这样下功夫读这本书呢？最主要的目的就是使自己获得一个清醒的头脑，以便更好地指导当时国家的经济工作。通过读马列著作和苏联《政治经济学教科书》来统一大家思想，纠正思想认识上的一些模糊观念。

从1958年11月至1960年1月，毛泽东曾经多次号召党的各级领导干部读苏联《政治经济学教科书》。

1958年11月9日，毛泽东在致中央、省市自治区、地、县四级党委委员的信中，建议广大干部有时间可以读读苏联编的那本《政治经济学教科书》。

1958年11月21日在武昌政治局会议上，毛泽东又批示印发中国科学院经济研究所整理的《苏联〈政治经济学教科书〉第三版的重要修改和补充》给与会人员。他在会议的讲话中说："苏联《政治经济学教科书》第三版的要点，你们看一下。我们这些人，包括我在内，社会主义经济规律是什么东西，过去是不管它的;现在我们真正搞起来了,全国也议论纷纷。斯大林的书,我们要看一下,《政治经济学教科书》也要看,每人发一本,把社会主义部分看一遍。"

1958年12月在八届六中全会上,毛泽东说:"郑州会议提出研究斯大林这本书,苏联的《政治经济学教科书》,还有一本《马恩列斯论共产主义社会》。大家没有看,要拿出几个月时间请各省组织一下。"

1959年7月2日,毛泽东在庐山会议的开幕式上说:"有鉴于去年许多领导同志对于社会主义经济问题还不大了解,不懂得经济发展规律,有鉴于现在工作中还有事务主义,应当好好读书。中央、省、市、地委一级委员,包括县委书记,要读《政治经济学教科书》(第三版)。时间三至六个月,或者一年……这些同志不要像热锅上的蚂蚁……要使他们有时间想想问题……去年有了一年的实践,再读书会更好些。学习苏联,要读《政治经济学教科书》,教科书有缺点,但比较完整。"[①]

1960年1月,在上海中央工作会议讨论国民经济计划时,毛泽东再次号召领导干部要学习苏联《政治经济学教科书》。他说:"我有一个建议,中央各部门的党组,各省、市、自治区党委,应组织起来读《政治经济学教科书》,先读下半部(社会主义部分)。……以第一书记挂帅,组织个读书小组,把它读一遍。至于上半部(资本主义部分),也要定个期限。今年主要精力恐怕是读经济学。"

毛泽东深感各级干部非常缺乏经济学的知识,包括他自己

[①] 《毛泽东文集》第8卷,人民出版社1999年版,第76页。

都需要加强这方面的学习和思考。所以，在号召各级领导干部学习的同时，从 1959 年 12 月到 1960 年 2 月，他自己带头读书，还组成了一个读书小组，与他一起读《政治经济学教科书》。采取边读边议的方法，逐章逐节阅读和讨论。

关于当时读书的情况，邓力群有一个比较详细的回忆：

> 正在杭州的毛主席，指定陈伯达、胡绳、田家英和我同他一起读苏联科学院经济研究所编的《政治经济学教科书》（第三版）社会主义部分。"教科书"分上下两册，上册十九章，主要讲资本主义部分；下册从第二十章起，至第三十六章共十七章，连同结束语，讲社会主义部分。这次计划读的部分是下册。毛泽东对这次读书活动亲自安排，规定每天下午一起读书，并吩咐胡绳、田家英和我轮流诵念，边读边议。我们三个人又商量了一下，作了分工：他们俩轮流朗读，我作记录。12 月 10 日读书开始，边读边议，听毛主席谈话，大家也插几句话。毛主席起初未注意我们的分工，问我：你怎么不读？我说：我的口音不标准。毛主席看看我，知道我在作记录，就没说什么。
>
> 在杭州前后二十五天，除去三个星期日和 1960 年元旦，实际读书的时间是二十一天。每天下午读，一般从四时左右起到九时左右吃晚饭止；也有时从二时、五时、六时开始读，到七时、七时半、十时结束。
>
> 记得 12 月 19 日是个星期六，晚上九时读书结束，宣布星期日放假一天，胡绳、田家英和我想利用假期到苏州逛一逛，当晚出发，夜半到达，为了不误读书，我们又乘

夜车于星期一早晨赶回来。

26日，是毛主席六十六岁生日，也没有中断读书。只是毛主席要我们读书小组的几位同志同他一起吃晚饭。客人只请了当时在浙江工作的江华及其夫人吴仲廉两位。江华是井冈山时期的老同志。饭后，毛主席赠给每人一册线装本《毛泽东诗词集》（应是《毛泽东诗词十九首》）和他当时写的两首词作为纪念。

我们读书的地点是西湖畔丁家山的一所平房，上丁家山只能步行。30日，下雨，毛主席依然拄着手杖登上丁家山读书，从下午六时读至十时，读了二十页，是读得最多的一天。

1960年1月3日是星期日，照常读书。

在杭州的这段时间，读完了第三十二章，第三十三章开了头。我每天记录，并在梅行同志帮助下，当天整理一遍。离开杭州前，将已读部分谈话记录整理成册，并冠以《读〈政治经济学教科书〉（社会主义部分）笔记》。经胡绳、田家英看过，做了个别文字改动。

1月4日，我们和毛主席离开杭州，去上海准备参加1月7日至17日在这里举行的政治局扩大会议。

5日下午，在停靠上海站的火车上，读完了第三十三章，我即把整理好的记录交给中央办公厅，请他们打印、分送政治局常委。

政治局扩大会议分组讨论时，各组要求参加毛主席读书小组的人传达毛主席读书时的谈话内容。我被分到朱德、邓小平同志所在的组。我问："毛主席没叫传达，可以传达吗?"邓小平同志说:"可以传达。"于是,我按照整理的记录详详细细地做了传达。陈伯达、胡绳、田家英也在其他小组里分别传达了毛主席读书的谈话内容。

毛泽东读书很认真,一边听朗读,一边看书本,还不时在一些提法下面画横道,或者在旁边画竖道,打记号。当时我坐在毛主席旁边,也跟着他在我读的那本书上照样画。从头到尾,都这样画。有的段落,毛主席画了以后接着就发表议论,有的长,有的短。我把毛主席的这些议论记录在自己的笔记本上。有的段落,毛主席没有发表议论,只是说了"对""好""正确""赞成""同意",或者"不对""不正确""不赞成""不同意",或者一两句话,这类肯定或者否定的评语,我就记在自己读的教科书上。有的段落画了以后,毛主席既没有发表议论,也没有说对与不对。

胡乔木同志在上海会议上听了传达后,把毛主席读书的谈话记录和我读的那本书一起拿去看了。看完以后,他对我说:你那本书上有跟着毛主席画了杠的地方,有毛主席的简单的旁批,这些内容记录里面没有整理进去。据他看,整理的记录内容,批评教科书的居多,肯定的偏少;而旁批肯定教科书的是多数,批评的是少数;只有把这两部分合起来,才能够全面地完整地反映毛主席读书的见解。乔木这个意见是正确的。

上海会议结束后,我们随毛主席去广州,在白云山读完了第三十四章至第三十六章和结束语,至此"教科书"下册读完,时值1960年2月9日。陶铸、胡乔木同志参加了这段读书活动。①

毛泽东读《政治经济学教科书》谈话，经邓力群等人进行整理，形成了一个比较完整的近十万字的谈话记录。谈话内容涉及的范围非常广泛，包括哲学、经济学、科学社会主义、国际问题、当时国内的一些政策问题，以及对一些历史事件和历史人物的评价等。

毛泽东读这本书，有三个显著特点，一是紧密结合中国的实际，结合当时中国正在做的事情和他个人正在思考的问题，发表议论。有些是有感而发，有些是带有总结经验的性质，并且从中国的经验同苏联的经验相比较中，来探讨一些问题。二是独立思考，理性分析。他说这次读书采取了"跟着书走"的方法，是为了了解作者的观点和方法。但他的思想并没有跟着书走，既肯定正确的东西，又大胆怀疑，提出许多不同的观点和独到的见解。三是作为一个革命家、政治家、战略家，而不是作为一个学者来读。他不是在那里坐而论道，而是结合读书考虑中国应该怎样做。

毛泽东读《政治经济学教科书》谈话中，提出许多重要的思想观点。例如：关于怎样掌握完整的世界观和方法论的问题；关于如何认识规律的问题；关于如何研究政治经济学的问题；关于生产力的大发展，总是在生产关系改变以后而不是生产关系改变之前的观点；关于社会主义社会两种所有制问题；关于

---

① 邓力群为中华人民共和国国史学会1998年1月印的《毛泽东读社会主义政治经济学批注和谈话》（清样本）写的后记。《毛泽东传》第五册，中央文献出版社2011年版，第2001—2003页。

劳动生产过程中人与人的关系问题；关于社会主义条件下价值规律的作用问题；关于社会主义国家怎样对待物质利益原则的问题；关于社会主义社会发展阶段论的观点；关于中国四个现代化的提法问题；关于战争与和平的问题；关于任何国家的共产党都要创造新的理论的问题。

运用对立统一规律，分析矛盾，是毛泽东一生中观察问题、研究问题和处理问题的根本方法。

毛泽东用对立统一规律，来说明量变与质变的关系，说明量变中就有部分质变的道理。部分质变论，并不是毛泽东最先提出的，但他重新提起并加以发挥，在中国哲学界产生了广泛影响。这个观点，不仅有哲学意义，还有实践意义。就像他所说的："在一个长过程中，在进入最后的质变以前，一定经过不断的量变和许多的部分质变。这里有个主观能动性的问题，如果我们在工作中，不促进大量的量变，不促进许多的部分质变，最后的质变就不能来到。"①

关于如何认识事物规律的问题，毛泽东说："要认识事物发展的规律，必须进行实践，在实践中必须采取马克思主义的态度来进行研究，而且必须经过胜利和失败的比较。反复实践，反复学习，经过多次胜利和失败，并且认真进行研究，才能逐步使自己的认识合乎规律。只看见胜利，没有看见失败，要认识规律是不行的。"② 毛泽东批评《政治经济学教科书》总是先下定义，从规律出发来解释问题，有点像政治经济学辞典。他

---

① 《毛泽东文集》第8卷，人民出版社1999年版，第107页。
② 《毛泽东文集》第8卷，人民出版社1999年版，第104—105页。

说：" 规律自身不能说明自身。规律存在于历史发展的过程中。""不从历史发展过程的分析下手,规律是说不清楚的。""研究通史的人,如果不研究个别社会、个别时代的历史,是不能写出好的通史来的。研究个别社会,就是要找出个别社会的特殊规律。把个别社会的特殊规律研究清楚了,那末整个社会的普遍规律就容易认识了。要从研究特殊中间,看出一般来,特殊规律搞不清楚,一般规律是搞不清楚的。"[①] 这里,他为人们指出了一个研究和认识规律的基本方法。

关于如何研究政治经济学,他说:"我们要以生产力和生产关系的平衡和不平衡,生产关系和上层建筑的平衡和不平衡,作为纲,来研究社会主义社会的经济问题。政治经济学研究的对象是生产关系,但是要研究清楚生产关系,就必须一方面联系研究生产力,另一方面联系研究上层建筑对生产关系的积极作用和消极作用。这本书提到了国家,但没有加以研究,这是这本书的缺点之一。当然,在政治经济学的研究中,生产力和上层建筑这两方面的研究不能太发展了。生产力的研究太发展了,就成为自然科学、技术科学了;上层建筑的研究太发展了,就成为阶级斗争论、国家论了。"[②]

"政治经济学和唯物史观难得分家。"毛泽东根据世界历史的发展进程,阐述了生产力、生产关系、上层建筑这三者之间的辩证关系。他说:"从世界的历史来看,资产阶级工业革命,不是在资产阶级建立自己的国家以前,而是在这以后;资本主

---

① 《毛泽东文集》第 8 卷,人民出版社 1999 年版,第 106 页。
② 《毛泽东文集》第 8 卷,人民出版社 1999 年版,第 130—131 页。

二、读马列著作终身不懈

义的生产关系的大发展，也不是在上层建筑革命以前，而是在这以后。都是先把上层建筑改变了，生产关系搞好了，上了轨道了，才为生产力的大发展开辟了道路，为物质基础的增强准备了条件。当然，生产关系的革命，是生产力的一定发展所引起的。但是，生产力的大发展，总是在生产关系改变以后。""一切革命的历史都证明，并不是先有充分发展的新生产力，然后才改造落后的生产关系，而是要首先造成舆论，进行革命，夺取政权，才有可能消灭旧的生产关系。消灭了旧的生产关系，确立了新的生产关系，这样就为新的生产力的发展开辟了道路。"① 这是一个重要的理论观点，从根本上说，反映了世界历史发展规律。问题在于，在运用这个理论观点指导社会实践的时候，不能以为只要不断地改变生产关系，自然而然地就能推动生产力的发展，也不能脱离生产力发展的水平对生产关系的变革提出过高过急的要求。

毛泽东特别重视在劳动生产中人与人的关系问题。这是他自 1956 年社会主义改造基本完成以来，特别是 1958 年南宁会议以来，不断强调的一个问题，形成了他的一个思想特点，并且用于指导实践。读这本教科书时，他又反复讲这个问题。他说："所有制问题基本解决以后，最重要的问题是管理问题。""这方面是大有文章可做的。"劳动生产中人与人的关系，"是改变还是不改变，对于推进还是阻碍生产力的发展，都有直接的影响"。② 在社会主义条件下，劳动生产中人与人之间，应当是

---

① 《毛泽东文集》第 8 卷，人民出版社 1999 年版，第 131—132 页。
② 《毛泽东文集》第 8 卷，人民出版社 1999 年版，第 135 页。

一种什么样的关系呢？毛泽东的意见是：对领导人员来说，要"以普通劳动者姿态出现，以平等态度待人"。对企业的管理人员来说，要"采取集中领导和群众运动相结合，工人群众、领导干部和技术人员三结合，干部参加劳动，工人参加管理等"。①他还进一步指出，劳动者最大的权利是管理权，包括管理国家、管理军队、管理各种企业、管理文化教育。这些体现了毛泽东对工人阶级和其他劳动者的权利和主人翁地位的维护和尊重，反映了毛泽东的民主观和平等观。

毛泽东在读苏联《政治经济学教科书》的谈话中，首次提出社会主义发展阶段论，说："社会主义这个阶段，又可分为两个阶段，第一个阶段是不发达的社会主义，第二个阶段是比较发达的社会主义。后一个阶段可能比前一个阶段需要更长的时间。"②把社会主义社会划分成不发达的和发达的两个阶段，是在探索符合中国实际的社会主义过程中得出的重要论断。这是一个科学的创见。

实现四个现代化，是中国共产党在新中国成立以后不久提出来的全国人民的奋斗目标，最早见之于周恩来1954年在一届全国人大一次会议所作的《政府工作报告》中："建设起强大的现代化的工业、现代化的农业、现代化的交通运输业和现代化的国防。"后来，毛泽东在1957年发表的《关于正确处理人民内部矛盾的问题》和《在全国宣传工作会议上的讲话》中，改变了这个表述，"建设一个具有现代工业、现代农业和现代科学

---

① 《毛泽东文集》第8卷，人民出版社1999年版，第135页。
② 《毛泽东文集》第8卷，人民出版社1999年版，第116页。

文化的社会主义国家"。1958年中共八届二次会议的决议采用了毛泽东的提法。它不仅在物质文明建设方面,而且在精神文明建设方面,不仅对发展生产力,而且对发展文化都提出了现代化的要求,但是没有提国防现代化(交通运输业可归入工业,因而可不单独列出)。这次毛泽东读《政治经济学教科书》时,提出"要加上国防现代化"。这样,对"四个现代化"就形成了比较完整的表述。后来,周恩来在政府工作报告中又把其中的"科学文化现代化"改为"科学技术现代化",一直沿用了下来。

关于战争与和平问题,毛泽东也谈了一些意见,主要有以下这些:

"一九五九年,欧洲十几个国家共产党的会议中说,现在出现了永远消灭战争的可能性,出现了把一切物力、财力利用来为全人类服务的可能性。这种说法,没有马克思主义,没有阶级分析,没有把资产阶级和无产阶级区别开来。""只要阶级斗争存在,战争总有一天不可避免。第二次世界大战以后,在全世界范围内,局部战争没有断过。美帝国主义现在的战略是,在准备大战的条件下,搞局部战争,连锁反应,一个一个地吃掉我们。这当然是不可能实现的。""世界大战还是有两种可能性。即使签订了不打仗的协定,战争的可能性也还存在。帝国主义要打的时候,什么协定也不算数。至于打起来用不用原子弹、氢弹,那是另一个问题。""我们是希望不打世界大战的,我们是希望和平的。争取十年、二十年的和平,是我们最早提出的主张。如果能够实现这个主张,对整个社会主义阵营,对我们的社会主义建设，都是很有利的。"①

这些意见代表了当时中国共产党在战争与和平问题上的基本看法。随着国际形势的发展，这个问题后来演变成为中苏论战的一个重要方面。

毛泽东在读《政治经济学教科书》谈话中提出，哲学家都是为政治服务的。他说，冯友兰在《四十年的回顾》中，用自己的事实驳斥了所谓哲学不为政治服务的说法。

毛泽东读《政治经济学教科书》，赞同性意见主要有两条：

第一，关于十月革命普遍规律和各国具体特点相结合的问题。《政治经济学教科书》认为十月革命"树立了一个榜样，表明任何国家的无产阶级革命的基本内容应当是怎样的"，各国社会主义革命"在主要方面和基本方面是一致的"；"但是它在每一个脱离了帝国主义体系的国家中必然具有自己特别的具体的社会主义建设的形式和方法，这些形式和方法是由每一个国家发展的历史、民族、经济、政治和文化条件，人民的传统，以及某一个时期的国际环境产生的。"这段话甚合毛泽东把马克思列宁主义普遍原理同各国具体实际相结合的一贯思想，无疑受到他的赞赏。他说：我们始终强调要按照十月革命的道路办事，要讲"任何国家"无产阶级革命的"基本内容"都是一样的，这就和修正主义者对立起来了。"每一个"国家都"具有自己特别的具体的社会主义建设的形式和方法"。这个提法好。莫斯科宣言中，就讲到了普遍规律和具体特点相结合的问题。

---

① 《毛泽东传》第五册，中央文献出版社 2011 年版，第 2011 页。

第二，关于无产阶级社会主义革命的客观必然性。《政治经济学教科书》认为"资本主义生产方式的发展和资产阶级社会中的阶级斗争的整个进程，不可避免地会使社会主义用革命手段代替资本主义"。由"生产关系适合生产力性质的规律"便"产生无产阶级社会主义革命的客观必然性"。这个观点同样深为毛泽东所赞赏。

毛泽东认为，社会主义要"代替"资本主义，是"不可避免"的，要"用革命手段"。这个提法好，不能不这样讲。"无产阶级社会主义革命的客观必然性"，这个"客观必然性"很好，很令人喜欢。既然是客观必然性，就是不以人们的意志为转移，也就是不管你决议里是赞成还是不赞成，它也还是"客观必然性"。

不过，毛泽东也对无产阶级社会主义革命的客观必然性提出了他的疑问："革命为什么不首先在西方那些资本主义生产水平高、无产阶级人数很多的国家成功，而首先在东方那些资本主义生产水平比较低、无产阶级人数比较少的国家成功，例如俄国和中国，这个问题要好好研究。"

毛泽东清醒地认识到："在资本主义有了一定发展水平的条件下，经济愈落后，从资本主义过渡到社会主义是愈容易，而不是愈困难。人愈穷，才愈要革命。西方资本主义国家的就业人数比较多，工资水平比较高，劳动者受资产阶级的影响很深，在那些国家进行社会主义革命，现在看并不容易。这些国家……重要问题是人的改造。"即是说，"在目前的情况下，越往西越富，革命也越困难"。

那么，无产阶级社会主义革命的客观必然性又如何体现呢？

毛泽东虽然提出了这个极有意义的问题，也看到了理论与现实的反差，但是无论是研究思路还是结论都是值得讨论的。毛泽东认为列宁的观点是正确的。列宁指出："由于历史进程的曲折而不得不开始社会主义革命的那个国家愈落后，它由旧的资本主义关系过渡到社会主义关系就愈困难。"唯其如列宁所说，由于历史进程的曲折性而不得不开始社会主义革命的落后国家才需要有一个相当历史时期的社会主义初级阶段。

又如关于无产阶级专政的"实质"问题。毛泽东认为，《政治经济学教科书》说到无产阶级专政的"实质"，说到社会主义革命的"主要任务"，都没有提到对敌人的镇压，也没有提到阶级的改造问题，"这是一个很大的缺点"。他不仅重申马列主义关于无产阶级专政的"国家即组织成为统治阶级的无产阶级"和"国家的性质是一个阶级压迫另一个阶级的机器"，而且认为即使共产主义建成后国内没有需要压迫的敌对势力了，对于国外的敌对势力，国家的性质也还没有变。与此相关联，他认为《政治经济学教科书》中"无产阶级专政是真正的民主"的说法，也"不确切"。因为民主只能说有资产阶级的民主，有无产阶级的民主；有少数人的民主，有大多数人的民主。

毛泽东在领导中国社会主义改造和建设中，发表了富有创造性的意见。例如向共产主义过渡及共产主义的阶段性问题。对于这样一个科学社会主义理论的新问题，毛泽东提出了革命的多阶段说。他认为，一种生产关系代替另一种生产关系是质的飞跃，就是社会革命；由社会主义的按劳分配转变为共产主义的按需分配是生产关系的变革，因而也不能不是革命。从社会主义过渡到共产主义是革命，从共产主义的这一阶段过渡到另一阶段，也是革命。共产主义一定会有很多阶段，因此也一定会有很多的革命。他甚至认为共产主义社会"可能要经过几万个阶段"。

毛泽东读《政治经济学教科书》不仅提出政治经济学要接触生产力的重要观点，而且重申他在延安的思想，强调干革命是为生产力的发展扫清道路。1944年3月12日，他在关于边区文化教育问题的谈话中说："搞政治、搞政府、搞军队，为的是什么？就是要破坏妨碍生产力发展的旧政治、旧政府、旧军队。"[①] 1944年5月22日，毛泽东在陕甘宁边区工厂厂长及职工代表会议上说："中国落后的原因，主要的是没有新式工业。"[②] 他在七大政治报告《论联合政府》中实际上提出了生产力标准："中国一切政党的政策及其实践在中国人民中所表现的作用的好坏、大小，归根到底，看它对于中国人民的生产力的发展是否有帮助及其帮助之大小，看它是束缚生产力的，还是解放生产力的。"[③]

针对《政治经济学教科书》中所述的"社会主义阵营各国经济发展的国际分工"，毛泽东明确提出中国要有自己的经济体系。《政治经济学教科书》中说："在社会主义阵营，没有也不可能有经济扩张、不等价交换、竞争、强国剥削和奴役弱国等。"毛泽东旁批道："事实上有。"而针对书中所述"社会主义各国之间的多方面的合作，以完全平等、互助尊重国家利益和

---

① 《毛泽东文集》第3卷，人民出版社1996年版，第108页。
② 《毛泽东文集》第3卷，人民出版社1996年版，第146页。
③ 《毛泽东选集》第3卷，人民出版社1991年版，第1079页。

社会主义互助为基础,"他又批道:"事实上也没有做到。"书中写到中国情况则有不同,"它是一个大国,人口居世界第一,拥有丰富的种类繁多的自然资料,因此它自然给自己提出建立完整的工业体系的任务,同时,中华人民共和国也参加社会主义的国际分工的体系,并享有这个体系的一切好处。"毛泽东读到这里批道:"这段写法可以。要知道这是经过我们同他们争论,才这样写下的。过去,他们和东欧的一些国家都曾经要我们不搞完整的工业体系。"

建立中国自己的经济体系,这既是毛泽东独立自主思想的体现,又是世事洞明的远见,毛泽东在读苏联《政治经济学教科书》的谈话中说:"欧洲好处之一,是各国林立,各搞一套,使欧洲经济发展较快,我国自秦以来形成大帝国……缺点之一是官僚主义,统治很严,控制太死,地方没有独立性,不能独立发展,大家拖拖沓沓,懒懒散散,过一天算一天,经济发展很慢。"同时,他又对"似乎想用经济力量来控制别的国家"的大国沙文主义保持着警惕,认为我们这个人口众多的国家,必须有自己的经济体系,包括工业和农业。特别是农业更要搞好,吃饭靠国外,危险得很。

毛泽东对《政治经济学教科书》特别是其下册"社会主义部分"的评价为:"是有严重错误的马克思主义的书。"一方面,"斯大林在世时定下的这本书的架子,就不太高明。他死后的修改本,内容上删掉了斯大林的一些好东西,增加了二十次代表大会的不少坏东西,这是一个很大的退步,而书的架子没有什么变动"。"这本书的写法很不好,总是从概念入手","是先下定义,不讲道理",并且"只讲物质前提,很少涉及上层建筑,即：阶级的国家，阶级的哲学，阶级的科学"。① 他的这些批评意见在观点上显然反映了当时中苏开始交恶的意识形态分歧，毛泽东认为苏共二十大出了"修正主义"。

同时，毛泽东认为"苏联教科书的整个结构是从所有制变革开始，这样一种写法，原则上是可以的"。特别是，"写出一本社会主义、共产主义政治经济学教科书，现在说来，还是一件困难的事情。有英国这样一个资本主义发展成熟的典型，马克思才能写出《资本论》。社会主义的历史，至今还不过四十多年，社会主义社会的发展还不成熟，离共产主义的高级阶段还很远，现在就要写出一本成熟的社会主义共产主义政治经济学教科书，还受到社会实践的一定限制"。② 毛泽东的这种说法是很有道理的。不经过一定的社会实践和反复的理性思考，是很难写出比较成熟的理论著作的。

以上摘引的，只是毛泽东读苏联《政治经济学教科书》谈话中的一部分，远远不能涵盖谈话的全部内容。毛泽东读苏联《政治经济学教科书》谈话相当系统地反映了他的理论观点和政策思想，既有对原著的具体赞同，也有对原著的具体批评，尤其是他结合中国革命和经济建设的实际，发表了许多富有独创性的意见。其中有许多观点和思想，对全党不但有着理论指导作用，而且有着直接的政策指导作用。对纠正"大跃进""人民公社"建设中的错误等都起了很好的作用。

---

① 参见《毛泽东文集》第8卷，人民出版社1999年版，第138、139页。
② 参见《毛泽东文集》第8卷，人民出版社1999年版，第137页。

1960年1月7日至17日，毛泽东在上海主持召开中央政治局扩大会议。在闭幕会的讲话中，他建议中央各部党组，各省、市、自治区党委，都去组织读《政治经济学教科书》，并用批判的方法，不是用教条主义的方法读。

1月18日，毛泽东回到杭州，继续读《政治经济学教科书》。27日到广州，最后读完《政治经济学教科书》。毛泽东这次与其他几个人一起读《政治经济学教科书》，从1959年12月10日开始，到1960年2月9日结束，时间整整两个月。

之后，毛泽东还一次又一次地阅读这些著作。1974年4月1日，苏联列昂节夫著的《政治经济学》新排的大字本印出后，毛泽东还在一次又一次地翻看。《政治经济学名词解释》出版后，毛泽东也多次翻看过。

以上介绍的只是毛泽东读马列主义著作情况的一部分。从1920年读《共产党宣言》起到1976年9月，56年里，毛泽东读的马列著作很多。特别是20世纪60年代他老人家提议编辑出版的30本马列著作大字本，他差不多都一册一册阅读过。许多册上都用红铅笔圈画得密密麻麻。毛泽东读过的马列著作不是几十本，而是几十本的马列著作以及各种不同的版本，这样加在一起，他老人家在56年里读过的马列著作应当是数百本。战争年代、新中国成立之前，他读过的马列著作保存下来的很少。20世纪50年代之后，他老人家读过的各种马列著作都还存放在中南海毛泽东故居里。

毛泽东一生读马列，学习马列著作的思想和实践、精神和方法，最重要的就是要紧密结合实际，紧密结合现实工作和建设事业的实际，一切从实际出发，学是为了用，学了就要用，

二、读马列著作终身不懈

在实践中学,在实践中用,用理论指导实践,用思想指导行动,坚持理论与实践相统一的原则,这就是我们从毛泽东学习马列著作实际中得到的最基本的经验和最重要的启示。

三、读逻辑学论文和专著

关心逻辑问题的学术讨论，潜心阅读和研究逻辑学方面的论文和专著是毛泽东晚年读书生活的一个重要侧面。

1958年6月19日，毛泽东给机要秘书高智写了一封信，全文是这样的：

高智同志：

　　请你在上午找一本一九五六年一月号的《新建设》；再将《哲学研究》一九五七年全年六期（第四期已到）找来为盼！

毛泽东
六月十九日上午七时

　　《新建设》一九五六年全年各期，一九五七年全年各期找来，更好。马特和周谷城两篇在《人民日报》发表的文章，在江青那里，请给我于上午找来。①

20世纪50年代我国学术界兴起对形式逻辑与辩证法问题的讨论。《新建设》杂志上先后发表的关于逻辑的不同观点文章有15篇；1957年《哲学研究》杂志上关于逻辑的文章有2篇，一篇是第3期刊登的苏联哲学家普·柯普宁的《论辩证法、逻辑

---

① 《建国以来毛泽东文稿》第7册，中央文献出版社1992年版，第277页。

三、读逻辑学论文和专著

与认识论的统一》，一篇是第4期刊登的本刊编辑部的《关于形式逻辑与辩证法问题的讨论》。据高智回忆，毛泽东当时是在研究形式逻辑。他虽然没有直接参与关于逻辑问题的讨论，但对这场学术讨论很为关注。他对逻辑问题的研究下了不少功夫，读过很多论文和专著，形成了自己独特的看法。上述信中提到的"马特和周谷城两篇在《人民日报》发表的文章"，是指《人民日报》1958年4月15日发表的马特的《关于逻辑问题的讨论》和1958年6月14日发表的周谷城的《六论形式逻辑与辩证法——略答马特》。马特的文章虽然是对有关讨论情况的综述，但是带有明显的倾向性，他把这场学术争论看作"两条不同的学术路线的斗争"，把周谷城和王方名的观点说成"是一条逻辑理论中的修正主义路线"。周谷城的《六论形式逻辑与辩证法——略答马特》与马特的文章是针锋相对的。这两篇文章在《人民日报》上刊登后，毛泽东当天就看到了，阅读之后还吩咐江青把这两天的《人民日报》收存起来。据当时为毛泽东管理图书的逄先知[①]记载，在周谷城文章发表后的第三天，即6月17日晚上，毛泽东在中南海游泳池住地与周谷城专就形式逻辑问题进行了长时间的谈话。给高智的信就是在这次谈话之后写的。

毛泽东收到1956年和1957年两年各期的《新建设》、1957年全年各期的《哲学研究》及《人民日报》刊登的马特和周谷城两篇文章（三种报刊关于逻辑的文章共19篇）后，大约用了一个星期的时间又一次进行了阅读与研究。为了进一步深入讨论逻辑问题，1958年6月26日，毛泽东再一次邀请康生、陆定

---

① 逄先知，从1950年冬到1966年夏，给毛泽东兼管图书报刊近17年。

一、胡绳、田家英、周谷城等人到中南海游泳池住地座谈逻辑问题。这一次谈话从下午5时45分一直持续到晚上11时30分。从这里我们也能约略看出，毛泽东对研究逻辑问题的兴趣是非常浓厚的。

早在1956年，周谷城就在《新建设》2月号上发表了《形式逻辑与辩证法》一文，并提出了关于形式逻辑的独特见解。周谷城认为：形式逻辑的对象是推论方式，它的法则只是对推论过程的形式规定，它的任务侧重于依据大前提如何推论，却不追问大前提是怎样成立的；它对任何事物都没有主张，因而没有观点上的倾向性，没有阶级性；它既可为辩证法服务，也可为形而上学服务；既能为正确的主张服务，也能为错误的主张服务；在认识活动中，"辩证法是主，形式逻辑是从；主从虽有别，却时刻不能分离"。不能不说，周谷城提出的对辩证法与形式逻辑关系的这种"主从说"对当时比较流行的"高低级说"是一种挑战。

这篇文章一发表"就引起了轩然大波"。新建设杂志社先后收到不少反对文章。周谷城的见解引起了毛泽东的注意。

1957年2月16日，毛泽东召集中央报刊、作家协会、科学院负责同志开会。会上，在讲到批评要有说服力时，毛泽东说，《新建设》上周谷城写了一篇逻辑问题的文章，我看也不错。这是毛泽东对周谷城《形式逻辑与辩证法》一文的公开赞许。

1957年4月10日，毛泽东接见人民日报负责同志和有关人员时还谈到当时哲学界在探讨的形式逻辑。毛泽东说，周谷城的观点比较对，还说："我曾告诉周谷城，人大有个王方名，他

三、读逻辑学论文和专著

的观点和你相同。"这是毛泽东又一次公开赞许周谷城的逻辑文章观点。

中国人民大学王方名在其学校的《教学与研究》上发表的与周谷城观点相似的文章共3篇，分别刊登在当年的第1、2、4期上，均署名"求实"。第一篇是对形式逻辑科学对象问题的质疑。第二篇是对所谓的形式逻辑的客观基础是事物的相对稳定状态和质的规定性的说法的质疑。第三篇是对形式逻辑内容和体系方面的质疑。这3篇文章毛泽东都阅读过，也相当欣赏。后来经毛泽东建议，王方名的这几篇文章还汇集成一小册子《论形式逻辑问题》，1957年10月由中国人民大学出版社作为《教学与研究》丛书出版。

为了进一步深入开展关于逻辑学问题的讨论，1957年4月11日，毛泽东在百忙中挤出时间邀请当时的逻辑学界、哲学界有关人士第二次到中南海颐年堂座谈逻辑学术讨论中提出的问题。应邀到场的除了毛泽东对其观点比较欣赏的周谷城和王方名外，还有金岳霖、冯友兰、郑昕、贺麟、费孝通等人。座谈会上，毛泽东对周、王二人尤为注意，他当着众人的面为周、王二人撮合。他说："你们两人的观点很接近，可以做学术上志同道合的朋友。"毛泽东亲自为周谷城和王方名提供这次聚会的机会，并真诚地希望他们"做学术上志同道合的朋友"。

在这次谈话中，毛泽东并没有当众表明他自己对这场逻辑学讨论的观点，这不能说毛泽东没有自己的看法，用他自己的话说，主要是因为"问题还在争论中"，没有明确说出自己的看法，是为了便于讨论的各方自由发表各自的意见，也是出于对诸多专家学者的尊重，对学术讨论自由的维护。实际上毛泽东并没有掩饰自己的观点，也不避讳什么教条。前文提到的周谷城的《六论形式逻辑与辩证法——略答马特》一文发表后，毛泽东读完很感兴趣，立刻让身边的同志给上海市委打电话，请周谷城从上海到北京中南海来共同讨论逻辑问题。对此，周谷城回忆说：

> 到了中南海，只讲得几句话，主席就把话题转到逻辑问题上。
>
> 他说："问题移到《人民日报》上来了，讨论可能展开。"
>
> 我说："我把形式逻辑与辩证法联系在一块讲，却又把它们严格划分，恐怕不易有人信。"
>
> 主席夹用英文很风趣地说："formal logic 本来就是 formal 的，要把它同辩证法混同，甚至改成辩证法，是不可能的。它是一门独立学问，大家都要学一点。"
>
> 我说："中学高年班、大学初年班学一点是很好的。只怕教不好，学不到手。"
>
> 主席说："懂不懂，当然也有人感觉得是问题。但入了门，学一点，自己在生活实践中要用，总会搞通的。"[①]

从这段对话中，我们可以看出，毛泽东关于形式逻辑问题的讨论是有自己的观点的。他是非常关心和支持逻辑问题的讨论的。

在逻辑学术讨论中，毛泽东第一次召集有关人士在中南海

[①] 《毛泽东同志八十五诞辰纪念文选》，人民出版社1979年版，第190页。

三、读逻辑学论文和专著

颐年堂座谈逻辑问题，是1957年3月15日。参加座谈的人员有：康生、陆定一、胡乔木、胡绳、田家英等。在这次谈话中，毛泽东反复强调了两个观点：一是形式逻辑与辩证法之间没有低级、高级之分（当时毛泽东还举了不少例子说明他的观点）；二是形式逻辑是普遍适用的，没有阶级性。这次谈话清楚地表明，在逻辑学讨论中，毛泽东从一开始就有他自己独到的见解。所谓"无多研究""不敢有所论列"，不过是他的自谦罢了。他之所以不公开参加讨论，显然是为了维护逻辑界刚刚兴起的自由讨论的学术气氛，为了维持他自己一贯主张的而且已经开始形成的"百家争鸣"的局面。

毛泽东上述关于逻辑问题的观点，后来在不同的场合作了进一步的阐述。1965年12月在杭州，一次在谈到有关的逻辑问题时，毛泽东针对与周谷城的"主从说"观点相对立的"高低级说"的逻辑观点，更明确地指出：说形式逻辑好比低级数学，辩证逻辑好比高等数学，我看不对。形式逻辑是讲思维形式的，讲前后不相矛盾的。它是一门专门科学，同辩证法不是什么初等数学和高等数学的关系。数学有算术、代数、几何、微分积分，它包括许多部分。形式逻辑却是一门专门科学。任何著作都要用形式逻辑，《资本论》也要用。形式逻辑对大前提是不管的，要管也管不了。那得由各门科学来管。在这里，毛泽东认为形式逻辑不管前提的思想内容，因而没有阶级性。

1957年，从3月15日到4月10日、11日，不到一个月的时间，毛泽东先后三次与有关人员座谈逻辑问题。1958年6月17日、6月26日，在一个月中，又两次与有关人员聚谈逻辑问题。1958年10月23日外出时，他还嘱咐随行人员带上《逻辑学论文选》（科学院编辑，内部发行）和《穆勒名学》（严译丛书）两种逻辑学论著。

毛泽东学习、研究逻辑学与学习、研究其他的学问一样，总是那样孜孜探求，锲而不舍，网罗各家，兼收并蓄。

到了20世纪60年代，毛泽东学习、研究逻辑学的兴趣仍旧很浓，对逻辑学问题的讨论一直很关注。不少关于逻辑学问题的文章他都用心读过，其中很多文章他还用铅笔圈画过。这些文章的报纸和杂志，现在都还收存在中南海毛泽东故居里。这里仅介绍其中几种。

1961年，王方名公开发表了两篇文章，毛泽东都用心阅读了。一篇是《教学与研究》1961年第1期刊登的《论思维的三组分类和形式逻辑内容的分析问题》，在文中第一部分"思维的三组分类"和第二部分"传统形式逻辑内容问题"中的不少的文字下面，毛泽东都用黑铅笔画上了粗粗的横道。另一篇是《新建设》1961年第4期刊登的《论思维结构和推理的思维结构》，文中第一部分中"思维结构是在人类思维中普遍存在的，只有辩证唯物主义的思维理论出现之后才有可能对它进行科学的解释"，这句话中几乎所有文字下面都画上了横道。在这一部分中，作者在阐述辩证唯物主义的思维理论的两个要点即思维和客观现实、思维和语言的关系后，进一步指出："许多阐述辩证唯物主义的思维理论的论著，基本上只是阐述思维反映客观现实这一根本性方面，对于语言在思维发生过程的作用和地位，常常比较忽略。这种论述在解决思维和事物谁是第一性的根本问题的时候是必要的，也是足够的，马克思主义经典作家留下了许多光辉的

三、读逻辑学论文和专著

范例。但在解决思维的发生发展等问题的时候,仅仅论述思维是现实的反映而不论述思维和语言的内在联系,那就不可能进一步说明思维如何反映现实,因而就显得不够了。"这一段文字,毛泽东除了用铅笔在每行下面粗粗地画了一条粗道,还在这段文字的左边粗粗地画了一条竖道,竖道旁边还画了一个大圈。接着,作者针对当时某些逻辑讨论文章中存在的问题提出了自己的看法,"目前某些逻辑讨论文章仅仅复述思维是现实的概括反映这一著名的真理,而对于思维和事物,思维和语言的内在联系,毫不进行具体分析,就企图对于形式逻辑科学的根本性问题作出想当然的结论,就更困难了。"这段话的每一行下面,毛泽东也都画了粗粗的横道。毛泽东如此用心阅读,由此可见,毛泽东对于王方名的文章观点是很重视的,也是很感兴趣的。

这个时期,毛泽东阅画过的关于形式逻辑的文章还有:《新建设》1961年第5期江天骥的《形式逻辑的性质和作用》,《新建设》1963年第2期邵友勋的《略论形式逻辑的"修正"问题》,《光明日报》1961年5月26日第4版周礼全的《形式逻辑应尝试研究自然语言的具体意义》,《红旗》1961年第7期王忍之的《论形式逻辑的对象和作用》等。特别是王忍之的这篇文章,长达14页,约1.6万字。文章的三大部分,毛泽东都一一阅读了,每一部分的文字几乎全都画上了道道。许多地方,横道、竖道、圈圈等各种符号,画得密密麻麻。文章的标题旁边毛泽东还画了一个大圈。对这么长的文章,能够从头读到尾,而且几乎从头到尾句句都圈画了,这在毛泽东读过的同类文章中是不多见的。从中也可以约略看出,毛泽东对这篇文章的重视程度。

在阅读过程中，绝大部分的句子、词组、名词下面画的都是横道，但有两处，除了画有横道外，还画有其他的符号。这两处都在这篇文章的第三部分。一处是"我们要评断推理所达到的结论是否正确，就既要看推理的形式结构是否正确，还必须看推理的前提在内容上是否正确"。毛泽东在读这句话时，除了在"推理的前提""在内容上是否正确"下面都画了横道外，还在"就既要看推理的形式结构是否正确，还必须看推理的前提在内容上是否正确"这句文字旁画了一条竖道，同时还画了一个大大的问号，对作者的这种说法提出了疑问。另一处是在谈到内容和形式的关系时，作者认为："在辩证唯物主义看来，形式和内容的统一是有条件的、相对的，其中包含着矛盾，同样的内容可以具有不同的乃至相反的形式，而同样的形式也可以附着于不同的乃至相反的内容上。"毛泽东在读这一段话时，除了在"是有条件的、相对的""其中包含着矛盾""可以具有不同的乃至相反的形式""而同样的形式""也可以附着于不同的乃至相反的内容上"这些文字下面都画了横道外，还分别在后三个逗号和句号上画了圈。同时在这段文字旁边重重地画了一条竖道，竖道旁边又画了一个圈。这些横道、竖道和圈，一方面表明文章中这些内容和观点都是很重要的，另一方面也表明毛泽东对作者观点的重视和赞赏的心理倾向。

这一时期，毛泽东阅画过的这类文章还很多，这里不再一一介绍了。

谈到20世纪60年代毛泽东阅读报纸、杂志上有关逻辑问题的文章，还得再说一下毛泽东阅读朱波的两篇文章的事。

三、读逻辑学论文和专著

1965年10月8日,《光明日报》发表了朱波的《形式逻辑同一律客观基础的探索》,当天下午,毛泽东在谈话中就提到了这篇文章,他说:"《光明日报》今天有篇文章,谈逻辑的。"当天发表,当天下午在谈话中就提到,说明毛泽东上午一收到《光明日报》就看了朱波的文章。① 这篇文章既不同意把形式逻辑的同一律与客观事物完全割裂开来,又不同意把它与客观事物完全割裂开来。朱波认为,形式逻辑的同一律反映的是思维的确定性,它的客观基础是客观事物确定性。这种观点比当时那些把形式逻辑"规律"等同于事物规律的庸俗化的做法前进了一步。形式逻辑的同一律、排中律、不矛盾律,是对思维活动及其表达形式的规范、戒律,并不是思维本身固有的内在必然规律。实践证明,人们的思维只有经过训练才能达到思维上的自觉。在这次谈话中,针对一些党员和干部不喜欢学习、研究逻辑学的偏向,毛泽东非常遗憾地指出:我们的党员研究哲学,就是不研究逻辑。

1965年12月,《红旗》杂志第12期刊登了朱波(发表时署名邵友勋)写的《充足理由律在形式逻辑中的地位和作用》。作者在该文中提出,充足理由律能否作为形式逻辑的一个规律,要看对它如何理解:要求推理前提真实可靠这样意义上的充足理由是不存在的,要求人们在思维过程中具有逻辑性、论证性这样意义上的充足律是有的,它属于形式逻辑的一个要求,也与形式逻辑一样,没有阶级性。1965年12月在杭州的一次谈话

---

① 按照惯例,当时送毛泽东等中央领导同志的几种主要报纸,报社的同志都是在当天早晨就送到中南海西门收发室,领导同志一上班就可以看到当天的报纸。

中，当有人谈到朱波的这篇文章时，毛泽东说："什么充足理由律？我看没有什么充足理由律，不同的阶级有不同的理由。哪一个阶级有充足的理由？"① 显然，对充足理由律在形式逻辑中的地位和作用，毛泽东是持否定观点的。

晚年的毛泽东还有很强的了解西方逻辑学史的愿望。毛泽东曾对周谷城说："最好把西方哲学史上哲学家所讲的逻辑，每一个人的，都给写一篇或几篇说明介绍的文章，从古至今，来它个系统的叙述。"② 这件事一直未能如愿。20 年之后，周谷城谈及此事时，还不无遗憾地说："主席虽没有要我一定这样做，但毕竟对我这样讲了。我如果有积极的研究精神的话，应该努力实现主席的期望，然而没有做！""至今心里还很不安。"后来苏联巴·谢·波波夫撰著的《近代逻辑史》一书的中译本（马兵等译），1964 年 12 月上海人民出版社出版了。该书一出版，毛泽东就注意到了，但字比较小。毛泽东即指示秘书田家英把这本书印成大字本。

田家英同志：

　　此书印成大字本一万册。这种小字本是不适合老头子读的。

毛泽东
一九六五年二月十三日③

---

① 《毛泽东的读书生活》，生活·读书·新知三联书店 1986 年版，第 137 页。
② 《毛泽东同志八十五诞辰纪念文选》，人民出版社 1979 年版，第 190 页。
③ 参见《毛泽东年谱（1949—1976）》第 5 卷，中央文献出版社 2013 年版，第 479 页。

三、读逻辑学论文和专著

这本书后来有没有印大字本呢？从毛泽东阅批的图书中没有看到，从丰泽园故居的存书中也没有看到。因此这还要有待于今后材料的发现。

中南海毛泽东故居里还存放有新中国成立后相继出版的多种逻辑学著作。

为了学习和研究逻辑学的方便，早在20世纪50年代，毛泽东就提议编印论文集和逻辑丛书。1959年7月28日，毛泽东给康生的信是这样写的：

康生同志：

信收到。就照那样办吧。我有兴趣的，首先是中国近几年和近数十年关于逻辑的文章、小册子和某些专著（不管内容如何），能早日汇编印出，不胜企望！姜椿芳同志的介绍甚为有益，书目搜编也是用了功的，请你便时代我向他转致谢意。

毛泽东

七月二十八日①

康生同志当时任中共中央政治局候补委员。信中提到的姜椿芳同志当时任中共中央马克思恩格斯列宁斯大林著作编译局副局长，"书目搜编"是指姜椿芳等编辑的《逻辑学论文集》第1集至第6集。

根据毛泽东的提议，编印逻辑学论文集和编印逻辑学"某些专著"这两项工作，当时是由两个单位分工负责进行的，中

---

① 《建国以来毛泽东文稿》第8册，中央文献出版社1993年版，第389页。

共中央马克思恩格斯列宁斯大林著作编译局负责收集、编辑逻辑学论文集,姜椿芳副局长就负责这项工作。中共中央政治研究室负责挑选、编辑逻辑学"专著"。章士钊1959年5月为重版《逻辑指要》写的序言中也谈到了此事。这就说明早在1959年5月以前有关方面和有关人员已分别着手进行逻辑学论文集和专著的编辑工作了。

实际上在这两项工作进行之前,哲学研究编辑部编过一本《逻辑问题讨论集》,并于1959年4月出版发行。这本"讨论集"有明显的不足之处,一是没有把"近几年和近数十年关于逻辑的文章"都选入,二是对一些观点对立甚至还在争论中的文章也未收入。这对了解新中国成立以来逻辑学研究的全部情况,特别是对了解那些观点不同甚至严重对立的争论情况,显然是不够的。因而毛泽东企望另编一套"论文集"。上述姜椿芳等人编的《逻辑学论文集》,将我国自1953以后发表的一共150篇逻辑学论文全部收入,分为6集。第3集收录的主要是苏联译文,第4集收录的主要是数理逻辑和中国逻辑思想史论文,实际上这是两本专集。这套论文集是1959年8月印出的,但不知什么原因,它始终未能公开出版。

中共中央政治研究室逻辑组负责挑选、编辑的逻辑学"专著",是从新中国成立前出版的数十种逻辑学书中挑选出来的,一共11种,定名为《逻辑丛刊》,由生活·读书·新知三联书店正式出版。这11种"专著"分别是《逻辑与逻辑学》(潘梓年著)、《逻辑》(金岳霖著)、《逻辑指要》(章士钊著)、《新论理学》(张子和著)、《名学纲要》(屠孝实著)、《名理探》(傅汎际译义,李之藻达辞)、《穆勒名学》(穆勒著,严复译)、《名学浅说》（耶方斯著，严复译）、《辨学》（耶方斯著，王国维译）、《论理学纲要》（十时弥著，田吴炤译）、《逻辑史选译》（齐亨等著，王宪钧等译）。选出的这11种专著，都较有代表性和一定的参考价值，而且影响也比较大。这套《逻辑丛刊》，毛泽东一直保存在身边。直到现在，这套书还存放在中南海毛泽东故居里，保存很好，完整无缺。

编印《逻辑学论文集》，出版《逻辑丛刊》，都是根据毛泽东的企望进行的。晚年的毛泽东，不仅对开展逻辑问题讨论的各种观点的逻辑论文感兴趣，而且企望阅读所有的逻辑专著；他不满足于了解"中国近几年"的逻辑问题的讨论情况和各种观点，还很想了解"近数十年"的研究情况和认识的历史发展；他不仅对西方逻辑感兴趣，而且对中国传统的逻辑思想也希望有更多的了解。在毛泽东的倡导和支持下，编印出版的《逻辑学论文集》和《逻辑丛刊》，对逻辑学知识在我国广泛的传播、对促进和推动我国逻辑学的研究和发展等都起了重要的作用。

《逻辑丛刊》的11种逻辑学专著中，有一种是章士钊的《逻辑指要》。它被收入《逻辑丛刊》于1961年由生活·读书·新知三联书店重新出版，与毛泽东不无关系。

话还得从头说起。章士钊的《逻辑指要》，1943年6月在重庆出版，由时代精神社印行，大32开本，全书28章490页，约20万字。这是一本"以欧洲逻辑为经，本邦名理为纬""融贯中西，独树一帜"的中国人自己撰著的逻辑学专著。它运用西方形式逻辑的框架，系统地叙述了中国古代尤其是先秦的逻辑思想。作者用确凿的史料驳斥了中国无逻辑的谬论，这在中国近代逻辑学史上颇为少见。本书收入《逻辑丛刊》之前，毛泽东读过它的初版本，是北京解放后章士钊赠送的。1943年出版的书作者为什么到北京解放后才送给毛泽东呢？在这本书的序言里作者曾这样写道："今岁（1939年）二月，吾为国民参政会事，于役重庆，议长蒋公以精神之学教天下，审国人用智浮泛不切，欲得逻辑以药之，而求其人于吾友张君劢，君劢不审吾学之无似，为之游扬。"随即，这本书便被荐送给了蒋介石。蒋介石看了之后，就让章士钊到当时的国民党陆军大学及警官学校去讲授。前前后后，章士钊先生约讲了一年光景。这样一本深受蒋介石器重并为其统治服务过的书，怎么能再送给共产党的领袖毛泽东呢！章士钊于1959年5月为此书写的一篇后来未用的再版序言中谈到了这件事。他说："北京解放后，一日，主席毛公忽见问曰：'闻子于逻辑有著述，得一阅乎？'予蹴躇答曰：'此书印于重庆，与叛党有关，吾以此上呈一览，是侮公也，乌乎可？'公笑曰：'此学问之事，庸何伤！'"① 就这样，章士钊才把这本初版书送给了毛泽东。这本书现在还收存在中南海毛泽东故居里。章士钊说："越三月，公见召，以原书确于案。"毛泽东"辄然相谓曰：吾于此书已一字不遗者××阅一通。多少年来吾览此类作夥矣，然大抵从西籍缛译得来，不足称为专著，独子刺取古籍材料，排比于逻辑间架之中，在同类书中，为仅见。……吾意此足以为今日参考材料，宜于印行。"这是毛泽东读初版本后的评价，也是该书得以选入《逻辑丛刊》、重新出版的重要原因之一。

为了重新出版《逻辑指要》，章士钊用一个月的时间对全书

---

① 《毛泽东书信选集》，中央文献出版社2003年版，第516页。

三、读逻辑学论文和专著

多处作了删改。毛泽东非常关心《逻辑指要》的重新出版事宜。当他于1959年6月6日收到章士钊关于《逻辑指要》修改情况的信后,第二天上午8时,在害了一个月感冒、身体还不太好的情况下,倚枕给章士钊写了复信。毛泽东在信中称赞章士钊说:"实事求是,用力甚勤,读金著而增感,欲翻然而变计,垂老之年,有此心境,敬为恭贺。"信中的"金著",可能是指金岳霖写的《对旧著"逻辑"一书的自我批判》一文,该文发表于《哲学研究》1959年第5期。在这封信中,毛泽东还特意为章士钊拟了《逻辑指要》一书的再版说明,全文如下:

> 《逻辑指要》一书是一九××年旧作。一九五九年,中国共产党的中央政治研究室有编逻辑丛书之举,拙作在征求之列。于是以一个月工夫,躬自校勘一遍。因原稿不在手边,臆核颇为吃力。全稿计削去不合时宜者大约二十分之一,增补者略多一点,都只限于古籍例证,能使读者稍感兴趣而已。近年以来,逻辑一学引起了学术界的极大兴趣,与逻辑学的范围及其与唯物辩证法的关系,争论繁兴,甚盛事也。鄙人对此,未能参战,然亦不是没有兴趣。旧作重印,不敢说对于方今各派争论有所裨益,作为参考材料之一,或者竟能引起读者对拙作有所批判,保卫正确论点,指出纰谬地方,导致真理之日益明白,则不胜馨香祷祝之至!
>
> 一九五九年六月×日
> 章士钊[①]

[①] 《毛泽东书信选集》,中央文献出版社2003年版,第515—516页。

在这段代拟的再版说明以后,毛泽东还写了这样一段话:"这样一来,我看有很大好处,尊意以为如何?先生如果不高兴这样办,我的建议作罢。"这当然是毛泽东自谦的话了。

对毛泽东代拟的这份再版说明,章士钊于6月14日除在前面加了一段有关《逻辑指要》写作经过和一些自我评价性的话外,差不多全采纳了。1961年正式重版《逻辑指要》,采用的即是这份"说明"。毛泽东代拟的这份说明,虽已过去60多年了,但他在自由的讨论、论争中发展学术的思想和对待学术论争的正确态度,对活跃今天的学术争辩的空气,深入贯彻"百家争鸣"的方针,仍有重要的意义。

四、读中国五部古典小说

《红楼梦》《水浒》《三国演义》《西游记》《聊斋志异》这五部中国著名的古典小说，早在青少年时代，毛泽东就读得烂熟。后来的半个多世纪，他还爱不释手，直到生命垂危的岁月，他还一遍又一遍地阅读，还时常很有兴致地和身边的工作人员一次又一次谈论和评说。如果把毛泽东一生的读书生活比作人生行进的万里历程，那么，他阅读和批注过的这五部古典小说，就可以说是这万里历程中最引人注目的光环之一。它虽然仅是毛泽东读书生活的一个小小的侧面，但我们从中也能约略地看出毛泽东活到老、学到老、倾心追求知识的精神是多么令人钦佩。

（一）把《红楼梦》当作历史读

《红楼梦》是我国古典文学史上的一颗璀璨的明珠，是我国古典小说中的瑰宝。作者曹雪芹借贾、史、王、薛"四大家族"的兴衰，揭示了封建制度的腐朽。

毛泽东早在井冈山斗争之前，也就是1928年之前，就读过《红楼梦》，而且读得很仔细，对书中的内容、人物、故事情节等都极为熟悉。井冈山斗争之后的岁月，长征路上、延安时期毛泽东有没有重读过《红楼梦》，现在还不得而知。但是，20世纪50年代、60年代、70年代，据逄先知和我们的记载，毛泽东先后多次要过《红楼梦》。

1966—1973年，8年中毛泽东每年都看《红楼梦》。毛泽东逝世后，我们在整理他故居里的全部图书包括在丰泽园住地和后来的游泳池住地的图书时看到各种不同版本的《红楼梦》，有线装木刻本、线装影印本、石刻本以及各种平装本。我曾做过一次统计，中南海毛泽东故居藏书中，不同版本的线装本《红楼梦》就有20种之多。

《增评补图石头记》木刻大字本	4函32册
《脂砚斋重评石头记》影印本	1函8册
《脂砚斋重评石头记》（6回本）	
上海人民出版社1975年版	1函8册
《乾隆抄本百廿回红楼梦稿》	
中华书局1963年版	1—12册
《戚蓼生序本石头记》	
人民文学出版社1973年版	2函20册
《脂砚斋重评石头记》	
文学古籍刊行社1955年版	1函8册
《原本红楼梦》有正书局版	
《红楼梦》道光壬辰年版	1—24册
《脂砚斋重评石头记》	上、下册
《脂砚斋重评石头记》（乾隆甲戌16回本）	
中华书局1962年版	1—4册
《乾隆甲戌脂砚斋重评石头记》（胡适评）	

四、读中国五部古典小说

　　1961年版　　　　　　　　　　　　　　1—2册
《脂砚斋重评石头记》（俞平伯评）
　　中华书局1962年版　　　　　　　　　　1—4册
《全图增评石头记》
　　上海求志斋光绪戊申年版　　　　　　　1—16册
《原本全图红楼梦》　　　　　　　　　　　1—16册
《绘图评注石头记》（王希廉评）道光壬辰版　1—2册
《乾隆甲戌脂砚斋重评石头记》
　　（台湾"中央印制厂"影印）　　　　　　1—2册
《增评补图石头记》商务印书馆1934年版　　1—16册
《增评补图石头记》道光壬辰年版　　　　　1—16册
《增评补图石头记》光绪戊戌年上海石印　　1—16册

　　还有新中国成立之后，国内有关出版社出版的各种平装本《红楼梦》。

　　1964年8月18日，毛泽东说："《红楼梦》我至少读了五遍。"在这之后，又至少10次向我们要过不同版本的《红楼梦》。游泳池住地会客厅里和卧室里的多种不同版本的《红楼梦》，有的用黑铅笔作了密密麻麻的圈画，有的还打开放着，有的折叠起一个角，有的还夹有纸条。这些都说明，晚年的毛泽东还在一遍又一遍地阅读《红楼梦》。在我国的古典小说中，毛泽东读的遍数最多的就要算是《红楼梦》了。如果要问，究竟读了多少遍，他本人也很难说清楚。反正书中的主要内容，从场面描写到人物对话，从情节到结构，从人物到主题，甚至一些诗句、警语，以及大观园内的许多生活细节的描写，他老人家都记得很熟，常常脱口而出，引用自如。毛泽东生前常同人谈起《红楼梦》的一些细节的描写。如1951年秋同老同学周世钊的一次谈话中,他说,贾宝玉吃饭穿衣都要丫头服侍,不能料理自己。林黛玉多愁善感,哭哭啼啼,住在潇湘馆,吐血,闹肺病。1973年7月4日同王洪文、张春桥的一次谈话中,他说,贾母一死,大家都哭,其实各有各的心事,各有各的目的。如果一样,就没有个性了。哭是共性,但伤心之处不同。类似这样有关《红楼梦》具体细节描绘的谈话是很多的。这一小小的侧面,也能说明毛泽东对《红楼梦》读得很熟。

毛泽东为什么如此爱读《红楼梦》?

第一,因为他推崇《红楼梦》的艺术成就,他对《红楼梦》中人物的塑造和语言的运用很为欣赏。毛泽东认为,"作者的语言是古典小说中最好的,人物也写活了"。他多次谈到凤姐这个人物写得好。他在写文章和与人谈话中多次引用《红楼梦》中的故事和语言来说明现实问题。例如,在1957年9月1日最高国务会议的结束语中,用王熙凤对刘姥姥说的一句话"大有大的难处"来说明大国的事情也并不那么好办。特别是王熙凤说过的一句名言"舍得一身剐,敢把皇帝拉下马",他在提倡彻底的唯物主义者是无所畏惧的时候,曾多次引用。1958年在成都召开的一次会议上,他还用丫头小红说的一句话"千里搭长棚,没有不散的筵席"来说明聚散的辩证法和没有一件事情不是相互转化的。这方面的例子很多。作者曹雪芹以其独特的艺术风格,成功地刻画了几十个封建统治者和数百个奴仆的人物形象,特别是通过对封建统治阶级的一对叛逆者贾宝玉、林黛玉的爱情悲剧的描写,使其思想性和艺术性在同类作品中更为突出。毛泽东爱读《红楼梦》,与《红楼梦》在我国古典文学中的独到的艺术成就是不能分开的。

第二，《红楼梦》在揭示封建社会的黑暗和丑恶的同时，体现了对光明和美好的向往与追求。毛泽东认为，曹雪芹及其作品《红楼梦》，同关汉卿、施耐庵、吴承恩一道体现了古代的"民主文学"的传统。[①] 所谓民主性就是"不满意封建制度"，不满意封建制度对人的摧残，对宗法家庭中被迫害、被侮辱和被毁灭的人们，特别是对妇女，表示了莫大的同情。1961年12月20日，毛泽东在中央政治局常委和各大区第一书记会议上的谈话中说，《红楼梦》是尊重女性的，贾宝玉是同情被压迫的丫鬟的。1962年8月11日，毛泽东在中央工作会议核心小组会上的谈话中还说，有些小说如《官场现形记》，光写黑暗，鲁迅称之为谴责小说。只揭露黑暗，人们不喜欢看，不如《红楼梦》《西游记》使人爱看。《金瓶梅》没有传开，不只是因为它淫秽，主要是它只暴露黑暗，虽然写得不错，但人们不爱看，《红楼梦》就不同，写得有点希望么。例如对贾宝玉这个封建制度的逆子的描写，虽然他没有能够逃脱被压抑而最终走向虚无的悲剧性的命运，但作者曹雪芹的民主倾向和萌生的深情希望渗透在字里行间。这是《红楼梦》区别于其他古典爱情小说的一个显著特点，毛泽东之所以爱读《红楼梦》，这不能不说是其中的一个重要原因。

第三，通过读《红楼梦》来形象地了解中国封建社会的生活。在四大家族中，曹雪芹着重描写的只是贾府一个家族。透

[①] 1958年8月在审阅和修改陆定一《教育必须与生产劳动相结合》（载《红旗》1958年第7期）一文时加写的话。

过贾府一家，看到史、王、薛各家，从贾、史、王、薛四家看到代表整个封建统治阶级的百千个"大族名宦之家"，就如同清代二知道人在《红楼梦说梦》一书中所说的："太史公纪三十世家，曹雪芹只纪一世家。……然曹雪芹纪一世家，能包括百千世家。"[①] 通过读《红楼梦》，就可以从贾府衰败过程中一系列真实、形象、生动的片段画面来加深对中国封建社会的认识和了解。早在延安时期，1938年4月28日在延安"鲁艺"的演讲中，毛泽东就提出，这是一部好书，现在许多人鄙视这部书，以为它写的是一些哥哥妹妹的事情，其实它有极丰富的社会史料。毛泽东在1965年对他的表孙女王海容说："你要不读一点《红楼梦》，你怎么知道什么叫封建社会？"直到1973年12月21日，在同部队领导同志的谈话中，他又从《红楼梦》创作的动因和构思的角度，谈到它的历史主题：曹雪芹把真事隐去，用贾雨（假语）村言写出来。真事就是政治斗争，不能讲，于是用吊膀子（爱情）掩盖它。《红楼梦》除了具有上述的这些特色外，毛泽东认为《红楼梦》还体现了作为封建根基的家长制的动摇。1959年12月至1960年2月读苏联《政治经济学教科书》（社会主义部分）的谈话中，他这样说："我国家长制度的不能巩固是早已开始了。《红楼梦》中就可看出家长制度是在不断分裂中。贾琏是贾赦的儿子，不听贾赦的话。王夫人把凤姐笼络过去，可是凤姐想各种办法来积攒自己的私房。荣国府的最高

---

① 一粟：《古典文学研究资料汇编·红楼梦卷》第3卷，中华书局1963年版，第102页。

家长是贾母，可是贾赦、贾政各人又有各人的打算。"[①] 读《红楼梦》这类描写封建社会阶级关系、人际关系和统治者与奴隶等人们生活面貌的文艺作品，能使我们更好、更细致地了解封建社会。

毛泽东曾对《红楼梦》给予极高的评价。他在《论十大关系》中说，我国"工农业不发达，科学技术水平低，除了地大物博，人口众多，历史悠久，以及在文学上有部《红楼梦》等以外，很多地方不如人家，骄傲不起来"。他把《红楼梦》作为我国文学的代表作、作为我国文学的主要成就，固然是以幽默的语气谈及的，但确实也从内心里引以自豪。《红楼梦》是中华民族的骄傲，也是世界人民的骄傲。对于这样一部具有深远影响的文学名著《红楼梦》，毛泽东读了又读，爱不释手。

毛泽东是怎样读《红楼梦》的呢？

在图书服务工作过程中，我们知道，反反复复地读是毛泽东生前读《红楼梦》的一种方法。他不仅自己反复读，还多次劝身边的同志、劝其他各方的同志要反复读。直到晚年，他还常将身边放置的多种版本的《红楼梦》对照着参考读。其中有的版本，他不知反复读过多少遍。

毛泽东反复读《红楼梦》，不仅仅看故事、欣赏语言艺术，更重要的是看阶级斗争、看政治斗争、看社会历史。把《红楼梦》当作历史读，是毛泽东读《红楼梦》的一种主要方法。

早在延安时期，毛泽东就说过：《红楼梦》有极丰富的社会

[①] 《毛泽东年谱（1949—1976）》第4卷，中央文献出版社2013年版，第257页。

史料。1961年12月20日，毛泽东在中央政治局常委和各大区第一书记会议上说：《红楼梦》写的是很精细的社会历史。对《红楼梦》，不仅要当作小说看，而且要当作历史看。1967年10月12日同外宾的谈话中，毛泽东还说：不了解点帝王将相，不看古典小说，怎么知道封建主义是什么呢？当作历史材料来学，是有益的。把《红楼梦》当作历史读，这已经不是一般意义上的读小说了，它进到了读小说的更深层次，也是对读小说者提出了更高的要求。一般人读小说，只注重小说本身的人物、故事等情节的描写。如果把小说中的人物、故事等内容与一定的社会、历史联系起来，透过小说描写的字里行间看到一定的社会、历史，从历史的视角来读小说，这对读者的要求也就更高了。

毛泽东所说的，"把《红楼梦》当作历史读"是什么意思呢？

第一层意思是，应当弄清楚《红楼梦》产生的时代背景，把作者和作品中的人物、思想与历史背景紧密地联系起来，把书中的内容当作形象的历史来读。透过故事，明白事理，把握历史现象及其规律。

针对《红楼梦》的写作背景，1962年1月，毛泽东在扩大的中央工作会议上，在谈到西方资本主义的发展从17世纪开始经过了好几百年的时候，说过这样一段话："十七世纪是什么时代呢？那是中国的明朝末年和清朝初年。再过一个世纪，到十八世纪的上半期，就是清朝乾隆时代，《红楼梦》的作者曹雪芹就生活在那个时代，就是产生贾宝玉这种不满意封建制度的小说人物的时代。乾隆时代，中国已经有了一些资本主义生产关系的萌芽，但是还是封建社会。这就是出现大观园里的那一群

四、读中国五部古典小说

小说人物的社会背景。"① 这里我们可以清楚地看出，毛泽东把曹雪芹和小说中的人物与时代、社会联系在一起。毛泽东认为，曹雪芹创作《红楼梦》的历史背景，也是形成小说中的人物性格命运的历史背景，这两个方面的思想内涵是一致的。资本主义生产关系的产生，对封建社会来说是矛盾的。这一矛盾必然要影响到作者曹雪芹创作《红楼梦》这部大作时的思想倾向，使其形成作品主题的内在矛盾。因此，1964年8月，毛泽东在关于坂田文章的谈话中说："曹雪芹在《红楼梦》里还是想补天，想补封建制度的天，但是《红楼梦》里写的却是封建家族的衰落。可以说是曹雪芹的世界观和他的创作发生矛盾。"② 封建社会制度必然要由资本主义社会制度来代替，这是社会发展的必然趋势。《红楼梦》则是借一家一族的衰败展示封建社会走向没落的客观必然性。封建制度的"天"是无法补的，曹雪芹主观上想"补"也是不可能的。作者主观上的希望和封建社会家族必然衰败的客观结果的矛盾，贾宝玉、林黛玉等萌生的新的希望和他们无法摆脱封建社会制度、家族制度的束缚以悲剧告终的矛盾，这两方面的矛盾通过一件件具体的事实和一个个故事、一场场人物活动淋漓尽致地表现了出来。从文学作品的意义上来说，《红楼梦》是我国古典小说中的佼佼者。从时代背景思想内容上来说，《红楼梦》讲到很细致的封建社会情况。它是一部历史小说和一部顶好的社会政治小说。所以，毛泽东一直把《红楼梦》当作"很仔细很精细的历史"来读。

---

① 《毛泽东文集》第8卷，人民出版社1999年版，第301—302页。
② 《毛泽东文集》第8卷，人民出版社1999年版，第393页。

把《红楼梦》当作历史读，第二层意思是通过读《红楼梦》来了解封建社会生活中的具体的阶级斗争的情况。《红楼梦》不是直接描写封建社会农民和地主阶级的斗争的专著，而是描写封建社会贾、史、王、薛四大家族内部的冲突及其周围生活中的各种不同性质的矛盾。曹雪芹创作这部小说时，在取材和构思上，并非是着眼于阶级斗争，但小说中众多的人物其阶级身份是泾渭分明的。四大家族衰败过程中充满着激烈的阶级斗争，小说中也是很为明显的。正如毛泽东所说："阶级斗争，一些阶级胜利了，一些阶级消灭了。这就是历史，这就是几千年的文明史。"[1] "在阶级社会中，每一个人都在一定的阶级地位中生活，各种思想无不打上阶级的烙印。"[2] 用阶级斗争的观点和阶级分析的方法来读《红楼梦》，这是毛泽东读《红楼梦》的又一个显著特点。

关于《红楼梦》里的阶级斗争，毛泽东多次谈及。早在井冈山时，他就说过："《红楼梦》写了两派的斗争。一派好，一派不好。贾母、王熙凤、贾政，这是一派，是不好的；贾宝玉、林黛玉、丫环，这是一派，是好的。"[3] 在延安时，毛泽东一次与身边的同志谈："还是要看《红楼梦》啊！那里写贪官污吏，写了皇帝王爷，写了大小地主和平民奴隶。大地主是从小地主里冒出来的，麻雀虽小五脏俱全。看了这本书就懂了什么是地主阶级，什么是封建社会，就会明白为什么要推翻它！"1954年

---

[1] 《毛泽东选集》第4卷，人民出版社1991年版，第1487页。
[2] 《毛泽东选集》第1卷，人民出版社1991年版，第283页。
[3] 参见王行娟：《贺子珍的路》，作家出版社1985年版，第115页。

四、读中国五部古典小说

3月10日,毛泽东又一次对身边的工作人员说:"《红楼梦》这部书写得很好,它是讲阶级斗争的,要看五遍才能有发言权哩。"接着又说:"多少年来,很多人研究它,并没有真懂。"①1964年8月18日,毛泽东在与几个哲学工作者谈话中还说:"什么人都不注意《红楼梦》的第四回,那是个总纲,还有《冷子兴演说荣国府》《好了歌》和注。第四回《葫芦僧乱判葫芦案》,讲护官符,提到四大家族:'贾不假,白玉为堂金作马;阿房宫,三百里,住不下金陵一个史;东海缺少白玉床,龙王来请金陵王;丰年好大雪,珍珠如土金如铁。'《红楼梦》写四大家族,阶级斗争激烈,几十条人命。统治者二十几人(有人算了说是三十三人),其他都是奴隶,三百多个,鸳鸯、司棋、尤二姐、尤三姐等等。讲历史不拿阶级斗争观点讲,就讲不通。"② 有一次,毛泽东游泳后在岸上休息,问在身边的薛焰:"最近读过些什么书?你看过《红楼梦》吗?"薛焰回答说:"这是一本文艺书,我是搞公安的,没有看过。"毛泽东一听,便认真地对薛焰说:"搞公安就不要看?你知道里面有多少条人命案子呀!这是一部讲阶级斗争的书,应该看看,你最少要看上五遍才能搞清楚。"③

说到《红楼梦》第四回中的"护官符"和这部书中写阶级斗争的事,1973年12月21日,毛泽东在同部队领导同志的谈话中,说到《红楼梦》写的"真事"是政治斗争时,他又很有

---

① 张仙朋:《为了人民……》,《当代》1979年第2期。
② 《毛泽东的读书生活》,中央文献出版社2003年版,第221页。
③ 薛焰:《光辉的形象,亲切的教导》,《广州文艺》1977年第5期。

兴趣地把第四回的"护官符"背了一遍,引以为证。对《红楼梦》第四回中描写四大家族的四句话,他记得很熟,常一字不差地背出来。毛泽东在读影印本《脂砚斋重评石头记》时,在这几句话的天头上,用黑铅笔画了三个大圈。在"雨村……细问这门子,这四家皆连络有亲,一损皆损,一荣皆荣,扶持遮饰,俱有照应的"这一段文字旁边,他用铅笔都一一画了圈。毛泽东之所以把第四回看作《红楼梦》全书的纲,大概也是因为"护官符"从一个侧面揭示了封建统治阶级维护其统治地位和统治秩序的形式和法宝,封建统治者就是利用这一法宝来剥削、欺压平民百姓,来剥夺和占有奴隶们用汗水和血创造的财富。这个"纲"最能体现作品的主题并能引导读者透过文字的表面看到问题的实质。抓住了这个"纲"就是抓住了"阶级斗争",就是抓住了作品的主题,就是等于掌握了理解整个作品的钥匙。毛泽东从阶级斗争的角度来谈《红楼梦》,来理解《红楼梦》,这不能不说是毛泽东读《红楼梦》的一个独到之处。

把《红楼梦》当作历史读,第三层意思是通过读《红楼梦》来了解中国封建社会的经济生活,也就是从经济的角度来读《红楼梦》。

《红楼梦》中关于中国封建社会的经济细节的描写不是很多,但是,毛泽东在阅读过程中也都注意到了。对于这一点,1959年12月至1960年2月,毛泽东在读苏联《政治经济学教科书》(社会主义部分)的有关谈话中有所谈及。根据当时有关人员的记录,毛泽东是这样说的:我国很早以前就有土地买卖。"《红楼梦》里有这样的话:'陋室空堂,当年笏满床,衰草枯杨,曾为歌舞场,蛛丝儿结满雕梁,绿纱今又在篷窗上。'这段话说明了在封建社会里，社会关系的兴衰变化，家族的瓦解和崩溃。"① 这种变化造成了土地所有权的不断转移，也助长了农民留恋土地的心理。

读文学作品，对类似这样的话，人们一般是不太关注的。读《红楼梦》时，除专业研究人员外，一般人员对上述有关土地买卖的话也是不会关注的。然而，毛泽东却注意到了有关的话，还能够随口背出来。

说到毛泽东从经济这个视角来读《红楼梦》，还有一点至今鲜为人知的情况。我们管理的毛泽东阅批过的图书中，有一本《红楼梦新证》②。作者在本书卷首语中说："这是一本关于小说《红楼梦》和它的作者曹雪芹的材料考证书。"本书第七章"新索隐"（三十三）对《红楼梦》第五十三回，"乌进孝红贴上贡物曰'玉田胭脂米二石'"，第七十五回，"贾母问有稀饭吃些罢，尤氏早捧过一碗来，说是红稻米粥；贾母接来吃了半碗，便吩咐将这粥送给凤姐儿吃去"中提到的"胭脂米"做了考证。作者一共摘引了四种古籍中的有关记载，分别是刘廷玑《在园杂志》、吴振棫《养吉斋丛录》、康熙《御制文集》《永宪录》。

对"胭脂米"的考证文字，篇幅不短，都是六号宋体字印的，字很小，但毛泽东都一一作了圈画。当时毛泽东已经年过花甲了，对与《红楼梦》有关的"胭脂米"这样的考证文字，看得这样仔细，看得这样认真，可见他对《红楼梦》中有关经济问题也是很感兴趣的。这也是毛泽东从经济的视角读《红楼

---

① 《毛泽东文艺论集》，中央文献出版社 2002 年版，第 205 页。
② 周汝昌：《红楼梦新证》，棠棣出版社 1953 年版。

梦》的一个佐证。

毛泽东批画《红楼梦》的情况是怎样的呢？

毛泽东辞世后，在整理他的图书时，对20多种版本的《红楼梦》，我都曾逐一翻阅过。其中只有两种版本用铅笔圈画过。一种是《脂砚斋重评石头记》（影印本，1函8册），一种是《增评补图石头记》（木刻本，4函32册）。在这两种《红楼梦》不少的文字旁，毛泽东都用黑铅笔画了道道，有的是画了圈，还有的是似断句的标点。这些道道、圈圈、点点，都是毛泽东在阅读过程中随手所画的，圈画的时间大概是20世纪50年代中后期或60年代初期。除这两种版本外，其他的版本都没有圈画。圈画是阅读的标志。但是没有圈画的不能说他就没有读过。毛泽东很爱读《红楼梦》，也很爱谈《红楼梦》。可是，我们保存的毛泽东生前阅读批注过的上千册的图书中，批注的《红楼梦》我们没有见过。是毛泽东读《红楼梦》没有写批注呢，还是写了批注的流失在外呢？现在还难下断语。

但关于研究《红楼梦》的著作，毛泽东阅读批注过的至少有三种，分别是：《红楼梦辨》（俞平伯著，上海亚东图书馆1923年版）、《红楼梦新证》（周汝昌著，棠棣出版社1953年版）和《论〈红楼梦〉》（何其芳著，人民文学出版社1958年版）。

这三种著作，毛泽东圈画和批注得都比较多，特别是俞平伯的《红楼梦辨》，毛泽东读得很仔细，差不多从头到尾都有批注、圈画，不少地方，除批注、画道道外，还画上了问号。后来，我在整理图书工作中，有意统计了一下，一共有50多个问号。这部书原是平装本，比较厚，看起来很不方便。身边的同志根据他的要求和以往的做法，将其重新改装成四小本，封面都用牛皮纸包起来。

毛泽东读得最多、批画最多的是重新改装本第二册，这一册包括原书的（四）后四十回底批评，（五）高本戚本大体的比较，（六）作者底态度，（七）《红楼梦》底风格。这一册的封面上，毛泽东的批注文字是："错误思想集中在本册第六、第七两节。"

第六节"作者底态度"，在这一节第5页，作者俞平伯写道："《红楼梦》是感叹自己身世的，雪芹为人是很孤傲自负的，看他底一生历史和书中宝玉底性格，便可知道；并且还穷愁潦倒了一生。"毛泽东在"是感叹自己身世的"几个字旁粗粗地画了一条竖道，在竖道旁还画了一个大大的问号。第7页，在"一切叙述情事，皆只是画工底后衬，戏台上底背景，并不占最重要的位置"这句话旁也画上了竖道，在与其对应的天头上，毛泽东也用铅笔画了一个大问号。第8页开头，"《红楼梦》是情场忏悔而作的"，毛泽东在"是情场忏悔而作的"几个字旁用铅笔画上了竖道，而且画上了问号。第9页，在"或由于往日欢情悉已变灭、穷愁孤苦不可自聊，所以到年近半百才出了家"这句话旁也粗粗地画上了道道，对应的天头上，也画了一个问号。第12页，"雪芹是要为十二钗作传呢?"在"为十二钗作传"这6个字旁，毛泽东用铅笔先画了一条竖道，后来画了一个问号。第15页，"因此凡他们以为是宝钗一党的人——如袭人、凤姐、王夫人之类——作者都痛恨不置的。"毛泽东不赞成俞平伯的这种看法，在相对应文字的天头上画上了一个问号。第15页，"既曰惋惜，当然与痛骂有些不同罢。这是雪芹不肯痛骂宝钗的一个铁证"，对于这句话中前面的"痛骂"和后面的"这是雪芹不肯痛骂宝钗的一个铁证"的说法，毛泽东是不赞同的，在其旁边都画上了问号。第 16 页，"况且那野史中，或讪谤君相，或贬人妻女，奸淫凶恶，不可胜数"，在这句话的"或讪谤君相""或贬人妻女"旁，毛泽东都画上了竖道，画上了问号。第 17—18 页，"既以为是人家底事情，贬斥讪谤自然是或有的；但若知道这是他自己底事情，即便有这类的事，亦很应该'胳膊折了往袖子里藏'啊"，在这段话旁，毛泽东除画上道道外，也画上了问号。第 18 页，"从后四十回看宝钗袭人凤姐都是极阴毒并且讨厌的"，毛泽东在这句话旁画了一个大大的问号。

第七节"《红楼梦》底风格"，在这一节中，毛泽东画的问号更多，有的一页上就画了七八个问号。如果说一个问号表示毛泽东对原著的一个疑问，或是毛泽东认为的一个错误之处，那么，这一节中毛泽东有疑问的或者认为有错误的地方就有 30 多处。这里仅介绍其中几处。

这一节的开头，第 21—22 页，作者写道："平心看来，《红楼梦》在世界文学中底位置是不很高的。这一类小说，和一切中国底文学——诗、词、曲——在一个平面上。这类文学底特色，至多不过是个人身世性格底反映。"毛泽东在"位置是不很高的"7 个字旁画了两条粗道，然后又画了个大大的问号。

接着上述的这一小段，作者对《红楼梦》的其他评价，如："不能脱去东方思想底窠臼；不过因为旧欢难拾，身世飘零，悔恨无从，付诸一哭，于是发而为文章，以自怨自解。其用亦不过破闷醒目，避世消愁而已"，《红楼梦》的性质"亦与中国式的闲书相似，不得入于近代文学之林"等等，对此，毛泽东也都用铅笔画上了粗粗的道道和问号。第 29 页，作者写道："《红

四、读中国五部古典小说

楼梦》底篇章结构,因拘束于事实,所以不能称心为好……凡中国自来底小说都是俳优文学",毛泽东在"拘束于事实""凡中国自来底小说都是俳优文学"旁,都画上了竖道和问号。"都是"二字,毛泽东大概认为作者说得太绝对了,所以在这两个字旁又单独画了一条竖道和一个问号。

第32页,"《红楼梦》开罪于一般读者底地方很多,最大的却有两点:(1)社会上最喜欢有相反的对照,戏台上有一个红面孔,必跟着个黑面孔来陪他,所谓'一脸之红荣于华衮,一鼻之白严于斧钺。'在小说上必有一个忠臣,一个奸臣;一个风流儒雅的美公子,一个十不全的傻大爷;如此等等,不可胜计。……雪芹先生于是狠狠地对他们开了一下玩笑。《红楼梦》底人物,我已说过都是平凡的。"对于作者的观点,从批画的几种符号来看,毛泽东是不赞成的。除此之外,作者认为贾宝玉"不是社会上所赞美的正人","十二钗都有才有貌,但却没有一个是三从四德的女子;并且此短彼长,竟无从下一个满意的比较褒贬"。毛泽东在这些文字旁边都画上了竖道道和问号。

第38页,作者认为《红楼梦》的风格是"怨而不怒",为了证明这一观点,还引了江顺怡的《读红楼梦杂记》中的两句话:"《红楼梦》所记皆闺房儿女之语……何所谓毁?何所谓谤?"毛泽东在"怨而不怒"和"何所谓毁?何所谓谤"文字旁都画了竖道和问号。根据批画的种种符号来分析,毛泽东对作者的这一观点是不赞成的。

除第六节、第七节两节外,后面各节,毛泽东也作了不少的圈画。

如第十节"八十回后的《红楼梦》",第116页,原著作者

83

写有这样一段话:"这个一年前的困难光景,到现在还是依然。宝钗底结局究竟原本是应当如何的,我可以说是无所知。依八十回底大势推测,宝钗似乎终于和宝玉成婚。但后来文情,有无局面突变这类事情发现,实在不能悬想。因为突变是没有线索可寻的,若线索分明,便不成为突变了。我想,如婚事将成,而局面突变,在文章上也是一格;但不知道八十回后有这么一回事吗?"

就在这段话的上方,毛泽东画了一个大问号,还画了一条粗横线。在"因为突变是没有线索可寻的,若线索分明,便不成为突变了"一句旁,毛泽东还画了一条粗粗的波浪线,句尾画了一个大圈。问号、横线、浪线及圈圈等标记都表明毛泽东对作者的说法是不怎么赞成的,至少是有疑问的。

最后的附录,毛泽东也看得很细。附录中有这样一段话:"这似乎隐隐说前书[①]是'寓意讥人',是有'违碍忌讳字句'的,虽不明说,却在对面含有这类的意思。这也可谓是妙解。可见《红楼梦》行世以后,便发生许多胡乱的解释,在那妄庸人底心里,不过没有什么'索隐''释真'这些大作罢了。"

毛泽东读后,在每一行都用铅笔画上了道道,且在这段话的顶部,还画了一条横线,横线上画了一个大问号。同样,这问号、道道至少说明毛泽东对作者的这种说法是不赞同的。

陈秉忱曾说,20世纪50年代,他在毛泽东身边工作时,根据毛泽东的要求,曾把精装本《马克思恩格斯全集》一本一本重新改装过。《红楼梦辨》的改装本式样与此也差不多。所以,

---

① 指《记红楼复梦》。——笔者注。

我认为《红楼梦辨》改装本可能也是在那个时候。毛泽东批注的字迹，也像20世纪50年代写的。

毛泽东看到山东大学《文史哲》月刊1954年第9期和1954年10月10日《光明日报》上发表的吻合自己红学观点的李希凡、蓝翎的文章，很有兴趣，并于1954年10月16日给中央政治局同志和其他有关同志写了《关于红楼梦研究问题的信》。这封信一开始就肯定李、蓝两位青年作者的文章"是三十多年来向所谓《红楼梦》研究权威作家的错误观点的第一次认真的开火"。

后来，毛泽东一直很关注《红楼梦》的研究，有关研究和评论《红楼梦》的书刊，他是很爱看的。这里再介绍两个例子。

1962年4月14日，光明日报《东风》副刊发表了一篇题为《脂砚斋是谁?》的文章，一个星期后，即4月21日，又发表了一篇题为《曹雪芹生卒年》的文章。这两篇文章，均选自吴世昌的《我是怎样写〈红楼梦探原〉的?》这篇长文，《东风》副刊选用的是其中的两节，并在发表时在文后特意加了一个小注，说明这个情况。吴世昌当时尚在伦敦牛津大学教书。毛泽东看后说，既然《光明日报》刊用此中两节，一定有其全文，请为他找份全文阅读。经与光明日报社的同志联系，全文刊载在光明日报社编印的一份内部材料上，有关人员当即给毛泽东补充一份。看了节选的文章，还一定要看全文，这说明毛泽东对《红楼梦》的研究不是一般的关注。

1964年8月18日，毛泽东在北戴河同哲学工作者的谈话中，对《红楼梦》研究的发展轮廓，还作过一段独自的评价：

《红楼梦》写出二百多年了，研究红学的到现在还没有搞清楚，可见问题之难。有俞平伯、王昆仑，都是专家。何其芳也写了个序，又出了个吴世昌。这是新红学，老的不算。蔡元培对《红楼梦》的观点是不对的，胡适的看法比较对一点。①

这次谈话一方面说明毛泽东对红学研究的关注，另一方面也说明毛泽东在这次谈话之前已经非常用心地阅读过这些红学家的著作和有关他们的红学研究与评论文章。

俞平伯的《红楼梦辨》，毛泽东阅读批画的情况，前面已经介绍了。

王昆仑的红学研究著作有《红楼梦人物论》。这部人物论，是他在新中国成立以前的研究成果，1962 年重新修订，在《光明日报》上逐篇连载，显然已经引起了毛泽东的注意和兴趣。

"何其芳也写了个序"，这个"序"是指他为人民文学出版社出版的新版《红楼梦》写的一篇长序。② 从毛泽东上述的谈话中可以看出，他显然读过这篇序。何其芳还有一本用马克思主义观点研究《红楼梦》的力作：《论〈红楼梦〉》（人民文学出版社 1958 年 9 月出版）。何其芳在本书的序中说："《论〈红楼梦〉》是我议论文字以来准备最久，也是写得最长的一篇。从阅读材料到写成论文，约有一年之久。"这本书毛泽东看得很细，从序到注释的文字，他看后都留下了许多批画的标志。

吴世昌对《红楼梦》的研究，主要是在版本和作者的考证方面。其代表作是《红楼梦探原》和前面已经提到的《我是怎样写〈红楼梦探原〉的？》。

---

[1] 《毛泽东的读书生活》，中央文献出版社 2003 年版，第 233 页。
[2] 《毛泽东的读书生活》，中央文献出版社 2003 年版，第 251—252 页。

蔡元培是我国新文化运动的一名先驱。在《红楼梦》研究方面，代表作有《石头记索隐》。他是"旧红学"的最后一名代表，属于"索引派"。所谓"索引派"，就是用小说中的人物去附会历史上实有的人物。他认为，小说中所描绘的人事必然能在历史上检索出来。他研究的结论是："金陵十二钗"写的就是明末清初江南的十二个名士（都是男的）。这种研究《红楼梦》的思路毛泽东是否定的，毛泽东说，"蔡元培对《红楼梦》的观点是不对的"。

胡适是"新红学"的代表人物之一，其代表作是《红楼梦考证》。他的"新红学"观点，毛泽东说"比较对一点"。所谓"比较对一点"，最主要的是"新红学"认定该书是作者曹雪芹的"自叙传"，划清了考据同附会、猜谜的界限，把《红楼梦》的研究扭转到着重考证作者生平、家世、版本和研究作者与作品的关系上来。这样研究《红楼梦》具有开拓性的意义。所以，毛泽东把胡适和俞平伯、王昆仑、何其芳、吴世昌都称为"新红学"的代表。

毛泽东读过的"新红学"和"旧红学"代表人物的著作，连同他读过的各种版本的《红楼梦》，现在都还收藏在中南海毛泽东故居里。

毛泽东爱读《红楼梦》，爱读《红楼梦》研究的文章和著作。毛泽东对《红楼梦》的历史价值和艺术成就一直有他自己的看法，特别是用阶级斗争的观点和阶级分析的方法来读《红楼梦》，来研究《红楼梦》，来评价《红楼梦》，这在我国的红学史上可能还都是第一次。毛泽东对新、旧红学家都曾给予评价，但是对他们都没有用马克思主义的阶级斗争的观点来研究《红楼梦》是有看法的。所以，他多次在各种不同的场合积极提出和阐明自己对《红楼梦》的基本观点。毛泽东把从胡适到何其芳这些红学家，都称为新红学家，但一次也没有谈及他自己。实际上，他自己就是一位名副其实的马克思主义的新红学家。

(二)"《水浒》要当作一部政治书看"

《水浒》是我国第一部专门描写历史上农民起义发生、发展直至失败的全过程的古典小说，是我国流传最广的古典文学名著之一。它也是毛泽东晚年很爱读的一部中国古典小说。

早在青少年时代，毛泽东就一遍一遍地读《水浒》。毛泽东对《水浒》这部小说的兴趣，可以说贯穿了他的一生。新中国成立以后，毛泽东在丰泽园的书房里、卧室的书柜里一直放有几种不同版本的《水浒》。据逄先知当时的记载，1964年8月3日，毛泽东在北戴河的时候，要过《金圣叹批改水浒传》。他送给毛泽东的是影印贯华堂原本。到了20世纪70年代，我们先后给毛泽东送过12种不同版本的《水浒》，这些书分别是：

《金圣叹批改水浒传》
  上海中华书局1934年影印件   1—24册
《水浒传》顺治丁酉冬刻本   1—20册
《全像绘图评注水浒全传》
  上海扫叶山房1924年版   1—12册
《第五才子书水浒传》上海同文书局版   1—16册
《水浒》人民文学出版社1972年版   上、下册
《明容与堂刻水浒传》上海人民出版社1975年版   1—4册

四、读中国五部古典小说

《明容与堂刻水浒传》上海中华书局1966年版　　1—20册
《第五才子书施耐庵水浒传》中华书局1975年影印　1—8册
《水浒传》人民文学出版社1975年影印　　　　　　1—100册
《第五才子书施耐庵水浒传》
　　中华书局1975年影印　　　　　　　　　　　　1—32册
《水浒传》人民文学出版社1975年版　　　上、中、下册
《水浒全传》人民文学出版社1975年版　　上、中、下册

这些书一直放在他的书房里。其中，中华书局1966年出版的《明容与堂刻水浒传》（线装大字本，1—20册），毛泽东一直把它放在卧室里。

逢先知送给毛泽东的上海中华书局1934年影印贯华堂原本《金圣叹批改水浒传》，是毛泽东最喜爱看的版本之一。20世纪70年代，他还先后两次看过这部《水浒》。第一次是1971年8月3日，这天上午大约10点钟，机要秘书高碧岑告诉我说首长要看《水浒》，要我赶快找一部送去。高碧岑是中央办公厅警卫局的干部，来到毛泽东身边工作时间不长，对毛泽东读书的具体情况知道得不细，所以这次毛泽东要看《水浒》，他并不太清楚毛泽东要看什么版本的《水浒》。我们给毛泽东做图书服务工作的时间也不太长，对毛泽东读书的习惯和要求等更是知之甚少。接到高碧岑的电话后，我们很快在毛泽东的图书中找出一部平装本《水浒》，就毫不犹豫地送了过去，结果刚回来，屁股还没有坐稳，电话铃声又急促地响起来了。高碧岑说："首长说他不是要这种版本的《水浒》，而是几年前看过的线装本金圣叹批改的《水浒》。"当时，我只知道有《水浒》这部小说，不知道还有金圣叹批改的《水浒》。放下电话，我径直来到放线装书

的屋内。当时,毛泽东的图书平装本和线装本是分开存放的。线装部分是按照经、史、子、集四大部分类,同类的图书大多放在一起,主要是为查找使用方便。书柜外面还都贴有标签,一看标签就知道柜内放的是什么书。我们很快找到了放小说的书柜,打开书柜,从上往下一层一层查看,结果发现书柜的底下两层放了好几种版本的《水浒》。仔细一翻,还真有一种叫《金圣叹批改水浒传》。在"毛主席用书登记本"上登记后,我们急忙将它送交高碧岑。高碧岑说:"你们送来得正好,首长在等着看呢。"

第二次是1972年2月1日,毛泽东又要看《金圣叹批改水浒传》,因为有了上次的经验,这一次就比较熟悉了。我把这部书送给他之后,第二天晚上,高碧岑就告诉我们:"首长还要看别的版本的《水浒》,要找线装本,字大一些的。"毛泽东自己的存书中,还有几种线装本的《水浒》,但字都比较小。此情况向毛泽东汇报之后,毛泽东让我们再到北京图书馆或者其他的图书馆去找一找。

第三天,即2月3日,我们到北京琉璃厂中国书店找了一部线装本《第五才子书水浒传》(70回本,上海同文书局版,16册)字也比较大。巧的是,这部也是金圣叹评点过的。我们又到首都图书馆借来一部《全像绘图评注水浒全传》(上海扫叶山房1924年版,12册)。这一种,毛泽东翻看后第二天即2月4日就退回来了。第一种《第五才子书水浒传》,毛泽东一直留在身边。毛泽东晚年看过不少版本的《水浒传》,但是,他最爱看的就要数金圣叹批改的《水浒》了。不过,毛泽东对金圣叹"腰斩"《水浒》是不满意的,他说,"金圣叹把《水浒》砍掉了二十多回,砍掉了,

四、读中国五部古典小说

不真实"①。

1972年1月6日，陈毅因病逝世。1月8日，毛泽东亲笔签发了陈毅的悼词。1月10日下午，大病初愈身体还很虚弱的毛泽东穿着睡衣突然来到八宝山参加陈毅的追悼会。回来后，毛泽东又大病了一场。2月初，他身体还未康复，就要看《水浒》，看了《金圣叹批改水浒传》，还要看《第五才子书水浒传》。毛泽东是被"武松打虎""柴进门招天下客，林冲棒打洪教头""三打祝家庄"和"鲁智深大闹野猪林"等许多英雄故事的吸引呢，还是对陈毅这位英勇善战、功绩卓著、大度豁达、爽直忠诚的诗友惨遭迫害而心中不平、不忍，对其深情地思念呢？是要看小说、重温历史呢，还是要借此消除心中的不安呢？这里我也难以说清。反正，毛泽东当时的心情是非常复杂、矛盾的，也是非常寂寞、孤独的。

毛泽东自少年时代起就喜爱读《水浒》，到了晚年，还兴味依然，一次又一次地、一遍又一遍地阅读《水浒》。毛泽东在耄耋之年，多次颇有兴致地谈论《水浒》。直到1975年，因患老年性白内障眼睛不能看书了，但与身边同志谈到《水浒》时，他还侃侃而谈一番。

毛泽东为什么对《水浒传》这样感兴趣呢？

第一，《水浒》是一部与农村和农民的革命斗争有紧密关系的古典小说。毛泽东是农民的儿子，青少年时代差不多都是在农村度过的。毛泽东生在农村，长时期地和农民们生活在一起。

---

① 萧心力：《毛泽东与共和国重大历史事件》，人民出版社2001年版，第487页。

他很熟悉农村和农民的疾苦。他很憎恶当时那些草菅人命、欺压百姓等极不合理的社会现象。他理解农民，同情农民，对农民和农民运动一直有着特殊的感情。《水浒》是我国第一部专门描写农民起义发生、发展直至失败的全过程的古典小说。书中描写并且颂扬的一个个英雄人物，有打鱼的，有种菜的，有打铁的，有卖膏药的，还有许多形态各异的被压迫的平民百姓。这些人物面貌毛泽东好像都似曾相识；他们反抗官府、劫富济贫的种种行为，毛泽东似乎也有所闻、有同感、有所实践；他们的生活、他们的言谈话语、他们的要求、他们的愿望，毛泽东好像都眼见过、耳听过、心想过。这样一部与农村和农民有密切联系的古典小说，引起毛泽东的兴趣和关注，是非常自然的。毛泽东谈到《水浒传》《三国演义》等古典小说对他产生的影响时说过，"我认为这些书对我的影响大概很大，因为这些书是在易受感染的年龄里读的"[1]。"《水浒》对毛泽东，从少年时起最重要的影响，主要还是在思想方面。书中'替天行道、劫富济贫'的思想，激起了他反抗现存秩序的精神。这是毛泽东一生的思想中，从中国旧文化（区别于官修典籍的民间传统文化）继承来的一个很重要的部分。"[2]

第二，《水浒》中的造反思想和反抗精神引起共鸣。《水浒》描写的是农民造反的传奇故事，书中塑造了李逵、鲁智深、武松、林冲等诸多敢于反抗官府的英雄形象，并通过他们不同的反抗道路展现了中国历史上的农民起义如何由分散的、单个的、

---

[1] 《毛泽东自述》，人民出版社1993年版，第9页。
[2] 《毛泽东早年读书生活》，辽宁画报出版社2007年版，第19页。

四、读中国五部古典小说

复仇火星发展到熊熊燃烧的燎原大火,直到最后被熄灭。在中国的封建社会里,农民的起义,农民的反抗,都是地主阶级对农民残酷的经济剥削和政治压迫的必然结果。哪里有压迫,哪里就有反抗。《水浒》中众多的农民造反,众多的英雄投奔梁山泊,铤而走险参加起义,这是"官逼民反"的历史必然,这是《水浒》这部小说最有价值的思想内容。毛泽东之所以爱看这部小说的一个重要的原因,就是小说揭示的"官逼民反"这一主题思想与毛泽东本人具有的强烈的反抗精神产生了共鸣。对书中许多英雄好汉的义气、侠行、胆识、才干等,毛泽东是很敬佩和向往的。1944年1月9日,毛泽东看了延安平剧院编演的历史剧《逼上梁山》以后,当即给编导们写了这样热情赞誉的信:

> 看了你们的戏,你们做了很好的工作,我向你们致谢,并请代向演员同志们致谢!历史是人民创造的,但在旧戏舞台上(在一切离开人民的旧文学旧艺术上)人民却成了渣滓,由老爷太太少爷小姐们统治着舞台,这种历史的颠倒,现在由你们再颠倒过来,恢复了历史的面目,从此旧剧开了新生面,所以值得庆贺。……你们这个开端将是旧剧革命的划时期的开端,我想到这一点就十分高兴。希望你们多编多演,蔚成风气,推向全国去!
>
> 敬礼!
>
> 毛泽东
> 一月九日夜[①]

[①] 《毛泽东书信选集》,中央文献出版社2003年版,第199页。

这出戏是《水浒》的精髓，体现了作品强烈的反抗精神，受到毛泽东的赞誉，这是很自然的。在大革命高潮中，毛泽东说农民的"造反有理"，因为这是"逼出来的"，"凡是反抗最有力，乱子闹最大的地方，都是土豪劣绅、不法地主为恶最甚的地方"。在延安给斯大林祝寿的时候，毛泽东还把马克思主义的道理，概括为一句极简单的话。他说："马克思主义的道理千条万绪，归根结底就是一句话：造反有理……根据这个道理，于是就反抗，就斗争，就干社会主义。"① 新中国成立以后，毛泽东在谈自己的革命生涯，谈中国共产党的历史经验时还颇有感触地说：革命家是怎样造就出来的呢？他们不是开始就成为革命者的，他们是被反动派逼出来的。我原先是湖南省的一个小学教员，我是被逼迫这样的。反动派杀死了很多人民。最后他借用《水浒》的故事归纳成一句话："每个造反者都是被逼上梁山的。"②

　　第三，把《水浒》作为反面教材。毛泽东晚年在夜以继日地工作之余，还一遍又一遍地阅读《水浒》，不是为了寻求艺术的审美享受，也不是像少年时代那样追慕英雄造反的故事，而是把《水浒》当作反面教材，通过阅读这部反面教材，使人们知道如何发展和保持我们已经取得的革命成果，使社会主义的红色江山千秋万代永不变色。

---

　　① 毛泽东：《在延安各届庆祝斯大林六十寿辰大会上的讲话》，《新华日报》1950年第1卷第3期。

　　② 毛泽东1964年1月同安娜·路易斯·斯特朗的谈话。转引自《毛泽东哲学思想研究》1986年第6期。

四、读中国五部古典小说

1975年8月13日，毛泽东与芦荻①谈《三国演义》《红楼梦》和《水浒》等几部古典小说时曾说过："《水浒》这部书，好就好在投降。作反面教材，使人们都知道投降派。"1974年在武汉读《水浒》时，毛泽东对张玉凤也说过，宋江是投降派，搞修正主义。②《水浒》中的农民起义最终失败，宋江招安投降，这是历史的必然。封建社会的历次农民起义总是以失败而告终。对于这一点，早在1939年12月，毛泽东就说过："只是由于当时还没有新的生产力和新的生产关系，没有新的阶级力量，没有先进的政党，因而这种农民起义和农民战争得不到如同现在所有的无产阶级和共产党的正确领导，这样，使当时的农民革命总是陷于失败，总是在革命中和革命后被地主和贵族利用了去，当作他们改朝换代的工具。"③ 那么，中国共产党领导团结全国各族人民夺取的政权，取得的胜利，能不能不断地巩固和发展，特别是新中国成立之后，中国还会不会重蹈"农民革命总是陷于失败"的历史覆辙，这是晚年的毛泽东极为关注而且一直在用心实践和探索的一个问题。在进城前夕召开的中国共产党第七届中央委员会第二次全体会议上，毛泽东饱含深情地说："夺取全国胜利，这只是万里长征走完了第一步。如果这一步也值得骄傲，那是比较渺小的，更值得骄傲的还在后头。在过了几十年之后来看中国人民民主革命的胜利，就会使人们感觉那好像只是一出长剧的一个短小的序幕。剧是必须从序幕开

---

① 芦荻，北京大学中文系讲师，1975年5月29日到9月底，在中南海给毛泽东读书。
② 《毛泽东评〈水浒〉真相》，《中国青年报》1988年9月24日。
③ 《毛泽东选集》第2卷，人民出版社1991年版，第625页。

始的，但序幕还不是高潮。中国的革命是伟大的，但革命以后的路程更长，工作更伟大，更艰苦。这一点现在就必须向党内讲明白，务必使同志们继续地保持谦虚、谨慎、不骄、不躁的作风，务必使同志们继续地保持艰苦奋斗的作风。"① 这段话在20世纪50年代和60年代一直鼓舞着中国共产党人和中国人民不断地前进。那么，到了20世纪70年代，毛泽东大力提倡"继续革命"，并要人们注意《水浒》中宋江的投降招安导致梁山农民起义的彻底失败这一反面教材，这是完全符合毛泽东当时的思想逻辑的。我认为，毛泽东把《水浒》作为反面教材，其本意主要还是要人们从宋江招安投降导致革命失败这一特定的历史事实中吸取教训，从而能够"继续革命"，沿着社会主义方向不断前进。

毛泽东把《水浒》作为反面教材来读，可能还有这样一个心理背景。我们知道，宋江领导的农民起义队伍接受招安，不是在当时客观形势对他们极为不利、毫无其他办法的情况下作出的选择。恰恰相反，他们是在取得了两赢童贯、三败高俅等一系列胜利的大好形势下自愿主动接受招安的。小说的这种描写，与毛泽东在20世纪60年代以后一直思考和忧虑的课题，是很为一致的。毛泽东认为，革命的真正目的在于取消压迫，改变产生压迫和官僚主义的社会结构。而这一切，在当时不仅没有达到，反而在社会主义土壤上滋生了不少欺压迫害百姓的大大小小的官僚，严重地损害了党群关系和干群关系。结合我国农民革命的历史，他注意到历史上的农民革命在获得胜利以

---

① 《毛泽东选集》第4卷，人民出版社1991年版，第1438—1439页。

后，革命者的热情就逐渐消退，革命意志逐渐丧失，图安逸，求享受，直至最后完全违背原来革命的真正的目标，以失败而告终。这样的历代革命的悲剧，会不会在我们共产党人领导的、无数的革命先烈用鲜血和生命换来的社会主义的大地上重演？正是因为有这样特殊的心理背景，毛泽东才把《水浒》后面的宋江招安投降的描写作为反面教材来读。这大概也是毛泽东晚年爱读《水浒》的一个重要的原因。

一部《水浒》，半个多世纪，毛泽东不知读过多少遍，也不知读过多少次，书中的人物、故事、情节等内容，他都熟记在胸，信手拈来即成妙喻，随口引用恰到好处。

我们都知道毛泽东爱读《水浒》，但是毛泽东是怎样阅读《水浒》的呢？可能很多人并不知道。下面我就自己的所闻所见，作一简略的介绍。

毛泽东阅读《水浒》，如同阅读《红楼梦》等其他古典小说一样，善于从不同的视角去阅读。视角不同，对事物的看法、人物的分析、问题的研究等着眼点和结果就可能不同。所以，常读常新，百读不厌。

第一，哲学的视角。从哲学的视角读《水浒》，从哲学高度来理解和评价《水浒》，这是毛泽东读《水浒》的一个重要特点。《水浒》虽然是一部小说，但是小说中有许多唯物论和辩证法的思想，有很多唯物辩证法的事例。

《水浒》中三打祝家庄的故事是毛泽东很为欣赏的故事之一。毛泽东在1937年写的《矛盾论》中曾把这个故事上升到哲学高度来理解和评价。他在《矛盾论》中是这样说的："《水浒传》上宋江三打祝家庄，两次都因情况不明，方法不对，打了败仗。后来改变方法,从调查情形入手,于是熟悉了盘陀路,拆散了李家庄、扈家庄和祝家庄的联盟,并且布置了藏在敌人营盘里的伏兵,用了和外国故事中所说木马计相像的方法,第三次就打了胜仗。《水浒传》上有很多唯物辩证法的事例,这个三打祝家庄,算是最好的一个。"①

1957年11月上旬,在苏联莫斯科的一天晚上,毛泽东请郭沫若、胡乔木及十来名工作人员一道吃饭。在饭桌上,毛泽东问翻译李越然:"你读过哪些古书?"李越然回答:"《三国》《水浒》……"毛泽东说:"《三国》《水浒》这些好书至少要读它三遍,不要去注意那些演义式的描写,而要研究故事里的辩证法。"《水浒》里有辩证法,读《水浒》,主要是研究、理解故事里的辩证法,这不能不说是毛泽东读《水浒》的一大特色。

第二,政治的视角。从政治的视角读《水浒》,从政治上来理解和评价《水浒》,这是毛泽东读《水浒》的又一个特色。

毛泽东的革命生涯是从农村开始的。毛泽东最具独创性的工作,是从农民问题开始的。在进行和领导中国革命的历史长河中,毛泽东一直非常重视和关注农村工作和农民问题。在毛泽东看来,农村和农民问题,是中国革命和建设中的一个至关重要的政治问题。早在1926年5月至9月,毛泽东在主持广州农民运动讲习所期间,为了说明现实的国民革命的中心问题就是农民问题,毛泽东在讲课中反复用地主阶级同农民的关系来阐明传统中国的政治结构。当时,毛泽东阐述的一个基本观点是:封建社会的政治完全是地主阶级的政治,中国历史上任何

---

① 《毛泽东选集》第1卷,人民出版社1991年版,第313页。

四、读中国五部古典小说

一次造反起义运动代表的都是农民利益，因此他们的失败是不可避免的。为了说明这个基本观点，当时他就举了《水浒》中农民造反起义失败的例子。他说："梁山泊宋江等人英勇精明，终不能得天下者，以其代表无产（农民）阶级利益①，不容于现时（当时）社会，遂致失败。"②但是，他们虽然失败了，却促成了朝代的更换，历史的变迁。这是毛泽东第一次运用《水浒》故事来印证或阐发自己的政治观点。

毛泽东曾经说过："《水浒》要当作一部政治书看。它描写的是北宋末年的社会情况。中央政府腐败，群众就一定会起来革命。当时农民聚义，群雄割据。占据了好多山头，如清风山、桃花山、二龙山等，最后汇集到梁山泊，建立了一支武装，抵抗官兵。这支队伍，来自各个山头，但是统帅得好。他从这里引申出我们领导革命也要从认识山头，承认山头，照顾山头，到消灭山头，克服山头主义。"③

新中国成立以后，我国广大劳动人民翻身做了主人，掌握了国家政权，全国各族人民在中国共产党的领导下沿着社会主义道路前进的形势下，《水浒》中英雄好汉们的造反斗争精神和行为模式在毛泽东的脑海里仍然留有深深的印记。1956年2月20日，一次在听取工作汇报的谈话中，毛泽东说：《水浒传》是反映当时政治情况的，《金瓶梅》是反映当时经济情况的。这两

---

① 即农民利益，因为毛泽东在当时的表述中对无产阶级利益和农民利益还没有加以区分，他所表达的二者意思基本上是相同的——笔者注。
② 《广州农民运动讲习所资料选编》，人民出版社1987年版，第195页。
③ 参见薄一波：《回忆片断——记毛泽东同志二三事》，《人民日报》1981年12月26日。

本书不可不看。①。1957年3月19日在南京党员干部会议上的讲话中,他强调在新的工作中仍然要保持和发扬光大《水浒》中英雄们的革命热情和拼命精神。他说:我们要保持过去革命战争时期的那么一股劲,那么一股革命热情,那么一种拼命精神,把革命工作做到底。什么叫拼命?《水浒传》上有那么一位,叫拼命三郎石秀,就是那个"拼命"。我们从前干革命,就是有一种拼命精神。②

毛泽东从政治的视角读《水浒》,事例很多。1945年4月24日在党的七大会议上的讲话中他就这样说过:《水浒》里若没有公孙胜、吴用、萧让这些人物,梁山的事业就不行。又如,在如何对待犯错误的干部的问题上,毛泽东也常常从读《水浒》中得到启示。1955年10月11日,毛泽东在中国共产党第七届中央委员会扩大的第六次全体会议上的讲话中,谈到怎样对待犯错误的同志时说:"我想只有两条:一条,他本人愿意革命;再一条,别人也要准许他继续革命。……我们不要当《阿Q正传》上的假洋鬼子,他不准阿Q革命;也不要当《水浒传》上的白衣秀士王伦,他也是不准人家革命。凡是不准人家革命,那是很危险的。白衣秀士王伦不准人家革命,结果把自己的命革掉了。"③

这里我们可以看出,毛泽东对《水浒》里的人物印象是多么深刻。毛泽东读《水浒》,特别注意书中的一些细节和情节的

---

① 陈晋:《毛泽东与文艺传统》,中央文献出版社1992年版,第123页。
② 《建国以来毛泽东文稿》第6册,中央文献出版社1992年版,第400页。
③ 《毛泽东著作专题摘编》(下),中央文献出版社2003年版,第2057页。

描绘，善于从政治的视角分析人物和事物，从而有目的、有针对性地引申出有益于现代中国革命和社会主义建设的经验和教训。

第三，工作方式、方法的视角。毛泽东读《水浒》，对书中有关具体工作方式、方法的描写也很关注。他在领导中国革命的过程中，经常根据实际工作的需要，用《水浒》中谈及的工作方式和工作方法来启发和教育人，助人理解，使人受益。

哲学的视角，政治的视角，工作方式、方法的视角，这是毛泽东阅读《水浒》的主要的视角。除这些视角外，还有政策和策略的视角、社会历史的视角、经济的视角、人物塑造和语言运用的视角等。这里不再赘述。不同的历史时期和不同的客观环境，不同的革命斗争和不同的工作实际，毛泽东阅读《水浒》的视角是不同的。《水浒》固然不是百科全书，但是，毛泽东能从不同的视角去阅读、去研究，从不同的视角去解释、去运用，往往会收到意想不到的效果。这是毛泽东阅读《水浒》的最根本的特点，也是毛泽东晚年爱读《水浒》的重要的原因。

毛泽东不仅自己爱读《水浒》，而且劝别人读《水浒》。1973年12月21日，毛泽东在接见部队领导的谈话中，劝人们读古典小说时说："《水浒》不反皇帝，专门反对贪官。后来接受了招安。"1974年去武汉时，他还把他最爱读的那部影印线装本的《金圣叹批改水浒传》带在身边，一边读，一边对在他身边工作的人员说宋江是投降派，搞修正主义。

毛泽东也很关心对《水浒》的研究。"文化大革命"前，《光明日报》等报刊发表的有关《水浒》的研究和评论文章，毛泽东几乎都看过。他的存书中，有一本《水浒研究论文集》（作家出版社 1957 年版），其中一篇是茅盾著的《谈〈水浒〉的人物和结构》，毛泽东阅读时，还用黑铅笔在书上画了许多的道道。

据我们的记载，毛泽东最后一次要《水浒》，是 1975 年 8 月 22 日。这一天下午，他指名要看《明容与堂刻水浒传》[①]。此时，他的一只眼睛刚做了白内障摘除手术，视力稍有恢复。这部《水浒传》大概是他手术之后要看的第一部书。从这里我们也可以看出，毛泽东晚年对《水浒》仍然是非常喜爱的。

后来，我在毛泽东阅批过的书刊中，看到过一本上海的《学习与批判》杂志（1975 年第 11 期）。这一期杂志上刊有一篇署名为罗思鼎的文章，题为《〈水浒〉在二十世纪三十年代》，在文章标题上方，毛泽东用黑铅笔画了一个大圈，标题下面画了一条粗粗的浪线。这期杂志封面刊名上方，毛泽东用红铅笔画了一个大圈。显然，这期杂志和罗思鼎的这篇文章引起了晚年毛泽东的注意。如果说毛泽东阅读过或者让身边工作人员给他读过这篇文章，那也是 1975 年 11 月或者 11 月之后的事了。

（三）"看《三国演义》不但要看战争，看外交，而且要看组织"

《三国演义》，全称《三国志通俗演义》，主要讲三国鼎立时期，魏、蜀、吴三个封建统治集团之间的矛盾和斗争。故事

[①] 本书又名《忠义水浒传》，上海中华书局 1973 年 12 月影印，每部 2 函 20 分册。

从刘备、关羽、张飞桃园结义开始,到王濬平吴结束。该书着重描写了东汉末年和整个三国时期封建统治集团之间的政治斗争和军事斗争。其结构宏大,作者笔下描写的众多人物,个个栩栩如生。叙述的故事文字通俗,情节曲折,虚实相间,动人心魄,是我国古代小说中的佳品。

毛泽东从青少年时代就爱看《三国演义》。新中国成立以后,直到20世纪60年代,毛泽东还常引用《三国演义》的情节和人物形象,用他那独特的思维方法和独到的语言艺术,把自己置于听的人当中,平等相待,融为一体,因此,每次都能把深刻的道理用平常的言谈表达出来,收到新的效果。

《三国演义》中的许多人物,尤其是诸葛亮,是毛泽东非常推崇的,也是毛泽东在著作和讲话中常常提到的历史人物之一。1957年7月9日,在上海干部会议上的讲话中谈到我们的干部不要怕群众,不要脱离群众,要跟群众在一起的问题时,毛泽东说:"刘备得了孔明,说是'如鱼得水'确有其事,不仅小说上那么写,历史上也那么写,也像鱼跟水的关系一样。群众就是孔明,领导就是刘备。一个领导,一个被领导。"[①]《三国演义》里,作者笔下的诸葛亮能够呼风唤雨,料事如神,成了智慧的化身。对诸葛亮这样的人物,毛泽东的看法是:也不是"全人""总是有缺陷的"。1957年11月18日在莫斯科共产党和工人党代表会议上的发言中,在谈及这一问题时,毛泽东是这样说的:"任何一个人都要人支持。一个好汉也要三个帮,一个

[①] 《马列著作毛泽东著作选读(党的学说部分)》,人民出版社1978年版,第459页。

篱笆也要三个桩。这是中国的成语。中国还有一句成语，三个臭皮匠，合成一个诸葛亮。单独的一个诸葛亮总是不完全的，总是有缺陷的。"①

说到20世纪50年代毛泽东在谈话、讲话中引用《三国演义》中的故事和人物的事，当时任毛泽东国际问题的秘书林克写过这样一段回忆：1957年春季，毛泽东离开北京到天津、济南、徐州、南京、上海等地视察。3月20日下午，毛泽东乘飞机由南京飞往上海，途经镇江上空时，毛泽东触景生情书写了宋人辛弃疾的《南乡子·登京口北固亭有怀》这首词。写完后，毛泽东又围绕这首词的内容讲了许多。在说到"生子当如孙仲谋"时，毛泽东说是借引曹操的言语。接着，毛泽东讲到《三国演义》中曹操煮酒论英雄一节，曹操说："夫英雄者，胸怀大志，腹有良谋，有包藏宇宙之机，吞吐天地之志者也。"刘备问："谁能当之？"曹操以手指刘备后自指说："今天下英雄，惟使君与操耳。"说到这里，毛泽东继而发挥说，尽管刘备比曹操所见略逊，但刘备这个人会用人，能团结人，终成大事。②"天下英雄，惟使君与操耳"，曹操的这句名言，一直深深地印在毛泽东的脑子里。直到晚年，他在练习书法时，还时常饶有兴致地书写。

《三国演义》描写的许多历史故事、战例，差不多都是取材于晋代陈寿所撰的《三国志》和裴松之注。《三国志》与司马迁著的《史记》、班固著的《汉书》、范晔著的《后汉书》齐名，

---

① 《马列著作毛泽东著作选读（哲学部分）》，人民出版社1978年版，第510页。
② 《秘书工作》1993年第11期。

四、读中国五部古典小说

合称为二十四史的前四史。《三国志》中记载的三国时期的人物、历史事件和历史故事，随着时间的推移，特别是通过历代"说书"艺人及其广大的听众的加工渲染，不仅流传广泛，而且具有了许多传奇色彩。罗贯中著的《三国演义》就是在这些传说故事的基础上再加工、再创造。对于《三国志》和《三国演义》，毛泽东曾评说："《三国演义》是小说，《三国志》是史书，二者不可等同视之。若说生动形象，当然要推演义；若论真实性，就是更接近历史真实，罗贯中的《三国演义》就不如陈寿的《三国志》啰！"为了说明演义和真实历史的差别，毛泽东还特意举了一个例子："旧戏里诸葛亮是须生，而周瑜是小生，显然诸葛亮比周瑜年纪大。这可能是来源于演义，而在《三国志》上记载周瑜死时三十六岁，那时诸葛亮才三十岁，即比周瑜小六岁。"[①]《三国演义》与《三国志》，虽然是两部不同类别和不同文体的著作，但从内容上来说，这两部著作具有密切的联系。毛泽东读《三国演义》，也很爱读《三国志》。他实际上把它们当作一部史书来读了。从历史的角度来读"演义"，这是毛泽东晚年读古典小说的一大特点。《三国志》和《三国演义》，毛泽东晚年都读过多遍。

新中国成立以后，大约从20世纪50年代后期开始，毛泽东每次到外地去，总要带上一大批他爱看的或者是常读的图书，《三国志》大字线装本是必带的书籍之一。1958年11月，他到武汉参加中央工作会议和即将召开的八届六中全会时，就带了

[①] 陶鲁笳：《毛主席教我们当省委书记》，辽宁人民出版社2017年版，第129页。

《三国志》等一大批图书。会议期间，他在读《三国志·张鲁传》时还写了两段长长的批注。据陶鲁笳回忆说：

> 1958年11月20日上午，毛主席召集柯庆施、李井泉、王任重和我四个人到他在武汉东湖畔的住所开座谈会。原来我们都以为主席要座谈的是预定在明天，即11月21日开始的中央工作会议和相继召开六中全会的问题。谁也没有料到，当主席和蔼可亲地招呼我们在客厅坐定之后，一开头他却说："今天找你们来谈谈陈寿的《三国志》。"①

在这次座谈会上，毛泽东很有兴致地谈了他自己对《三国志》《三国演义》和曹操等历史人物的看法。

1958年9月，毛泽东离京去大江南北视察，曾作为国民党政府和平谈判代表并去过三次延安的张治中应邀陪同前往。视察途中，一天，毛泽东正在火车上阅读《三国志》，张治中和罗瑞卿进来，在谈话间，毛泽东说："吕蒙是行伍出身，没有文化，很感不便。后来孙权劝他读书，他接受了劝告，勤学苦读，以后成了东吴的统帅。现在我们的高级军官中，百分之八九十都是行伍出身，参加革命后才学文化的，他们不可不读《三国志》的《吕蒙传》。"②

据逄先知的记载，20世纪60年代，毛泽东先后两次要读《三国志》。一次是1960年4月20日，毛泽东要读《三国志》，逄先知送给毛泽东的是标点本《三国志》。另一次是1964年10

---

① 陶鲁笳：《毛主席教我们当省委书记》，辽宁人民出版社2017年版，第129页。

② 《人民政协报》1987年1月6日，余湛邦文。

四、读中国五部古典小说

月 13 日毛泽东要读《三国志》，逄先知送给毛泽东的除上次那部标点本《三国志》外，还有卢弼撰的《三国志集解》（古籍出版社 1957 年版，全 18 册）。这部《三国志集解》，线装本，字比较大，毛泽东非常喜爱，后来一直把它放在他的书房里，读了又读，还写了许多的批语。其中有两处批语，至今还深深地留在我的记忆中。

裴松之在《魏书·武帝纪》一段注释中，引用了曹操于建安十五年（210 年）十二月发布的《让县自明本志令》。其主要内容是叙述他自己辗转征战的经历及当时许多的心理活动，表明他守义为国，并无取代汉帝以自立的意思。他让出受封的阳夏、柘、苦等三县，以消除时人对他的误会。卢弼对此除作了一些考证、订谬外，还对曹操提出了许多的指责。曹操在令中写道，自己没有背叛汉室之意，他死后，妻妾无论嫁到哪里，都希望要为他说明这一心迹。卢弼对此指责"奸雄欺人之语"。曹操在令中又写道，自己不能放弃兵权，"诚恐已离兵为人所祸也"。这是"既为子孙计，又已败则国家倾危"。卢弼对此指责"皆欺人语也"，并说陈寿撰写的《三国志》对这些话"削而不录，亦恶其言不由衷耳"。曹操在令中还写道，自己打仗，"推弱以克强，处小而擒大；意之所图，动无违事；心之所虑，何向不济"。卢弼认为曹操的这些话是"志骄气盛，言大而夸"，并在注中又列举了曹操打过的败仗。以上的这段文字，特别是卢弼的注，毛泽东看得很仔细，差不多都作了圈点。关于卢弼对曹操的看法和评价，毛泽东很不赞成，他认为，这不是实事求是的态度。所以，在读了卢弼的这段注后，毛泽东在天头上写了这样的一段颇有感慨的批语："此篇注文，贴了魏武不少大字报，欲加之罪，何患无辞。李太白云：'魏帝营八极，蚁观一弥①衡。'此为近之。"

"魏帝营八极，蚁观一祢衡"的诗句，引自李白的《望鹦鹉洲悲祢衡》。祢衡是东汉时期人，史籍说此人狂傲而有才气。曹操对这个人的才能不仅没有引以重视，还污辱了他，因此被祢衡大骂。祢衡后被黄祖所杀。鹦鹉洲据说是祢衡曾作赋的地方。李白的这首诗，对曹操统一北方的功绩是肯定的，同时又指出他轻视祢衡的失误。大概是因为李白对曹操的这种评价比较符合历史实际，也比较符合毛泽东本人的看法，所以毛泽东在此特引了李白的这句诗。

毛泽东在读《魏书·刘表传》时还写了两条有关曹操的批注。

《魏书·刘表传》裴松之的注中，有一段说刘表初到荆州时，江南有一些刘姓家族据兵谋反，刘表"遣人诱宗贼，至者五十五人，皆斩之"。毛泽东读到此注，对"皆斩之"的做法是不赞成的，所以，他在"皆斩之"三个字旁画了粗粗的曲线，并在天头上写下这样一条批语："杀降不祥，孟德所不为也。"

这条批语，既表明了毛泽东对刘表做法的蔑视，又表明了他对曹操"不杀降"和爱才的称赞。

在《魏书·刘表传》中，卢弼也有一段注释，刘表于建安五年（200年）"攻张怿平之"，有"地方数千里，带甲十余万"，祭祀天地，自立为帝。毛泽东读后又在天头上写下了一条批语："做土皇帝，孟德不为。"这里，毛泽东又一次称赞曹操。

毛泽东晚年读《三国志集解》写了不少的批注，许多篇章

---

① 据扫叶山房石印本《李太白全集》，"弥"应为"祢"。

他都圈画得密密麻麻。从中我们足以看出，他对《三国志》这部大作甚是喜爱。

据我们的记载，1973年，毛泽东还先后两次要过《三国演义》，一次是3月19日，一次是5月26日。这两次都是从中国书店新购买来送给他的。我们看到，毛泽东晚年游泳池畔的书房里，除存放着多种平装版本的《三国演义》外，还一直放有两种线装木刻大字本的《三国演义》。一种是上海涵芬楼版，全名是《三国志通俗演义》。另一种是人民文学出版社1974年2月影印出版的《三国志通俗演义》。这两种《三国志通俗演义》，每部都是24个分册，因为字都比较大，毛泽东很喜爱。他在生命的最后几年里，还常很有兴趣地翻阅这两部不同版本的《三国演义》。1975年8月中旬，大概是在做白内障摘除手术之前，他还在书房里与陪读的北京大学的芦荻侃侃而谈《三国演义》《红楼梦》《水浒》等中国古典小说。

毛泽东读《三国演义》，如同读《红楼梦》《水浒》等古典小说一样，很善于从不同的视角去思考，从不同的视角去说明实际问题。

毛泽东具体从哪些视角阅读《三国演义》呢？

第一，从作者创作作品的社会背景的视角。这是毛泽东阅读《三国演义》的一个重要特点。任何一部文学作品的产生，都是与一定的社会背景相联系的，也是时代的产物。如《三国演义》中描写的诸多历史人物和历史故事，虽然经过作者对历代民间传说进行精心地综合融裁和再创作，但是字里行间仍然反映了动乱的三国时期的社会状况以及封建统治集团之间政治、军事的矛盾和斗争。《三国演义》为我们提供了关于封建社会中统治集团之间的政治斗争和军事斗争可资借鉴的思想材料。社会背景和作家创作的主题思想是密切相连的。毛泽东认为，作家创作的社会背景必然要影响到作品的主题。阅读、研究文学作品，不可不重视作品形成的社会背景。

毛泽东在阅读《三国演义》的过程中，很注重考虑作者创作和作品形成的社会背景，并且把这一社会背景与作品的主题紧密地联系起来。关于《三国演义》的主题倾向，众说纷纭。历史上不少文学评论家都认为，《三国演义》是一部描写汉末至西晋分久必合、合久必分，从大乱到大治的历史过程的长篇历史小说，作者罗贯中"扬刘抑曹、蜀汉正统"的创作主题倾向是皇权正统观念的体现。对此，毛泽东一方面沿袭此说，一方面又有其独特的见解。就拿曹操这个人物来说，作者笔下的曹操是一个"汉贼""奸雄"，但毛泽东对曹操这个历史人物有他自己的看法。1958年11月20日上午在武汉东湖畔的住所召开的座谈会上，在谈到曹操时，毛泽东说：你们读《三国演义》和《三国志》注意了没有，这两本书对曹操的评价是不同的。《三国演义》是把曹操看作奸臣描写的；而《三国志》是把曹操看作历史上正面人物来叙述的，而且说曹操是天下大乱时期出现的"非常之人""超世之杰"。可是因为《三国演义》又通俗又生动，所以看的人多，加上旧戏上演三国戏都是按《三国演义》为蓝本编造的，所以曹操在旧戏舞台上就是一个白脸奸臣。现在我们要给曹操翻案。我们党是讲真理的党，凡是错案、冤案，十年、二十年要翻，一千年、二千年也要翻。①

---

① 参见陶鲁茄：《忆毛泽东同志教我们读书》，《党史文汇》1993年第9期。

四、读中国五部古典小说

1959年,一次在谈到历史学家翦伯赞的一篇关于曹操的文章时,毛泽东说:"曹操结束汉末豪族混战的局面,恢复了黄河两岸的广大平原,为后来的西晋统一铺平了道路。"① 20世纪50年代有一次在北戴河,毛泽东与保健医生徐涛谈到曹操时说:"曹操统一北方,创立魏国。那时黄河流域是全国的中心地区。他改革了东汉的许多恶政,抑制豪强,发展生产,实行屯田制,还督促开荒,推行法制,提倡节俭,使遭受大破坏的社会开始稳定、恢复、发展。这些难道不该肯定?难道不是了不起?说曹操是白脸奸臣,书上这么写,剧里这么演,老百姓也这么说,那是封建正统观念制造的冤案。还有那些反动士族,他们是封建文化的垄断者,他们写东西就是维护封建正统。这个案要翻。"②

毛泽东曾批阅过《三国志集解》,对《魏书·武帝纪》《魏书·文帝纪》《魏书·刘表传》中有关曹操的内容,作了许多圈画,写下了不少批注文字。在《魏书·武帝纪》中,毛泽东圈画批注比较多的,除曹操的身世、经历和战绩外,还有曹操所采取的政策。由此我们可以看出,毛泽东主张对曹操这个历史人物应当实事求是地加以肯定。

我们从毛泽东阅读批画过的鲁迅著作中还看到:鲁迅《魏晋风度及文章与药及酒之关系》一文中有这样一段话:"其实,曹操是个很有本事的人,至少是一个英雄,我虽不是曹操一党,但无论如何,总是非常佩服他。"毛泽东在读到这段话时,用红

---

① 《毛泽东的读书生活》,中央文献出版社2003年版,第274—275页。
② 孙宝义:《毛泽东的读书生涯》,知识出版社1993年版,第221页。

铅笔画上了粗粗的着重线,这一条条红线,把他与鲁迅连接到了一起。对曹操的看法,是不是可以说毛泽东和鲁迅是相通的?

在毛泽东的心目中,曹操不仅是一位"结束汉末豪族混战的局面","统一北方,创立魏国","改革了东汉的许多恶政"的战功卓著的政治家、军事家,而且是我国文学史上一位著名的诗人。1954年7月23日,毛泽东在给李敏、李讷的信中写道:"北戴河、秦皇岛、山海关一带是曹孟德(操)到过的地方。他不仅是政治家,也是诗人。他的碣石诗是有名的。"①

毛泽东对曹操的看法和评价,显然与《三国演义》作者罗贯中笔下的曹操是相悖的。作者罗贯中受传统观念的束缚在小说"扬刘抑曹",除受传统观念的影响外,毛泽东认为还受当时现实社会背景的影响,毛泽东还一路发挥说:"《三国演义》的作者罗贯中不是继承司马迁的传统,而是继承朱熹的传统。南宋时,异族为患,所以罗贯中以蜀为正统。明朝时,北部民族经常为患,所以罗贯中也以蜀为正统。"② 从这里我们也可以约略地看出,毛泽东阅读《三国演义》,不迷信书本,不拘泥于古人,敢于冲破作者"扬刘抑曹"这一皇权正统思想的束缚,提出自己的看法,这不能不说是毛泽东阅读《三国演义》的一个独到之处。

第二,战争、外交、组织的视角。三国鼎立时期,社会动荡,事态百变,势均力敌的魏蜀吴三国战争不断。《三国演义》记述的就是这一时期各个封建统治集团之间的矛盾和斗争。《三

---

① 李敏、孔令华:《怀念》,中央文献出版社1992年版,第88页。
② 《毛泽东的读书生活》,中央文献出版社2003年版,第275页。

四、读中国五部古典小说

国演义》虽然不是兵书，也不是军事专著，但书中却有不少动人心魄、千古流传的战争和战斗场面的描写，有战略、策略方面的记述，也有虚实分合、攻守进退、以小打大、以少胜多、后发制人等许多战役和战术方面的描写，如祭东风、赤壁大战、走麦城、空城计等。所以，毛泽东不仅把《三国演义》当作历史来读，通过它来知兴亡，鉴得失，明事理，把握历史现象及其规律，还从战争的视角来读，从战略、战术的视角来读。毛泽东阅读《三国演义》的独到之处还在于，注重学习书中可供借鉴的有关军事斗争的知识和思想材料。

毛泽东爱读《三国演义》中著名的战例，不仅因为这些战例描写得生动、壮观，而且战例中包含了不少战争知识。与其说毛泽东在读小说，倒不如说毛泽东在借鉴历史，研究和学习战争。

就拿吴魏赤壁之战来说，这是《三国演义》第四十七回着力描写的我国历史上的一次著名大战。

赤壁之战，曹操失败，孙刘获胜，从此就形成了三国鼎立的局面。它是我国古代战争史上有名的弱军战胜强军的战例之一。在一定的条件下，少亦能战胜多，弱亦能战胜强，败亦能变为胜。少与多，弱与强，败与胜，都不是固定不变的，在一定的条件下它们是可以相互转化的。这就是战争中的辩证法。吴魏赤壁大战就是一个很好的历史例证。

毛泽东反复读《三国演义》，对作者罗贯中着力描写的这些大战的情形都很熟悉，在讲话和文章中常常谈及。他从战争的视角读《三国演义》，从赤壁大战、官渡大战、彝陵大战等许多的战争、战役中学习战争的谋略，学习克敌制胜的策略，学习战争的知识，并密切结合实际，运用于他所领导和进行的革命战争之中。这不能不说是毛泽东读《三国演义》的一大特色。

对于《三国演义》，毛泽东曾作过很高的评价。他说，看《三国演义》，不但要看战争，看外交，而且要看组织。刘备、关羽、张飞、赵云、诸葛亮，组织了一个班子南下，到了四川，同"地方干部"一起建立了一个很好的根据地。他的意思是说，外来的干部一定要同地方的干部很好地团结在一起，才能做出一番事业。他还讲过，曹操下江南，东吴谁当统帅成了问题，结果找了个"青年团员"周瑜，29岁当了都督，大家不服，后来加以说服，还是由周瑜当，结果打了胜仗。毛泽东借此说明选拔干部，不能统统按资历，要按能力。毛泽东从外交、组织的视角来读《三国演义》，联系到我们干部之间、领导班子之间的团结，联想到选拔和使用年轻干部。这都是毛泽东读《三国演义》等历史古籍的重要特色。

第三，联系实际问题，从作品中寻求启示的视角。毛泽东阅读《三国演义》，常常联系实际问题，从中寻求启示。他常常"以既定的思想水平和历史观点来评价作品所描绘的内容，来印证或阐发他的认识"①。

在延安时期，毛泽东经常在文章、书信、谈话、讲话和报告中谈及《三国演义》，并用其中的语言或故事来印证或阐发他的认识。1936年9月8日，在给当时任国民党陕西省政府主席邵力子的信中，毛泽东引用《三国演义》中的"天下大势，合久必分，分久必合"，来说明"国共两党实无不能合作之理"。

---

① 《毛泽东与文艺传统》，中央文献出版社1992年版，第117页。

1956年3月5日，在国务院有关部门汇报手工业工作情况时，毛泽东又一次引用《三国演义》中的"天下大势，分久必合，合久必分"来说明在手工业合作化过程中，要妥善解决集中生产和分散生产的关系。修理和服务行业过于集中，群众不满意，就需要适当地分散和多设一些点，以方便群众。

《三国演义》第49回中有一句话是"人有旦夕祸福，岂能自保"。1958年在《关于帝国主义和一切反动派是不是真老虎的问题》一文中，毛泽东引用"人有旦夕祸福"来说明人的忧患与生俱来。

人民公社这一社会组织形式，是毛泽东领导中国人民在建设社会主义的过程中的一种尝试。在推进和肯定这一组织形式的时候，毛泽东把它与历史上的一些农民对大同世界的探索和试验很有兴趣地联系起来。1958年12月，中共中央在武汉召开八届六中全会期间，毛泽东读《三国志·张鲁传》（魏志卷九，裴松之注）时于7日和10日先后写了两大段批注，长达1500字左右。毛泽东似乎从读《张鲁传》中隐约看到了"现在的人民公社运动"的历史渊源。所以，他于12月7日高兴地写道："这里所说的群众性医疗运动，有点像我们人民公社免费医疗的味道，不过那时是神道的，也好，那时只好用神道。道路上饭铺里吃饭不要钱，最有意思，开了我们人民公社公共食堂的先河。""现在的人民公社运动，是有我国的历史来源的。我国的民族资产阶级没有来得及将农民中的上层和中层造成资本主义化，但是帝国主义与封建主义的反动联盟，却在几十年中将大多数农民造成了一支半无产阶级的革命军，就是说，替无产阶级造成了一支最伟大最可靠最坚决的同盟军。"①

对张鲁行"五斗米道"的一些具体做法，毛泽东很为赞赏，并把它与当时在我国大地上普遍建立的人民公社的一些做法相对照。毛泽东于12月10日又写道："我国从汉末到今一千多年，情况如天地悬隔。但是从某几点看起来，例如，贫农、下中农的一穷二白，还有某些相似。汉末北方的黄巾运动，规模极大，称为太平道。在南方，有于吉领导的群众运动，也是道教。在西方（以汉为中心的陕南川北区域），有五斗米道。史称，五斗米道与太平道'大都相似'，是一条路线的运动。又称，张鲁等行五斗米道，'民夷便乐'，可见大受群众欢迎。""中国从秦末陈涉大泽乡（徐州附近）群众暴动起，到清末义和拳运动止，二千年中，大规模的农民革命运动，几乎没有停止过。同全世界一样，中国的历史，就是一部阶级斗争史。"②

《张鲁传》全文不足300字，毛泽东写的批注比《张鲁传》长好几倍。毛泽东对《张鲁传》的兴趣，实际上并不是始于这次八届六中全会。他向与会同志推荐《张鲁传》也不是偶然的。同年8月24日，在北戴河会议上，毛泽东在谈到人民公社搞公共食堂时就曾说：张道陵的五斗米道，出五斗米就有饭吃。吃粮食是有规律的，像薛仁贵那样一天吃一斗米，总是少数。同年11月3日在郑州9个省市委书记谈话中，说到供给制时，毛泽东又说：三国时候张鲁的社会主义是行不长的。因为他不搞

---

① 《建国以来毛泽东文稿》第7册，中央文献出版社1992年版，第627—628页。

② 《建国以来毛泽东文稿》第7册，中央文献出版社1992年版，第629—630页。

工业，农业也不发达。曹操把他灭了，他也搞过吃饭不要钱，凡是过路的人，在饭铺里头吃饭、吃肉都不要钱。他不是在整个社会都搞，只在饭铺里头搞。他统治了30年，人们都高兴那个制度，那里有一种社会主义作风。我们这个社会主义由来已久了。这些言谈话语表明，毛泽东对张鲁的五斗米道在几个月前就已有浓厚的兴趣。在毛泽东看来，历史虽已过去1000多年，现在与过去尽管"情况如天地悬隔"，但"一穷二白"的国情则"有某些相似"，张鲁五斗米道所体现的"极端贫苦农民广大阶层梦想平等、自由，摆脱贫困，丰衣足食"的理想追求等，对人们认识现实是很有启示的。借用历史来启发人们的认识，开阔人们的视野，让人们更大胆地进行创造性地实践，这大概是毛泽东当时向人们推荐读《张鲁传》的主要意图。

用1000多年前张鲁的五斗米道的实践来类比当时人们对共产主义的想象和追求，当然是过于简单了。建立人民公社这一社会组织，不符合当时中国社会和广大农村的实际，不能有效地提高和发展生产力，因而不成功，这是很自然的。

为了纠正已经出现和已经觉察到的错误，1959年4月毛泽东在中共中央召开上海会议之前，向全党连续发了4封《党内通信》，反对当时全国各地盛行的浮夸风等"左"的倾向。在上海会议上，与会同志根据毛泽东的意见又着重议论了多谋善断、留有余地等问题。在这次会议上，毛泽东提议大家看看《三国演义》中的《郭嘉传》。郭嘉是三国时期的一位著名人物，最初在袁绍部下，但他认为袁绍"多端寡要，好谋无决，欲与共济天下大难"。后经荀彧推荐，成为曹操的重要谋臣，追随左右，运筹帷幄，协助曹操南征北战，功绩卓著。郭嘉中年殒命，曹操非常惋惜。毛泽东介绍大家看《郭嘉传》，意思是希望各级领导做事要多谋。

说到毛泽东爱用《三国演义》中的人物故事来印证或阐发他的认识，还有这样一件事：在四届人大将要召开的时候，毛泽东提出不设国家主席的建议。为了说服中央委员能够同意他的建议，毛泽东用三国时期的历史故事启发大家。毛泽东说："孙权劝曹操当皇帝，曹操说，孙权是要把他放在炉火上烤。"接着，毛泽东又说："我劝你们不要把我当曹操，你们也不要做孙权。"[①]

类似这样的事例是很多的，这里不再一一列举。

总之，毛泽东读《三国演义》是多视角的。上面说到的视角，只是我认为是比较重要的视角。毛泽东爱读《三国演义》，更爱从不同的视角去阅读，去理解，去阐发他的认识。到了晚年，他老人家也还是这样做的。

毛泽东生前阅读和批注过的《三国演义》和《三国志》，现在都还保存在中南海毛泽东故居里。随着《三国演义》和《三国志》在我国人民中越来越广泛的流传，毛泽东读这两部书时写下的批注将越来越具有重要的历史价值，越来越受到人们的重视。

（四）读《西游记》，"要看到他们有个坚强的信仰"

《西游记》是毛泽东很爱读的又一部中国古典小说。

[①] 参见《毛泽东传》第六册，中央文献出版社2011年版，第2534页。

四、读中国五部古典小说

毛泽东爱读《西游记》，更喜爱孙悟空这个敢于冲破传统清规戒律的束缚、敢于大闹天宫、敢于同各种妖魔鬼怪作斗争的神话人物。毛泽东写文章、作报告，常常谈到孙悟空，有时候把他作为正面形象来宣扬，有时候又把他作为反面形象来引用。每一次引用，每一个比喻，都抓住和体现孙悟空的一个特征，一段故事，说来妙趣横生，引人入胜。在毛泽东的著作、讲话、谈话和诗词当中，引用中国古典小说中的人物是很多的，但是，引用最多的或者说他最有兴趣的，大概就要数齐天大圣了。

毛泽东青少年时代就很爱读《西游记》。到了晚年，特别是20世纪70年代，他对这部著名的神话小说仍有浓厚的兴趣，还时常翻阅，时常与人侃侃而谈。

毛泽东晚年在中南海游泳池住地的会客厅里，也就是他晚年的书房里，一直放着5种不同版本的《西游记》：

《西游记》世界书局版　　　　　　　　　　　　　上、下册
《绣像绘图加批西游记》上海广益书局1924年版　1—16册
《绘图增像西游记》
　　上海广百宋斋光绪庚寅（1890年）校印　　　1—20册
《绘图增像西游记》
　　上海广百宋斋光绪辛卯（1891年）校印　　　1—10册
《西游记》人民文学出版社1972年4月版　　上、中、下册

根据当时的记录，20世纪70年代之后，毛泽东先后3次向我们要过《西游记》。第一次是1971年8月初，他要看《西游记》和《西游真诠》。《西游记》是从中央办公厅图书馆找来的、上海广益书局出版的大字线装本《绣像绘图加批西游记》；《西游真诠》线装本，全20册，是从当时的北京市文物管理处借来

的。《西游真诠》，他翻阅后，大约一个星期就退给我们了。《绣像绘图加批西游记》，他很喜爱，一直放在身边。第二次是1973年3月上旬，他指名要人民文学出版社1972年新出版的平装本《西游记》。他跟前已经有了大字线装本的《西游记》，为什么又要新出版的平装本呢？秘书徐业夫说，线装本首长有个别地方字看不清。凡是遇到这种情况，首长就翻看平装本。毛泽东看别的书也常常将几种不同版本的书放在一起，对照着读。毛泽东的这种读书习惯，除了徐秘书说的这个意思外，还有没有其他方面的意思呢？我们就说不清楚了。第三次是1973年4月5日，毛泽东又向我们要《西游真诠》，同时还要《西游原旨》。《西游原旨》，清代刘一明撰，嘉庆二十四年（1819年）刊本，全24册，毛泽东很喜爱，后来一直放在他的书房里。伴随着毛泽东度过终生的诸多的图书中，上述几种不同版本的《西游记》和这部《西游原旨》是格外引人注目的。

会客厅里放着的这5种不同版本的《西游记》，毛泽东晚年曾多次阅读。其中上海广百宋斋光绪辛卯（1891年）校印的《绘图增像西游记》装帧不怎么讲究，字也不是很大，但字都印得很清楚，与小32开本差不多大，每册很轻，看起来很方便，所以，毛泽东很爱看，并在阅读过程中写下了批语。这是毛泽东中南海故居里仅存的写有批语的《西游记》。批语中有这样两段：

第一段批语是在读第18回"观音院唐僧脱难，高老庄行者降魔"时写下的。高员外招猪八戒做女婿之后，在与唐僧一行谈及他这个女婿时说："初来时是一条黑胖汉，后来就变做一个长嘴、大耳朵的呆子，脑后又有三溜鬃毛，就像个猪的模样。食肠却又甚大，喜得还吃斋素，若再吃荤酒，老拙这些家产几时早也罄净。"唐僧听后说："只因他做得，所以吃得。"毛泽东读到这里时写下了一段富有哲理的批语："只因为做得多，所以分配应当多，多劳应当多得。反过来，只因吃得多，所以才有可能做得多。生产转化为消费，消费转化为生产。"

这部《绘图增像西游记》是 1891 年出版的，毛泽东阅读批注此书的大体时间应是在 20 世纪 50 年代后期。根据有三：一是 20 世纪 50 年代初期，毛泽东进城之后，从延安带过来的图书不多，特别是线装本的图书就更少。随着毛泽东的读书需要，根据毛泽东本人的要求，田家英、陈秉忱、逄先知等陆续为他购买配置了一部分线装古籍图书。这部《绘图增像西游记》可能就是这一时期购买配置的。二是本书印的字似三号宋体字，小 32 开本，这样小字号、小开本的线装书，20 世纪 60 年代之后，他一般是很少看的。三是从批注的字迹和用笔来看，批注是用黑铅笔写的，因为本书天头空的地方不大，所以批注的字写得也不大，字迹是流畅自如的行书体。我们知道从 20 世纪 50 年代后期起，毛泽东读书批注差不多都是用铅笔写的行书字体。如读鲁迅著作单行本、二十四史等写的批注，用的都是铅笔，写的都是行书字体。由此判断，这段批注像 20 世纪 50 年代后期所写。

在这段批语中，毛泽东明确主张"多劳应当多得"。按劳分配，多劳多得，不劳动者不得食，这一社会主义的分配原则，在 20 世纪 50 年代中、后期，在我国城乡各地几乎是家喻户晓，人人皆知。这一符合实际、深受全国人民拥护的社会主义的分配原则，在"左"的思想的影响下，一时受到了严重干扰和破坏，在人民公社内部不实行按劳分配，而搞平均分配，混淆社会主义和共产主义的界限，极大地挫伤了广大农民的生产积极性，造成了农业生产的大幅度下降。为此，1958年11月，中共中央先后在河南的郑州和湖北的武昌召开了会议，开始着手纠正这种错误倾向。同年11月28日至12月10日，中共中央又召开了八届六中全会，毛泽东在会上着重批评了企图过早地否定按劳分配原则的错误倾向。1959年2月，在第二次郑州会议上，毛泽东在讲话中再次严肃批评企图超越社会主义阶段而实行平均分配的错误倾向，进一步强调了必须实行"按劳分配"的社会主义的分配原则。由于毛泽东及时发现并采取切实的措施，才使这种"左"的思想和错误倾向得以纠正。1962年扩大的中央工作会议期间，在刘少奇代表中央所作的工作报告稿上，毛泽东又一次写道："按劳分配和等价交换这样两个原则，是建设社会主义阶段不能不严格遵守的马克思列宁主义的两个基本原则。"正因为当时社会上有人主张实行平均分配，不要按劳分配；也正因为这种超越社会主义阶段的主张和"左"的思想的影响在社会实际中已经造成了严重的后果，所以毛泽东旗帜鲜明地、果断地批评和纠正了这种错误思想倾向。这是毛泽东写下这段批语的直接的思想缘由。毛泽东写的这段批语，与其在20世纪50年代后期的思想实际是紧密关联的。批语是毛泽东当时思想实际的一种表露，也是他对当时的社会思想实际问题的一种再思考再认识。联系社会和实际问题读书，是毛泽东的一大特点。这段不长的批语，从一个侧面告诉我们，在一定的社会背景下，毛泽东在读"闲书"的时候，也没有停止对诸多的社会思想实际问题的思考。我们知道，毛泽东晚年读"闲书"，就如同欣赏名人书画一样，其主要目的在于休息和调节大脑。

然而，在实际的读书过程中，往往很难达到这个目的。当他读到唐僧说的"只因为他做得，所以吃得"话时，心中一直难以平静的波澜，就如同又遇突起的飓风而更加汹涌澎湃起来，情不自禁地挥笔疾书了批语，再一次强调"多劳应当多得"这一重要的社会主义的分配原则。

原著中，与这段批注相关的还有这样两段话，猪八戒对妻子说："我得到了你家，虽是吃了些茶饭，却也不曾白吃你的：我也曾替你家扫地通沟，搬砖运瓦，筑土打墙，耕田耙地，种麦插秧，创家立业……"（第18回）孙悟空说："他虽然食肠大，吃了你家些茶饭，也与你干了许多好事。这几年挣了许多家资，皆是他之力量。他不曾白吃了你东西，问你祛他怎样的。据他说，他是一个天神下界，替你把家做活，又未曾害了你家女儿。想这等一个女婿，也门当户对，不怎么坏了家声，辱了行止。当真的留他也罢。"（第19回）这两段话，毛泽东在阅读的时候，都用铅笔一一画上了道道。

第二段批语是在读第28回"花果山群猴聚义，黑松林三藏逢魔"时写下的，孙悟空回花果山，用法术把千余来犯人马一个个打得血染尸横，并鼓掌大笑道："快活！快活！自从归顺唐僧，他每每劝我道：'千日行善，善犹不足。一日行恶，恶常有余'。此言果然不差。我跟着他打杀几个妖精，他就怪我行凶，今日来家，却结果了这许多性命。"毛泽东读孙悟空的这段话时，用黑铅笔都画上了道道并写道："'千日行善，善犹不足。一日行恶，恶常有余。'乡愿思想也。孙悟空的思想与此相反，他是不信这样的，即是说作者吴承恩不信这些。他的行善即是除恶。他的除恶即是行善。所谓'此言果然不差'便是这样认识的。"①

唐僧的善恶观，孙悟空不信，作者吴承恩不信，毛泽东也不信。毛泽东认为"千日行善，善犹不足。一日行恶，恶常有余"是乡愿思想。"乡愿"源于《论语》，是孔夫子的话。孔子说："乡愿，德之贼也。"可见孔夫子对"乡愿"思想也是极力反对的。什么叫乡愿思想呢？就是不问是非的好好先生的人生哲学，也就是《西游记》中所着力描写的唐僧的待人处世哲学。唐僧就是因为笃信、主张、恪守这种思想，所以三番五次地遭受苦难，险些丢掉自己的性命。因此，毛泽东对唐僧的这种处世哲学是极为反对的。孙悟空的思想行为正与此相反，战妖魔，斗鬼怪，尽管一次次遭受唐僧"紧箍咒"的约束和折磨，仍不改初衷，始终勇敢战斗，全力除恶求善，为师徒四人朝接日出，暮送晚霞，排除险难，不断向西天行进，直到最后面见佛祖，求得真经立下汗马功劳。没有孙悟空一路上的斩妖除恶，斩魔行善，师徒四人要到达西天是不可能的。毛泽东认为，孙悟空的"行善即是除恶。他的除恶即是行善"，所以一次又一次称赞孙悟空，"欢呼孙大圣"，大概这就是其中的重要原因之一。1956年9月27日在接见外宾的谈话中，毛泽东说，现在我们把未来理想想得很美，可是未来到来时，人们会感到不满意，一万年以后社会上还有善恶，无恶即无善。善和恶是相比较而存在的，有善就有恶，善恶并存是永恒的。1957年毛泽东在省市自治区党委书记会议上的讲话中说，"善事、善人是跟恶事、恶人相比

---

① 《毛泽东读文史古籍批语集》，中央文献出版社1993年版，第74—75页。

四、读中国五部古典小说

较,并且同它作斗争发展起来的"①。这就是毛泽东的善恶观。

对于有善就有恶,即善恶并存的思想,《西游记》中就有这样的描写。《西游记》是写佛门之事,照理说对他们的慈悲和行善应当多用点笔墨,然而吴承恩笔下的所谓四大皆空的和尚仍然是贪财好色的:观音禅院的老和尚为了谋夺唐僧的袈裟不惜放火焚烧寺院,干出谋财害命的勾当;宝林寺和尚仍然是用世俗的势利眼光看人,欺软怕硬,却无半点慈悲心肠。特别有意思的是,在被佛教宣传为天堂般的西方极美极善、庄严神圣的世界里,还有佛祖手下两个大弟子阿傩、伽叶需索取经的人事(索贿赂)。孙悟空将此事告到佛祖如来处,如来反说:"卖贱了,教后代儿孙没钱使用。"唐僧无物奉承,只得将紫金钵盂奉上。书中对阿傩接到取经的人事后的丑态是这样描写的:"那阿傩接了,但微微笑。被那些管珍楼的力士,管香积的庖丁,看阁的尊者,你抹他脸,我扑他背,弹指的,扭唇的,一个个笑道:'不羞!不羞!需索取经的人事!'须臾,把脸皮都羞皱了。只是拿着钵盂不放。"(第98回)可见成了佛的和尚也是非常爱钱的。唐僧取的无字经被白雄尊者抢去后,满眼垂泪地说:"徒弟啊!这个极乐世界,也还有凶魔欺害哩!"毛泽东对这段描写看得很细。对阿傩的丑态描写,都画上了道道或浪线,在"只是拿着钵盂不放"这句话后连画了三个圈圈。对唐僧说的"这个极乐世界,也还有凶魔欺害哩"这句话下面画上两条粗粗的横道,末尾还画上了两个大圈。这种种标志是毛泽东读书过程中的思维或思想活动的轨迹,表明毛泽东晚年在阅读《西游记》

---

① 《毛泽东文集》第7卷,人民出版社1999年版,第192页。

的时候是很用心的。它也从一个小小的侧面告诉我们，毛泽东在晚年的时候，对《西游记》这部著名的神话小说，依然是很有兴趣的。

毛泽东的一生中，阅读和批注过的图书很多，但毛泽东阅批过的《西游记》，保存下来的只有上面提到的这部《绘图增像西游记》。它是毛泽东晚年阅读《西游记》的重要记录，也是我们研究毛泽东晚年读书生活的一份重要史料。

毛泽东晚年不仅爱读《西游记》，而且对《西游记》的研究也非常关心。从20世纪50年代初开始，我国的一些报刊先后公开发表了一些《西游记》研究文章。1957年，作家出版社将几年来国内报刊上先后发表的《西游记》研究的重要文章汇集编辑出版了《西游记研究论文集》一书。对这本书中的文章，毛泽东也是一一精心研读，孜孜深求。

《西游记研究论文集》是中南海毛泽东故居仅存的一部毛泽东生前阅批过的《西游记》研究专著。这部论文集，共收研究论文17篇，附录1篇，约13.5万字。毛泽东都一篇篇用心阅读，还在一些篇章下写了批注，画上了密密麻麻的道道和圈圈。

翻开这本论文集，首先映入眼帘的是毛泽东在卷首篇现代著名作家张天翼的《〈西游记〉札记》篇首写下的"1954年，2月，人民文学"一行非常醒目的批注。意思是说这篇论文原载1954年2月号《人民文学》杂志。标题的左边，毛泽东用黑铅笔连画了三个大圈，格外引人注目。"张天翼"三个字下面还画两条横道。毛泽东是逐句逐段阅读的，看得很细，而且十分用心。文章一共分为两大部分，第一部分是"关于题材、主题和作者的态度"。毛泽东对张天翼的分析和看法似乎很有兴趣，在阅读的时候又圈又画。在谈到对吴承恩创作《西游记》的评价时，张天翼写了这样一段话："这以前，还没有见过哪一家写幻想的神魔故事能写得像这么生动，这么艳异多彩，而又这么亲切，这么吸引我们的。"每句话下面，毛泽东都用黑铅笔画了两条横道。他读这段话时一定是颇有感触，进行了一定的思维活动。第二部分是"关于现实性和幻想、寓意等等"。这一部分圈画的符号比第一部分还多，还密。对孙悟空这个人物的看法，张天翼写道："孙悟空之所以败于玉帝他们之手，难道是由于孙悟空作了什么'恶'而得报应么？我们说一点也不是。作者笔底下的孙悟空，是一个现实性的具体的'人'（并不是一个抽象的概念的恶魔化身），使我们了解他的性格、思想、感情、欲求、活动；我们不但不觉得他这是'恶'，而且还觉得他可爱，同情他，心向着'善'，只是由于种种原因，力量不敌而已。"毛泽东在每一句下面都画了一条横道。最后一句"力量不敌而已"下面，画了两条横道。段末还画了一个大圈。对这样的专题研究论文，毛泽东都看得这样细，看得这样用心，可见毛泽东晚年对《西游记》的浓厚兴趣和对《西游记》学术研究是多么关注和重视。

张天翼这篇文章的后面还有一个附注，共3条约2000字，是用六号宋体字排印的。1957年，毛泽东已经64岁，六号字看起来显然是很吃力了。然而，他如同读正文一样，还是一句一句，一段一段地画上了道道和圈圈，密密麻麻。附注的第二条，是关于观世音菩萨的传说，其中有这样两段：

"《法华经》里还写观世音菩萨有时'现妇女身而为说法'，民间传说里就渐渐使这'妇女身'固定下来，终于成了一个妇女。

在《三教搜神大全》里就有了一个很完整的故事了，说她是一个国王的三公主，因为抗婚，父王要烧死她，而她'色不变而志愈坚'。她被囚到冷宫里，大家苦劝，她不听，'反失语激父，父大怒'，立命斩讫。虽然写她的反抗是为了'欲了人间事'（要出家），而且那结果是公式化的（照例是由于一些奇迹而得救），可是总写出了一个非常坚决顽强的反抗到底的女性——为民间所喜爱所歌颂的性格。"

"就这样，这几乎成了个传统：在民间作品出现的观世音菩萨，总往往是正面人物，而且往往是妇女。就连《西游记》——对天界的哪一位佛神都讽刺揶揄，可是对观音就另外一种态度，把她写得可亲近，有的地方还写得很美。"

毛泽东在阅读这两段文字的时候，都一一画上了道道或浪线。第二段的末三句，每句下面除画了浪线外，每句末尾还都画了一个圈。看了正文，再看附注（有的叫注释），或者把正文加附注联系在一起来看，这是毛泽东晚年读书的一个重要特点。注释的字一般都小于正文的字，对毛泽东来说，看注释当然比看正文吃力。然而，他有时读注释比读正文还仔细，还有兴趣。这是为什么呢？因为正文中提到的人物、事件等受文章整体结构、主题内容和语言表述的限制，所以往往是一笔带过。要使读者知其所以然，作者往往用加注的形式，把有关的人物、事件等补充交代清楚。就如同上述张天翼在正文中，只写"例如观世音菩萨"几个字，而附注详细介绍了观世音究竟是怎样一个人物，为什么受许多人的欢迎。

《西游记研究论文集》中，还有童思高的一篇文章《试论〈西游记〉的主题思想》。在这篇文章的开头处，毛泽东也写了一行批注："1956年2月，西南文艺"。标题的左上方，毛泽东用铅笔画了三个大圈；作者"童思高"名字下画了粗粗的两条横道。非常醒目的三个大圈和两条横道，大概是表明毛泽东一定的心理意向。《西游记研究论文集》收录的17篇论文中，只有这两篇题目画了三个大圈，也只有这两篇毛泽东看得最仔细，圈画的各种符号又最多。这不能不说明毛泽东对这两篇论文的重视，也不能不说明毛泽东对这两篇论文的喜爱和浓厚的兴趣，同时反映出这两篇论文在这部论文集中的特殊的地位及其重要性，毛泽东阅读这两篇论文时思想上闪动的火花或受到的启示，甚至产生的某种共鸣，都渗透或凝聚在圈画的各种符号当中。这些圈画符号，是毛泽东阅读过程中思维活动的轨迹，是毛泽东读书实践的记录和反映，对我们研究毛泽东的读书实践一定是有帮助的。

下面我们来看一看毛泽东阅读童思高这篇的具体情形吧。文章一开头，毛泽东写了"十六世纪"四个字，这是毛泽东对第一句"《西游记》作者吴承恩出生于明代中叶（约1510—1582年）"的批注。接着文章作者童思高写道："正是明成祖制定严刑峻法、残酷迫害人民的时代。"在这一句话下面，毛泽东画了两条横道，句末还连画了两个圈。这里的圈画表明毛泽东很注意作品和作者的社会背景。

童思高的这篇论文共分六个部分，毛泽东圈画最多的是第一、二、五、六这四个部分，在第二部分中，作者引了原著第35回中孙悟空和老君的一段对话。

大圣道："你这老官儿，着实无礼。纵放家属为邪，该问个钤束不严的罪名。"老君道："不干我事，不可错怪了人。此乃海上菩萨问我借了三次,送他在此,托化妖魔,试你师徒可有真心往西天去也。"大圣闻言,心中作念道:"这菩萨也老大悫懒!当时解逃老孙,教保唐僧西天取经,我说路途艰涩难行,他曾许我到急难处,亲来相救;如今反使精邪揩害,语言不的,该他一世无夫!——若不是老官儿亲来,我决不与他;既是你这等说,拿去吧。"

毛泽东在阅读这段对话时,在每一句下面都画上了横道,其中,"该他一世无夫"一句,除了画横道外,句末还连画了三个圈。

在这一部分的最后一段,作者引了孙悟空说的一句话:"若专以相貌取人,干净错了。"毛泽东读后画了两条横道。接着作者又引了唐僧说的一段话:"我等三个徒弟相貌虽丑,心地俱良,俗谓'面恶心善'何以俱为?"毛泽东在前两句下面分别画了一条横道,后两句下面分别画了两条横道,末尾还连画了三个圈。孙悟空和唐僧说的话,还是很有道理的,也是符合实际情况的。所以,毛泽东读后又画又圈,表明他对这些话的赞同的心理取向。

第三部分中,童思高在论述神魔与统治阶级的关系时,写道:"统治阶级的作践人民和妖怪的害人在本质上是相同的,都是人民的大害。"作者用阶级分析的方法来评论《西游记》,因此格外引起毛泽东的兴趣。毛泽东在"作践人民""妖怪的害人"九个字下面都画上了横道,后两句下面都画了浪线,句末连画了三个大圈,因为不是段末,所以画的三个大圈把后面一句话的前两个字都画进圈里了,可见毛泽东读这篇文章时的心情是不寻常的。

第六部分也是最后一部分中,在谈到"神佛既是要唐僧西天取经,为甚么又要使妖魔为难,增加取经的困难呢"时,作者引《西游记》第77回孙悟空说的一段话:"这都是我佛如来坐在那极乐之境,没得事干,弄了那三藏之经!若果有心劝善,理当送上东土,却不是个万古流传?只是舍不得送去,却教我等来取。怎知道苦历千山,今朝到此丧命!"毛泽东对孙悟空这段话很感兴趣,差不多每一句下面都画了两条横道,第一句、第二句后面都画了一个大圈,最后一句末尾画了三个大圈。如此又圈又画,在毛泽东读过的《西游记研究论文集》中仅此一处,圈画的几种符号非常突出,特别引人注目。这段话是孙悟空在去西天途中遇到严重困难时说的一段气话,也是一段牢骚话。它是孙悟空在特定的条件下的一种逆向思维的反映。从思维方法上来说,毛泽东似乎觉得这种逆向思维是合乎逻辑的。解决问题,能从不同的思路去思考,去提出问题,不拘泥,不守旧,这是毛泽东一贯主张提倡的思维方法。

除了张天翼、童思高两篇论文外,《西游记研究论文集》中还有萧歌、竞华的《〈西游记〉读后一些体会》一文。毛泽东在阅读中也有许多的圈画。文章作者在谈到吴承恩与《西游记》创作的社会背景时写道:"吴承恩就生活在这样一个时期,这样的社会现实,已足以使他愤世嫉俗,何况他又是个失意者呢!他在科举上很不得意。虽然他性敏而多慧,博极群书,为诗文下笔立成,清雅流丽,有秦少游之风。"毛泽东在这句话旁边画了一个问号,这是毛泽东读《西游记研究论文集》画的唯一的一个问号。这样评价吴承恩,是否与实际相符?大概毛泽东对此心存疑问。在谈到吴承恩创作时的思想感情时,文章作者还引了吴承恩的讲坛:"……民灾翻出衣冠中,不为猿鹤为沙虫,坐观宋室用五鬼,不见虞廷诛四凶。野夫有怀多感激,抚事临风三叹息,胸中磨损斩邪刀,欲起平之恨无力。……"这首诗揭露了豺狼当道的黑暗局面,表现了作者胸中的愤慨。毛泽东很爱读,每一句下面都画了浪线。文章作者还引了吴承恩的一首《满江红》:"穷眼摩挲,知见过,几多兴灭,红尘内,翻翻覆覆,孰为豪杰?傀儡排场才一出,要知关目须听彻,纵饶君局面十分赢,须防劫!"词中,吴承恩对统治阶级的骄傲、虚伪、昏庸、愚昧,作了无情的揭露和严正的警告。这首词的后半阕,作者嘲笑那些贪图高官厚禄、封妻荫子的士大夫们。"身渐重,头颇别,手可炙,门庭热。旋安排娇面孔,冷如冰铁,尽着机关连夜使,一锹一个黄金穴,被天公赚得鬼般忙,头先雪。"毛泽东很喜爱这首《满江红》,句句画上了浪线,每一句后面还画一个圈。看得出,他读得非常认真。从一个侧面说明,毛泽东对我国古典诗词具有特殊的兴趣。

萧歌、竞华的这篇文章后面还有一篇附记,是这两位作者给编辑的一封信,实际上是对文章中谈到的一些体会的补充说明,也是用六号宋体字排印的。字虽小,毛泽东也都一一阅读和圈画了。

这部论文集中,还有沈玉成、李厚基的《读〈西游记〉札记》,沈仁唐的《〈西游记〉试论》,李大春的《读〈西游记〉的几点心得》等,毛泽东在阅读过程中也有许多圈画,这里不再一一介绍。

毛泽东读《西游记》,和读我国其他优秀的古典文学名著《红楼梦》《水浒》《三国演义》一样,联系我国革命斗争和社会

四、读中国五部古典小说

主义建设工作中的实际,从各种不同的视角去阅读,去理解,去运用,去说明实际问题。所以,到了耄耋多病的晚年,他老人家还常常废寝忘食,爱不释手。

毛泽东是从哪些视角读《西游记》的呢?

第一,政治的视角。《西游记》是一部著名的神话小说,毛泽东是怎样从政治的视角阅读的呢?1957年2月8日,毛泽东同文艺界的同志进行了一次谈话,旨在宣传"百花齐放,百家争鸣"的方针,号召社会各界帮助共产党整风。毛泽东在谈到真正的马克思主义者什么都不怕的时候,对当时在座的文艺界的同志说:孙悟空这个人"自然个人英雄主义蛮厉害,自称齐天大圣,玉皇大帝只封他'弼马温',所以他就大闹天宫,反官僚主义。"① 这里,毛泽东把孙悟空大闹天宫这个神话故事与反官僚主义联系在一起。如果说,在这里毛泽东阅读《西游记》与当时国内的政治斗争还没有直接联系的话,那么,到了20世纪60年代,他就把孙悟空大闹天宫的故事与政治斗争紧密联系起来了。

1961年11月17日,毛泽东写下了光辉诗句:"一从大地起风雷,便有精生白骨堆。僧是愚氓犹可训,妖为鬼蜮必成灾。金猴奋起千钧棒,玉宇澄清万里埃。今日欢呼孙大圣,只缘妖雾又重来。"② 1963年7月,中、苏争论进一步公开化。毛泽东把中国共产党人对苏共中央攻击的回击形象地比喻为"我们就像孙悟空大闹天宫一样"。在同苏共中央的斗争中,毛泽东本人

---

① 《毛泽东文艺论集》,中央文献出版社2002年版,第172页。
② 本诗出自《七律·和郭沫若同志》。

就像大闹天宫的孙大圣，高高举起千钧棒，奋力澄清万里埃。在斗争的实践中，他坚定地号召"我们必须走自己的革命道路"。毛泽东在率领全党同志"大闹"苏共中央这个"天宫"的同时，对国内日益滋长的官僚主义等政治问题也极为关注。1964年9月7日，在故乡湖南的一次谈话中，毛泽东号召人们要斗争。他说："无论中央、省委，都要提倡下面批评上面。"毛泽东这里说的批评对象显然已不仅仅是官僚主义的问题，他激情欢呼的"孙大圣"也不是泛泛而谈的革命者的代名词了。1966年3月30日，在上海西郊的一次谈话中，毛泽东又一次向人们反复强调："打倒阎王，解放小鬼！""孙悟空闹天宫，你是站在孙悟空一边，还是站在天兵天将、玉皇大帝一边？"就是在这一次谈话中，毛泽东还说："如果中央出修正主义，地方要造反"，"要支持小将，保护孙悟空"。①

把《西游记》中孙悟空大闹天宫的故事，直接与现实的国际国内的政治斗争联系在一起，号召人们站在孙悟空一边，保护孙悟空，为孙悟空欢呼，向孙悟空学习，与党内的官僚主义和国际上的修正主义作斗争，这是毛泽东从政治斗争视角读《西游记》的一个独到之处。

《西游记》中师徒四人，之所以能历尽艰险，到达西天，取得真经，其中非常重要的一点是他们有坚定的信念，始终朝着一个目标前进不止。这大概也是毛泽东爱读《西游记》的一条重要原因。对于这一点，毛泽东与一些领导干部和身边的工作

---

① 《毛泽东年谱（1949—1976）》第5卷，中央文献出版社2013年版，第572页。

人员谈到《西游记》时都说过："读《西游记》，要看到他们有个坚强的信仰。"毛泽东还说："唐僧、孙悟空、猪八戒、沙和尚，他们一起上西天取经，虽然中途闹了点不团结，但是经过互相帮助，团结起来，终于克服了艰难险阻，战胜了妖魔鬼怪，到达了西天，取来了经，成了佛。"① 毛泽东在这里主要讲的是不要怕不同意见，不要怕有争论，只要朝着一个目标，团结一致，坚持奋斗，最后总是会成功的。

第二，政策和策略的视角。1957年4月5日，在杭州召开的四省一市省市委书记思想工作座谈会上，毛泽东在谈到党的领导要允许有不同意见，要开明，不要压制时，讲到《西游记》中的孙悟空的故事。他说：孙悟空到龙王处借一件武器，兵器那么多，借一件有什么不可以，到后来又不给不行，压也压不服。总之，生怕出妖怪，不要怕世界上出妖怪。

客观世界是丰富多彩的，革命斗争和我们的各项工作的实际情况是千变万化的。在实际工作中，在谈到具体的政策和策略时，毛泽东常常是这样不拘一格地与《西游记》相联系，从具体的神话故事中寻求启示。许多的政策和斗争的策略，通过毛泽东口述《西游记》中的人物或故事来加以阐明，说来引人入胜，道来妙趣横生。这是毛泽东读《西游记》的一大特点。说到这一点，还有这样一段小故事。

1961年国庆节前夕，在有关方面的安排下，浙江省绍剧团来北京汇报演出绍剧《孙悟空三打白骨精》。10月10日，毛泽

---

① 参见薄一波：《回忆片断——记毛泽东同志二三事》，《人民日报》1981年12月26日。

东在中南海怀仁堂观看了演出。剧情的发展和演员的精彩表演，使毛泽东对这出戏产生了浓厚的兴趣。他时而点头，时而微笑。当演到"天王庙"一场戏时，看到孙悟空被贬，唐僧被白骨精擒住，猪八戒逃走时的蹉步、踹步、跑跳等夸张动作，毛泽东则捧腹大笑。这出戏先后在北京演出多场，郭沫若曾三次观看演出。看了演出之后，他特意写了一首七律诗：《看〈孙悟空三打白骨精〉》

> 人妖颠倒是非淆，对敌慈悲对友刁。
> 咒念金箍闻万遍，精逃白骨累三遭。
> 千刀当剐唐僧肉，一拔何亏大圣毛。
> 教育及时堪赞赏，猪犹智慧胜愚曹。

这首诗，表达了郭沫若对唐僧的憎恨，提出了"千刀当剐唐僧肉"。毛泽东看到郭沫若的诗后，认为郭沫若对唐僧的看法有些偏激。因此，他于1961年11月17日，也写了一首《七律·和郭沫若同志》。1962年1月6日，郭沫若在广州看到毛泽东的和诗后，认为毛泽东的诗，气势宏伟，从事物的本质上，更深一层地分析了问题。他表示接受毛泽东的意见，改正他对于唐僧的偏激看法。于是，当天又依韵和诗一首，《再赞〈三打白骨精〉》：

> 赖有晴空霹雳雷，不教白骨聚成堆。
> 九天四海澄迷雾，八十一番弭大灾。
> 僧受折磨知悔恨，猪期振奋报涓埃。
> 金睛火眼无容赦，哪怕妖精亿度来！

1月12日，毛泽东看了郭沫若的这首和诗后，非常高兴地挥笔在诗旁写道："和诗好，不要'千刀当剐唐僧肉'了，对中间派采取了统一战线政策，这就好了。"

第三，作者和作品的创作主题的视角。作者和其创作的小说作品，是一定的社会时代的产物。作者创作的时代背景和其创作作品的主题是密切相连的。历史演义小说是这样，像《西游记》这样的神魔小说也是这样。所以，毛泽东读《西游记》，不仅在读一个个神话故事，还从作者和作品创作的历史背景来加以理解，把它当作形象的历史材料来学。

上面提到的《西游记研究论文集》中，不少文章都谈到吴承恩和他创作《西游记》的社会背景。毛泽东在阅读过程中都一一圈画。萧歌、竞华的文章中是这样写的："吴承恩生于公元1500年，卒于1582年。这一段时间内，明朝的皇帝换了5个（孝宗、武宗、世宗、穆宗、神宗）。从当时的阶级斗争来看，武宗正德年间是明朝农民暴动范围最广、斗争最强烈的时期。……除去农民暴动之外，还有许多次城市居民的暴动。……从封建王朝的内部来看，帝王荒淫无道，委政权奸，朋党对立，互相倾轧。历史上遗臭万年的奸臣、阉党都产生在这个时代。例如：正德年间的刘瑾、嘉靖年间的严嵩严世蕃。直言极谏、肯为人民着想的政府官吏，先后被奸宦的特务、钢刀、监狱和酷刑夺去了生命。能够在朝做官的，多半是权奸的奴才，不然就是噤若寒蝉，混吃等死的傀儡。吴承恩就生活在这样一个时期，这样的社会现实，已足以使他愤世嫉俗……"这些文字，毛泽东在阅读中差不多都画上了横道道。

对吴承恩创作《西游记》的社会背景，沈仁康的《〈西游记〉试论》一文中，论述得更为详尽，从政治说到经济，从农业说到商业，对朱明王朝的专制独裁、奢侈腐朽、荒淫无耻、昏聩平庸、残害人民、疯狂掠夺、无恶不作等都作了分析。最后，作者指出："总之，农民、市民与进入垂死阶段的封建势力，形成了尖锐的矛盾。这就是《西游记》产生的时代特征。"这篇文章，虽然作者已经在文后说明有"不少错误"，但是毛泽东还是从头至尾，又读又画，圈画符号密密麻麻。一条条横道、一条条浪线、一个个圈圈，折射出毛泽东把《西游记》当作历史材料来评读的心理。这是毛泽东把小说还原到其产生的历史背景上来理解，把小说当作形象的历史来读的一个佐证。

关于《西游记》创作的主题思想，鲁迅认为，这部神魔小说"其所取材，颇极广泛，……讽刺揶揄则取当时世态"。[①] 胡适经过大量考证，确认这部书"起于民间的传说和神话，并无'微言大义'可说，……至多不过是一部很有趣味的滑稽小说，神话小说"。[②] 到底应当怎样理解这部大作的主题思想，张天翼、童思高、萧歌和竞华等《西游记》研究论文中都有评述。毛泽东在阅读这些评述的时候似乎分外用心，并有自己的倾向。

对《西游记》的主题思想，张天翼写道：在《西游记》成书之前，"这取经故事里所写的，一边是神，神是高高在上的统治者，上自天界，下至地府，无不要俯首听命。一边是魔，偏偏要从那压在头上的统治势力下挣扎出来，直立起来，甚至于

[①] 《中国小说史略》，人民文学出版社1973年版，第135—136页。
[②] 易竹贤辑录：《胡适论中国古典小说》，长江文艺出版社1987年版，第314页。

要造反。天兵天将们要去收伏，魔头们要反抗，就恶斗起来了。"张天翼因此认为："这就使我们联想到封建社会的统治阶级与人民——主要是农民——之间的矛盾和斗争。……当时封建社会（鸦片战争以前）的主要阶级关系和矛盾，在这里多少是给反映出来的。而且，这故事愈经演变，愈发展，这一点就给反映得愈明显。到了《西游记》，我们甚至于要猜想作者是多少有意识地来表现这一点的了。""在那原来的维护封建正统的故事主题和题材里，却多多少少表现了人民的反正统情绪。"对孙悟空大闹天宫，张天翼写道："究竟要闹出怎样一个局面来，起先连孙悟空自己也都模里模糊。直到如来佛问起他，他这才忽然想到玉帝的尊位——'只教他搬出去，将天宫让与我，便罢了'。"因此，张天翼认为："假如孙悟空闹成了功，那也不过是玉皇大帝改姓了孙，就像刘邦、朱元璋之乘着农民起义运动的高潮而爬上了龙位一样——自己成了会主头儿和统治者，而农民又照样被那换了姓的主子剥削着压迫着，终至于又闹造反。"

  张天翼力图用历史唯物主义观点来说明神话世界同现实社会的"同构"关系。这一观点与毛泽东关于神话传说的一贯看法是相合的。所以，毛泽东对张天翼上述的一些分析和研究很有兴趣，读后在每一句话下面都画了横道道，有的句子下面还画了两条横道，有的还画上了圈圈，足以表明他对这些分析的重视。

  前文提到过的童思高的文章，是专论《西游记》的主题思想的。文章一开头的几句话，好像就引起了毛泽东的兴趣。作者是这样写的："《西游记》作者吴承恩出生于明代中叶，正是明成祖制定严刑峻法、残酷迫害人民的时代。贪官污吏，横征暴敛，弄得民不聊生。作者以愤世嫉俗的情绪，讽刺揶揄当时世态；以神话式的幻想和虚构，创造了一部伟大的现实主义的文学名著。"毛泽东读后重重画上了横道道，"正是明成祖制定严刑峻法、残酷迫害人民的时代"这一句话下面画了两条粗道道，句末还画了两个圈。

对神佛和妖魔的关系，童文的见解颇有新意。作者认为《西游记》中的神佛和妖魔一体，同属统治阶级。"神佛只不过是公开的'合法'的压迫人民、掌握着人民的命运的统治者，有天兵天将、诸神法力等统治阶级的威权，使人民把他们奉为不可侵犯的神圣，并还要随时顶礼朝拜，供奉香火。稍有冒渎不恭之处，立即降祸生灾，万民受难。……妖魔是神佛的下属，是直接受神佛支配的压迫与统治人民的工具。""孙悟空等要保护唐僧到西天去取经；而神佛则遣使妖魔安排了'八十一'难，试他师徒果有真心取经。孙悟空战胜了一切妖魔鬼怪，克服各种各样的困难，终于达成目的，成为'正果'。这和当时人民处于封建统治阶级的压迫下的痛苦心情是一致的。孙悟空这一英雄形象反映了中国人民在封建统治者的压榨下，仍然发挥了无限的战斗力与创造力，具有丰富巨大的征服自然，克服困难的力量。""这个取经故事就构成了：一边是神魔——主宰世界的统治者，……一边是唐僧等众，虔诚修行，立志前往西天取经，克服了神魔安排的各种困难。唐僧等对困难的斗争，就变成了善与恶的矛盾和斗争。"作者在文章的最后写道：《西游记》"是借神佛妖魔讽刺揶揄当时世态，反映了中国封建社会的丑恶本质；借孙悟空这个英雄形象，反映了在封建统治者压迫下的中国人民,在阶级斗争中,坚持反抗,在生活斗争中,征服自然,克服困难的伟大的创造力。"

童思高的关于"神佛和妖魔同属统治阶级"和对孙悟空这一英雄形象的评价,大概更能说明《西游记》的主题意义,与毛泽东的"金猴奋起千钧棒,玉宇澄清万里埃。今日欢呼孙大圣,只缘妖雾又重来"的思想观点是相通的。毛泽东读来尤有兴趣,并且一一圈画,有不少地方,都画了两条粗粗的横道,还有不少句末和段末,都画了三个大圈。这些圈圈画画,充分表明他非常重视这些分析。毛泽东之所以爱读《西游记》,与对孙悟空这个英雄形象的喜爱是分不开的,也与童思高所阐述的主题思想分不开。

把神话世界同现实社会生活联系起来,用历史唯物主义中的阶级和阶级斗争的观点来分析和解释神话世界,这是毛泽东的一贯思路。一次在同一个阿拉伯国家访华代表团谈到人世间纷争不断的问题时,来宾们颇有感慨。毛泽东接着提出一系列问题:"伊斯兰教的真主是谁?谁是佛祖?谁是基督教的上帝?"继而他又一路发挥说:"按照中国道教的看法,天国还有一位众神之王,叫'玉皇大帝',如此看来,天国也不会安宁,天上也要划分势力范围啊!"① 毛泽东的这一充满想象力而又风趣含蓄的谈话,把人间与天国、现实与幻想沟通,在他看来,各种各样的神仙和上帝,是现实生活世界各种矛盾和冲突,以及他的失败和失败后的归顺,从一定的意义上揭示了封建社会的矛盾和斗争,体现了人民渴望自由,征服自然和掌握自己命运的愿望。

---

① 《毛泽东与文艺传统》,中央文献出版社1992年版,第185页。

第四，用作品中的人物、故事等来印证或阐发自己的认识，说明一些实际问题。这也是毛泽东读《西游记》的一个视角。许多实际问题，包括人们工作、思想、生活中的实际问题，通过毛泽东这样去联系，去阐发，去加以说明，就能给人以启迪和教育，给人增加信心和力量，给人带来希望，给人指明前进的方向。

1957年7月9日，毛泽东在上海干部会议上的讲话中，谈到干部要定期"放火"，要经受锻炼的问题时，就引用了《西游记》中太上老君把孙悟空放进八卦炉里用火烧的故事。他说："孙悟空在太上老君的八卦炉里头一锻炼就更好了。孙悟空不是很厉害的人物吗？人家说是'齐天大圣'呀，还要在八卦炉里头烧一烧。不是讲锻炼吗？"[①] 太上老君把孙悟空放进炼仙丹的八卦炉里，用猛火烧了七七四十九天。可是孙悟空不但没有被烧成"灰烬"，反而经过烟熏火燎锻炼出一双"火眼金睛"，变得更加刚强了。就连神通广大的"齐天大圣"还要锻炼，我们的每个干部当然也要锻炼。毛泽东的讲话使大家受到了深刻的教育。

毛泽东在报告、讲话和与人交谈中，很爱引用《西游记》中的人物和故事来印证阐发他的认识。说的人随口引用，贴切自然，恰到好处，听的人入耳入脑，受益匪浅，回味无穷。这一方面说明毛泽东爱读《西游记》，而且读得很熟。另一方面也说明毛泽东会读书，善于运用。就是像《西游记》这样的神话小说，他也把它与实际相联系，给人以教育，给人以启示。

在半个多世纪的岁月中，毛泽东对《西游记》一直充满着

[①] 《马列著作毛泽东著作选读（党的学说部分）》，人民出版社1978年版，第448页。

浓厚的兴趣。青少年时代，毛泽东爱读《西游记》，因为被一个一个神话故事吸引。那么后来，特别是踏上革命道路之后，直至成为中国革命的领导者之后，为什么对《西游记》还一读再读呢？我认为，《西游记》虽然是一部神话小说，但是《西游记》中有政治，有斗争政策和策略，有封建社会的掠影，有可供借鉴、为我们所用的人物故事等各种历史资料，所以毛泽东一直很喜爱。在各种不同的历史时期，或者在同一历史时期，毛泽东读《西游记》都有各种不同的视角。上述四个方面的视角，只是我的个人之见和个人的归纳，实际上远远不止这四个视角。还有文学的视角、语言运用的视角、人物塑造的视角，等等。

《西游记》是我国历史上最著名的一部神话小说，是我国古典文学中最宝贵的遗产之一，在同时代的世界文学百花园里也是一朵艳丽夺目的奇葩。随着时间的推移，《西游记》和其中的人物故事仍然会受到今人和后人的青睐，在社会和人民中流传。那么，毛泽东阅读和批注过的多种不同版本的《西游记》和他关于阅读《西游记》的逸闻趣事，也一定会备受今人和后人的重视，在社会和人民中千古传诵。

（五）"《聊斋志异》可以当作清朝的史料看"

《聊斋志异》是我国古典文学中最著名的文言短篇小说集之一。《聊斋志异》是清朝初年的蒲松龄撰写的一部社会小说。作者反对强迫婚姻，反对贪官污吏，主张自由恋爱。书中描写女子追求幸福是大胆的，且恋爱都是很艺术的，鬼狐都会作诗。比如《小谢》反映了个性解放的强烈要求，人与人的关系是民主和平等的。蒲松龄很注意调查研究，不然，哪能写出四百几十个鬼和狐狸精来呢？《聊斋志异》可以当作清朝的史料看。

如果说，我国古典文学中的神魔小说中，毛泽东最爱读的是《西游记》，那么，我国古典文学中的鬼狐传奇小说，毛泽东最喜爱的大概就要算是《聊斋志异》了。

据说，我国现存最早的刻本为乾隆三十一年（1766年）青柯亭本，分为16卷，共400余篇。新中国成立以后，有关方面发现并影印出版了作者的半部手稿定稿本，还有会校会注会评本，所收篇目比较完备。蒲松龄长期生活在农村，书中的故事大都是以民间流传的故事为基础，想象丰富，构思奇妙，情节曲折，语言生动，境界瑰丽，艺术独特。作者运用独特的思维和艺术创造，通过民间广泛流传的、人们喜闻乐道的一个个故事，塑造了一系列栩栩如生、性格鲜明、深受人们同情和喜爱的人物形象。蒲松龄以谈狐说鬼的故事形式，对当时社会现实的黑暗和统治阶层及官吏们的腐朽生活与种种罪恶、对科举制度和种种封建礼教等多有揭露和批判。蒲松龄以火一样的激情和无限同情的笔调描绘了许多敢于冲破封建礼教的束缚、执着地追求人身自由和个性解放、热烈地向往美好生活的妇女形象。无论是从作者的文学语言的艺术特色，还是从作品的主题思想和社会现实价值，《聊斋志异》在我国古典文学中都是独树一帜的。

新中国成立以后，直到生命垂危的最后岁月，毛泽东还多次阅读《聊斋志异》。在中南海游泳池住地的会客厅里，放有许多毛泽东晚年常看的图书，其中就有蒲松龄著的《聊斋志异》。有线装大字本的，也有平装小字本的。我知道的至少有以下4种不同的版本：

四、读中国五部古典小说

《详注聊斋志异图咏》上海同文书局印行　　　　1—8册
《聊斋志异》文学古籍刊行社1955年9月版　　　1—4册
《铸雪斋抄本聊斋志异》
　　上海人民出版社1974年版　　　　　　　　1—12册
《铸雪斋抄本聊斋志异》
　　上海人民出版社1975年版　　　　　　　上、中、下册

这4种《聊斋志异》，毛泽东晚年都翻看过，有的看过多遍，有的还作了圈画，有的还写有批注。

除上述4种外，据我们不完全的统计，毛主席书库里还存放了10种线装本的《聊斋志异》：

《聊斋志异评注图咏》　　　　　　　　　　　　1—16册
《聊斋志异新评》　　　　　　　　　　　　　　1—13册
《详注聊斋志异图咏》光绪十二年（1886年）版　1—8册
《聊斋志异》（影印本）　　　　　　　　　　　1—4册
《聊斋志异新评》　　　　　　　　　　　　　　1—13册
《聊斋志异》文学古籍刊行社1956年5月版　　　1—5册
《聊斋志异》　　　　　　　　　　　　　　　　1—8册
《聊斋志异新评》康熙己未年（1679年）版　　　1—16册
《聊斋志异》文学古籍刊行社1955年9月版　　　1—4册
《聊斋志异》咸丰乙卯年（1855年）版　　　　　1—16册

还有4种平装本的蒲松龄的著作：

《聊斋故事选》上海文化出版社1956年3月版　　1册
《聊斋故事选评》中华书局1962年8月版　　　　1—3册
《聊斋白话韵文》北京朴社1929年3月版　　　　1册
《聊斋志异拾遗》　　　　　　　　　　　　　　1册

这些不同版本的《聊斋志异》与蒲松龄的著作，差不多都是新中国成立以后管理图书工作的人员根据毛泽东本人的要求和对中国古籍阅读广泛的需要，陆续从旧书店、旧书摊上购买来的。为什么要购买这么多种版本呢？这主要是因为：第一，毛泽东嗜爱中国古书，特别是对中国古典文学名著等，尤为喜爱。第二，毛泽东读《聊斋志异》，常常将几种不同的版本放在一起，对照着看，或者翻翻这一种，或者看看那一种。据我了解，这些不同版本的《聊斋志异》，不能说是全部，但绝大多数，毛泽东都阅读过，有的不知道反复看过多少遍。陈秉忱曾说，上海同文书局印行的《详注聊斋志异图咏》和文学古籍刊行社 1955 年 9 月出版的《聊斋志异》，大概是 1955 年秋季购买的。这两种书买回之后就放在丰泽园菊香书屋西厢房毛泽东的书房里，他一见到就很喜爱。1966 年 8 月毛泽东从丰泽园搬到游泳池居住后，这两种书随着诸多他晚年爱看的古籍一起搬到游泳池书房里。从 1955 年到 1976 年，21 年来，毛泽东把这两种《聊斋志异》一直放在自己的身边，可见他对蒲松龄的这部著作是多么喜爱。毛泽东在阅读《详注聊斋志异图咏》过程中，在许多地方用黑铅笔作了圈画。读文学古籍刊行社 1955 年版的《聊斋志异》时，毛泽东还在上面写了一些批注。

这里将其中比较重要的几条批注作一简略的介绍。

《聊斋志异》卷六中有一篇题为《小谢》的文章，写渭南一个穷书生陶望三借住在一座鬼魅惑人的旧府第内，被乔秋容和阮小谢两个女鬼恫吓、纠缠、调逗，但他却不惧、不恼、不动，且对二鬼很友好，平等相待，二鬼被感动，就拜他为"师"习字读书。几个月后，小谢"书端好"，秋容"能诗酬唱"，且因受师开导，她们也"颇知义理"了。当陶赴试并被诬下狱后，二鬼给他送饭，并赴院申理，遂使陶获释出狱归家。其中二鬼亦饱受艰辛之苦，小谢脚受伤，秋容被黑判摄去幽囚。经过一番曲折，他们得以团聚，"情同伉俪"，但始终无越轨同寝。小谢和秋容的善良、勇敢、多情和她们同陶生的和睦相助、真心相爱的行为，感动了一个道士。道士称赞"此鬼大好，不宜负他"，遂用仙术先后使秋容和小谢借尸还阳，最后她俩都与陶生结为夫妻。作者笔下的小谢和秋容都是容貌绝世、品质纯净、聪明痴情的女性，她们蔑视封建礼教，积极主动地追求幸福美满的爱情生活。作者赞扬了陶生与小谢、秋容之间的平等关系。小说情节曲折，人物性格鲜明，语言简练，形象生动。毛泽东读后认为这是"一篇好文章"，并饱含深情地挥笔写下了这样一段批注："一篇好文章，反映了个性解放的强烈要求，人与人的关系应是民主的和平等的。"

这一篇小说从思想到内容到人物描写和语言文字等都是很好的，它是我国古典短篇小说中的一篇佳作，在我国短篇小说发展史上也占有非常重要的地位。

《聊斋志异》卷六中另一篇题为《马介甫》的小说写的是，河北大名府有一个秀才，名叫杨万石。杨非常害怕老婆。杨的妻子尹氏，非常强悍，杨稍微触犯了她，就要挨她鞭打。一天，杨在府城里等候乡试时遇见了马介甫。从此，他们交往越来越亲密，便结拜为弟兄。在交往中，马介甫得知杨妻尹氏蛮横地欺侮和摧残杨家的老老小小。因此，马对杨家老小深表同情，于是，施种种小计，帮助杨万石制服这个悍妇。但是，每当杨万石看到老婆的气焰稍微收敛一些时，就不照马介甫说的办法去做，或者向悍妇讨好献媚，或者向悍妇泄露真实情况。每当悍妇知道事情的真相时，便认为她的丈夫并没有什么大的本事。因此，在马介甫离开杨家老小之后，她仍然轻视他，嘲弄他，辱骂他。没过多久，那悍妇的故态完全恢复了。读罢这则故事，大概是作者对杨万石怕老婆和对这个悍妇的蛮横、凶残描写得淋漓尽致的缘故，所以，毛泽东写下了这样一条批注："个性斗争，此妇虽坏，然是突出典型。"

读过这篇故事的人大概都知道，蒲松龄笔下杨万石的老婆，是一个心肠狠毒的女人。然而从小说描写的艺术上来说，她又是作者着力塑造的一个突出的典型。从这段批语中，我们仿佛也可以看出毛泽东对作者刻画人物艺术的称赞。

卷六中还有一篇题为《白莲教》的小说，说的是白莲教的首领徐鸿儒，得到了一部旁门左道的书，能够役使鬼神。他略微试了一试，看到的人无不惊异，奔走在他门下，像一群鸭子争先恐后地来了。于是他暗地里图谋不轨，便拿出一面镜子，说是能够看出一个人的终身结果。挂在厅堂上面，叫人自己去照，有时是一顶平民所戴的幞头，有时是一只贵人所戴的纱帽，有时是一袭大官所穿的绣衣、所戴的貂蝉帽，出现的形象很不一样，人们便更加感到惊异，到处传播。登门求见的，挥着汗珠络绎不绝地来了。徐于是宣称："凡是镜子里出现的文武官员，都是如来佛祖注定要参加龙华会的人。各自应该努力，不要退缩。"随后便拿镜子自己来照，只见冕旒龙袍，就像一个帝王。大家互相看着，大吃一惊，一齐拜伏在地。徐于是造起旗帜，拿起武器，莫不踊跃相从，希望能和他在镜中出现的形象一样。没有几个月，聚集的人马以万计，山东的滕县、峄县一带，听到风声，就倒向他一边了。

后来，朝廷派了大兵来围剿，有一个彭都司，济南地区长山人，武艺和勇力都超过了别人，徐派了两个垂着头发的少女出来应战。两个少女都拿着双刀，骑着大马，刀白如霜，马嘶若怒，轻快迅速，周旋进退，从早到晚，两个少女没有能够伤害彭都司，彭都司也没能够打败她们。就这样打了三天，彭觉得精力俱竭，气喘吁吁地死了。等到徐鸿儒被杀，捉到他的同党拘系起来拷问，才知道刀乃木刀，骑乃木凳，假的兵马战死了真的将军。

这篇小说写得虽然很离奇，但它说的是与农民起义有关的事，所以毛泽东很喜爱看。看了以后，他还提笔写下这样一条批注："表现作者的封建主义，然亦对农民有些同情。"

毛泽东写的这条批注，对作者和作品的评价是很客观的。小说中虽然故事写得很离奇，但作者对封建主义的表现是很明显的，这是由作者的世界观所决定的。尽管是这样，毛泽东从这篇小说的字里行间还看到了作者同情农民的心理倾向。毛泽东爱读《聊斋志异》，与作品所表现的这种积极的社会意义是分不开的。

《聊斋志异》卷六中还有一篇是《细侯》，写的是浙江昌化一个姓满的书生，在杭州教书，偶然到街上走走，经过一所靠近街坊的阁楼时，忽然有一只荔枝壳掉在他的肩上。他抬起头来一看，一个年轻的女子靠着栏杆站在那里，姿色妩媚，十分美好，不由得凝神注视，心动情摇。那女子俯着身子往下一看，微笑着进去了。一打听，原来是妓院里贾家的养女名叫细侯。回到书房里满生冥思苦想，整夜都没有入睡。第二天，他拿了名片来到妓院里，见到细侯，两人说说笑笑，十分开心，于是更加被她所迷惑了，便假借别的事由，向他的好友借了一笔钱，带到细侯那里去，得到极其殷勤的招待，便在枕上口吟绝句一首赠给她云：膏腻铜盘夜未央，床头小语麝兰香。新鬟明日重妆凤，无复行云梦楚王。

细侯皱着眉头说："我虽然出身卑贱，常常希望找到一个同心同德的人托以终身。你既然还没有娶亲，看我可不可以给你做个当家的？"满生非常高兴，再三叮嘱她要坚守盟约。细侯也很高兴地说："吟风咏月的事，我自己认为也并不难。往往没有人在的时候，也想效仿着作一首，恐怕不一定作得好。如果能够嫁给你，希望能指点我啊。"顺便问了问满生："家里有多少田产？"回答说："薄田五十亩，破屋几间罢了。"细侯说："我嫁给你以后，希望常常生活在一块，不要再出去教书了。种四十亩地勉强可以维持生活了，再种十亩黍，织五匹绢，缴纳平常的赋税还有余了。关着门互相照应着，你读书，我织布，有空的时候，喝几杯酒，吟几句诗，消遣消遣，就是千户侯也不过如此啊！"

毛泽东在读了满生和细侯这一段对话之后写下的批注是："资本主义萌芽。"

后来满生和细侯的爱情又经历了一番曲折。有情人终成眷属。最后他们终于不改盟约，破镜重圆。

这里，毛泽东写的批注虽然仅六个字，但它清楚地告诉我们：毛泽东读《聊斋志异》不仅在读小说，看故事，更重要的是在读历史，他把《聊斋志异》当作清朝的历史来看，这是毛泽东读古典小说的一大特点。

四、读中国五部古典小说

毛泽东批读文学古籍刊行社 1955 年 9 月出版的这部《聊斋志异》，大概是 1955 年 10 月之后。此时，毛泽东已经年过花甲。《聊斋志异》中一个个谈狐说鬼的传奇故事，毛泽东早在青少年时代就已经读得烂熟，到了年过花甲之年，他还一直如此有心境，还如此又读又批，爱不释手，充满浓厚的兴趣，这是为什么呢？我认为，主要有以下几个方面的原因：

第一，《聊斋志异》具有一定的民主性和进步性的思想倾向。在图书服务工作中，我们知道，毛泽东对于中国古典诗词、古典小说等文学作品中的带有民主性和进步性思想倾向的作品，都是很有兴致阅读的。《聊斋志异》虽然主要是写狐写鬼的，但字里行间表现出作者一些民主性和进步性的思想倾向。对于这一点，早在延安时期，毛泽东就曾作过评说。直到年过古稀，一次与家人的谈话中，毛泽东还称赞《聊斋志异》写得好。他很有感触地说："《聊斋志异》里写的那些狐狸精可善良啦！帮助人可主动啦！"

蒲松龄在《聊斋志异》中，通过一个个人鬼狐自由相恋、自由相爱、自由结合的爱情故事，塑造了诸多的妇女形象，真实地反映了妇女的悲惨遭遇和苦难的命运。作者以其敏锐的观察力和非凡的概括力，不仅深刻地揭露了封建社会的黑暗和腐败，而且在其作品的字里行间凝聚着作者所主张的自由相爱、人与人之间民主和平等的思想，表达了作者追求爱情婚姻自由的美好愿望。所以，毛泽东在年过六旬的时候，重读这部鬼狐传奇小说还是那样情感真挚，留恋不舍。

第二，《聊斋志异》形象地反映了清代初期的历史，广泛地描写了那个时代社会生活的真实面貌。如果说，毛泽东青少年时代爱读《聊斋志异》，是被书中的一个个人鬼狐自由相恋、自由相爱以及他们热烈追求幸福生活的爱情传奇故事所吸引，那么后来，特别是到了晚年，毛泽东对《聊斋志异》还难以释手，一读再读，就不是因为一个个鬼狐传奇故事了，而是因为小说深刻地反映了清代初期的历史，形象地再现了清代初期的社会风貌。

蒲松龄生于明崇祯十三年（1640年），殁于清康熙五十四年（1715年）。蒲松龄长期生活在农村，与农民朝夕相处长达几十年。他对劳动人民的疾苦有深刻的感受，他熟悉农民的心理、愿望、风俗、信仰。他的思想感情和农民有相通之处。《聊斋志异》所描写的一个个故事就是那个时代社会政治、生产和生活的一小片投影。全部的《聊斋志异》，就是再现清代初期生活的一幅汪洋恣肆、气象万千、世相纷呈、斑斓多彩的历史画卷。它非常清晰地向人们展现了当时社会的世态人情、社会习俗、道德风尚、宗教信仰以及人与人之间的种种错综复杂的社会关系。《聊斋志异》还以鲜明的人民性和清醒的现实主义，真实地反映了封建社会官与民、官与官、豪绅污吏之间的关系，活生生地描画出平民被贪官虐吏勒索宰割、搜刮蹂躏的真实情景。《聊斋志异》中塑造了诸多知识分子的形象，他们一个个不同的命运和悲惨的遭遇从一个侧面艺术地反映了清代初期的历史。

正因为如此，毛泽东认为："《聊斋》其实是一部社会小说。鲁迅把它归入'怪异小说'，是他在没有接受马克思主义以前的说法，是搞错了。"[①] 正因为《聊斋志异》是一部社会小说，形

[①] 《天涯萍踪——良萧三》，中国青年出版社1991年版，第257页。

象地反映了清代初期社会的历史，所以毛泽东一直把它当作清朝的史料来看，而且越看越爱看。

第三，《聊斋志异》的文学艺术价值在中国短篇小说发展史上是史无前例的。毛泽东爱读《聊斋志异》，除了作品具有的民主性和进步性的思想倾向之外，还与作品独特的写作艺术和语言艺术是分不开的。

《聊斋志异》中，人物形象众多，但作者对每个人物的掌握和描写，做到了篇篇有新意，人人有特点，个个有个性。描写的青年妇女多达几十名，不仅个个都漂亮、聪明、热情、可爱，而且性格彼此各不相同。对人物的描写，文字也都十分简练，往往只用几个字就把少女的美丽、伶俐等形象呈现在读者面前。

在语言艺术方面，《聊斋志异》在我国古典短篇小说集中，也以简洁、精练著称。有的学者说，蒲松龄在语言上锤炼得具有千金不易一字的功力。例如《红玉》这一篇，作者只用了32个字，就把冯相如和红玉月夜初逢，一见钟情，彼此默默无言而又心心相印的内心活动描写得惟妙惟肖！《罗刹海市》的开篇，作者只用了39个字，就把人物的姓氏、身世、外貌、衣着打扮、性格和爱好等刻画得栩栩如生。《聊斋志异》在语言艺术方面，除了简洁精练、形象生动之外，同时还极富于表现力和感染力。作者凝练的文字，卓越的语言技巧，笃厚的文字功底，使得《聊斋志异》在中国文学发展史上大放异彩！创作艺术的独特，语言艺术的高超，使毛泽东对《聊斋志异》一直青睐之至，暇不释卷。

毛泽东爱读《聊斋志异》，原因是多方面的。以上列举的三个方面，只是从作者和作品的方面作了一些浅薄的分析。实际上与毛泽东本人的因素如理想追求、文化素养、性格爱好等也是密切相关的。大家都知道，毛泽东非常爱读中国历史，常把阅读中国历史作为认识和了解中国过去的一条重要的途径。毛泽东也很爱读中国古典文学，例如唐诗、宋词和中国古典小说，这是他认识和了解中国历史的又一个重要的途径。《聊斋志异》是中国古典文学中的名著，非常形象地反映了清代初期社会的历史。因此，它博得毛泽东的喜爱，是很合逻辑的。如果毛泽东主观上没有这方面的需求，客观上的东西再好，也是很难引起他的兴趣的。

在半个多世纪的岁月中，毛泽东是从哪些视角阅读《聊斋志异》的呢？

第一，历史的视角。这是毛泽东读《聊斋志异》最重要的一个视角。延安时期，有一次毛泽东与何其芳等谈我国的古典文学，在谈到《聊斋志异》时，他说："《聊斋志异》可以当作清朝的史料看。"这是毛泽东对《聊斋志异》的一种评价，也是他读《聊斋志异》的一种方法。实际上，从延安时期往后的岁月，尤其是晚年的岁月，毛泽东读《聊斋志异》，差不多都是把它当作清朝的历史来阅读的。对于这一点，从前面已经介绍过的毛泽东在20世纪50年代读《白莲教》《小谢》《细侯》这三篇小说时写的批注中可以看得出来。就拿《细侯》这一篇来说，《细侯》作者本来描写的是家境贫困潦倒的满生与妓女贾氏细侯的一段相恋、相爱的故事，可是毛泽东在读这篇小说的时候，从中看到了"资本主义萌芽"。读《白莲教》时，他看到了"表现作者的封建主义"。很显然，他是把小说当作历史来读的。

四、读中国五部古典小说

在与何其芳等的这一次谈话中，为了表明他的上述看法，他还以《聊斋志异》中的《席方平》故事为例，他认为"《席方平》这篇作品的内容是借描写阴间的黑暗，来揭露清朝人世间的黑暗。它描写阴间的狱吏、城隍、郡司以至冥王都是贪污受贿，不问是非曲直。阴间的最高统治者冥王，对受地主老财的迫害，因而冤枉死的人来告状，不但不受理，而且用酷刑迫害。结论是：这篇小说的主人公觉得阴曹之暗昧尤甚于阳间"。[①]

《席方平》这篇故事讲的是：席方平的父亲席廉，与同乡富户羊某有过一些不和。这位姓羊的富翁死了之后，席廉得病，在生命垂危时对人说，是羊某贿赂阴司官吏来拷打他，最后席廉浑身红肿，惨叫着死去。父亲惨死，席方平悲痛欲绝，如呆如痴，他发誓说："我要到阴间为你申冤。"果然席方平的魂魄离开了身体，来到了阴间。他远远地看见父亲在向他哭诉：狱吏全受贿赂，日夜拷打他。席方平听了父亲的诉说，更加痛恨狱吏，遂写好状子，向城隍告状。城隍因受了羊某的贿赂，看了席方平的状子后，硬说席的控告证据不足，不能成立。席方平气愤至极，继续往上告，告到郡司。郡司也受了贿赂，他不但不受理席的状子，还将席痛打一顿，仍将此案交城隍办理。席方平只好又回到城隍辖区，尝尽了械梏之苦，而不能申冤。城隍怕席再告状，就派人将席押送回阳间的家。鬼差押席到家门口就走了，席又悄悄回阴司，状告到冥王那里。谁知冥王偏袒城隍和郡司，不容席诉说，就下令打他二十大板。席方平厉声问道："小人何罪？"冥王仿佛没有听到。席在酷刑

[①] 《何其芳文集》第3卷，人民文学出版社1983年版，第72页。

下愤愤不平喊道："我是该打的,谁叫我没有钱!"冥王更加发怒,叫鬼卒把席放到烧得通红的铁床上去烤。冥王问他还敢再告吗?席说:"大冤未申,寸心不死,一定要告。"冥王听后更加大怒,又叫两个鬼卒把席的身子锯成两半,席疼痛难以忍受,却硬是一声不吭。行刑的两个鬼卒大加钦佩说,真是条硬汉子!掌锯的鬼卒同情他是孝子,不忍锯他的心,锯子故意锯偏才没有伤他那颗心。不一会儿,身子被劈成两半。冥王问席还告吗?席怕再遭毒刑,便谎说,不告了,冥王立即叫鬼差把他送回阳间。

席方平回到阳间,他想阴间的黑暗比阳间还厉害,可是他还不死心,要到玉皇大帝那里再告。他听说二郎神是玉皇大帝的亲戚,聪明正直。于是席又重到阴间去找二郎神。席到阴间又被冥王的鬼卒抓住,冥王软硬兼施,叫他不要再告,并强行把他投胎为婴儿,席愤怒哭啼不吃奶,活了三天便夭折了。他的灵魂又跑到阴间告状,结果遇上了玉皇大帝殿下九王,九王叫二郎神赶快判决,最后二郎神判决,将贪赃枉法的冥王、郡司、城隍、助纣为虐的鬼役以及为富不仁的羊某分别治罪。同时,表彰了席廉父子的善良、孝义,并增加了阳寿三纪[①]。

《席方平》这一篇,毛泽东读得很熟。他认为《席方平》这篇就可以当作清朝的史料来读。小说虽描写幽冥,其实正是封建社会现实生活的投影。作者笔下的席方平这个人物形象鲜明,对现实社会的黑暗揭露得淋漓尽致。毛泽东对席方平受锯刑时忍而不号特别赞赏。这篇小说,毛泽东不仅自己爱读,还常有

---

① 古代的一种计时方法,一纪为12年。

声有色地给身边的同志讲述这个故事。意思是要身边的同志懂得，老实的人、按科学办事的人，虽然要历经磨难，冤案终能昭雪。他说，干部要有坚持原则的勇气，在大是大非面前，要旗帜鲜明，要有"六不怕"的精神，即不怕撤职、劳改、开除党籍、老婆离婚、坐班房和杀头。只要准备好这几条，看破红尘，就什么都不怕了。

第二，战略和战术的视角。这也是毛泽东读《聊斋志异》的一个独特之处。《聊斋志异》不是兵书，也不是战略战术的专著，毛泽东是怎么从战略和战术的视角阅读的呢？

大约在1959年4、5月，毛泽东根据国际国内政治斗争形势的需要，提议编选一本《不怕鬼的故事》。中央书记处根据毛泽东的指示将编选工作落实到当时属于中国科学院的文学研究所，由所长何其芳具体负责。大概到这一年的夏天，《不怕鬼的故事》基本编成。1960年，毛泽东指示何其芳将已经编好的初稿再加以精选、充实。全书定稿后，何其芳请毛泽东为这本书写个序言，说明编选出版这本书的目的，以便引导读者结合实际更好地阅读。毛泽东让何其芳先起草，起草好后再送给他看。何其芳几易其稿，写了一篇近万字的序言。毛泽东看后，于1961年1月4日上午11时左右，在他的住地颐年堂约见了何其芳。毛泽东在与何其芳谈话时说："你比在延安时候书生气好像少了一些。"接着，谈话就转入正题，谈到何其芳写的《不怕鬼的故事》的序言，毛泽东说："你的问题[①]我现在才回答你。除了战略上藐视，还要讲战术上重视。对具体的鬼，对一个一个

---

① 指请毛泽东审阅稿子。

的鬼，要具体分析，要讲究战术，要重视。不然，就打不败它。你们编的书上，就有这样的例子。《聊斋志异》的那篇《妖术》，如果那个于公战术上不重视，就可能被妖术害死了。还有《宋定伯捉鬼》，鬼背他过河，发现他身体重。他就欺骗它，说他是新鬼。'新鬼大，旧鬼小'，所以他重嘛。他后来又从鬼那里知道鬼怕什么东西，就用那个东西治它，就把鬼治住了。"说完《妖术》和《宋定伯捉鬼》这两篇故事，毛泽东特别叮嘱何其芳："你可以再写几百字，写战术上重视。"①

这次谈话之后，根据毛泽东的指示，何其芳对序言又作了修改。1月16日，何其芳将修改稿又送请毛泽东审阅。毛泽东又一次审阅了何其芳的序言修改稿，并且在修改稿的结尾处加写了下面一大段话：

> 这本书从一九五九年春季全世界帝国主义、各国反动派、修正主义组织反华大合唱的时候，就由中国科学院文学研究所着手编辑，到这年夏季即已基本上编成。那时正是国内修正主义起来响应国际修正主义、向着党的领导举行猖狂进攻的时候，我们决定将本书初稿加以精选充实，并决定由我写一篇序。一九六〇年底，国际情况起了很大变化，八十一个共产党和工人党在莫斯科举行了代表会议，发表了反对帝国主义、反对反动派、反对修正主义的声明。这个"不怕鬼"的声明使全世界革命人民的声势为之大振，妖魔鬼怪感到沮丧，反华大合唱基本上摧垮。但

---

① 《何其芳文集》第3卷，人民文学出版社1983年版，第127页。

是读者应当明白，世界上妖魔鬼怪还多得很，要消灭它们还需要一段时间，国内的困难也还很大，中国型的魔鬼残余还在作怪，社会主义伟大建设的道路上还有许多障碍需要克服，本书出世就显得很有必要。当着党的八届九中全会于一九六一年一月对国内政治、经济、思想各方面制定了今后政策，目前条件下的革命斗争的战略战术又已经为更多的人所了解的时候，我们出这本《不怕鬼的故事》，可能不会那么惊世骇俗了。①

除了加写的这一大段话之外，毛泽东对序言修改稿还作了两处重要的修改。第一处，序言中有这样一段话："难道它们有气，我们反而没有气吗？难道按照实际情况，不是它们怕我们，反而应该是我们怕它们吗？"毛泽东在这段话后增写了："难道我们越怕'鬼'，'鬼'就越喜欢我们，发出慈悲心，不害我们，而我们的事业就会忽然变得顺利起来，一切光昌流丽，春暖花开了吗？"第二处，序言中原话是这样写的："一切革命工作中的困难和挫折，都不过是暂时的现象，都不过是前进的道路上的阻碍和曲折，都是可以克服、可以扭转的。"毛泽东看后又加写了一句话："事物总是在一定的条件之下向着它的对方交换位置，向着它的对方转化的。"②

1月23日下午2时半，毛泽东在中南海丰泽园住地又一次约见了何其芳。一见面，毛泽东就对何其芳说："你写的序文我

---

① 《毛泽东年谱（1949—1976）》第4卷，中央文献出版社2013年版，第530页。
② 这句话后来毛泽东又改作："事物总是在一定的条件之下通过斗争同它的对方交换位置，向着它的对方的地位转化的。"

加了一段，和现在的形势联系起来了。"说着，他还把他自己添加的上述一段话念给何其芳和其他在座的几位同志听，像是征求意见，然后又传给大家看。大家传阅后，毛泽东又对何其芳说："你这篇文章原来政治性就很强，我给你再加强一些。我是把不怕鬼的故事作为政治斗争和思想斗争的工具。"他还要何其芳再增写几句，讲讲半人半鬼。他说："半人半鬼，不是走到人，就是走到鬼。走到鬼，经过改造，又会走到人。"①

在毛泽东的精心指导下，《不怕鬼的故事》终于在1961年2月由人民文学出版社正式出版了。本书序言中说，这里选的不怕鬼的故事，都是着重描写人的勇敢，描写他们对于鬼怪无所畏惧，而且敢于打击它们，因之或许更多地表现了战略上藐视的精神。但其中有些故事也是可以用来说明战略上藐视和战术上重视密切结合的必要的。《聊斋志异》中描写的许多个妖、狐、鬼的故事，如同《不怕鬼的故事》一书中许多故事一样，既表现了战略上的藐视，又描写了战术上的重视。正如毛泽东所说："对具体的鬼，对一个一个的鬼，要具体分析，要讲究战术，要重视，不然，就打不败它。"就拿《妖术》来说，故事里的于公，不相信街上的算卦人说他三天就死的预言，没有受到讹诈。但他回去以后，并不是毫无警惕的。到了第三天，他静坐在屋子里看究竟有什么事情发生。白天过去了，到了晚上，他便关门点灯，带剑坐着等待动静。那个会妖术的算卦人果然派一个荷戈的"小人"来杀害他，他用剑砍断了它的腰，原来是一纸人。接着又一个狰狞如鬼的怪物来了，他用剑砍断了它，

---

① 《何其芳文集》第3卷，人民文学出版社1983年版，第129—130页。

原来是一个土偶。后来又来了一个高与檐齐的巨鬼，它一推窗子，墙壁都震动得要倒塌的样子。于公怕房塌被压，就开门出去和它搏斗。因为他会武术，这个巨鬼终于被他打败了，原来是一个木偶。如果这个于公不是既对妖术和鬼怪无所畏惧，同时又充分加以警惕，而且有武器和武术的准备，他不是就会被那个算卦人派来的鬼怪所杀害吗？这个故事说明，鬼并没有什么可怕，人是完全能够打败它、制服它的。但对于每一个具体的鬼，对于每一个同鬼相周旋的具体的场合，人又必须采取谨慎的态度，必须有智谋，才能最后取得胜利。这就如同毛泽东说的那样："《聊斋志异》的那篇《妖术》，如果那个于公战术上不重视，就可能被妖术害死了。"人只要不怕鬼，敢于藐视它，敢于打击它，敢于战胜它，鬼就怕人了，鬼就必然要失败。

说到毛泽东从战略的视角读《聊斋志异》，还有这样一段历史趣闻：1959年4月15日，毛泽东在第十六次最高国务会议上向与会的同志通报当前的形势和党的大政方针。他在讲了1958年炮击金门的事后说，这是"我们祖国的土地"，我们有理由捍卫，别人（美国）管不着。所以，"我看要奋斗下去，什么威胁我们都不怕"。说到这里，他那如同我国历史文化知识库的大脑里立刻又浮现出了包括《聊斋志异》在内的我国古代小说里不怕鬼的故事，他就很有兴趣地给大家讲了《聊斋志异》中那篇"狂生夜坐"的故事：

《聊斋志异》里有一个狂生，晚上坐着读书，有个鬼吓他，从窗户口那个地方伸一个舌头出来，这么长，它以为这个书生就会吓倒了。这个书生不慌不忙，拿起笔把自己的脸画成张飞的样子，画得像我们现在戏台上的袁世海的样子，然后也把舌头伸出来，没有那么长就是了。两个人就这么顶着，你望着我，我望着你。那个鬼只好走了。

毛泽东绘声绘色地给大家讲完这个故事后，又强调说：《聊斋志异》的作者告诉我们，不要怕鬼，你越怕鬼，你就不能活，他就要跑进来把你吃掉。

毛泽东还把这个故事与当时炮击金门、马祖的实际联系起来。他说：我们不怕鬼，所以炮击金门、马祖。这一仗打下去之后，现在台湾海峡风平浪静，通行无阻，所有的船只不干涉了。

毛泽东风趣的一番话，说得在场的人们哄堂大笑。当时的会议记录上，注明"笑声"二字的就有6处之多。毛泽东认为，一切敌人、对手和困难，都属于"鬼"，只有不怕它，才能战胜它，克服它。

在这次讲话后的第21天，即5月6日，在与周恩来、陈毅一起在中南海紫光阁会见11个国家的访华代表团和这些国家的驻华使节的谈话中，毛泽东又一次讲了"狂生夜坐"这个故事。在毛泽东看来，对鬼也要讲究斗争的战略和战术。他相信，任何鬼都是可以战胜的。

毛泽东阅读《聊斋志异》就是这样，他不仅在看故事，而且在看与妖、狐、鬼作斗争的战略和战术。他在阅读过程中，还紧密结合国际、国内政治斗争和思想斗争的实际，由与妖、狐、鬼作斗争的战略和战术，联想到当时的政治、经济、思想、文化等现实斗争的战略战术，既联想到世界上的各式各样的妖魔鬼怪，又联想到中国国内的种种魔鬼残余。他把《聊斋志异》中一个个与妖、狐、鬼作斗争的故事，"作为政治斗争和思想斗争的工具",这不能不说是毛泽东读《聊斋志异》的一大特点。20世纪50年代、60年代,直到生命垂危的最后几年,毛泽东阅读《聊斋志异》之所以那样用心,那样津津有味,这大概也是其中的一个重要原因。

第三,生产斗争的视角。从生产斗争的视角阅读《聊斋志异》,这是毛泽东阅读《聊斋志异》的又一个特点。在我国古代的著名作家中,在农村生活时间最长、对农民最熟悉、最了解的,大概就要算是《聊斋志异》的作者蒲松龄了。蒲松龄的一生差不多都是在家乡山东淄川农村度过的,因为他长期与农民生活在一起,不仅亲眼目睹了风、雹、旱、涝、虫等自然灾害在农村造成的种种悲凉凄惨的情景,还亲身经历广大农民预防和战胜各种自然灾害以及种种的生产斗争的实践。他不仅熟悉农村,了解农民,而且从生产、生活的实践中学习、掌握了许多的描写,《聊斋志异》既是封建社会我国北方农村和农民生活的剪影,也是封建社会我国农村和农民从事生产斗争、生活习俗、人文地理、风土人情、植物栽培、动物饲养宰杀等各种知识和经验的实录,它是一部反映封建社会我国北方农村和农民生活的知识丛书。毛泽东说过:"《聊斋志异》可以当作清朝的史料,既包括阶级斗争的史料,也包括生产斗争的史料。"

就以毛泽东读《狼三则》这篇故事来说吧。这篇故事包括三则小故事,都是关于屠夫与狼的斗争。第一则,写一屠夫被狼追着,他用卖肉用的铁钩子把肉钩在树上,狼缘木求肉,结果"钩刺狼腭,如鱼吞饵",缢死于树。第二则,写一屠夫依靠场边的麦垛,先杀死面前的一只狼,又杀死麦垛后边正在打洞的那只狼。第三则,写一屠夫以窝棚为掩护,用小刀割破了狼伸进来的前爪，用吹猪的方法往狼的爪子里吹气，最后置狼于死地。这三则小故事，都是写屠夫运用自己的生产知识杀死贪欲很强的恶狼的。这篇故事，毛泽东早就读得很熟。

类似《狼三则》这样含有生产斗争知识的故事，《聊斋志异》中还有许多，毛泽东在阅读这些故事的时候，能从生产斗争这个视角去加以理解，把小说当作生产斗争知识来读，从这些故事当中学习生产斗争知识。这不能不说是毛泽东读《聊斋志异》的又一个独特之处。

第四，调查研究和搜集写作素材的视角。这也是毛泽东阅读《聊斋志异》的一个独特视角。我们知道，名震中外的《聊斋志异》，是蒲松龄大约从30岁开始，用了二三十年的时间才写成的。它是蒲松龄一生殚精竭虑之作。《聊斋志异》的创作成功，除了作者长期的农村生活基础和创作才能外，与他大量地调查研究和自觉地长年不懈地搜集写作素材是分不开的。

毛泽东读《聊斋志异》，不仅在读故事，而且从故事的字句中间看到作者所做的大量的、深入的、艰苦的调查研究工作和搜集材料的工作。

毛泽东是一个很注重调查研究的人，并且长期在身体力行。《聊斋志异》是蒲松龄调查研究的产物，凝结着蒲松龄调查研究的实践。毛泽东爱读《聊斋志异》与此有无联系呢？

以上谈及的毛泽东读《聊斋志异》的视角，仅是我根据毛泽东读书的实际所归纳的主要的视角，是我的主观之见，实际上远远不止这些视角。《聊斋志异》是一部荟萃中国文史典实的百科全书式的文学巨著。无论从作者和作品产生的时代背景、作品的思想内容、创作艺术、语言运用、人物描写等方面来说，

《聊斋志异》都是很值得一读的。毛泽东爱读《聊斋志异》，更爱从各种不同的视角去阅读、去研究、去理解、去汲取、去运用，所以在几十年中，他一读再读，越读越爱读。

从20世纪50年代开始，毛泽东身边就一直放有不同版本的《聊斋志异》。直到生命垂危的最后的岁月，他办公桌旁还放着《铸雪斋抄本聊斋志异》。毛泽东终身爱读《聊斋志异》，《聊斋志异》一直伴随在毛泽东的身边。如今，毛泽东已经离去，然而，他生前阅读和批注过的各种不同版本的《聊斋志异》，还一直存放在中南海毛泽东故居里，成为人们永久的纪念。

五、读鲁迅著作

（一）鲁迅著作伴终身

读鲁迅著作，是毛泽东晚年读书生活中的重要内容之一。

毛泽东曾说过："我和鲁迅的心是相通的。"在半个多世纪的革命岁月里，毛泽东与鲁迅并没有见过面，也没有直接的书信往来，那么，是什么把两颗圣洁的革命的心紧紧地联系在一起的呢？可以说就是鲁迅的著作和毛泽东的著作、讲话、谈话和文章。在中国诸多现代作家中，毛泽东非常爱读鲁迅的著作。

1956年至1958年，人民文学出版社相继出版了带注释的十卷本《鲁迅全集》，专收鲁迅的著作，不收译文和古籍。1956年至1959年人民文学出版社还根据十卷本《鲁迅全集》出了一套共25册的鲁迅著作单行本。为了阅读方便，毛泽东把这套鲁迅著作的单行本放在自己的床上，每天无论工作多忙，开会多晚，他都要翻看。从毛泽东留在书上的阅读记号来看，这25册的单行本，绝大部分都已看过，有的还不止翻阅过一次。毛泽东不仅看过这一时期出版的鲁迅著作单行本，也看新版的十卷本《鲁迅全集》。毛泽东逝世以后，有关他的许多照片被发表，其中有一张是他站在书柜前看书的生活照，这是1961年，在江西办公室里的留影。照片中毛泽东正聚精会神地翻阅一本书，这本书就是《鲁迅全集》中的一册。

1966年4月初,毛泽东到外地视察。走了没几天,就请工作人员给北京打电话要鲁迅的小说;5月中旬,又打电话要全套鲁迅著作的单行本(共25册)。到了20世纪70年代初,毛泽东已近80岁高龄,精力、体力、视力都远远不如以前了,健康状况也越来越差。就在这样的情况下,他老人家还是以惊人的毅力,一直坚持阅读鲁迅的著作。

1972年,新版大字线装本《鲁迅全集》印出后,为了阅读的方便,徐业夫让我给毛泽东送去两部,一部摆放在卧室里,一部摆放在会见宾客的大厅里。直到1976年9月9日,毛泽东心脏停止跳动时,他卧室的床上、桌子上、书架上,还摆放着这部大字本的《鲁迅全集》。有的是翻开着的,有的是在某一页折上一个角,有的里面还夹有纸条,有的封面上、篇章题目上还用粗红铅笔画了圈,有的还写下了批注文字。在伴随毛泽东走完生命的最后几年路程的书籍中,除了大字本马列著作和线装本二十四史外,最为突出的就是这部大字线装本的《鲁迅全集》了。

说到毛泽东晚年读鲁迅的著作,有几件感人的事一直铭记在我的心中。每当提起这一件件往事,就激起我对他老人家的深深的思念。

1972年9月,文物出版社出版了北京鲁迅博物馆编的《鲁迅手稿选集三编》(线装本)。这本书共收有鲁迅手稿29篇,编者说这29篇都是从尚未刊印的鲁迅手稿中选出来的。我们收到出版社送来的样书后,立即送给毛泽东。毛泽东见到这本书后,不分昼夜,一有空就翻阅,手稿选集里有的字写得太小,他就用放大镜，一行一行、一页一页地看。有时，他一边看，一边不时地用铅笔圈圈画画。毛泽东为什么爱看鲁迅的这本手稿选集呢？毛泽东生前很爱欣赏名家字画和名人手书的诗词、著名警语、格言、楹联等。他说，工作之余，看看名人字画、墨迹，这也是一种休息。鲁迅的这本手稿，都是在"语丝"稿纸上，用毛笔竖写的行书体墨迹，字迹清楚，运笔流畅自如。正如郭沫若所说，"鲁迅先生亦无心作书家，所遗手迹，自成风格"。毛泽东既把鲁迅的这本手稿选集当成鲁迅的著作来读，也把它作为鲁迅的墨迹来欣赏。

毛泽东在读《写在〈坟〉后面》这篇鲁迅手稿时，在许多的文字旁边都画了红道道。"我的确时时解剖别人，然而更多的是更无情面地解剖我自己。"关于鲁迅这句名言，毛泽东在阅读1956年出版的单行本时就在这句话下面重重地画了红道，而且多次给身边的同志讲过。这次又看到这句话时，他又用粗红铅笔在文字旁边画上了红道道，口中还不由自主地读出声来。这就不难看出，晚年的毛泽东对鲁迅所表达的勇于自我解剖的精神是非常欣赏和赞同的。在同一篇文章中，鲁迅还写了这么一段文字："古人说，不读书便成愚人，那自然也不错的。然而世界却正由愚人造成，聪明人决不能支持世界。"这里所说的"愚人"是指广大劳动人民，"聪明人"是指少数封建统治者。鲁迅的话充满了"人民创造历史"的历史唯物主义观点，毛泽东对此非常赞同，在阅读1956年出版的单行本时就在"世界却正由愚人造成，聪明人决不能支持世界"下面重重地画了两道红线，这次又在这一段文字旁边重重地画了两道红线。

毛泽东自从1971年生病以后，大都躺在床上借助放大镜阅

五、读鲁迅著作

读单行本的鲁迅著作。后来视力愈来愈差，用放大镜看书也越来越困难。怎么办？我们即和徐业夫同志商量，是不是将鲁迅的平装本著作印成大字线装书。后来，经当时的中央办公厅负责同志同意，徐业夫就与国家出版局联系。国家出版局负责同志当时考虑到：一是为了毛泽东等年老的同志阅读鲁迅著作的方便；二是可以馈赠外宾；三是便于长久地保存鲁迅著作，因此，于1972年2月初，责成人民文学出版社特将20世纪50年代出版的带有注释的十卷本《鲁迅全集》，排印成少量的大字线装本。从1972年7月初到同年11月中旬，大约四个半月，十卷本《鲁迅全集》全部印装完毕。因为是印装好一部分送一部分，待毛泽东收到全书时，他也差不多读完了。

毛泽东阅读过的这部线装大字本《鲁迅全集》，现在还保存在中南海毛泽东故居里。打开函套，就可以看到，许多册的封面上都画有红圈圈，有的画一个，有的画二个，还有的画三个。画的红圈是什么意思呢？这是晚年毛泽东读书的一种习惯，他每读过一遍就在书上画一个圈作为标记。在第五卷第五分册的封面上，写着"吃烂苹果1975.8"。这几个字是他老人家用红铅笔写下的，从字迹来看，虽然没有当年那种笔力遒劲、行笔流畅、气势磅礴的独特风格，但它是毛泽东晚年对鲁迅著作的真挚感情的生动体现，同时也是毛泽东晚年读书的坚强毅力和顽强的治学精神的真实的历史写照。

1975年8月下旬，毛泽东在白内障手术后，视力稍有恢复，医生还不允许他看书的情况下，就又如同往常一样地看起鲁迅著作来了，并颤颤巍巍地写下"吃烂苹果1975.8"几个字。

"吃烂苹果"是什么意思呢？原来是鲁迅在《准风月谈·关

于翻译（下）》这篇文章中，鲁迅用苹果虽烂，尚有可吃之处作比喻。"苹果一烂，比别的水果更不好吃，但是也有人买的，不过我们另外还有一种相反的脾气：首饰要'足赤'，人物要'完人'。一有缺点，有时就全部都不要了。"鲁迅用吃烂苹果的道理来说明，对待文艺作品和文艺界的人要实事求是，不能因其有一点缺点和不足就全部抛弃，或者全盘否定。毛泽东非常赞同鲁迅的这种见解。对鲁迅的这篇著作毛泽东是经常翻读的。1975年3月，江青等一伙给电影《创业》强安了十大罪名，将《创业》一棍子打死。但《创业》的作者并没有被反革命分子的淫威所吓倒，他们向毛泽东上书，陈述创作《创业》的实际情况。毛泽东收到《创业》的作者申诉信以后，对江青一伙的武断行为极为反感，就让秘书张玉凤给他读鲁迅的关于吃烂苹果的文章。读到吃烂苹果时，毛泽东高兴地连声称赞说："写得好！写得好！"毛泽东严肃指出："此片无大错，建议通过发行。不要求全责备，而且罪名有十条之多，太过分了。"同年10月，毛泽东又一次在一份向他反映的材料上批示："打破'金要足赤'，'人要完人'的形而上学错误思想"，再一次批评了江青一伙。

　　毛泽东读鲁迅著作，与读其他的书籍一样，就是习惯用笔在书上圈圈画画，一边读，一边画，书看完了，书上也画满了直线、曲线、圈圈点点、三角、问号等等符号和标志。一般说来，凡留有符号的地方都是他特别注意的文字，符号的不同，注意的程度也不一。他这种习惯，拿他自己的话来说，就叫作"不动笔墨不读书"。从目前发现的批语来看，最长的一条批语竟达1000余字。就拿他阅读1938年版的《鲁迅全集》为例，

五、读鲁迅著作

第一卷中的《寡妇主义》、第三卷中的《答有恒先生》、第四卷中的《非革命的急进革命论者》《我们要批评家》《"民族主义文学"的任务和运命》《"硬译"与"文学的阶级性"》《现今的新文学的概观》,第六卷中的《病后杂谈之余》《在现代中国的孔夫子》《论"人言可畏"》《答徐懋庸并关于抗日统一战线》等许多篇章中,都画满了各种各样的符号。在《"硬译"与"文学的阶级性"》一文中,鲁迅写道:"无产者文学是为了以自己们之力,来解放本阶级并及一切阶级而斗争的一翼。所要的是全般,不是一角的地位。"毛泽东在这句话旁边画了一道线,句尾画了个双圈,天头上连画三个圈,又加二道横线。在《现今的新文学的概观》一文中,鲁迅写道:"从这一阶级走到那一阶级去,自然是能有的事,但最好是意识如何,便一一直说,使大众看去,为仇为友,了了分明。不要脑子里存着许多旧的残渣,却故意瞒了起来,演戏似的指着自己的鼻子道,'惟我是无产阶级!'"毛泽东在这段话旁边又画又圈,句尾画了三个大圈,天头上也画了三个圈。还有《关于翻译的通信》一文中,有好几个段落,毛泽东都是又圈又点又画线,天头上都画了三个大圈。这说明毛泽东十分注意这些文字。有时候,正文中并没有什么批画,但在目录上却留下了明显的记号。例如在《坟》的各篇题目头上都加了点,其中《论"费厄泼赖"应该缓行》一文的头上都加了一个圈。事实上,毛泽东曾多次提到这篇文章,而且新中国成立以后出版的单行本里,毛泽东不仅在这篇文章中大量圈画,而且还特别折上书角,由此可见他在这篇文章的题头上加个圈确实是引起他特别注意的。对于鲁迅的译作,毛泽东也读得一样认真。例如,第十七卷,收的是鲁迅的译作,这卷中有《文艺政策》一集，收有俄国革命家普列汉诺夫的《艺术论》、日本评论家片上伸的《现代新兴文学的诸问题》《雅各武莱夫的结语》，苏共中央决议《关于文艺领域上的党的政策》等文。毛泽东都认真阅读过，并留下了各种阅读记号。

纵观毛泽东阅读过的鲁迅著作，有两个显著的特点：第一，凡鲁迅著作中写的"前年""去年""两年"等的文字旁边，毛泽东都注明了具体时间。例如《鲁迅全集》第四卷中，鲁迅为美国《新群众》所作的《黑暗中国的文艺界的现状》一文中写道："这一点，已经由两年以来的事实，证明得十分明白。"毛泽东就在"两年以来"旁边注上"一九二九、一九三〇"。鲁迅接着写道："前年，最初绍介蒲力汗诺夫……"毛泽东也在"前年"旁边注上"一九二九"。还有，鲁迅在《做古文和做好人的秘诀》一文中写道："从去年以来一年半之间……"毛泽东在"去年"旁边注上"一九二九"四个字。有时，在一篇文章的前面，也注明写作时间。例如《"民族主义文学"的任务和运命》，因为其他各篇或在标题下，或在文末，都注明了写作的具体时间，但这一篇却没有写明，毛泽东就在标题旁边注上："此文大约是九·一八后一个月左右时间作。"类似上述批注的，全书各篇中很多，就不一一举例了。

第二，凡是原书中印排颠倒或错漏的文字，都一一予以改正。我们还是拿1938年版的《鲁迅全集》为例。第一卷《坟·看镜有感》一文中有一段文字："现在流传的古镜们，出自冢者中居多……"显然，文中的"者""中"二字位置颠倒，毛泽东就用笔将这二字颠倒过来了。在第四卷《三闲集·序言》中有一段文字："一月二十八日之夜，上海打起仗来了，越打越凶，

五、读鲁迅著作

终于使我们只好单身出走,书报留在火线下,一任它烧得精光,我也以可靠这些'火的洗礼'之灵,洗掉了……"显然"可以"两字颠倒了,毛泽东又用笔把它倒正了。第一卷《二心集·关于翻译的通信》一文中,"这可是现在的人,是一些人,是做群众之中的骨干的人,而不是一般的人类,不过笼统的人类……"这里的"过"显然不通,是印错了,毛泽东就把它改成了"是"。查1956年版的《鲁迅全集》,果然是"是"不是"过"。像这样的情况,一般同志可能一瞥而过,并不深究,但毛泽东却很注意,并及时改正。在《伪自由书·前记》中,有一句:"这就是这本书里的第一篇《崇实》……"其实,《崇实》是第三篇,第一篇是《观斗》,于是,毛泽东改成了"观斗"。第四卷《二心集·唐朝的钉梢》一文中,鲁迅引用了唐朝张泌的词《浣溪沙》:"晚逐香车入凤城,东风斜揭绣帘轻,慢回娇眼笑盈盈,消息未通何计从,便须伴醉且随行,依稀闻道太狂生。"这首诗中,有两处印刷错误,一是"笑盈盈"后应是"。"而不应当是",";二是"消息未通何计从"中的"从"字,实为"是"的误印。前一个错比较容易发现,后一个错如果从文字上看,一下子很不容易发现。但从词的音韵来看显然不合,于是毛泽东读到这里时,便将"从"字改成"是"字。据中华书局出版的《全唐诗》卷八百九十八所载,原词确实是"是",而不是"从"。张泌的词,在唐代并不十分引人注目,但毛泽东记得那样准确,这说明毛泽东的记忆力惊人和在古诗词音韵方面的造诣深厚,同时,也从一个方面说明毛泽东读鲁迅著作时的认真、仔细。

翻开毛泽东在新中国成立以后所阅读的鲁迅著作,我们还可以发现毛泽东大多都看过很多遍。例如，1958年版的《三闲集》（鲁迅1927年至1929年时的作品）中的《序言》《"醉眼"中的朦胧》等文章，他都用笔在文章题目前画了三个圈圈。这表明他最少看过三遍。毛泽东对鲁迅的著作或集子，是什么时候写的、什么时候编的，什么时候出版过，都十分注意，并在有关的集子和篇目上注明。新中国成立以后出版的鲁迅著作单行本，毛泽东在阅读时差不多在每册的封面上都写有批注。例如《且介亭杂文》一册，毛泽东在封面上批"1934年作，1935年10月编"。《彷徨》一册的封面上批有"1924—1925年，1926年8月出版"。《花边文学》杂文集的封面上批"1935年下半（年）编，1934年作"。具体到每篇文章，毛泽东也同样注明。例如：《二心集》中的《对于左翼作家联盟的意见》一文，原书中的副标题上只写了"三月二日在左翼作家联盟成立大会讲"，毛泽东就加上"一九三〇"。《上海文艺之一瞥》一文，副标题上也只写了"八月十二日在社会科学研究会讲"，毛泽东在"八月十二日"前加了"一九三一"。

从毛泽东读鲁迅著作时的批注、圈画和认真、细致的程度，我们可以看到，毛泽东是很爱读鲁迅著作的，并且在读时下了很多功夫。

（二）读鲁迅的小说和杂文

鲁迅的小说是我国以五四运动为主要标志的彻底地反封建文化革命运动中产生出来的最璀璨的明珠。它一反我国古典文学的俗套，以科学和民主的精神，首次在我国的文学创作中

五、读鲁迅著作

吹响了彻底地反对封建主义的号角。鲁迅在他的小说作品中，不仅塑造了代表当时觉醒了的、具有彻底反封建的革命者"狂人"的形象，而且塑造了一大批被封建社会制度所吃掉的被压迫、被剥削、被蹂躏、被侮辱的穷苦人民的形象。鲁迅的小说，不仅是对我国吃人的封建礼教制度的血泪控诉，而且对我国人民中消极落后的精神状态进行了深刻的批评。鲁迅的小说，是当时正在溃败的半殖民地、半封建中国社会生活的真实的写照。

《呐喊》是鲁迅的小说集，共收集了鲁迅于1918年至1922年所作的14篇短篇小说。这些作品，毛泽东在延安时就认真地读过。从现在保存下来的1938年版的《鲁迅全集》中可以看到，毛泽东在这个集子的所有篇目上都做了阅读记号，并在《阿Q正传》这篇的天头上画了一个圆圈，说明毛泽东十分注意这篇作品。事实上，他在讲话、谈话、报告和著作中，多次提到《阿Q正传》。例如1955年10月11日，毛泽东在说到要准许犯错误的同志继续革命时说："大多数人是愿意继续革命的，但还有一条，要准许别人革命。我们不要当《阿Q正传》上的假洋鬼子，他不准阿Q革命。"1956年4月25日，毛泽东在《论十大关系》一文中，谈到党内党外都要分清是非，正确对待犯错误的人时，又提到《阿Q正传》，他说："鲁迅在这篇小说里面，主要是写一个落后的不觉悟的农民。他专门写了'不准革命'一章，说假洋鬼子不准阿Q革命，其实阿Q当时的所谓革命，不过是想跟别人一样拿点东西而已。可是，这样的革命假洋鬼子也还是不准。"[①] 在联系历史上王明之流曾搞"残酷斗

[①] 《建国以来重要文献选编》第8册，中央文献出版社1994年版，第260页。

争，无情打击"的历史教训时说："我看在这点上，有些人很有点像假洋鬼子，他们不准犯错误的人革命，不分犯错误和反革命的界限，甚至把一些犯错误的人杀掉了，我们要记住这个教训。"① 1959 年 4 月，在党的八届七中全会上，毛泽东再次提到《阿 Q 正传》。20 世纪 60 年代初，毛泽东在讲到国际共产主义运动时指出，人民总是要革命的，"不准革命，像鲁迅所写的赵太爷、钱太爷、假洋鬼子不准革命那样，总是要失败的"②。

毛泽东尤爱读鲁迅的杂文。从收存的毛泽东阅读批画过的书籍中我们看到，毛泽东晚年身边共有 6 种版本的鲁迅著作：一种是 1938 年 8 月，鲁迅先生纪念委员会编辑、复社出版的精装二十卷本的《鲁迅全集》③，这是我国第一次出版的《鲁迅全集》。第二种是 1956 年到 1958 年，人民文学出版社出版的带有注释的精装十卷本《鲁迅全集》④。第三种是 1956 年到 1959 年，人民文学出版社据十卷本《鲁迅全集》出版的一套单行本。第四种是 1959 年 3 月，文物出版社刻印的一册线装本《鲁迅诗集》。第五种是 1972 年 9 月，北京鲁迅博物馆编、文物出版社出版的线装本《鲁迅手稿选集三编》。第六种是 1972 年 11 月，人民文学出版社据 20 世纪 50 年代出版的十卷本《鲁迅全集》重新排印的大字线装本。当然这还是不完全的收存。这些鲁迅著作现在都还存放在中南海毛泽东故居里。这 6 种不同版本的

---

① 《建国以来重要文献选编》第 8 册，中央文献出版社 1994 年版，第 260 页。
② 《建国以来毛泽东文稿（1961 年 4 月—1963 年 5 月）》第 16 册，中央文献出版社 2023 年版，第 228 页。
③ 包括鲁迅的著作、译作和他所整理的部分古籍。
④ 只收鲁迅的著作，未收译文和古籍。

五、读鲁迅著作

鲁迅著作，毛泽东生前都曾用心地阅读过，许多地方都用红铅笔或黑铅笔圈画过，不少的地方还写了批注。

翻开毛泽东阅读批画过的鲁迅的著作，我们可以清楚地看到，毛泽东尤爱读鲁迅的杂文。毛泽东晚年读鲁迅著作，兴趣最浓、倾注时间和读的遍数最多的也还是杂文著作。

1938年8月，二十卷本《鲁迅全集》第一次在上海出版后，通过党的地下组织，从上海辗转到陕北根据地，毛泽东得到了一套。

这套《鲁迅全集》中《坟》《华盖集》《华盖集续编》《而已集》《三闲集》《二心集》《伪自由书》《且介亭杂文》《集外集》等全部杂文集，毛泽东在延安时就认真读过，新中国成立以后出版的单行本他也读过，直到1972年，线装大字本《鲁迅全集》印出后，上述的大部分杂文集他老人家再一次阅读。从毛泽东留在这些杂文集上的多种批画笔迹和标记来看，有许多杂文毛泽东是反复读过很多遍的。例如：《寡妇主义》《未有天才之前》《论"费厄泼赖"应该缓行》《答有恒先生》《"醉眼"中的朦胧》《铲共大观》《流氓的变迁》《关于翻译的通信》《捣鬼心传》《为了忘却的记念》《出卖灵魂的秘诀》《关于翻译》《在现代中国的孔夫子》《拿来主义》，等等，这些杂文毛泽东都反复读过多遍。就拿《三闲集》中的《铲共大观》这篇杂文来说，毛泽东在延安读这篇杂文时，就用黑铅笔在"革命的完结，大概只由于投机者的潜入。也就是内里蛀空"这句话旁边画了道道；20世纪50年代在读单行本时，又在这句话下面画了道道；20世纪70年代在读大字线装本时，他又用铅笔在这句话旁边画了粗粗的红道。三种不同时期出版的同一篇杂文，在同一内容下都画了道道，这说明他至少读过三遍，同时也说明他很赞同鲁迅的观点。无数历史事实证明，投机者的潜入，内里蛀空，是革命完结的一个重要原因。《南腔北调集》中的《捣鬼心传》这篇杂文，毛泽东也多次读过。他对文中的"捣鬼有术，也有效，然而有限，所以以此成大事者，古来无有"这句话，很为赞赏，多次圈画。直到1975年8月，他老人家经过摘除白内障手术仅有一只眼睛还能看清东西时，还又一次阅读这篇杂文，并用颤抖的笔在这句话的旁边画了粗粗的道道，并在这句话的书眉上画了一个大大的红圈。就拿他读大字线装本《鲁迅全集》来说吧，《二心集》《伪自由书》《准风月谈》等杂文的封面上都有一个红圈，说明这些杂文集他老人家在晚年又至少看过一遍。《三闲集》《南腔北调集》两册封面上都画了两个红圈，说明这两册杂文集毛泽东在晚年至少还看过两遍。圈虽然画得有大有小，道道虽然画得有粗有细，但它是毛泽东晚年垂老不倦地阅读鲁迅杂文的真实的历史记录，也是毛泽东顽强的学习精神的生动体现。

  毛泽东读鲁迅的杂文著作，十分用心理解、思索。例如，在读《花边文学》这本杂文集时，当他读到《正是时候》中的"倘是旧家子弟呢，为了逞雄，好奇，趋时，吃饭，固然也未必不出门，然而只因为一点小成功，或者一点小挫折，都能够使他立刻退缩。这一缩而且缩得不小，简直退回家，更坏的是他的家乃是一所古老破烂的大宅子"这段话时，用红铅笔在这段话下面画了粗粗的两道，还在"吃饭"后面添加了"夺权"两个字。这样就把"旧家子弟"的本质更深入地揭示出来了。这里毛泽东虽然仅添加了两个字，但恰到好处，给鲁迅的文章增加了色彩。

毛泽东不仅爱读鲁迅的杂文，还经常运用鲁迅杂文中的思想和言论来阐明自己的观点，表明自己的主张。这在毛泽东著作、讲话、报告和谈话中，是常常可以见到的。1937年10月19日，延安陕北公学举行纪念鲁迅逝世周年大会，毛泽东在这个大会上发表了《论鲁迅》的讲话。就在这篇讲话中，他用鲁迅的《论"费厄泼赖"应该缓行》这篇杂文中的"打落水狗"的主张和思想来启发和教育人们。他说：鲁迅"在一篇文章里，主张打落水狗，他说，若果不打落水狗，它一旦跳起来，就要咬你，最低限度也要溅你一身的污泥，所以他主张打到底"，他号召广大人民群众学习和发扬鲁迅"打落水狗"的革命精神，说："现在日本帝国主义这条疯狗，还没有被我们打下水，我们要一直打到他不能翻身，退出中国国境为止。我们要学习鲁迅的这种精神，把它运用到全中国去。"[1] 通俗的语言，深刻的道理，给人们以力量和启示。

几十年来，毛泽东之所以一遍又一遍地阅读鲁迅的杂文著作，归根结底，就是因为鲁迅的杂文充满了革命的辩证法，忠实地反映了人民的理想、要求和心声，表达了时代的精神。它不仅能给人民大众指出前进的方向，而且能给人民群众以巨大的精神力量，教育和鼓舞人民群众如何同黑暗、反对的势力和现象作斗争，从而信心百倍地走向光明的未来。正是鲁迅杂文著作的这种思想性、革命性、战斗性和科学性，深深地吸引着毛泽东。

毛泽东不仅自己爱读鲁迅的杂文，而且多次号召人们向鲁

---

[1] 《毛泽东文集》第2卷，人民出版社1993年版，第44页。

迅学习。1957年，在《同新闻出版界代表的谈话》中，他说："鲁迅的时代，挨整就是坐班房和杀头，但是鲁迅也不怕。现在的杂文怎样写，还没有经验，我看把鲁迅搬出来，大家向他学习，好好研究一下。"[①] 在这次谈话之后的第二天，毛泽东《在中国共产党全国宣传工作会议上的讲话》中又说："有人说，几百字、一二千字一篇的杂文，怎么能作分析呢？我说，怎么不能呢？鲁迅不就是这样的吗？分析的方法就是辩证的方法。所谓分析，就是分析事物的矛盾。不熟悉生活，对于所论的矛盾不真正了解，就不可能有中肯的分析。"[②] 与此同时，毛泽东还指出："要分清敌我，不能站在敌对的立场用对待敌人的态度来对待同志。必须是满腔热情地用保护人民事业和提高人民觉悟的态度来说话，而不能用嘲笑和攻击的态度来说话。"[③] 毛泽东的这些教导，在社会主义现代化建设事业蓬勃发展的今天，仍然具有极其重要的现实意义。

（三）爱读爱书写鲁迅的诗

毛泽东不仅爱读鲁迅的小说，爱读鲁迅的杂文，而且非常爱读鲁迅的诗。

鲁迅的诗作，虽然一共仅有62题79首，与其全集或所创作的小说、杂文相比，当然是为数很少的。但是，鲁迅的诗作

[①] 《毛泽东文集》第7卷，人民出版社1999年版，第263页。
[②] 《毛泽东文集》第7卷，人民出版社1999年版，第277页。
[③] 《毛泽东文集》第7卷，人民出版社1999年版，第278页。

五、读鲁迅著作

和他的小说、杂文一样，不但在思想内容上富有战斗性，是鼓舞人们前进的号角，是激发人们奋进的边鼓，而且在艺术形式和写作的技巧上富有独创性，在中国的诗歌史上是独树一帜的。鲁迅的诗是中国当代诗苑里璀璨夺目的瑰宝。所以，毛泽东非常爱读鲁迅的诗。直到生命的最后几年，他老人家对鲁迅的诗作还常常爱不释手，暇不释卷。

翻开毛泽东阅读批画过的鲁迅著作，我们看到，收录在1938年8月我国第一次出版的《鲁迅全集》第七卷中的鲁迅的新诗、旧体诗，毛泽东都曾潜心阅读过。1959年1月，人民文学出版社出版的鲁迅著作单行本《集外集》《集外集拾遗》中不少诗作的题目旁，毛泽东都用黑铅笔画了圈。1959年3月，文物出版社为适应年老同志的读书需要，专门刻印了一册大字线装本的《鲁迅诗集》，共收诗47题54首。毛泽东从头至尾都读过，而且从批画的笔迹和留下的种种标记来看，有的诗篇毛泽东反复读过多遍，其中不少诗他能随口背诵出来。诗集中有一首诗叫《湘灵歌》，是1931年3月5日，鲁迅写赠给日本友人松元三郎的。这首诗，毛泽东很喜欢，全诗他都用黑铅笔圈点过。湘灵是古代楚人神话里的湘水女神。据史书记载："湘灵，舜帝的妃子，在湘水里溺死，成为湘夫人。"鲁迅借用这个神话中的传说人物来表达自己对国民党反动派血腥屠杀共产党人和革命群众的强烈憎恨，以及对死难的烈士和人民群众的哀思。毛泽东在读完这首诗的末句"太平成象盈秋门"后，随手用笔在旁边粗粗地画了一道，并在天头上批注："从李长吉来。"李长吉就是唐代诗人李贺。1965年7月21日，毛泽东在《给陈毅同志谈诗的一封信》中说："李贺诗很值得一读，不知你有兴趣否？"① 鲁迅诗句中的"秋门"，来源于李贺的《自昌古到洛后门》中"九月大野白，苍岑竦秋门"的诗句，毛泽东随手写下"从李长吉来"的批注，一方面说明鲁迅的诗和我国古诗的渊源关系，另一方面也说明毛泽东对我国古典文学（包括古诗词）知识是很熟稔的。

说到毛泽东晚年爱读爱吟诵鲁迅的诗，有这样一件非常感人的趣事，我一直记忆犹新。1975年春天的一天，为给毛泽东会诊眼病，经当时中央有关领导同志同意，特意请来了当时北京地区一些著名的眼科专家，有西医，也有中医。大夫们来到中南海游泳池住地后，毛泽东高兴地和他们一一握手，并感谢大家来为他会诊。广安门医院来的眼科大夫唐由之长得比较年轻，身材也比较高大，初见毛泽东显得有点紧张。毛泽东似乎看出了这位年轻大夫的心理，与他握手时笑着问道："你叫什么名字？"唐大夫答道："唐由之。"毛泽东说："你这个名字起得好，你的父亲一定是位读书人，他可能读过鲁迅先生的诗，为你起了这个'由之'的名字。"说着，毛泽东很有兴趣地吟诵起鲁迅悼杨铨的诗："岂有豪情似旧时，花开花落两由之。何期泪洒江南雨，又为斯民哭健儿。"本诗是1933年6月20日为哀悼杨铨被国民党蓝衣社暗杀而作。杨铨，即杨杏佛，1927年与鲁迅同时加入中国济难会后相识。1932年夏，杨铨在中央研究院任秘书时，请鲁迅加入中国民权保障同盟，同年秋季，又同任该同盟执行委员。此时，毛泽东已经重病在身，可是他还能一

---

① 《毛泽东诗词选》，人民文学出版社1986年版，第169页。

五、读鲁迅著作

字不漏地、极富感情地背出鲁迅的这首诗，唐大夫和在场的各位专家都为之惊叹，从内心里对他老人家更加钦佩。不过，唐大夫以前不了解鲁迅先生的这首诗，再加上毛泽东那浓重的湖南口音，所以全诗唐大夫没有完全听清楚。在唐大夫的要求下，毛泽东亲手将这首诗写下来赠送给唐大夫。毛泽东幽默风趣的谈话，缓解了唐大夫当时的紧张心情，毛泽东书赠的鲁迅的诗，成了唐由之大夫永久的纪念。

在毛泽东身边工作的同志都知道，毛泽东还很爱书写鲁迅的诗。他晚年有一段时间，每次练习书法，差不多都要书写鲁迅的诗句。他为什么这样爱好书写鲁迅的诗呢？一次，他老人家曾这样说过：书写鲁迅的诗，既可以进一步理解诗的内容，又可以进一步了解鲁迅。平时有友人请他题字、题词时，他也常常书录鲁迅的诗句赠之。鲁迅《自嘲》诗中的两句："横眉冷对千夫指，俯首甘为孺子牛"，他最爱书写。1945年10月在延安时，他就书录过这两句。这份墨迹已被收入《毛泽东题词墨迹选》一书[①]。1958年，在湖北武昌召开党的八届六中全会期间，著名粤剧演员红线女同志随团应邀为全会演出。演出结束后，在毛泽东等领导同志登台接见的时候，红线女同志请求毛泽东给她写几个字，毛泽东高兴地答应了。当晚，他就挥笔书写了："横眉冷对千夫指，俯首甘为孺子牛。"第二天，他即叫工作人员将此题词转送给了红线女同志。毛泽东在书写的鲁迅诗句前面还写下了一段类似小引的文字。这段文字是："1958年，在武昌，红线女同志对我说：写几个字给我，我希望。我

[①] 《毛泽东题词墨迹选》，人民美术出版社、档案出版社1984年版，第84页。

说：好吧。因写如右。"毛泽东题写的鲁迅的诗句，表达了毛泽东对红线女同志和广大文艺工作者寄托的无限的期望，也是毛泽东对广大文艺工作者的根本要求。

外国朋友来访时，毛泽东也常书写鲁迅的诗句相赠。1961年10月7日，毛泽东在中南海会见日本以黑田寿男为团长的日中友好协会祝贺国庆节代表团10名成员、以三岛一为团长的民间教育代表团10名成员等共24名日本朋友时，非常高兴地将鲁迅的无题诗"万家墨面没蒿莱，敢有歌吟动地哀。心事浩茫连广宇，于无声处听惊雷"书赠给日本朋友。据《鲁迅日记》记载，本诗作于1934年5月30日，随属"戌年初夏偶作以应新居先生雅教"，但含意深刻，诗情激涌，是感于时事而发为歌吟的。据有关的人员回忆，毛泽东当时在向日本友人送交这份书作时还对日本朋友们说："中国过去处于黑暗的时代时，中国伟大的革命战士、文学战线的领导人鲁迅先生写了这样一首诗。诗的意思是说在黑暗的统治下看见了光明。大家这次来到中国，我们表示感谢。我也没有什么好赠送的，就写下了鲁迅先生的诗，把它赠送给大家。诗由四句话组成。"[①] 毛泽东怕日本朋友看不懂鲁迅的这首诗，还特意让郭沫若帮助翻译一下。郭沫若在《翻译鲁迅的诗》中写道："鲁迅这首诗，是在去世前不久，写赠给一位日本的社会评论家新居格的。新居格访问中国，在上海拜访了鲁迅，鲁迅写了这首诗赠他。其用意是：当时的中国在三座大山的压迫之下，民不聊生，在苦难中正在酝酿着解

---

① 《举世悼念毛泽东主席》，人民出版社1978年版，第442—443页。

放运动；希望来访的客人不要以为'无声的中国'真正没有声音。"① 毛泽东那奔放流畅、刚劲潇洒的书作，既充分表达了对日本朋友的笃厚情谊，也真挚地表达了对诗作者鲁迅的思念和敬仰之情。

15年后，日中友好协会（正统）中央总部会长黑田寿男在与中国记者谈到毛泽东书赠给他们的鲁迅先生的这首诗时，还深情地说："鲁迅这首诗给我们以希望和光明。每当我们读这首诗时，都受到鼓舞。我们要看到今天在日本人民当中蕴藏着的巨大力量，我们总有一天可以听到惊雷的轰鸣。"日中文化交流协会事务局局长白土吾夫也说："四十多年前，鲁迅写那首诗给日本友人，十五年前毛泽东又书赠鲁迅的诗给日本朋友们。这些，在今天都有伟大的现实意义，也有深远的历史意义。""我们日本人民要团结起来，走同中国友好的道路，继续前进。尽管在斗争的道路上有曲折，但我确信，一定会取得最后胜利。"② 鲁迅、毛泽东都已离开了我们，然而他们诗书合璧的佳作却成了中日文化交流和中日两国人民友好史上的丰碑。

直到生命的最后几年，毛泽东还常常书写鲁迅的诗句。1975年4月，他老人家已经重病在身，一天他还用颤抖的手亲笔写下了鲁迅的《无题》诗："血沃中原肥劲草，寒凝大地发春华。英雄多故谋夫病，泪洒崇陵噪暮鸦。"鲁迅这首诗是1932年1月23日为题赠日本友人高良富子夫人而写的。全诗是通过烘托、象征的手法，运用句中对比、章中对比的二位一体的独

---

① 郭沫若：《翻译鲁迅的诗》，《人民日报》1961年11月10日。
② 新华社记者：《鲁迅的诗鼓舞着日本人民》，《人民日报》1976年10月20日。

特诗格,把歌颂、揭露和讽刺巧妙地缀合在一起,高度概括,而且又富于哲理,充满着辩证唯物主义思想。此时,毛泽东虽然已经年过八旬,两只眼睛都患有程度不同的老年性白内障,而且身患其他多种老年性疾病。就在这样的情况下,他老人家还书写鲁迅的诗作,由此可见,毛泽东是多么地爱读爱书写鲁迅的诗了。

  在几十年的革命生活中,毛泽东曾书写过很多鲁迅的诗作,可惜,许多都没有保存下来。保存下来的"血沃中原肥劲草,寒凝大地发春华。英雄多故谋夫病,泪洒崇陵噪暮鸦"是毛泽东最后一次亲笔书录的鲁迅的诗。毛泽东写的这件鲁迅的诗迹,从写的笔迹来看,虽然已经没有当年的风度、失去了晋唐楷书和魏碑锤炼的功力,但字里行间凝结着他老人家对鲁迅和鲁迅诗作的深情厚谊,闪烁着两位中华民族的一代伟人的两颗紧紧相通而又频频跳动的赤忱之心。

六、读二十四史

(一) 二十四史是毛泽东晚年最爱读的、读得最多的书籍

毛泽东爱读史书，他对史籍的爱好是贯穿于他的一生的。青少年时代，他就用心读过《纲鉴易知录》《御批通鉴辑览》[①]《论语》《孟子》《国语》《老子》《左传》《孙子》《列子》《吕氏春秋》《史记》《汉书》等史籍。

20世纪70年代之后，毛泽东在身患多种疾病的情况下，还坚持读了《世界通史》《古代社会》（〔美〕摩尔根著）、《中国近代史》上册（范文澜著）、《拿破仑论》（〔法〕福尔著）、《拿破仑传》（〔苏〕叶·维·塔尔列著）、《藏书》〔（明）李贽著〕、《焚书》〔（明）李贽著〕《老子校诂》（马叙伦著）、《王文公文集》〔（宋）王安石著〕、《老子简注》（高亨注译）、《中国文学发展史》（刘大杰著）、《史通通释》〔（清）浦起龙著〕等历史书籍。不过，毛泽东读得最多的、批注最多的是二十四史。

中南海毛泽东故居藏书中有一部清乾隆武英殿版的大字木刻线装本二十四史。这部二十四史是工作人员根据他对中国古

---

① 胡汝霖收藏，由清朝乾隆皇帝读《资治通鉴》时写下的批注文字和他认为比较重要的章节辑录而成。

籍的广泛需要于1952年添置的,毛泽东特别喜爱。每次去外地视察工作、参加会议和调查研究时,他都带着,可以说是,走到哪里,带到哪里,读到哪里。从20世纪50年代到60年代、70年代,无论在外出的火车上、飞机上,还是在住地的会客厅里、书房里、办公室里、卧室里;无论是白天还是黑夜,我们工作人员随时都可以看到他老人家凝神静气地读二十四史的身影。这部清乾隆武英殿版的二十四史就是他老人家晚年最爱读的,也是读得最多、批注批画最多的古籍线装书之一。

二十四史是乾隆皇帝钦定的二十四种史书的结集。这二十四种史书是:《史记》《汉书》《后汉书》《三国志》《晋书》《宋书》《南齐书》《梁书》《陈书》《魏书》《北齐书》《周书》《隋书》《南史》《北史》《唐书(旧唐书)》《新唐书》《五代史(旧五代史)》《新五代史》《宋史》《辽史》《金史》《元史》《明史》。这部恢宏巨典,系统记述了从中华始祖黄帝(公元前26世纪)到清兵入关、明朝灭亡(1644年),长达4000多年的历史。全书计3250余卷,800多册,4720万字。《史记》(《太史公书》)是由司马迁于公元前104年开始撰写,到清代张廷玉等于1784年撰著完成《明史》,历经1888年。其著期之长,涵盖之广、工程之巨,是历史上少见的。

二十四史是以帝王纪传为主线,贯穿历史事件,辅以"表""志"等内容,比较系统地、全面地反映了中国历史的全貌。全书记载的人物,包括帝王、贵族、官吏、政治家、军事家、文学家、说客、谋士、游侠、商贾、医卜等,非常之多;记载的社会生活,包括政治、军事、经济、法律、典章、外交、文学、科技、财税、天文、地理、风水及宗教、民族、民俗等,非常

六、读二十四史

之全。二十四史是学习中国历史、研究中国历史必读之书。它不仅具有极其重要的史学价值，而且具有极其重要的文学价值，是我国传统文化遗产中的瑰宝。

如果说毛泽东青年时代阅读二十四史还只是单本篇章，那么从 1952 年之后，就是全面、系统地研读了。从 1952 年到 1976 年 9 月他老人家辞世，这部清乾隆武英殿版的二十四史，毛泽东整整读了 24 年。

毛泽东读二十四史是不分白天、黑夜的。白天读，夜里读，常常是通宵达旦地读。吃饭时他也常常要看书。一天吃几顿饭，对他老人家来说并不重要，有时吃一顿饭，凉了热，热了凉，热来热去，端来端去，反复几次他才能吃上一点。吃完饭，他又继续看书。他老人家读书，没有固定的时间，有空就读。他老人家常常是看着看着睡着了，睡着睡着又醒了，醒来接着看。晚年病重期间，因腿病不能站立，毛泽东躺在沙发上还坚持读二十四史，这种精神和毅力，十分感人。

一部二十四史，毛泽东 24 年读而不倦，学而不厌。全书全部文字他至少都读 3 遍。他读得最多的是《史记》《汉书》《后汉书》《三国志》《唐书》《新唐书》《晋书》《五代史》《明史》等。这些书中的许多重要篇章，许多人物本纪、人物传记，例如：《后汉书》卷一《光武帝纪》、卷七十五《袁安传》、卷一百〇一《皇甫嵩传》，《晋书》卷五十《郭象传》《庾纯传》、卷五十五《潘尼传》、卷八十《王羲之传》，《宋书》卷五十一《宗室刘道怜传》、卷七十五《王僧达传》，《隋书》卷二《高祖本纪》，《南史》卷一《宋高祖本纪》、卷六《梁高祖本纪》、卷十六《王镇恶传》、卷十八《臧质传》、卷二十一《王弘传》、卷二十六

189

《袁粲传》，《北史》卷九《周本纪》、卷十一《隋本纪》，《唐书》卷一本纪第一《高祖》、卷五本纪第五《高宗》、卷五十八《平阳公主传》、卷六十四《李元昌传》、卷六十九《盛彦师传》《刘世让传》《李君羡传》、卷七十四《马周传》《崔仁师传》，《新唐书》卷七十八《李汉传》、卷八十《李恪传》、卷一百二十四《姚崇传》、卷一百二十六《韩休传》、卷一百四十五《窦参传》《吴通玄传》、卷一百四十八《康承训传》《田弘正传》，《五代史》卷一《梁书·太祖本纪》、卷三《梁书·太祖本纪》、卷二十七《唐书·庄宗本纪》、卷六十《唐书·李袭吉传》、卷八十九《晋书·桑维翰传》，等等；许多著名战役，如宋襄公的宋楚之战、楚汉成皋之战、曹袁官渡之战、孙刘曹赤壁之战、孙刘彝陵之战、晋秦淝水之战，以及城濮之战、井陉之战，等等；历史上著名的农民起义，例如陈胜、吴广、项羽、刘邦、张鲁、李密、窦建德、王仙芝、黄巢、朱元璋、张献忠、李自成，等等；许多皇帝、将相、大臣们的御批、高论、奏章等；《史记·项羽本纪》中写到的在鸿门宴上不杀刘邦反而把刘邦放跑的故事，萧何曾经实行的"耕三余一"的办法；《史记·张仪列传》中记载的苏秦故意刺激张仪的故事；《史记·郦生陆贾列传》中记述的刘邦不见儒生，郦食其发火，刘邦向其道歉，并采纳了郦食其意见的故事；《汉书·赵充国传》中记述的赵充国关于屯田的疏奏故事；《后汉书·陈寔传》中记载的陈寔的故事，《后汉书·黄琼传》《后汉书·李固传》中记述的李固写给黄琼的信；《三国志·郭嘉传》的袁绍优柔寡断，不会用将的故事，等等。还有许多方面的内容和描写，毛泽东都反复读过两遍、三遍、四遍、五遍……翻开毛泽东生前读了24年的这部二十四史，我们可以清楚地看到，许多册的封面、封底都磨破了，纸张断裂了，有的分册装订的丝线也断了，还有许多册上留有毛泽东当年阅读时的种种痕迹。

1975年，毛泽东已经82岁高龄，而且眼睛患老年性白内障，逐渐看不清东西了，医生建议他每天不看书或少看书。他对医生的话毫不在意，每天照样看书。实在不能看了，他就让身边工作人员给他读书。为了满足他每天读书的需要，1975年5月下旬，专门请来了北京大学中文系讲师芦荻老师到中南海给他读书。那些时日，芦老师几乎每天都要给他读二十四史，读鲁迅著作，读其他多种他要读的著作。1975年8月上旬，毛泽东一只眼睛做了白内障摘除手术。一个星期后，视力稍有好转，他老人家就自己读二十四史了，一边读，一边用颤抖的手提笔在《晋书》三个分册的封面上分别写了"一九七五，八"，在五个分册的封面上分别写了"一九七五，八月再阅"，"一九七五，九月再阅"。

这些字虽然写得不很工整流畅，字迹笔画有些歪斜无力，但它是毛泽东晚年读二十四史最有力、最真实的标志。

1976年5月起，毛泽东的病情不断加重，身体素质越来越差。6月初，他突患心肌梗死，经及时抢救，脱离了危险。之后不久，毛泽东许多时间都处在昏迷半昏迷状态，靠鼻饲生活。据医疗组的护理记录，1976年9月8日这一天，毛泽东看文件、看书11次之多，共计2小时50分钟。毛泽东读过多遍的《晋书》《南史》等部分分册就一直放在他的身边，在他生命的最后时刻一直陪伴着他。毛泽东晚年理发员、服务员周福明回忆说："这段时间主席看的书主要是二十四史，还有各种字帖。二十四史是大字本，主席特别喜欢这套书。我到主席身边后，看主席读这套书，有的起码读过十遍也不止。"①

一部二十四史，毛泽东读了24年，还如此爱不释手，到底是什么原因呢？

我认为，除了二十四史本身记载的我国长达4000多年的社会历史无所不包，无所不有，既有史学价值，又有文学价值，是历代政治家、军事家、思想家鉴往知来、治国安邦、修身齐家、为人处世的镜鉴宝库等自身的原因之外，毛泽东爱读二十四史，至少还有以下两个方面的原因。

第一，为了深刻了解中国几千年的历史。

毛泽东在青年时代的不少朋友都出国求学了。但毛泽东最终选择留在了国内。他认为留在国内探索有三点好处：一是"看译本较原本快迅得多"，利于在"较短的时间求到较多的知识"。二是"世界文明分东西两流，东方文明在世界文明内，要占个半壁的地位。然东方文明可以说就是中国文明，吾人似应先研究吾国古今学说制度的大要，再到西洋留学才有可资比较的东西"。三是"吾人如果要在现今的世界稍微尽一点力，当然脱不开'中国'这个地盘。关于这地盘内的情形，似不可不加以实地的调查，及研究。这层功夫，如果留在出洋回来的时候做，因人事及生活的关系，恐怕有些困难。不如在现在做了"。②毛泽东还说过："我觉得关于自己的国家，我所知道的还太少，

---

① 《缅怀毛泽东》下，中央文献出版社1993年版，第687页。
② 《毛泽东早期文稿》，湖南出版社1990年版，第474页。

六、读二十四史

假使我把时间花费在本国则对本国更为有利。"[1]

毛泽东没有走出国门，壮游世界。当许多人都在国外住洋房，吃面包时，毛泽东却走向了中国的穷乡僻壤，走向了社会的最底层，住茅屋，吃南瓜。通过调查了解中国社会问题和劳动人民的生活状况，从读"无字之书"中获得了丰富的社会历史知识。

毛泽东青年时期的这些想法、看法、做法，特别是他的"似应先研究吾国古今学说制度的大要"的主张，与他后来下功夫读二十四史是密切联系的。前者是因，后者是果。毛泽东晚年还不分昼夜地读二十四史，就是为了更好地、更深入地了解中国"古今学说制度的大要"，就是为了对自己的国家了解得更多一些。而二十四史就是了解国情最好的、最全面的知识宝典。

要全面地了解中国几千年的历史，不可不读二十四史。正如1975年毛泽东与芦荻老师关于读二十四史的谈话时所说的："一部二十四史大半是假的，所谓实录之类也大半是假的。但是，如果因为大半是假的就不读了，那就是形而上学。不读，靠什么来了解历史呢？反过来，一切信以为真，书上的每句话，都被当作证实的信条，那就是历史唯心论了。正确的态度是用马克思主义的立场、观点和方法，分析他、批判他。把颠倒的历史颠倒过来。"[2]

第二，是为了借鉴历史，为了从历史中寻求治理国家的启示、经验、教训。

---

[1] 《新民学会资料》，人民出版社1980年版，第399页。
[2] 芦荻：《毛泽东读二十四史》，《新华文摘》1994年第2期。

学习了解中国几千年的文化遗产，有批判地继承和发展我们民族的文化遗产的精华，汲取对今天和明天政治、社会、经济、科学、文化等建设和发展有益的东西，让其更好地为现实斗争和建设事业服务，这是毛泽东酷爱历史，孜孜不倦地学习研究二十四史一贯的主张。

1938年10月14日，毛泽东在中共六届六中全会的政治报告中指出："学习我们的历史遗产，用马克思主义的方法给以批判的总结，是我们学习的另一任务。我们这个民族有数千年的历史，有它的特点，有它的许多珍贵品。对于这些，我们还是小学生。今天的中国是历史的中国的一个发展；我们是马克思主义的历史主义者，我们不应当割断历史。从孔夫子到孙中山，我们应当给以总结，承继这一份珍贵的遗产。"[①]

1960年12月24日，毛泽东在会见古巴妇女代表团和厄瓜多尔文化代表团时的谈话中对中国文化遗产的科学态度又一次作了很好的阐明。他说："对中国的文化遗产，应当充分地利用，批判地利用。中国几千年的文化，主要是封建时代的文化，但并不全是封建主义的东西，有人民的东西，有反封建的东西。要把封建主义的东西和非封建主义的东西区分开来。封建主义的东西也不全是坏的。我们要注意区别封建主义发生、发展和灭亡不同时期的东西。当封建主义还处在发生和发展的时候，他有很多东西还是不错的。反封建主义的文化也不是全部可以无批判地利用的。封建时代的民间作品，也多少都还带有封建统治阶级的影响。"

[①] 《毛泽东选集》第2卷，人民出版社1991年版，第533—534页。

六、读二十四史

"我们应当善于进行分析,应当批判地利用封建主义的文化,而不能不批判地加以利用。反封建主义的文化当然要比封建主义的好,但也要有批判、有区别地加以利用。我所了解的是这样,我们现在的方针是这样。至于充分利用文化遗产,我们现在还没有做到。中国古典著作多得很,现在是分门别类地在整理,用现代科学观点逐步整理出来,重新出版。"[1]

"对中国的文化遗产,应当充分地利用,批判地利用。"这样的主旨是毛泽东晚年读二十四史的内在主要动因。他老人家晚年不仅下了很大功夫读二十四史,还下了很多功夫读《资治通鉴》《续资治通鉴》《纲鉴易知录》《通鉴纪事本末》《续通鉴纪事本末》等多种史书。彭德怀说:"在党内真正懂得中国历史的还只有毛主席一人。"[2]

晚年的毛泽东,不仅自己下了很大功夫读二十四史,还常常将他认为有意义的人物传记等分册送周恩来、刘少奇、邓小平、彭真等中央领导人阅读。他曾多次向全党同志发出学习历史的号召。新中国成立后不久,他就要求有关方面组织安排二十四史、《资治通鉴》等史籍的标点出版工作。首先指定标点二十四史的前四史,即《史记》《汉书》《后汉书》和《三国志》。

1959年后,齐燕铭、范文澜等同志建议将其余二十史,加上《清史稿》,全部加以整理,毛泽东深表赞同。在他的支持下,集中全国专家学者的力量,对这些史书加以标点、分段、

---

[1] 《毛泽东文集》第8卷,人民出版社1999年版,第225页。
[2] 《彭德怀自述》,人民出版社1981年版,第268页。

校字，大大便利了历史研究工作，也为更多的人学习中国历史提供了方便。

(二) 读二十四史时写的批注

我们知道，毛泽东晚年读二十四史是耗费了很多的时间和精力的，读书批注也是他晚年写得最多的。我曾做过一次粗略的统计，毛泽东晚年读的二十四史，写有批注文字的一共有15种史198条，3583个字。批注文字，最少的一条写了2个字，最多的一条写有914个字，大部分一条批注都是十来个字到三四十个字。大多数批注文字是写在天头上的，封面上的批注文字大多是提示性的、说明性的、指示性的。例如，在《辽史》的封面上，毛泽东除了列出"本纪三十、志三十二、表八、列传四十五，总计为一百一十五卷"的总目外，还写有下面一段话：《辽史》总列一百一十五卷，而本纪、志、表、列传，分数总合为一百一十四卷，错在志十七上，又有十七下，和其他条体例不合，按其他各项体例，则应为十七、十八，应加改正。类推，则志当为三十二卷。

在《明史》封面上，也写得密密麻麻，不仅全录出了《明史》的册和每册中的卷数，还列出了众多传主的姓名，如"60册，列传107，张四维，马自强""67册，131—132，东林党传"之类，有的在传主的姓名之下加圈，有的在传主的姓名之后画括弧加注等。对二十四史这样的一部巨著，毛泽东读得如此认真，考核如此之细，这在古今读者中是不多见的。毛泽东治学严谨、读书用心的态度，令我们景仰，更值得我们学习。

六、读二十四史

毛泽东读二十四史写的批注和所作的批画、圈点，先后有很多种笔迹。20世纪50年代、60年代初，批注批画有时还用毛笔，后来大部分批注、批画用的是特制的中华牌笔芯比较粗的铅笔，有黑的，红的，蓝的。"不动笔墨不看书"，这是毛泽东按照徐特立老师的指教终生遵循的一种读书方法。他读书时，身边总放着笔。因为他读书的地方是不固定的，尤其是晚年，身体越来越差，腿脚越来越不方便。大多是坐在沙发上，有时也半躺在床上，他伸手摸到什么笔就用什么笔。所以许多地方都写得密密麻麻，留下的笔迹有红有蓝，有铅有墨。从批注、批画的笔迹可以看出，许多人物传、本纪等内容，他老人家先后是读过多遍的。他老人家生前曾说《资治通鉴》一书他读过17遍。二十四史，他到底读过多少遍，他老人家自己估计也难说得清楚。书中的许多人物、典故、战争、战役、事迹、警句、名言、立论、定策、筹谋、政纲，等等，他都一一熟记在心，自如地运用于喻事喻理的言谈中。

统观毛泽东读二十四史时写的批注主要可分为以下八个方面：

1. 关于历史人物的批注

对历史人物的批注，是毛泽东读二十四史过程中所写批注的重点之一。批注地方多，条目多，文字也很多。

例如毛泽东读《史记》过程中，共写了三条批注文字，全是与历史人物有关的。这里介绍一下对陈胜、吴广的两条批注。

在读《史记》卷四十八《陈涉世家》第8—9页的文字时，毛泽东先后写了"一误""二误"两条批注。

《史记》中说，在陈胜起义前还是一个雇农时，有一次对伙伴们说："苟富贵，无相忘"。及至陈胜起义为王，旧时伙伴找来。开始时，陈胜接待了他，这人得以出入宫廷，也常常谈及陈胜为雇农时的贫困往事。有人对陈胜说："客愚无知，颛妄言，轻威。"陈胜听信了这些话，"斩之"。从此他的老朋友们都躲得远远的，没有人敢再亲近他。在记载这一段文字的天头上，毛泽东用黑铅笔批注了两个大字："一误"。文中用粗重的红铅笔画着着重线。

《史记》中又说，陈胜任用朱房为掌管人事的官员，任用胡武为纠察过失的官员。这两人作威作福，对在外作战的将领，凡不顺从他们命令的，随意治罪；对他们不喜欢的人，不送司法部门审理，擅自处罚。由于陈胜信任这种人，众将领因此都不愿再追随他、为他效力。《史记》中说："此其所以败也"。在这一段文字记载的天头上，毛泽东又用黑铅笔批注了两个大字："二误"。文中也用粗重的红铅笔画着着重线。毛泽东在《陈涉世家》中，用红、黑两种颜色的铅笔作过不少圈画。传记中，"广素爱人，士卒多为用者""王侯将相宁有种乎？"以及"陈胜虽已死，其所置遣侯王将相竟亡秦，由涉首事也"等处，毛泽东都在句旁画有着重线。

毛泽东在他的著作中，多次列举自秦至清历代农民起义的壮举，盛赞："中国历史上的农民起义和农民战争的规模之大，是世界历史上所仅见的。在中国封建社会里，只有这种农民的阶级斗争、农民的起义和农民的战争，才是历史发展的真正动力。"① 1975年，他对身边的工作人员说：陈胜、吴广揭竿而起，反抗秦的暴政，完全是正义的。这次战争掀开了我国封建社会中波澜壮阔的农民战争的序幕，在历史上有很大意义。②

毛泽东在批注中指出的陈胜、吴广起义失败的一误，是功成忘本，脱离了本阶级的群众；二误是任用坏人，偏听偏信，脱离了共过患难的干部。两误的结果是众叛亲离，本来在军事上占有很大优势，望风披靡，锐不可当，天下归心，但其政权却仅仅维持了六个月便短命地夭折了。毛泽东指出这两误的经验教训，于古于今，都有极其重要的意义。

再如，毛泽东读《唐书》时，写的批注共23条，其中关于人物的批注就有15条之多。在《唐书》卷六十四《李元昌传》第13页有关文字旁批注："李元昌和李承乾谋反。"在卷六十九《盛彦师传》第12—13页有关文字旁批注："盛彦师名将，冤死。"在卷六十九《刘世让传》第14—15页有关文字旁批注："刘世让冤死。"在卷六十九《李君羡传》第16—17页有关文字旁批注："李君羡冤死。"在卷七十二《李百药传》第12—13页有关文字旁批注："李世民的工作方法有四。"在卷八十二《李义府传》第7页有关文字旁批注："笑里藏刀李义府。"在卷八十三《苏定方传》第4—8页有关文字旁批注："苏定方，名将亦大将，年七十六。"在卷八十七《魏玄同传》第6—11页有关文字旁批注："魏玄同，裴炎党也。"在卷七十四《崔仁师传》

---

① 《毛泽东选集》第2卷，人民出版社1991年版，第625页。
② 杨建业：《在毛主席身边读书——访北京大学中文系讲师芦荻》，《光明日报》1978年12月29日。

第 15 页有关文字旁批注："可惜。"在卷八十二《许敬宗传》第 1—4 页有关文字旁批注："老而不死，年八十一。"在卷九十《朱敬则传》第 4—9 页有关文字旁批注："贾谊云：'仁义不施，而攻守之势异也'。""朱敬则政治家，历史家，年七十五。"在卷九十《杨再思传》第 10 页有关文字旁批注："杨再思佞人。"在卷九十七《刘幽求传》第 1—3 页有关文字旁批注："刘幽求能伸不能屈，年六十一，以恚死。"在卷九十七《钟绍京传》第 3—4 页有关文字旁批注："钟绍京，书法家，年八十余。"

读《新唐书》时，共写有 24 条批注，几乎全是关于人物的。例如：在《新唐书》卷八十《李恪传》第 3 页有关文字旁批注："李恪英物，李治朽物，知子莫若父。然卒听长孙无忌之言，可谓聪明一世，懵懂一时。"在卷九十八《马周传》第 15 页有关文字旁批注："傅说、吕望，何足道哉。马周才德，迥乎远矣。"

在读《北史》卷二十《王建传》第 24—25 页有关文字旁批注："王建庸人，不知政治。"

从这些批注文字中，一方面，我们可以约略看出毛泽东对众多历史人物的看法、评价是实事求是的，是历史唯物主义的；另一方面，也可以看出，毛泽东读史是非常认真的，联想是非常丰富的。他不仅写了大量的批注文字，而且还在许多人物传、纪的文字旁边画有竖线、浪线、圈圈、点点；有的地方画一个圈，有的两个圈，还有的三个圈；有的地方又批注，又画竖线，又画圈，又画点，圈圈点点，密密麻麻，几种颜色，浑然一体。

2. 关于历史人物治国、治军的"政论""政见""政纲"的批注

毛泽东在读《新唐书》卷一百二十四《姚崇传》第1—6页时，先后对姚崇写了两条批注。一条是在开头写的："大政治家、唯物论者姚崇。"一条是在姚崇向唐玄宗皇帝陈述"十事闻"的文字旁写下的："如此简单明了的十条政治纲领，古今少见。"

姚崇历任武则天以及唐中宗、唐睿宗、唐玄宗四朝宰相，是下笔成章、满腹文才、敢说敢当的名人。当契丹侵扰边关，大臣们都无良策时，唯有姚崇能决断如流，深得武则天的赏识，委以夏官侍郎，后又擢升凤阁台平章事，专司草拟制策诏令，参与重要机密。武则天唯恐皇位不固，重用酷吏奸佞，奖励告密，制造许多冤假错案，造成官怨民恨。姚崇曾以自己一门百口的性命、财产去保朝廷内外备受诬陷的官员，为他们伸张正义，据理力争，深为时人所称颂。

唐玄宗即位初年，励精图治，重振朝纲，拟任姚崇为相。为了维护朝廷的利益，有胆有识的姚崇勇敢地向玄宗皇帝提出10条意见，问皇上同意不同意，能不能做得到？10条意见的具体内容是：

（1）能否革除先帝治理国家的严酷之法而施仁政？

（2）青海边关已无反复被扰的战乱，能否不再派兵出击，贪图边功？

（3）能否对自己宠爱的亲信的不法行为实施制裁？

（4）能否不再让宦官参政？

（5）能否做到除租赋以外，不再收受公卿大臣们自媚于上的礼物？

（6）能否禁止外戚贵主出任公职？

（7）能否以庄严态度和应有的礼节对待王公大臣们？

（8）能否允许大臣们"批逆鳞、犯忌讳"？

（9）能否严禁营造佛寺道观？

（10）能否汲取王莽乱汉的经验教训，禁止外戚专权？

这10条意见，都是姚崇针对武则天、中宗、睿宗掌朝以来的严重政治弊病提出的。对这言之凿凿，见解卓越的意见书，唐玄宗全部采纳了，任命姚崇为"兵部尚书，同中书门下三品。封梁国公。迁紫薇令"。后又委以大权，提拔重用。后来姚崇生病时，凡遇到问题，玄宗都派人去请教姚崇。从此"进贤退不肖"，达到了"天下大治"。

毛泽东称赞这10条意见，写得"简单明了"；阐述的条条政见，切中时弊，深刻、尖锐；他认为是"古今少见"的治国的"政治纲领"，赞美姚崇是历史上的"大政治家"。不仅如此，还称赞他是一位不信鬼神，具有"人定胜天"观念的唯物论者。

毛泽东读《新唐书》卷九十八《马周传》时，盛赞马周给唐太宗的奏疏，并在其天头上批注："贾生《治安策》以后第一奇文。"贾生，就是贾谊。贾谊是西汉文帝时的博士。每次奉诏讨论问题，年方二十来岁的贾谊，才思敏捷，对答如流，许多资深博士远不及他。不久，他被破格提拔为太中大夫。年轻人血气方刚，开拓进取，在政治上他提出修订历法、修正律令、制定制度，积极倡导改革，因此遭到顽固守旧的权贵们的忌毁，下放长沙，当长沙王的老师。过了几年，皇帝又调他回朝廷，当皇上小儿子梁怀王的老师。遭受贬黜磨难、政治伤痕未愈的贾谊，在南放归来即向文帝递了一个资政报告，这就是后来在历史上享有盛名的《治安策》。

贾谊在《治安策》中首先猛烈地抨击了当朝权贵们掩盖矛盾、歌功颂德的错误做法，批判那种"天下已治已安"粉饰太平的鄙俗之见，尖锐指出：如今的形势犹如睡在一堆点了火尚未燃起来的柴草上一样。在《治安策》中贾谊陈述了自己为之痛哭、流涕、长叹息的九个问题以及解决这些问题的政治主张。

贾谊的奏稿是其深刻观察社会、冷静分析现实、认真解剖时弊而提出来的治国良策。他由古及今列举种种事例论证，又能由表及里层层深入分析，文章有情有理，有据有力，是"值得一看"的不朽之作。

但贾谊在《治安策》中阐述的政治良策，未被采纳，致使其壮志未酬。33岁那年，受业于他的梁怀王不幸坠马而亡，他自责"为傅无状"忧郁而死。毛泽东慨叹地写道："梁王坠马寻常事，何必哀伤付一生。"对这位古时秦汉史专家，一代政治新星的陨落，深表惋惜。

贾谊的《治安策》在毛泽东心中印象是非常深刻的。在那种情况下，贾谊敢于直言进谏，观点鲜明，思想独到，毛泽东当然是推崇备至的。然而，类似这样的政论奏章在中国历史上是为数不多的，所以，毛泽东在读到马周上书唐太宗奏稿时，写下了"贾生《治安策》以后第一奇文"的批注。

马周是盛唐时期太宗的得力大臣。他出生乡间，少失父母，家境贫寒，但勤奋好学，熟读四书五经，满腹文才。后来做了中郎将常何的家客。631年，他替常何向唐太宗写了一个奏折，提出了 20 多个问题和建议。得到唐太宗赏识，被委任为监察御史，后被不断提拔，成为皇帝的得力助手。他的奏折的主要内容和毛泽东阅读批画后的评价是：

第一，建议皇上节俭治国，力戒奢侈，关心百姓疾苦。他总结夏、商至晋、隋历代统治天下的经验教训说："自古明王圣主，虽因人设教，而大要节俭于身，恩加于人，故其下爱之如父母，仰之如明月，畏之如雷霆，卜祚遐长而祸乱不作也。"他列举唐尧、虞舜、夏禹、汉文帝、汉景帝节俭于身的事例，尖锐地指出："今京师及益州诸处，营造供奉器物，并诸王妃主服饰，皆过靡丽。"老百姓"颇嗟怨"所服徭役太重。"陛下少处民间，知百姓辛苦，前代成败，目所亲见，尚犹如此，而皇太子生长深宫，不更外事，即万岁之后，固圣虑所当忧也。"

毛泽东在"节俭于身，恩加于人"处，画了套圈，又在天头上连画三个大圈。在"陛下少处民间……目所亲见"文字旁，字字加旁圈，还在天头上画了三个大圈。由此可以说明，毛泽东很赏识马周敢于反映时弊的无畏精神。

第二，建议太宗重视人民群众的作用。马周说："自古以来，国之兴亡不由蓄积多少，惟在百姓苦乐。"隋朝虽有洛口贮仓米，东都织布帛，西京库金银，可以说很富足，但是当李密、王世充等起来造反，这些财物都成了帮助造反者的资本。充实国库以备不时之需，无可厚非，但要在百姓有余钱剩米之后才可征收，岂能不顾人民死活，横征暴敛，巧取豪夺？毛泽东在这段文字天头上画了三个大圈，字字加旁圈。

第三，建议唐太宗封王赏功要得当，要加强基层组织人才的选拔。马周认为西汉贾谊在《治安策》中关于分封诸侯的意见是正确的。他举出曹操生前宠爱曹植,曹丕即位后,百般猜忌打击曹植,使他忧郁而死的事例,说明"先帝加恩太多,故嗣王疑而畏之也"。所以他认为诸王和功臣,不可"树置失宜,不预为节制"。毛泽东在这一句话旁边画了圈圈。马周期望皇上不要"前车既覆,而后车不改辙也"。毛泽东又在这句话旁边画了圈圈,还在天头空白处画了三个大圈。

马周在奏折中还建议皇上加强州县官员的选拔。他强调指出:"臣闻天下者,以人为本。必也使百姓安乐,在刺史、县令耳。县令既众,不要皆贤,但州得良刺史可矣。"现在"独重内官,县令、刺史颇轻其选,又刺史多武夫勋人,或京官不称职始出补外","所以百姓未安,殆在于此"。毛泽东在"必也使百姓安乐"一句下,逐字画了旁圈。说明毛泽东十分重视马周关于加强基层政权的政治主张。

生长在贞观盛世的马周和他的先哲贾谊一样,能做到居安思危,清醒地看到盛世存在着的弊端和隐患,又敢于以国家、社稷利益为重,不计个人荣辱祸福,尖锐地批评时政中敏感的重大问题,分析深邃,说理透辟,极切时弊。马周提出的建议,具有远见卓识,深受太宗重视。毛泽东在《唐书》《新唐书》的《马周传》中圈圈点点,又批又画,在《新唐书》马周上唐太宗这一段文字的天头上批注:"贾生《治安策》以后第一奇书,宋人万言书,如苏轼之流所为者,纸上空谈耳。"

《新唐书》作者欧阳修在《马周传》后评论说:马周虽自比奴隶出身的宰相、协助武丁王大治天下的傅说和智勇双全协助周武王灭纣的姜子牙,但才能不及他们,所以后世很少记述他的事迹。毛泽东不同意此论,在欧阳修这段话的天头上批写道:

"傅说、吕望何足道哉,马周才德,迥乎远矣。"还在《唐书·马周传》的天头上,用粗重的笔迹写着:"马周,年四十八。"

实事求是评价历史人物、对待历史人物,是毛泽东读史书的一贯做法。毛泽东的读书批注贯穿着一条主线,就是历史唯物主义。他从不人云亦云,所有的批注文字都是独立思考之后写下的,都是他的独到见解。这是毛泽东读史书的一个独到之处,也是读二十四史的一个重要特点。

3. 关于战争、战役及其战略、战术的批注

毛泽东在读二十四史过程中,关于战争、战役及其战略、战术内容的批注、批画也是很多的。

以《南史》为例,毛泽东在读《南史》过程中,先后写下了50条513个批注文字,条条、字字都与战争、战役或者战略、战术有关。大致有这样几种情况:

一是称赞性的批语。例如,《南史》卷十八《臧质传》,毛泽东晚年读过多遍,批语是:"臧质豪杰之士,一解汝南之围,二胜盱眙之敌,三克刘劭之逆。梁山之战,刘义宣不听臧言,因以致败,惜哉。"

臧质是南北朝时期南宋将领,有魄力,通军机,做过徐州、兖州刺史。450年以后,南北两朝战事迭起,兵祸连年。臧质在与魏军鏖战中,战功卓著。

毛泽东十分赞赏臧质的军事才干,在臧质向刘义宣献策文字旁,逐一加了旁圈。他以军事家的眼光审视了梁山之战中臧质和刘义宣两人的作战部署,肯定臧质的计划是正确的,并写下了"梁山之战,刘义宣不听臧言,因以致败,惜哉"的感叹。

六、读二十四史

毛泽东读《南史》卷五十五《曹景宗传》时，批注道："景宗亦豪杰哉"；读卷五十八《韦睿传》时，关于曹景宗，毛泽东也写了两条批语。一条是："良将也。仅次于韦睿、裴邃。"另一条是："曹景宗不如韦睿远矣。"据《南史·曹景宗传》记载，曹景宗少年时就喜欢骑马、射箭、打猎。因此他以胆量过人闻名乡里。毛泽东批注："景宗亦豪杰哉。"

506年，曹景宗奉命率兵与韦睿合力攻魏，以解徐州刺史昌义之之围。他招募勇士7000余人，击溃魏国大将杨大眼，有力配合韦睿攻打中山王元英。最终，俘敌5万多人，缴获军粮、器械堆积如山，牛马驴骡不可称计。毛泽东欣然提笔在此段文字的天头上批写："良将也，仅次于韦睿、裴邃"，将其列为梁武帝三大开国名将的第三名。

最令毛泽东赞赏的是曹景宗粗犷豪放的气度和对繁文缛节的蔑视。曹景宗成为名将后，出入有车代步，保镖随员不离左右，他感到极不自在。有一次外出，他想将车窗帘子拉开，遭到左右谏阻。他对自己家里人说："我昔在乡晨，骑马快如龙，与年少辈数十骑，拓弓弦作霹雳声，箭如饿鸱叫，平泽中逐鹿，数肋射之，渴饮其血，饥食其脯，甜如甘露浆。觉耳后生风，鼻头出火，此乐使人忘死，不知老之将至。今来扬州作贵人，动转不得。路行开车幔，小人辄言不可。闭置车中，如三日新妇，遭此邑邑，使人气尽。"这娓娓道来的述说，生动地展现了曹景宗粗犷、豪放的气质。毛泽东对此除作一般圈画外，还在"不知老之将至""作贵人，动转不得""闭置车中，如三日新妇"等处，逐字画了旁圈。

毛泽东读《南史》卷五十八《韦睿传》时，对韦睿"敢以数万抵百万"英勇善战的记载，也是很称赞。

506年，魏中山王元英领兵号称百万，连城40余座，攻打北徐州，围困徐州刺史昌义之于钟离。毛泽东在这段文字旁加了旁圈，并写道："虽众，何所用之。"

梁武帝先派曹景宗前去解围，此公到达邵阳洲后，筑垒防守，却不敢进攻。梁武帝无奈，继派韦睿增援。韦接令后率部日夜兼程，但其部属见众寡悬殊，有些胆怯，劝他缓行。韦睿当即进行了批评和劝导，并率领将士坚持急行军，仅用10天就赶到了邵阳洲。在距曹景宗营前二十里处，他令将士连夜赶修工事，挖长壕，树鹿角，截洲为城。第二天拂晓，军营、工事都立起来了。魏中山王元英大惊失色，用手杖敲着地说，什么神仙到了！毛泽东在这一段文字的天头上写下批语："敢以数万抵百万，有刘秀、周瑜之风。"毛泽东把韦睿与英勇善战、谋略过人的东汉开国皇帝刘秀，三国名将周瑜相提并论，足见对其的称赞。

战斗打响之后，魏中山王元英、大将杨大眼都披挂出征，大有踏平邵阳洲之势。韦睿在邵阳洲上，采用火攻，魏军大败，中山王脱身逃走，才免一死。魏人畏惧，称韦睿为"韦虎"。毛泽东对这些文字逐字加了旁圈后，又写道："百万之众，皆尽。"

统观毛泽东读二十四史过程中写下的批语，受到毛泽东称赞、赞赏的人还有许多，如刘邦、曹操、梁武、张说、田弘正、王承元、杨业、诸葛亮、司马懿等，这里不再一一列举。

二是评价性包括批评性的批语，即对人物、战事的客观评价。这方面的批语也不少。例如：《宋史》卷四本纪《太宗》中记载，赵匡胤建立北宋王朝初期，发动了一连串的战争，以期

六、读二十四史

统一全中国。及至其弟宋太宗即位时，与宋对立的只剩下契丹与西夏。太宗继承其兄的统一事业，亲自统率军队讨伐契丹。宋太宗沿途所到之东易州、涿州、幽州、蓟州等地刺史、节度使等纷纷来降。毛泽东读后却批注道："此人不知兵，非契丹敌手。"

接着，在"帝督诸军及契丹大战于高梁河，败绩。甲申，班师"文字的天头上，毛泽东又写道："尔后屡败，契丹均以诱敌深入、聚而歼之的办法，宋人终不省。"

高梁河一战，是在宋军平定北汉之后，军队没有得到适当休息，虽然连着打败过几次契丹军，但幽州久攻不下，部队连续作战，过于疲劳。宋太宗不了解敌情，指挥部署不当，终陷于契丹的两军夹击包围之中，导致失败。所以毛泽东批评宋太宗："此人不知兵"。

宋太宗雍熙三年（986年），由于契丹不断南侵，宋再一次发动讨伐。义成军节度使曹彬从东线直克涿州，一路胜利。忠武军节度使潘美的西线也节节得胜。潘美的副将观察使杨业攻占了寰洲，形势很好。契丹坚守不战，曹彬无粮草供给，只得还师雄州。宋太宗却严令斥责曹彬，命其急进。曹彬再次到了涿州，粮草又尽。这时，契丹沿途设下伏兵，两路钳击宋军，曹彬大败于岐沟关。不久，契丹集中十万兵力攻寰洲，杨业也由于孤军深入敌境，粮草供应不济，苦战历尽而败北。杨业被擒，"守节而死"。潘美也由于同样的原因而战败。毛泽东在这段文字的天头上写的批语是："契丹善用诱敌深入战，让敌人多占地方，然后待机灭敌。"在"守节而死"上方，毛泽东又写下"杨业战死"四字批语。

《宋史·太宗本纪》篇后，作者写了一段赞语，"帝沉谋英断，慨然有削平天下之志"。毛泽东完全同意他的看法，在文字旁又写了三个字："但无能。"

赞中又说：帝"欲自焚以答天谴，欲尽除天下之赋以纾民力。卒有五兵不试，禾稼荐登之效。是以青、齐耆耋之叟，愿率子弟治道请登禅者，接踵而至"。针对这段文字，毛泽东不赞成地写道："不择手段，急于登台。"

赞中又说："故帝之功德，炳焕史牒……"毛泽东对此也表异议，"幽州之败"。

又如：毛泽东在《北史》卷九《周本纪》上第10页："（大统）三年正月，东魏寇龙门，屯军蒲坂，造三道浮桥度河。又遣其将窦泰趣潼关，高昂围洛州。帝出军广阳，召诸将谓曰：'贼掎吾三面，又造桥示欲必度，是欲缀吾军，使窦泰得西入耳。且（高）欢起兵以来，泰每先驱，下多锐卒，屡胜而骄。今袭之必克，克泰，则欢不战而走矣。'……庚戌，帝还长安，声言欲向陇右。辛亥，谒魏帝，而潜军至小关。窦泰卒闻军至，陈未成。帝击之，尽俘其众，斩泰，传首长安。高昂闻之，焚辎重而走。齐神武亦撤桥而退。帝乃还。"毛泽东读完这段文字，写下的批语是"中间突破"。毛泽东认为，这场战争的胜利采用的是"中间突破"战术。

除上述之外，毛泽东对战争、战役及其战略、战术的批注还有很多，这里不再一一赘述。

4. 关于对史书本身内容的批注

毛泽东对史书本身文字和内容的批注也有不少。这里着重介绍对《三国志》《汉书》《后汉书》《唐书》《新唐书》等几种史书的批注。

《后汉书》卷一《光武帝纪》第一上第17—18页：（建武元年）冬十月癸丑，车驾入洛阳，幸南宫却非殿，遂定都焉。蔡质《汉典职仪》曰："南宫至北宫，中央作大屋，复道，三道行。天子从中道，从官夹左右，十步一卫，两宫相去七里。"又《洛阳宫阁名》有却非殿。臣贤案："俗本或作'御北殿'者，误。"……十二月丙戌，至自怀。赤眉杀更始，而隗嚣据陇右。刘攽曰："按《史记》事事有相连，则用'而'字。今赤眉自杀更始，隗嚣自据陇右，明此'而'字衍文。"毛泽东在这段文字的天头上用粗黑铅笔写了一段较长的批注："李贤好。刘攽好。李贤贤于颜师古远甚，确然无疑。裴松之注三国，有极大的好处，有些近于李贤，而长篇大论收集大量历史资料，使读者感到爱看。青出于蓝而胜于蓝，其此之谓欤？譬如积薪，后来居上。章太炎说：读三国要读裴松之注，英豪巨眼，不其然乎？"

李贤是唐高宗的第六个儿子，被立为皇太子，时人称为章怀太子，曾召集当时学者张大安等儒生，共注《后汉书》。刘攽是北宋时的史学家。他协助司马光同修《资治通鉴》，专任编修汉代史部分。裴松之是南北朝时南宋的史学家，为《三国志》作注释。

这三人编撰、注释史书的共同特点是在尊重原著的同时充实了大量史料。颜师古是唐朝的训诂学家，曾作《汉书》注，他注释史书偏重于考订文字。对这两种不同的治史态度，毛泽东更赞颂李贤、刘攽，认为比颜师古好得多，尤其称赞裴松之对《三国志》的注释。《三国志》是西晋陈寿撰著的。后人推重陈寿的史学和文笔，把《三国志》和《史记》《汉书》《后汉书》合称"四史"。后130余年，南朝宋文帝嫌《三国志》记载过于简略，让裴松之作注。裴松之自幼博览典籍，是当时著名的史学家。他概括自己为《三国志》作注的原则为："寿其所不载，事宜存录者，则罔不毕取，以补其阙；或同说一事而辞有乖离，或出事本异，疑不能判，皆并抄纳，以备异闻；若乃纰缪显然，言不附理，则随违纠正，以惩其妄；其时事当否，及寿之小失，颇以愚意有所论辩。"也就是说注释可分为补阙、备异、矫妄、论辩四类。裴松之广泛搜集东晋以来的大量史料，把作注的重点放在史实的增补和考订上。据统计，陈寿撰著的《三国志》约20万字，而裴松之的注却有55万字之多。裴松之以两倍于原著的篇幅所作的注，弥补了陈寿原著简略的不足。有人统计，裴松之注内，引证的书目约210种，除去诠释文字及评论方面的则有150余种，可见裴松之博览旁通，为《三国志》作注所花费的心血。裴松之引用的材料大多首尾完整，而取材的书籍，多有失传，极有史料价值。正是由于其史料十分丰富，毛泽东爱读裴松之注的《三国志》，并在书中作了很多的圈画和批注。由此可以看出，毛泽东爱读二十四史的重要原因之一是这部史书的史料十分丰富。

在《后汉书》卷九十一至卷九十四第二十一册封面上，毛泽东写了一条批注："《后汉书》写得不坏，许多篇章胜于《前汉书》。"

毛泽东不仅在总体上赞扬《后汉书》比《汉书》写得好些，他还对两部史书中的某些篇章评论道："西汉高、文、景、武、昭等读起来较有兴味,东汉两头均无意思,只有光武可以读。"对二十四史的其他诸史,毛泽东也简略谈过看法,认为《唐书》比《新唐书》写得好,但对《新唐书》卷一百四十五《窦参传》和《吴通玄传》,则分别批注:"此篇写得不错""这一篇写得好"。他认为《南史》《北史》比《唐书》更好些。他称赞《南史》《北史》的作者李延寿有倾向统一的思想,比《唐书》更好些。从上述的批注和评论中可以看出,毛泽东对二十四史评价是褒中有贬,贬中有褒。这足以说明,毛泽东读史是很专注的,评价是独树一帜的,也是实事求是的。

5. 关于联系实际的批注

密切联系实际,这是毛泽东读书的一大特点。毛泽东读二十四史也是这样,总是密切联系革命斗争的实际、社会实际、工作实际、思想实际。他常常把历史上的人和事、书中记载的典章、制度等,与当今的实际联系在一起,把读书时的所思所想写下来。他读二十四史,很多时候仿佛是在与古人面对面交流、交谈。对古人的话、过去的事、史书的记载,字字句句,他都入心入脑,用心思考,有感即发,有想即批,有话即写。对古人的话,有赞同称颂的,也有不赞成的。

在《唐书》作者刘昫和《新唐书》作者欧阳修的笔下,徐有功是很值得称颂的。毛泽东十分爱读《徐有功传》,翻开毛泽东读过的《唐书》《新唐书》,我们可以清晰地看到,在许多文字旁边画上了圈、三角、叉等标记。在《新唐书》的封面上,有毛泽东用铅笔写的目录,"徐有功传"四个字下,毛泽东还画了曲线。他对这两部史书中记载的《徐有功传》,几乎是逐字逐句阅读的。对书中称赞徐有功"为政宽仁，不行杖罚"的文字旁都逐字画了旁圈，还在句末画了一个大圈套着一个小圈，天头上连画三个大圈套小圈。传记中有关徐有功秉公执法，不徇私情的许多事迹，毛泽东多有圈画、圈点。

据《唐书》《新唐书》记载，徐有功是武则天称帝时的执法大臣。武则天称帝后，惧怕大臣不服和谋反，便信用酷吏佞臣周兴、来俊臣等人，重赏鼓励告密者。一时冤狱遍起，人人震恐，莫敢正言。徐有功无所畏惧，"数犯颜争任直，后厉语折抑，有功争益牢"。毛泽东在《新唐书》的这一段文字旁，逐字画上圈，句末画了小圈套大圈。

润州刺史窦孝谌妻庞氏，被诬陷判死。徐有功了解到庞氏无罪，为之申辩，而自己却被判庞氏死刑的人所弹劾，说他包庇罪人，应获死罪。有人哭着把这个消息告诉他，"有功曰：'岂吾独死，而诸人长不死耶？'安步去"。毛泽东在两篇传记文字旁逐字画了圈，每句末都画了小圈外套大圈，还在其中一篇传记的天头上画着三个大圈。

博州刺史琅琊王李冲谋反，颜余庆被诬陷为同党，来俊臣等先判颜流放，后又判颜死刑，并经武则天批准。徐有功据理为颜余庆辩护，说他是支党，不是魁首，罪不该死。他批评武则天："今以支为首，是以生入死。赦而复罪，不如勿赦；生而复杀，不如勿生。窃谓朝廷不当尔。"武则天大怒，问："何为魁首？"徐有功答："魁者，大帅；首者，元谋。"最后，武则天被他说服，"遂免死"。当徐有功和盛怒的武则天争辩时，"左右及卫仗在廷陛者数百人，皆缩项不敢息。而有功气定言祥，截然不桡"。对这一段文字，毛泽东每句后都画了两个圈，有的逐

六、读二十四史

字圈画，天头上画着三个圈。

徐有功执法不徇私情。皇甫文备曾诬陷徐有功"纵逆党"，并将他逮捕入狱。后来，皇甫文备又被别人诬陷入了狱。徐有功为他往来奔走，澄清事实，营救其出狱。有人问徐有功：皇甫文备曾陷你于死地，为什么还要救他。徐有功回答说："尔所言者私忿；我所守者公法。不可以私害公。"毛泽东在这段文字旁逐字画了圈，句末画了两个圈。

《新唐书》中赞扬徐有功，说他"尝谓所亲曰：'大理，人命所系，不可阿旨诡辞，以求苟免。'故有功为狱，常持平守正，以执据冤罔。凡三坐大辟，将死，泰然不忧；赦之，亦不喜。后以此重之。所全活者甚众，酷吏为少衰"。毛泽东在"凡三坐大辟……后以此重之"这一段文字旁，逐字画了圈，天头上还画了三个大圈。

在读到《新唐书·徐有功传》"臣闻鹿走山林而命系庖厨者，势固自然。陛下以法官用臣，臣守正行法，必坐此死矣"这段话时，毛泽东在每个字旁边都画了个三角标记，在这段文字的天头上用黑铅笔写了条长长的批注："命系庖厨，何足惜哉，此言不当。岳飞、文天祥、曾静、戴名世、瞿秋白、方志敏、邓演达、杨虎城、闻一多诸辈，以身殉志，不亦伟乎！"

毛泽东在批注中说到的岳飞，南宋时抗金民族英雄，为主和派秦桧诬陷杀害；文天祥，南宋时的文学家、政治家，在抗元战争中，为叛徒引兵击败，被俘，坚贞不屈，惨遭杀害；曾静，清研究程朱理学的学者，因策动反清被杀害；戴名世，清史学家，因著有《南山集》《孑遗录》，被杀；瞿秋白，中国共产党早期领导人，被国民党杀害；方志敏，赣东北革命根据地和中国工农红军第十军创始人之一,被国民党杀害;邓演达,国民党左派,被蒋介石秘密处死;杨虎城,西北军领导人,西安事变主要发动人,被国民党秘密杀害;闻一多,著名诗人、教授,抗日战争胜利后,1946年因反对国民党发动内战,支持进步学生运动,被国民党特务杀害。

在毛泽东看来,这条批注提到的历史人物都是为正义、为真理、为信仰而死,为人民的利益而死,他们死得其所,永垂不朽!

在读《南史》卷五十八《韦睿传》第1—7页时,毛泽东还写有一条批注:"我党干部应学韦睿作风。"

韦睿是南朝梁将,不仅作战能攻善守,英勇果断,而且品德、作风亦有许多过人之处。毛泽东对这位历史将才推崇备至。

翻开毛泽东读过的《韦睿传》,在开始文字的天头上,毛泽东就画了四个又粗又重的圈,写着"梁将韦睿传"五个大字,传文中批画、圈点浓密,批注达25处之多,有些批注中还加了旁圈、套圈、单圈。此种少见的读书圈画、批注,足以表明毛泽东对韦睿的肯定、颂扬是多方面的。

《南史·韦睿传》记载:"性慈爱,抚孤兄子过于己子,历官所得禄赐,皆散之亲故,家无余财。"毛泽东在此段文字旁逐字加了旁圈,写了"仁者必有勇"的赞语。又载:505年,韦睿攻打合肥时,"俘虏万余,所获军实,无所私焉"。毛泽东逐字加了旁圈,又写了"不贪财"的颂词。李延寿记叙韦睿"雅有旷世之度,莅人以惠爱为本,所居必有政绩。将兵仁爱,士卒营幕未立,终不肯就舍,并灶未成,亦不先食"。毛泽东逐字加旁圈,对韦睿统兵打仗能身先士卒,以身作则,关爱士兵,关心将士生活的优良作风,很为赞赏,欣然提笔写下了"我党干部应学韦睿作风"的批注。

《韦睿传》还记载:在攻打合肥的战斗中,身体素来羸弱的韦睿,每战都不曾骑马,而是坐在木板车上督励将士杀敌。毛泽东在读到这段文字时写了"将在前线"四字批注。在读到"魏军凿堤,睿与争"时,毛泽东又批写了"将在前线"四个字。毛泽东还对这两处引文,逐字加了旁圈。

作者李延寿在《韦睿传》中还写道:"睿每昼接客旅,夜算军书,三更起,张灯达曙,抚循其众,常如不及,故投募之士争归之。所至顿舍修立,馆宇藩篱塘壁,皆应准绳。"毛泽东在这段文字旁逐字加圈,写下了"谦劳君子"称赞性的批注。

《韦睿传》还记载,梁武帝天监四年(505年),韦睿都督众军攻魏。他派人攻打魏的小岘城,久攻不破,于是,"睿巡行围栅,魏城中忽击数百人,陈于门外",随行诸将建议回去调兵,韦睿不同意,坚决迎战后,一鼓攻下小岘城。毛泽东在原文中"睿巡行围栅"五个字旁分别画了圈,在天头上还画了三个大圈,并用铅笔写下批注:"躬自调查研究。"似乎对此批注称赞韦睿作风还觉得不够突出,毛泽东又在其批注中的"躬自"两字旁边加了旁圈,以加重"躬自"在调查研究中的重要性。

一鼓攻下小岘城之后,韦睿接着派人进攻魏占领的合肥,也是久攻不能下。韦睿到后,"案行山川"。毛泽东在"案行山川"四个字旁分别画了圈,在此话天头上画了三个大圈,并又一次写下批注:"躬自调查研究。"在"躬自"两字旁还加了双圈,"调查研究"四个字旁加了单圈。毛泽东对韦睿能亲临战地调查研究是很为赏识的。此类批注在读《韦睿传》中还有不少,如"将在前线""不贪财","干部需和""仁者必有勇"。所以，毛泽东要求我们的干部应学韦睿作风。

从读史中想到我党干部的作风，并强调"我党干部应学韦睿作风"，这就是毛泽东联系实际读二十四史的一个独到之处。

6. 关于史实、史迹等表示鲜明的个人意见、个人看法的批注

毛泽东读二十四史，不仅是在读史，而且对史书中写到的一些不确切、不妥当、不真实的甚至是错误的史实、史迹等，都鲜明地表达出个人的意见和个人的看法。对于这方面的批注也是不少的。下面就再介绍几条有关这方面的批注。

《唐书》卷七十四《马周传》第 10 页记载，（贞观）十一年，马周上疏："今百姓承丧乱之后，比于隋时才十分之一。"毛泽东在这句话的天头上批注："不确，比于隋时，大约五分之一。"显然，毛泽东不同意马周"十分之一"的说法。

《三国志集解》卷六《魏书·刘表传》第 78—79 页记载："少知名，号八俊。长八尺余，姿貌甚伟，以大将军掾为北军中侯。"《刘表传》还记载，200 年，刘表占地几千里，领兵十余万，祭天祀地前呼后拥，粉墨登场，自立为帝。毛泽东对这段史实不以为然，在天头上批注："虚有其表。"这既表明毛泽东对刘表其人的看法，也表明了他对那段史实的个人意见。

《三国志集解》卷五十四《吴书·吕蒙传》第 27—28 页记载："（孙）权深纳其策，又聊复与论取徐州意，蒙对曰：'今操远在河北，新破诸袁，抚集幽、冀，未暇东顾。徐土守兵，闻不足言，往自可克……'"这段文字的批注是："《魏志》此时操

在汉中，因夏侯渊之败正不得志，闻襄阳围急，东归到洛阳即死，非在居巢也。"此时曹操在哪里？《通鉴》一书记载："建安二十四年正月，刘备将黄忠击斩夏侯渊。三月，曹操至汉中，与备相守积月。五月，操还长安。七月，孙权攻合肥，操仍在长安，未去居巢。关羽攻曹仁于樊。八月，关羽破降于禁七军。十月，操至洛阳。次年黄初元年一月，操死于洛阳。"

《通鉴》一书关于曹操的记载与毛泽东的批注是一致的。从这一条批注中，我们可以看到毛泽东对中国历史、中国历史著名人物的史书读得多，记得住。许多史书如同二十四史一样，他老人家都是反复读过多遍的。对史书上说的不确切、不妥当、不真实的文字和内容，他总要写下批注，表明自己的看法或者独到的见解。

7. 关于思想方法和工作方法的批注

毛泽东读二十四史，读历史人物本纪、传记非常专注用心。作圈画，写批注，如同在与古人交流、对话，有称赞肯定，也有批评否定。圈画的种种标志，写下的字字批注，就是他读史过程中思考、思维、思索、思想的真实记录。这些批注，纵贯古今，浮想联翩。其中有不少批注是关于思想方法和工作方法的。

第一条，毛泽东在读《唐书》卷七十二《李百药传》第12—13页时写道："李世民的工作方法有四。"据《唐书·李百药传》记载，李百药在贞观二年任礼部侍郎时，曾在写给唐太宗的《封建论》中概括了唐太宗临朝执政的四个方面的做法，大意是：平定四方，用怀柔政策，不急功近利，劳民损兵；不贪图游乐，每早视朝，用心听取各种建议，出言周密；罢朝之后，和大臣们推心置腹讨论是非；闲暇时孜孜不倦地学习经典。毛泽东对唐太宗临朝执政时的工作方法很注意，在这段文字旁一一加以圈点，并写下批注。唐太宗临朝执政的四个方面的做法，毛泽东称为"工作方法"。

第二条，毛泽东在读《汉书》卷六十九《赵充国传》第 16 页时批注："说服力强之效。"这条批注中有思想方法，又有工作方法。据《汉书》记载，赵充国是西汉武帝时人，从武帝到宣帝，在抗击匈奴入侵、招降西羌方面，立下了卓越功勋。任后将军，封营平侯。

传记中说，赵充国关于罢兵屯田的奏折刚送出，就接到汉宣帝要求继续进军的诏令，儿子劝其不要再上奏了。他非但不听，反而责备儿子。结果，奏折送上后，汉宣帝果然不予采纳。赵充国便坚持申诉，边界线一万多里，只有罢兵屯田，寓兵于农，才于国有利。他又分析了屯田后西羌不敢贸然进犯的各种原因，以及对防御匈奴、乌桓等其他少数民族的有利作用。赵充国的这些奏折，每来一份，汉宣帝就交给大臣们议论一次。"初是充国计者什三，中什五，最后什八。"毛泽东在这句话的每个字旁边都画了圈。丞相魏相说："臣愚不习兵事利害，后将军数画军册，其言常是，臣任其计，可必用也。"毛泽东在"其言常是，臣任其计，可必用也"12 个字旁边都画了圈，并批注了"说服力强之效"6 个大字。在"说服力强"4 个字旁边还画了三个大圈。

第三条，毛泽东读《后汉书》卷九十二《陈寔传》第 13—14 页时批注："人在一定条件下是可以改造的。"《后汉书·陈寔传》记载，陈寔是东汉灵帝时人，家贫，但"有志好学，坐立诵读"，为人豁达公正，群众中发生了争执，都愿求他判定是非曲直，其结果常使双方心服。群众非常敬佩他，都说："宁为刑罚所加，不为陈君所短。"有一年闹灾荒，一天晚上，有个小偷去他家行窃，趴在屋梁上等待时机，被陈寔发现了。他并没有大呼捉贼，而是起床穿戴整齐，把儿孙们唤醒。召集在一起，很严肃地训导："夫人不可不自勉。不善之人未必本恶，习以性成，遂至于此，梁上君子者是矣。"小偷听到后，又惊怕，又感动，主动下来向陈寔叩头请罪。毛泽东对陈寔认为人在一定条件下变坏，也可在一定条件下变好的思想，深表赞同。

8. 关于注释性、说明性的批注

注释性、说明性的批注，就是在读史过程中，对史书中说到的人物、事件、地点、时间、年龄等文字内容加以解释说明。毛泽东读二十四史过程中，写下的注释性、说明性的批注文字也是不少的。

例一，《后汉书》卷一百〇一《皇甫嵩传》第2页记载："嵩兵少，军中皆恐。乃召军吏谓曰：'兵有奇变，不在众寡。'《孙子兵法》曰：'凡战者，以正合，以奇胜者也。故善出奇，无穷如天地，无竭如江海。战势不过奇正，奇正之变，不可胜也。'"毛泽东批注："正，原则性。奇，灵活性。"这是毛泽东对"正"和"奇"的解释。

例二，《南史》卷五十八《韦睿传》第1—7页记载："诏睿督众军援焉。睿至安陆，增筑城二丈余，更开大堑，起高楼，众颇讥其示弱。"针对这段文字中的"安陆"两字，毛泽东批注

"今湖北安陆县"。

例三，《明史》卷二百〇九《沈炼传》第 18—19 页记载："帝大怒，榜之数十，谪佃保安"。针对"保安"两字，毛泽东注解："今有新保安，此是旧保安，在张家口、怀来县之间。"

例四，《唐书》卷八十八《韦嗣立传》第 5—6 页记载：嗣立上疏谏曰："……八岁入小学，十五入大学。"毛泽东批注："小学七年，大学包括中学在内。"

注释性、说明性的批注在全部的批注文字中，也许不是十分重要的。但是，它能充分说明毛泽东读史、治史是一丝不苟的，是十分严谨的。如同毛泽东读二十四史过程中留下的种种圈圈画画的记号，都是毛泽东在读史过程中思绪涌动、心迹变化、情感流露等的真实记录。全部的批注文字、圈画标志，就是毛泽东 24 年读二十四史奏出的动人的乐章。认真学习毛泽东写的批注，圈画的符号，对于深入研究毛泽东思想、深入继承毛泽东思想、深入发展毛泽东思想，具有非常重要的现实意义和深远的历史意义。

（三）毛泽东是怎样读二十四史的

一部二十四史，与毛泽东朝夕相伴 24 年。不能说毛泽东每天都在读二十四史。但是，可以肯定地说，在这 24 年里，毛泽东用了很多的时间读二十四史，就是在他生命的最后岁月里，在黄色灯光的陪伴下，还在聚精会神地读。毛泽东是怎样读的呢？

六、读二十四史

1. 古为今用法

毛泽东读二十四史，学习研究二十四史，最根本、最主要的目的就是要批判地继承和发扬祖国优秀的文化遗产，从浩瀚的史籍中汲取精华，汲取有启示和教育意义的历史人物事迹故事，汲取有益的科学文化知识和经验教训等，为现实斗争、社会建设发展工作、人民健康生活工作服务。简言之，就是要让历史为今天所用，为今天服务。这种学习、研究二十四史的方法，就是古为今用法。

陶鲁笳在《我记忆中的毛泽东同志》一文中还写过一段回忆：

> 1958年3月，在毛泽东同志主持的成都会议上，我汇报说："山西同北京商量，为了解决工农业缺水问题，我们有一个共同的雄心壮志。想从内蒙古的清水河县岔河口引黄河水200个流量，100个流量经桑干河流入官厅水库，100个流量流入汾河，科技人员经过勘察，已提出了初步设想。"
>
> 毛泽东同志听了点点头，表示同意，然后说："我们不能只骂黄河百害，要改造它，利用它。其实黄河很有用，是一条天生的引水渠。"他还谈笑风生地说："你们的设想算什么雄心壮志！不过是继承古人的遗志而已。你们查查班固《汉书·沟洫志》，汉武帝时就有一个人建议从包头附近引黄河水经过北京，东注之海。"
>
> 毛泽东同志说："可以设想，引用黄河水，把桑干河修成一条运河；也可以设想，把山西的汾河也变成运河；还

可以设想,用黄河水在内蒙古改造沙漠,那才叫雄心壮志。"

接着我说:"我们也设想过,引黄入汾,使汾河不但可以保证太原的用水,而且可以有灌溉之利,舟楫之便。"

我说到这里,毛泽东同志问道:"你们山西有个闻喜县,你知道为什么叫闻喜?"我摇摇头说:"不知道。"他便说:"汉武帝乘楼船到了这里,正好传来了在越南打了大胜仗的捷报,汉武帝就给这地方起名为闻喜。汉武帝那时就能坐楼船在汾河上行驶,可见当时汾河水量很大,现在汾河水干了,我们愧对晋民呀!山西出煤,开煤矿发电也都得用水。山西现在缺水,黄河流经山西一千多公里,应该对山西有所贡献,引黄济汾是理所当然的。"

我回到太原后,经查《汉书》果有如下记载:

汉武帝时,"齐人延年上书言:河出昆仑经中国,注渤海,是其地势西北高东南下也。可按图书,观地形,令水工准高下,开大河上岭,出之胡中,东注之海。如此,关东长无水灾,北边不忧匈奴,可以省提防备塞,士卒传输,胡寇侵盗,覆军杀将,暴骨原野之患。天下常备匈奴而不忧百越者,以其水绝壤断也。此功一成,万世大利。"

"汉武帝元鼎六年,行东,将幸缑氏,至左邑桐乡,闻南越破,以为闻喜县"(作者注:左邑即现在的曲沃)。

由此可见,毛泽东同志的历史知识何等渊博,而且博闻强记,古为今用,怎能不令人叹服![1]

---

[1] 《缅怀毛泽东》(下),中央文献出版社1993年版,第349—350页。

毛泽东读史，学习历史，运用历史为今天服务，这样的例子很多。古为今用这一读书方法，对指导当前我们开展的建设学习型政党、学习型城市、学习型单位读书活动是很有现实意义的。

2. 辩证分析法

毛泽东对待几千年前的史实、史迹、史例、史故、史评等，总是辩证地对待，具体问题具体分析。这种读史方法，称为辩证分析法。

毛泽东是中国最精通唯物辩证法的伟大的马克思主义思想家和理论家。他的思想和理论贡献，唯物辩证观点和辩证分析方法，深刻地贯穿、融化在他读二十四史的过程中。无论是批注圈画，还是对历史人物、历史事件等的评论、评议，都体现出了他的思想、观点和灵活运用的辩证法。

芦荻老师回忆说：

> 对于纷繁复杂的历史现象，他从不给以简单的论断，而是谨慎地从当时的历史条件出发，具体地加以剖析。譬如对于宋代的道学家，他既深刻地指出了道学维护没落的封建统治的反动本质，又没把情况复杂的道学家简单化。对于朱熹，他一方面指出他的虚伪，说他责打被压迫的妓女，给妓女加上伤风败俗的罪名，而自己却又纳妾；另一方面又指出朱熹的学问渊博，是个大学者，而且还颇有开通的地方。一方面指出曹操为"汉贼"的正统观念始自朱熹的论著，另一方面又说朱熹的《紫阳纲目》是应该一读

的著作，并手写了"紫阳纲目"和"道学三朱熹"。他让我读朱熹的书，并说，这是很有用处的。

对二十四史中随处可见的那些含有朴素唯物主义的辩证法和警句名言，毛泽东是从不放过的。他或是加上连圈密点，或是摘录在天头，并铭记脑中。如"豺狼当路，安问狐狸"（《张胜传》）、"偏听成奸，独任成乱"（《邹阳传》）、"意合则胡越为兄弟，不合则骨肉成雠仇"（《邹阳传》）、"水至清则无鱼，人至察则无徒"（《东方朔传》）、"明有所不见，聪有所不闻，举大德，赦小过，无求备于一人"（《东方朔传》）、"天地之性人为贵"以及"一死一生，乃知交情，一贫一富，乃知交态，一贵一贱，交情乃见"（《郑当时传》）等。通观全书，毛泽东圈画摘录的这类"至理名言"，不可胜数。这些充满辩证法或含有朴素唯物思想的至理名言，也常常被毛泽东运用于他喻事喻理的言谈中。①

《后汉书》中的《黄琼传》《李固传》，"峣峣者易缺，皦皦者易污"；"《阳春》之曲，和者必寡，盛名之下，其实难副"；"表曲者景必邪，源清者流必洁"；"以天下与人易，为天下得人难"等这些充满辩证的警句，毛泽东很有兴趣。1965年还亲手在这两传分册的封面上写了批示："送刘、周、邓、彭一阅"，"送陈毅同志一阅"。

3. 调查研究法

调查研究方法是毛泽东生前大力倡导，并终身躬行的一条

---

① 芦荻：《毛泽东读二十四史》，《光明日报》1993年12月20日。

六、读二十四史

行之有效的工作方法。这里说的调查研究,不是深入农村、工厂等,而是深入书海、深入史籍去调查研究,也就是多读书,广读书,读书多。毛泽东在读二十四史过程中,把载有此相同内容的书都找出来,一种一种地读。用马克思主义的立场、观点和方法,去分析,去研究。我们把这种方法称为调查研究法。这也是毛泽东终身践行的一种独到的读书方法。

毛泽东说过:"一部二十四史大半是假的,所谓实录之类也大半是假的。"[①]

就二十四史大半是假的问题,毛泽东举出了如下的理由和例证,加以说明。他对芦荻说:一部二十四史,写符瑞、迷信的文字,就占了不少,各朝各代的史书里都有。像《史记·高祖本纪》和《汉书·高帝纪》里,都写了刘邦斩白蛇的故事,又写了刘邦藏身的地方,上面常有云气,这一切都是骗人的鬼话。而每一部史书,都是由继建的新王朝的臣子奉命修撰的,凡关系到本朝统治者不光彩的地方,自然不能写,也不敢写。如宋太祖赵匡胤本是后周的臣子,奉命北征,走到陈桥驿,竟发动兵变,篡夺了周的政权。《五代史》里却说,他黄袍加身,是受将士们"擐甲将刃""拥迫南行"被迫的结果,并把这次政变解释成是"知其数而顺乎人"的正义行为。同时,封建社会有一条"为尊者讳"的伦理道德标准,凡皇帝或父亲的恶行,或是隐而不书,或是把责任推给臣下或他人。譬如,宋高宗和秦桧主和投降,实际上,主和的责任不全在秦桧,起决定作用的是幕后的高宗赵构,这在《宋史·奸臣传》中的《秦桧传》

---

① 芦荻:《毛泽东读二十四史》,《光明日报》1993年12月20日。

里，是多少有所反映的。①

毛泽东认为，洋洋4000多万言的二十四史，写的差不多都是帝王将相，人民群众的生活情形、生产情形，大多是只字不提，有的写了些，也是笼统地一笔带过，目的是谈如何加强统治的问题，有的更被歪曲地写了进去，如农民反压迫、剥削的斗争，一律被骂成十恶不赦的"匪""贼""逆"。毛泽东认为，这是最不符合历史真实的假话。毛泽东这样说，这样看，这样认为，是在做了大量的调查研究之后，也就是在读了全部二十四史、《资治通鉴》、《续资治通鉴》、《纲鉴易知录》、各朝纪事本末、《续通鉴纪事本末》后得出的结论。他说过：看完《元史》，再看《通鉴纪事本末》，而后读《续通鉴纪事本末》。除了读这些大部头的史籍之外，他还读了大量的稗官野史、各种历史通俗演义、笔记小说、札记、随笔等。毛泽东在书籍、知识的宝库里调查研究很广泛，很下功夫，几十年不止，几十年不倦。他曾说过：历史书籍要多读，多读一本，就多了一份调查研究。他生前还对身边的工作人员说过，一定要好好地读历史，要认真地读《资治通鉴》、二十四史，但要用马克思主义的立场、观点和方法读，否则就读不好，弄不清历史发展的头绪。他认为，书读得多了，又有正确的立场和观点，进行分析、判断和推理，就会少失误、少上当、少受骗；就会尊重历史、维护历史，把被颠倒的历史重新颠倒过来，恢复历史的本来面目。

---

① 芦荻：《毛泽东读二十四史》，《光明日报》1993年12月20日。

4. 逆向思维法

逆向思维，就是从对立或相反的方向去进行思考、进行理解。这种方法，也是毛泽东读二十四史过程中常用的一种读书方法。

我们从毛泽东阅读批判、批注过的二十四史中，可以清楚地看到毛泽东读二十四史有个显著的特点：他不仅非常认真地读那些所谓"正面"的材料，同时也非常认真地读那些"反面"的材料。无论是"正面"的记述，还是"反面"的记述，他都逆向思维，从对立相反的方向、方面去思考，去阅读。他以历史史实为本，用马克思主义的立场、观点和方法去分析，参照其他多方面的史籍、史料，力求在丰实的史料基础上，剖析史实，评说人物。在读二十四史中，举凡奸臣、佞臣、叛臣等人的传记，像《新唐书》《唐书》里的安禄山、史思明等人的传，《宋史》里的《奸臣传》（秦桧、蔡京），《明史》里的《奸臣传》（胡惟庸、严嵩）等等，他都在封面上专门标出卷、册、姓名，有的还在名字前面画了圈。在阅读过程中，他始终坚持，一要看看他们的奸法和坏法，二要和其他传记参照看，弄清楚每项历史事件的原委，分清主要的责任和次要的责任，不能只听一面之词。

这里，仅以对曹操的评价为例，来说明毛泽东在二十四史过程中是怎样运用逆向思维方法的。

毛泽东在读裴松之注、卢弼集解的《三国志》中，对《魏书·武帝纪》《魏书·文帝纪》《魏书·刘表传》有关曹操的记述作了许多的圈画和批注。从他的批注中可以清楚看出毛泽东是不赞成书上对曹操的评价的。在《魏书·武帝纪》中,毛泽东圈画批注得比较多的,除曹操的身世、经历和战绩外,主要是曹操所采取的政策。

建安元年(196年),曹操采用枣祗、韩浩等人的建议,实行了屯田政策,由典农官募民耕种,得谷百万斛,后推广到各州郡。它对恢复战乱中被破坏了的农业,对支持战争,都起到积极作用,为晋统一全国打下了物质基础。毛泽东对此很重视。《魏书·武帝纪》中有关这方面的记载,以及卢弼、裴松之有关这方面的注释,他都圈点断句,多处画了着重线,有的地方,天头上还画着三个大圈。特别对曹操所说的"夫定国之术,在于强兵足食,秦人以急农兼天下,孝武以屯田定西域,此先代之良式也"这段话,毛泽东逐句都画有着重线,天头上还画上圈。

1966年3月,在杭州会议上的一次谈话中,毛泽东说道:"曹操打过张鲁之后,应该打四川。刘晔、司马懿建议他打。刘晔是个大军师,很能看出问题。说刘备刚到四川,立足未稳。曹操不肯去,隔了几个星期,后悔了。曹操也有缺点,有时也优柔寡断。这个人很行,打了袁绍,特别是打过乌桓,进了500公里,到东北迁安一带,不去辽阳打公孙康。袁绍的儿子袁尚等人,要谋害公孙康,公孙康杀了袁尚兄弟,送头给曹操,果然不出所料。'急之则相救,缓之则相害'。"

1975年6月18日,毛泽东对身边的工作人员说:"汉末开始大分裂,黄巾起义摧毁了汉代的封建统治,后来形成三国,这是向统一发展。三国的几个政治家、军事家,对统一都有所贡献,而以曹为最大。司马氏一度完成统一,主要就是曹操那时候打下的基础。"①

1927年鲁迅写《魏晋风度及文章与药及酒之关系》一文中说："其实，曹操是很有本事的人，至少是一个英雄，我虽不是曹操一党，但无论如何，总是非常佩服他。"毛泽东在20世纪50年代读到鲁迅此文中上述论述时，用粗重的红铅笔画着着重线，表示他非常赞同鲁迅对曹操的看法。

毛泽东逆史籍对曹操的记述来读史评说曹操，这就是毛泽东逆向思维的读书方法。

5. 对照、对比法

毛泽东读二十四史过程中，常常习惯把几种、多种史籍放在身边，对照着看，对比着读。我们把这种读书方法称为"对照、对比法"。

在图书服务工作中，我们知道，毛泽东读二十四史，有其独到的方法。例如，把《汉书》和《后汉书》放在一起对照看，对比着读。对《汉书》中记载的西汉一朝史籍、史实、人物、评价等内容、文字与《后汉书》中记载的东汉一朝的史籍、史实、人物、评价等内容、文字，在阅读中进行比较。反复读了这两部书后，毛泽东批注："《后汉书》写得不坏，许多篇章，胜于《前汉书》。"

这两种史书相比，毛泽东为什么称赞《后汉书》呢？

《后汉书》在体裁方面，编次更加周密，且有创新。在思想

---

① 《毛泽东年谱（1949—1976）》第6卷，中央文献出版社2013年版，第591页。

方面，体现出作者具有进步史观。如对高官侯爵而于当时没有什么贡献的人，便不为之立传。对宦官、外戚的为非作歹、鱼肉人民，表示极端厌恶。而对反对宦官的"党人"的刚强正直、不畏强暴的精神，则加以赞颂。此外，《后汉书》内容详略得当，简明周全，叙事生动。

毛泽东批注的《左（雄）周（举）黄（琼）列传》《荀（淑）韩（韶）钟（皓）陈（寔）列传》《李（固）杜（乔）列传》，记载的是能够纠正朝政缺失，注意民生疾苦的良臣，或品德高尚、爱抚百姓的贤臣，或敢于同外戚势力作斗争的直臣。这些列传的传文和"论""赞"中体现出作者对所传人物的称颂，并且可以看出东汉王朝走向衰亡的原因。

《汉书》作者班固对历史人物的是非爱憎不像司马迁的《史记》表现得那样强烈，慷慨激昂的议论很少，在思想上表现出保守倾向。班固的《汉书》宣扬君权神授说，在《高帝纪》中编造了从尧到刘邦的世系，用以说明汉朝与尧既有"五德相生"之运，又有血缘关系。他创立起神秘的唯心主义五闰说。用五德运行规律说明汉朝是按正常顺序出现的，因而是"正统"王朝，并引用大量图谶加以说明。为此，他将秦与王莽的新朝排除在五德运行之外，认为它们如同历法上的闰月一样，是多余的历史存在。

班固在《五行志》《天文志》中罗列了大量的天人感应现象，与自然灾异对应起来，宣扬天命论，强调封建等级制度不可逾越，为封建制度的合理存在寻找根据。由于《汉书》充满浓厚的封建正统思想，所以在整个封建社会中一直处于与《五经》相亚的地位，更适应封建统治的需要。①

在读二十四史过程中，毛泽东还把《南史》和《北史》与《唐书》相比较。他说："《南史》《北史》的作者李延寿有倾向统一的思想，比《唐书》更好些。"②

李延寿的《南史》和《北史》，与记述同时代的"八书"③和其他一些史著相比较，在撰述指导思想和编写方法上有着明显的长处。其中很重要的一点是倾向统一的历史思想。其表现为：一是取消了南北朝史学家关于《岛夷传》和《索虏传》的习惯做法和传统称谓。"岛夷"和"索虏"是南北朝时期，南朝和北朝各自的史书中，对对方的一种贬称。这种现象说明修史者神囿于历史偏见而缺乏"大一统"的思想。李延寿对南北政权同等看待，在《北史》中称南朝则书其国号和皇帝的庙号或谥号，在《南史》中对北朝也用同样称谓方法。二是南北交兵不详载。由于南北朝时期战争频繁，并且交战双方"各自夸胜讳败"，往往造成严重失实，这在"八书"中多有反映。李延寿写南北二史时采用取"八书"之同而去其异、存其略而删其详的做法。

李延寿及其父李大师撰写的《南史》和《北史》，是中国史学史上第一次分别把南朝和北朝各代历史贯穿起来的两部史著。虽然南北二史有着诸如只有纪、传而无志，人物列传重重现象，增补的内容有的荒诞不经等缺憾，但与"八书"相比，却有许

---

① 《毛泽东评说中国历史》，吉林人民出版社1998年版，第36—37页。
② 王子今：《毛泽东与中国史学》，中共中央党校出版社1993年版，第233页。
③ "八书"是指《宋书》《南齐书》《梁书》《陈书》《魏书》《北齐书》《周书》《隋书》。

233

多优长，更重要的是它的倾向统一的思想，具有积极的历史意义。①

读了《宋史》和《明史》，毛泽东对这两种史是不满意的。他认为：这两种史写得芜杂。读了《唐书》和《新唐书》，毛泽东认为：《唐书》比《新唐书》好，《唐书》简单而材料多确切，《黄巢传》和《新唐书》也有不同。②

毛泽东读二十四史，不仅把两种和多种史书对照着看，对比着读，而且对各种史书上的注释文字也都对照着看，对比着读。毛泽东对裴松之注《三国志》很为称赞。裴松之的注文除了对《三国志》的文字加以释解，即字音、文义、名物、地理、典故等方面的内容外，补充了大量的史事。如《三国志·魏书·武帝纪》和《任峻传》关于曹魏屯田制的记载，都非常简略，裴注补入大量文字，较为详细地记述了屯田的背景、目的、效果，更为重要的是，注中引王沈《魏书》记载的屯田令的令文，其中有关于对屯田之外的土地征收租调的数量规定。又如在《杜夔传》中注补马钧小传，记述马钧的平生事迹及发明创造，使这位有名的科学家未被埋没于世。

6. 联想、联系法

联想，就是在读书的时候，一边读，一边想，头脑跟着书上的内容去想，去发散思维；联系，就是由书上的史实、史事或人物、故事等纵向联系到今天的人和事，横向联系到历史上

---

① 《毛泽东评说中国历史》，吉林人民出版社1998年版，第42—43页。
② 参见芦荻：《毛泽东读二十四史》，《光明日报》1993年12月20日。

其他的人或事，也就是古今纵向、横向地去想，去联系，这种方法我们称为"联想、联系法"。这是毛泽东读二十四史的一条重要的方法。

毛泽东历史知识丰富。他在读二十四史过程中关于战争、战役及其战略、战术内容所写下的批语，不少都是由"此"想到"彼"，由"过去"想到"现在"，联想丰富。例如：《南史》卷二十二《王僧虔传》中第17页记载："又宋世光禄大夫刘镇之，年三十许，病笃，已办凶具，既而疾愈，因畜棺以为寿，九十余乃亡，此器方用。因此而言，天道未易知也。"毛泽东读后批注："盈缩之期，不尽在天。养怡之福，可以永年。"这两句批语，是曹操《龟虽寿》中的诗句。

又如：《三国志集解》卷五十八《吴书·陆逊传》第6页记载："（陆逊）乃敕各持一把茅，以火攻拔之。一尔势成，通率诸军同时俱攻。斩张南、冯习及胡王沙摩柯等首，破其四十余营。钱振锽曰：陆逊破先主，无他奇策，只令军士各持一把茅耳。意先主连营，皆伐山为之，故易火；若土石为之，逊其如之何？"毛泽东批注："土石为之，亦不能久，粮不足也。宜出澧水流域，直出湘水以西，因粮于敌，打运动战，使敌分散，应接不暇，可以各个击破。"

毛泽东不同意钱振锽的评论，他认为如果刘备以土石垒营，虽然可以避免火攻厄运，但由于大军深入敌境五六百里，战线又过长，并且长时间地与对方相持，军粮供给困难，将士斗志涣散，也不可能保障刘备持久进攻并取得胜利。

毛泽东指出刘备取胜之道应该是"打运动战"，从陆逊防守较弱的彝陵南面的澧水流域发动进攻，以分散对方的兵力，使其应接不暇，然后可以各个击破。

从这段批注文字中，我们可以看到，毛泽东读史中的联想是多么丰富。

《明史·朱升传》里记载这样一则故事：明朝建国以前，朱元璋召见一位叫朱升的知识分子，问他在当时形势下应该怎么办。朱升说："高筑墙，广积粮，缓称王。"朱元璋采纳了他的意见，取得了胜利。1972年毛泽东针对当时国内外大好形势，又一次指出："各级领导同志要谦虚谨慎，不要因为胜利就忘乎所以。"毛泽东向大家讲了《明史·朱升传》的这则故事后，说：我们要"深挖洞，广积粮，不称霸"。毛泽东的这一指示，使当时国内"备战、备荒、为人民"的伟大战略方针更加具体化了。①

以上介绍了毛泽东读二十四史的六种主要方法，实际上，毛泽东读二十四史远远不止这六种方法。整整24年，他老人家翻来覆去地读，许多内容、许多人物、许多故事、许多战争、许多警句名言等，他都娴熟于心，随心运用，古为今用，一定还有很多的方法，一定还有很多独特之处。

（四）读二十四史的视角

二十四史记载着我国长达4000多年的历史，是我国众多史学家、文学家等经过长时间的呕心沥血编纂而成的。它是一部史书，又是一部百科全书。毛泽东除了把它当成史书来读之外，

---

① 参见《毛泽东传》第六册，中央文献出版社2011年版，第2592页。

六、读二十四史

还有很多其他的视角。

第一,政治的视角。把二十四史当成政治来读,这是毛泽东读二十四史的一个视角。例如,《史记》卷八《高祖本纪》第356—357页记载:"赵数请救,怀王乃以宋义为上将军,项羽为次将,范增为末将,北救赵。令沛公西略地入关。与诸将约,先入定关中者王之。当是时,秦兵强,常乘胜逐北,诸将莫利先入关。独项羽怨秦破项梁军,奋愿与沛公西入关。怀王诸老将皆曰:'项羽为人僄悍猾贼。项羽尝攻襄城,襄城无遗类,皆坑之,诸所过无不残灭。且楚数进取,前陈王、项梁皆败。不如更遣长者扶义而西,告谕秦父兄。秦父兄苦其主久矣,今诚得长者往,毋侵暴,宜可下。今项羽僄悍,今不可遣。独沛公素宽大长者,可遣。'卒不许项羽,而遣沛公西略地,收陈王、项梁散卒。"毛泽东读后在天头上写了一句批注:"项王非政治家。汉王则为一位高明的政治家。"短短20个字,把这两位历史人物的政治才能做了盖棺论定。

1959年12月至1960年2月,在读苏联《政治经济学教科书》(社会主义部分)的谈话中,毛泽东说:刘邦能够打败项羽,是因为刘邦和出身贵族的项羽不同,比较熟悉社会生活,了解人民心理。

1964年1月7日,在一次谈话中,毛泽东直率地说:"老粗出人物。"接着,借题发挥:"自古以来,能干的皇帝大多是老粗出身。汉朝的刘邦是封建皇帝里边最厉害的一个。刘敬劝他不要建都洛阳,要建都长安,他立刻就去长安。鸿沟划界,项羽引兵东退,他也想到长安休息,张良说,什么条约不条约,要进攻,他立刻听了张良的话,向东进。韩信要求封假齐王,刘邦说不行，张良踢了他一脚，他立刻改口说，要封就封真齐王，何必要假的。……南北朝，宋、齐、梁、陈，五代，梁、唐、晋、汉、周，很有几个老粗。"

1957年4月，毛泽东召见胡乔木、吴冷西时，曾说过，汉高祖刘邦比西楚霸王项羽强，他得天下一因决策对头，二因用人得当。

1962年1月30日，毛泽东在扩大的中央工作会议上讲民主集中制，针对一些党的干部缺乏民主作风，饶有深意地提起刘邦和项羽来。他说："刘邦，就是汉高祖，他比较能采纳各种不同的意见。有个知识分子名叫郦食其，去见刘邦。初一报，说是读书人，孔夫子这一派的。回答说，现在军事时期，不见儒生。这个郦食其就发了火，他向管门房的人说，你给我滚进去报告，老子是高阳酒徒，不是儒生。管门房的人进去照样报告了一遍。好，请。请进去了，刘邦正在洗脚，连忙起来欢迎。郦食其因为刘邦不见儒生的事，心里还有火，批评了刘邦一顿。他说，你究竟要不要取天下，你为什么轻视长者！这时候，郦食其已经六十多岁了，刘邦比他年轻，所以他自称长者。刘邦一听，向他道歉，立即采纳了郦食其夺取陈留县的意见。此事见《史记》郦生陆贾列传。刘邦是在封建时代被历史家称为'豁达大度，从谏如流'的英雄人物。刘邦同项羽打了好几年仗，结果刘邦胜了，项羽败了，不是偶然的。"①

关于国家的统一，中华民族的统一，毛泽东在读二十四史过程中，对这一重要问题非常关注。他说："我们的国家，是世

---

① 《毛泽东文集》第8卷，人民出版社1999年版，第295页。

六、读二十四史

界各国中统一历史最长的大国。中间也有过几次分裂,但总是短暂的。这说明,中国的各族人民热爱团结,维护统一,反对分裂。分裂不得人心。"①

坚持统一还是搞分裂,是毛泽东评论历史人物的一个重要标准。他认为秦始皇最大的功绩就是既完成了统一,又实行郡县制,为中国"长治久安"的统一局面奠定了牢固的基础。在谈《三国志》的时候,他说:"汉末开始大分裂,黄巾起义摧毁了汉代的封建统治,后来形成三国,这是向统一发展的。三国的几个政治家、军事家,对统一都有所贡献,而以曹操为最大。司马氏一度完成了统一,主要就是曹操那时候打下的基础。"②反之,对于破坏统一、搞分裂,他一概加以谴责和批评。对于士族门阀,毛泽东是持否定态度的,但对谢安,却给以很高的评价,原因就在于谢安为维护东晋的统一局面,立了两次大功。一次是他指挥了淝水之战,以少胜多,打了个漂亮仗;另一次是他拖住了搞分裂的野心家桓温,使其分裂的阴谋没有得逞。毛泽东说:"桓温是个搞分裂的野心家,他想当皇帝。他带兵北伐,不过是做样子,搞资本,到了长安,不肯进去。符秦的王猛很厉害,一眼就看透了他的意图。还是谢安有办法,把他拖住了,使他的野心没得实现。谢安文韬武略,又机智又沉着,淝水之战立了大功,拖住桓温也立了大功,两次大功是对维护

---

① 《毛泽东年谱(1949—1976)》第 6 卷,中央文献出版社 2013 年版,第 588 页。
② 《毛泽东年谱(1949—1976)》第 6 卷,中央文献出版社 2013 年版,第 591 页。

统一的贡献。"①

在《晋书》的《谢安传》和《桓温传》的相关描写处，毛泽东都画了很多圈和线。在《谢安传》上，他一处批了"有办法"，一处写了"谢安好"，而在《桓温传》上，则评论他"是做样子"。

毛泽东读史时，对一些能处理好民族关系的政治家，是十分推崇的。他说："诸葛亮会处理民族关系，他的民族政策比较好。获得了少数民族的拥护。"② 在《诸葛亮传》一段注文旁边，加了很多圈。这条注文记载了诸葛亮七擒七纵少数民族首领孟获和平定云南后用当地官吏管理南中的事迹。毛泽东说，这是诸葛亮的高明处。

毛泽东很欣赏唐太宗李世民，他除了推许李世民的军事才能外，还推许他的民族政策，认为唐代的繁荣富强和李世民较好的民族政策有很大关系。他说，唐朝的名将中有不少是少数民族；并特别谈到了文成公主与松赞干布的婚事，说那时的吐蕃和唐政府就是一家人了，松赞干布是个很有远见、很有作为的人物。③

翻开毛泽东读批过的二十四史，可以非常清楚地看到，有关历史人物的政论、政纲、政见、政策、政谋等，毛泽东都爱关注，读了又读，画了又画，批了又批。

第二，战争和战略、战术的视角。二十四史虽然不是兵书，

---

① 芦荻：《毛泽东读二十四史》，《光明日报》1993年12月20日。
② 《毛泽东年谱（1949—1976）》第6卷，中央文献出版社2013年版，第591页。
③ 芦荻：《毛泽东读二十四史》，《光明日报》1993年12月20日。

但它记载和叙述了许多关于战争和战略、战术的内容,毛泽东把它当成兵书来读。

二十四史中,凡记述农民运动的文字,毛泽东都有浓厚的兴趣,在阅读中都有圈画和批注。就连起义军作战的路线,毛泽东也字字披览,圈圈点点。例如在《唐书·黄巢传》后,附有毛泽东亲笔画的黄巢行军路线图一张。毛泽东高度肯定农民起义战争的积极作用,他说,陈涉、吴广的功绩甚至连封建统治阶级也不否认。同时他对于农民起义军的失误和领袖的错处,也总是惋惜地标出或批注,如在《史记》和《汉书》的《陈涉传》中写他斩杀故旧的地方,毛泽东特地加了"可惜","不当如是"等批语。

毛泽东在读二十四史过程中,对李世民"坚壁挫锐"的战略战术给予了高度评价。他对身边的工作人员说:"打仗要像唐太宗那样,先守不攻,让敌人进攻,不准士兵谈论进攻的事,谈论者杀。待敌人屡攻不克,兵士气愤已极,才下令反攻,一攻即胜。这样一可练兵,二可练民。"

《新唐书》卷八十《李恪传》第3页记载:在立皇储问题上,唐太宗明知李治为人柔弱,思虑不精,缺少雄主的韬略;李恪则"英果类我",文武兼备,堪当重任。却只因国舅长孙无忌极力保举李治,而放弃了改立李恪为太子的打算,结果酿成了武则天的专权。毛泽东认为这一祸患的根源应始于立李治为太子。因此毛泽东在《新唐书·李恪传》中这段文字的天头上不无遗憾地写了批注:"李恪英物,李治朽物,知子莫若父。然卒听长孙无忌之言,可谓聪明一世,懵懂一时。"

我国历史上有很多有名的大战,例如晋楚城濮之战,楚汉成皋之战，韩信破赵之战，新汉昆阳之战，袁曹官渡之战，吴魏赤壁之战，吴蜀彝陵之战，秦晋淝水之战，等等，还有著名的农民革命运动等，大战、小战、战争、战役、战略、战术，几千年的中国历史，毛泽东说"就是一部阶级斗争史"。中国历朝历代的帝王，有许多都是用枪、用刀等武器打、杀出来的。二十四史中记载的帝王，民族之间的战争斗争，比比皆是，很多很多。毛泽东所以爱读二十四史，这是其中的一个非常重要的缘由。从战争和战略、战术的视角读二十四史，常读常新，越读兴致越浓。

第三，生产、生活的视角。二十四史中记载的帝王、贵族、官吏、政治家、军事家、文学家、说客、策士、游侠、隐士、商贾、医者、卜者、俳优等众多的人物，其中有好多都与社会生产、生活有密切的关系。对书中记载的种种人物，凡是记述社会生产、民俗生活等相关的文字，毛泽东都读得十分细致。因为这些记述的文字与人物的成长和种种的实际行为是有很大关系的。例如：毛泽东读《后汉书·光武帝纪》时，在刘秀早年勤于稼穑的文字旁特地画上圈圈。《汉书·卫青霍去病传》中，他特别圈画了卫青为"侯（平阳侯曹寿）家人，少时归其父，父使牧羊。民母（嫡母）之子皆奴畜之，不以为兄弟数"。《公孙弘传》中，他在弘"少时为狱吏，有罪，免。家贫，牧豕海上"等文字旁画上了圈。毛泽东曾说"卑贱者最聪明"，这不仅是他深入观察社会受到的启迪和理解认识，而且包括了他读二十四史中对这些生产、社会生活记述文字的浓厚兴趣。

毛泽东在读《北史》卷十一《隋本纪》上第25—26页时写了两条批注。书中记载："（开皇）十八年春正月辛丑，诏曰：

'吴、越之人，往承弊俗，所在之处，私造大船，因相聚结，致有侵害。江南诸州，人间有船长三丈以上，悉括入官。'"毛泽东在这段文字旁都画了圈圈，在"所在之处，私造大船"八个字天头上批注了"商业发展"四个字。在"人间有船长三丈以上，悉括入官"这一行的天头上批注了"此不可能"四个字。这充分说明毛泽东读史时对当年工业生产和社会生活习俗的浓厚兴趣。他从"所在之处，私造大船"，读到了当年的"商业发展"，从"悉括入官"读到了当年"此不可能"的社会生活习俗。类似的批注文字，毛泽东在读二十四史中还写有不少。

在图书服务工作中，我们知道，毛泽东读二十四史还有许多的视角。例如：历史的视角，把二十四史当历史来读，这是很自然的；政策和策略的视角，历朝皇帝治理统治国家，都有各自的政策和策略，有成功的、有失败的，有经验、有教训、有启示，学习、借鉴这些历史经验，对做好当前和今后的工作定会是有益的；选人、用人的视角，干部教育管理的视角，组织工作的视角，借用历史成功做法和经验，对建设好当今的干部队伍等是很有必要的；还有外交的视角，读历史，读外交，妥善处理好国与国之间的关系，用历史为现实服务，这也是不能缺少的；还有民族统一的视角，民族团结的视角等，所有这些视角，都是毛泽东在读史过程中常用的。

联系毛泽东的读书实际，我们认识到，从不同的视角去读，就会有不同的认识，不同的理解，产生不同的效果。在读书过程中，常变换视角，变换方法，就会常读常新，百读不厌，取得意想不到的效果。这就是毛泽东读二十四史的实践给我们的一个重要启示。毛泽东晚年读书，常常是这种书看累了，就读那种书。例如：马列的著作读累了，就读历史，读鲁迅，历史、鲁迅读累了，又去读古典小说，读唐诗宋词；文学书看累了，就去看字帖、画册，看笑话书、小人书；这类书看累了，又去读英语，看报刊资料；不断地调换，使大脑得到调节，得到休息。这就是毛泽东晚年独到的读书方法。在读二十四史的过程中，毛泽东也是这样做的。当时，我们常常看到他身边放着二十四史，手里拿的、眼睛看的是笑话书，或是字帖、墨迹等。

七、读中国古诗词曲赋

中国古诗词曲赋方面的著作,也是毛泽东一生很喜爱的。即使晚年病魔缠身,他老人家对中国的古典诗、词、曲、赋仍充满浓厚的兴趣,对这方面的著作仍然爱不释手,读而不倦、读而不厌。

中南海毛泽东故居存书中有中国历朝历代数千册古典诗、词、曲、赋等读物及相关的诗话、词话、音韵、词律和评论、注释、赏析等读物。从中国最早的诗歌总集《诗经》、《楚辞》、《楚辞集注》、汉魏乐府,到晋、南北朝、唐、宋、元、明、清历朝诸家的诗、词、曲、赋,再到现代、当代名家、名人撰写的诗、词作品应有尽有。还有多种总集、全集、选集、专集和各种单行本,多种古籍线装木刻本、影印本、石印本、铅印本,不同版本的平装本,印制精美的精装本、类书本、丛书本、珍藏本。这些不同版本的古典诗词曲赋著作、读物,毛泽东生前几乎都读过。其中很多书上都有毛泽东在阅读时留下的批注文字和圈画符号。

1974年初,根据毛泽东的读书需要,国家有关方面将中华书局乾隆年代版的唐、宋、元、明、清五朝别裁集,《词综》《遏云阁曲谱》等古诗词曲读物影印出版。1974年3月27日下午,毛泽东指示我们将喻守真编注、中华书局出版的《唐诗三百首详析》印大字线装本。1974年4月4日下午又指示我们将龙榆生编选、中华书局出版的《唐宋名家词选》印大字线装本。1974年4月25日上午又要我们将顾名选、上海光华书局1931年8月印行的平装本《曲选》印大字线装本。1974年5月7日下午又指示我们将叶葱奇编订、人民文学出版社1959年1月出版的平装本《李贺诗集》印大字线装本。但这些仍没有满足他老人家的读书需要。1974年7月2日指示我们将袁枚著、人民文学出版社出版的平装小字本《随园诗话》印大字线装本。1974年8月17日下午，指示我们将郭沫若著、作家出版社1962年出版的平装小字本《读〈随园诗话〉札记》印大字线装本。没过几天，即1974年8月25日他老人家又亲笔手写"唐宋名家词选"书名，并说还要读新印的大字本《唐宋名家词选》。从1974年初到8月底，他老人家除了读了很多的笑话书之外，就是读古典诗词著作了。此时，他除了患有老年性白内障，还患有其他多种老年性疾病，但他每天还下功夫读中国古典诗、词、曲、赋，还时常神情满怀挥毫书写。高兴时，还会情不自禁地吟诵几句、背诵几首。庾信的《枯树赋》、江淹的《恨赋》《别赋》、谢惠连的《雪赋》、谢庄的《月赋》，还有战国时期楚国辞赋家宋玉的《登徒子好色赋》《大言赋》《神女赋》《高唐赋》，东汉文学家傅毅的《舞赋》、西汉辞赋家枚乘的《七发》、贾谊的《鵩鸟赋》等作品一直放在他的身边。

（一）终身爱读屈原的诗作

毛泽东1913年在湖南读书求学时就喜爱读屈原的诗作。对于这一点，从他在长沙求学期间的课堂笔记足以看得清楚。这份笔记只有47页，94面。笔记用的是竖写九行纸本，前11页用工整的楷书抄录了屈原的《离骚》和《九歌》全诗，后36页的"讲堂录"，是毛泽东的课堂笔记。

从1913年到1976年9月9日，这60多年里，毛泽东对屈原的诗作一直是情有独钟，走到哪里就把书带到哪里。屈原的诗歌也是毛泽东谈诗、品诗、评诗的一个重要话题。

1951年7月7日，在中南海同老同学周世钊、蒋竹如划船时，谈到《左传》和《楚辞》时，毛泽东说："《左传》和《楚辞》虽是古董，但都是历史，有一读的价值。"① 逄先知在回忆文章中写道："1957年12月，毛泽东曾要我们把各种版本的《楚辞》以及有关《楚辞》和屈原的著作尽量收集给他。我专门请何其芳列了一个目录，经过两个多月的努力，把古今有价值的各种《楚辞》版本和有关著作收集了五十余种。在那一段时间里，毛泽东比较集中地阅读了这些书。以后，他又在1959年、1961年两次要《楚辞》，1961年6月16日还特别指名要人民文学出版社影印的宋版《楚辞集注》。在楚辞中，毛泽东尤爱屈原的《离骚》。1958年1月12日，他在一封信里写道：'我今晚又读了一遍《离骚》，有所领会，心中喜悦'。"②

我们看到一本明代陈第撰写的《屈宋古音义》一书中的《离骚》中的一些段落，毛泽东反复读过多遍，并用不同颜色的

---

① 毕桂发：《毛泽东与影响他的历史人物》，中共中央党校出版社2009年版，第4页。

② 《毛泽东的读书生活》，生活·读书·新知三联书店1986年版，第215—216页。

铅笔圈画过。一些脍炙人口的名句,"长太息以掩涕兮,哀民生之多艰""路漫漫其修远兮,吾将上下而求索"等文字旁都画了圈。直到 1974 年 10 月 28 日,他老人家还一丝不苟地一遍又一遍阅读,在有的文字旁浓墨圈点。可以说,屈原的诗作是毛泽东终生喜爱的,《离骚》大作是毛泽东百读不厌的。

毛泽东不仅一遍又一遍读屈原的诗作,而且在文章、会议讲话和与友人谈话(包括与外国友人谈话)中,多次引用屈原的诗作,多次谈到屈原的生平、事迹,多次评价屈原其人和其作品。

1954 年 10 月 26 日,毛泽东会见访华即将回国的印度总理尼赫鲁时,介绍说:屈原是中国一位伟大的诗人,在 2000 多年前就写了许多爱国的诗,政府对他不满,把他放逐了。最后屈原没有出路就投河而死。后来中国人民把他死的这一天作为节日,就是旧历五月初五端午节。人们在这天吃粽子,并把粽子投喂给河里的鱼,使鱼吃饱了不伤害屈原。尼赫鲁向毛泽东辞行时,毛泽东又将屈原的诗句赠予他。毛泽东吟诵道:"悲莫悲兮生别离,乐莫乐兮新相知",并饱含深情地说:"离别固然令人感伤,但有了新的知己,不又是一件高兴的事吗?"

1957 年 3 月 8 日,毛泽东在同文艺界代表的谈话中,谈到贯彻"双百"方针、开展整风运动中出现的一些问题时说:"出一些《草木篇》,就那样惊慌?你说《诗经》、《楚辞》是不是也有草木篇?"[①] 据统计,《诗经》《楚辞》中对草、木、花、蔬菜等植物的描摹十分广泛,仅《诗经》中出现的植物、谷类就有 24 种,蔬菜有 38 种,药物有 17 种,草有 37 种,木有 43 种。

[①] 《毛泽东文集》第 7 卷,人民出版社 1999 年版,第 258 页。

所以，毛泽东很不赞成当时文艺界中把借用花草来抒发情感的文艺作品当成毒草来批判的态度。这种表现手法，古已有之，不必大惊小怪。

1958年1月11日至23日，中共中央在广西南宁召开部分中央负责人和部分省、市委书记参加的工作会议。毛泽东在会议上两次讲话都讲到了屈原的《离骚》。1月16日，毛泽东在讲话中说："学楚辞，先学《离骚》，后学《庄子》。"① 21日，《在南宁会议上的结论提纲》第一部分共有21个问题，其中第17个问题讲文件的准确性、鲜明性、生动性，举的例子是《离骚》中的诗句。他说：

> 古代考据学，要解决的问题，是概念和判断的问题，公式是什么是什么。
>
> 例如：皇考是远祖，还是祖父，还是父亲？三后是楚国的三后，还是禹、汤、文，还是颛顼、帝喾、轩辕？兰是现在这样的兰，还是另外一种？
>
> 以上是概念问题。
>
> 例如：昔三后之纯粹兮，固众（芳）之所在。（彼）尧舜之耿介兮，固（既）遵道而得路；何桀纣之（猖）披兮，夫唯截（捷）径以准（窘）步？
>
> 以上，是判断问题。
>
> 古代的义理学，要解决（的）问题，是推理的问题。
>
> 以上二学，都属理性认识。②

---

① 《建国以来毛泽东文稿》第7册，中央文献出版社1992年版，第16页。
② 《建国以来毛泽东文稿》第7册，中央文献出版社1992年版，第26页。

在南宁会议期间，毛泽东先是把包括《离骚》在内的几篇《楚辞》印发与会人员，后两次亲自宣讲。《离骚》长达375句，近2500字，毛泽东几乎全能背诵出来。可见毛泽东对屈原的诗歌是多么喜爱，多么熟悉，运用起来多么得心应手！

1958年3月22日，毛泽东在成都会议上的讲话中，讲到干部要讲真话时，又一次说到屈原是敢讲真话的，"是好的"。

1958年8月，毛泽东在审阅和修改陆定一的《教育必须与生产劳动相结合》一文时，在加写的一段话中写上了"屈原的批判君恶，司马迁的颂扬反抗"①的话，表明他对屈原、司马迁的称颂。

1964年8月18日，在北戴河，毛泽东与几位哲学工作者谈话时，说到了《庄子·天下篇》所说"一尺之棰，日取其半，万世不竭"的问题，他说："到现在《天问》究竟讲什么，没有解释清楚。《天问》讲什么，读不懂，只知其大意。《天问》了不起，几千年以前，提出各种问题，关于宇宙，关于自然，关于历史。"②《天问》是屈原的重要诗作。"天问"即问天，是对"天"提出的质问。古人认为天是主宰宇宙万物的，是什么都知、什么都懂、什么都管的神。既然"天"什么都管，屈原的《天问》就无所不问了。《天问》全诗由170多个问题组成，其中有关于自然现象的、关于神话传说的，也有关于历史事件、关于历史人物的，等等。《天问》涉及多方面的内容，表现了诗人屈原对旧的传统观念的怀疑和不拘泥于古人的勇于探索的精

---

① 《教育必须与生产劳动相结合》，《红旗》1958年第7期。
② 龚育之：《党史札记》二集，人民出版社2014年版，第244页。

七、读中国古诗词曲赋

神,不仅具有很高的科学价值,而且有重要的历史价值和文学价值。所以,毛泽东称赞说:"屈原写过《天问》,过了一千多年,才有柳宗元写《天对》,胆子很大。"[①]《天对》是柳宗元对屈原《天问》中所提问题的解答。柳宗元也是毛泽东颇为称赞的一位具有朴素唯物思想的历史人物。

1972年9月27日,时任日本首相田中角荣、外相大平正芳和内阁官房长官二阶堂进一行来中国访问,当天晚上,毛泽东在中南海游泳池住地会见他们。会见结束时,毛泽东兴致勃勃地把他很喜爱的、装帧精美的一部线装本《楚辞集注》作为礼物,赠送给了田中角荣。田中角荣很感激地接受了这份厚礼。

从以上的介绍中可以清楚地看到,毛泽东对屈原这位大诗人和他的诗作是多么地喜爱。60多年的时间里,毛泽东读过、批过、圈画过的各种版本的屈原的诗作,现在都存放在中南海毛泽东故居里。

毛泽东为什么这样喜爱屈原、这样爱读屈原的诗呢?我认为,至少有以下三个方面的原因。

第一,屈原的诗作具有突出的思想性、人民性。屈原所处的年代国家连年战乱,民不聊生。各诸侯国争权夺利,争战不休。屈原企图挽救国家的危亡可又无力回天,分散的各诸侯小国走向统一的大趋势无法阻挡。他决心以死殉国。所以他的诗作凝结着对理想的追求,对国家的热爱,对人民的热爱。字里行间都表达了诗人忧国忧民、坚贞不屈的人格和情怀。他无情

---

① 《毛泽东在上海》,中央党史出版社1993年版,第143页。

地揭露现实的黑暗，勇敢地揭露国家的昏聩、上层统治集团的腐败。毛泽东说他是"中国一位伟大的诗人"。在那样的黑暗社会里，一个有才华、有抱负的人心不甘，情不愿，只能拿起笔，作刀枪，把自己的心声、把心中的悲愤、把美好的愿望写成诗来表达自己的情感，来与统治者抗争。屈原的诗作，字字句句，都充满着爱国、爱民、爱追求真理的情怀。这是毛泽东爱读屈原诗作的一个重要原因。

第二，屈原的诗作具有很高的艺术性。屈原的《离骚》具有浪漫主义色彩，具有丰富的想象，充满奇特的幻想。在现实主义和浪漫主义两个文学流派中，毛泽东更喜爱浪漫主义。1958年1月，毛泽东在南宁会议上的第二次讲话中说："光搞现实主义一面也不好""学点文学"，当然不只是为了更好地管理文艺工作，更重要的是提高干部的文学素养，而文学想象，是敢于打破陈规陋习、敢于展开超越现实局限的翅膀。屈原的诗作包括《诗经》《楚辞》《离骚》等都超越现实，具有丰富的想象。王逸在《〈离骚经〉序》中写道："《离骚》之文，依《诗》取义，引类譬喻。故善鸟香草，以配忠贞；恶兽臭物，以比谗佞；灵修美人，以媲于君；宓妃佚女，以譬贤臣；虬龙鸾凤，以托君子；飘风云霓，以为小人。"《九歌·湘夫人》的故事，毛泽东就曾化用为自己的诗作："九嶷山上白云飞，帝子乘风下翠微。斑竹一枝千滴泪，红霞万朵百重衣。"由此可以说明，毛泽东对屈原诗作的艺术性即丰富的想象和浪漫主义的风格是很为欣赏的。

第三，屈原的诗作开创了中国诗歌史上一种新的文体。1959年8月16日，毛泽东在《关于枚乘〈七发〉》一文中说：

"骚体是具有民主色彩的，属浪漫主义流派，对腐败的统治者投以批判的匕首。屈原高踞上游。宋玉、景差、贾谊、枚乘略逊一筹。然亦甚有可喜之处。"① 这是毛泽东对屈原及其开创浪漫主义文学流派的评价。屈原开创的浪漫主义文学流派"骚体"和《诗经》开创的现实主义文学流派一样，都是具有里程碑意义的，是我国文学诗歌史上的奇迹。在文学诗歌的创作思想方法上，毛泽东是主张现实主义与浪漫主义相结合的。

（二）最爱读唐代"三李"的诗作

我国古典诗词很多，名著、名作、名家不胜枚举。历经几千年，流传数万首。纵观毛泽东读诗词的情况，我们感到，毛泽东还是最爱读唐代"三李"，即李白、李贺、李商隐的诗。

据我们不完全的统计，毛泽东阅读过的唐诗著作有近30种，有旧时流传的多种不同开本的平装本，有不同印装式样的线装古籍本，还有新中国成立后国内各家出版社出版的平装本。翻开这些唐诗读物，我们可以清晰地看到，"三李"的诗作，有的是用红铅笔圈画的，有的是用黑铅笔圈画的。这些批注的文字和不同颜色铅笔的圈画说明，"三李"的诗作，毛泽东生前是很爱读的，是反复读过很多遍的。

1. 毛泽东为什么很爱读李白的诗作、诗句

在所有唐诗中，李白的诗作毛泽东读得最多，批注批画得最

---

① 《毛泽东文艺论集》，中央文献出版社2002年版，第201页。

多，书写得最多。毛泽东逝世前，他的身边一直放着影印本《唐诗别裁集》和新印的大字线装本《唐诗三百首详析》等唐诗读本。这些唐诗读本，他老人家早就读过，批画过。可是到了晚年岁月，他老人家对这些唐诗读本还爱不释手，读了又读，有时还读出声来，有时在房间里来回走动时，口里还在一句一句地背诵。每当看书看累了的时候，或者夜晚入睡之前的片刻时间里，他老人家还常常满怀激情地书写古诗词。中央档案馆编，文物出版社、档案出版社1984年7月出版的《毛泽东手书古诗词选》共收录57位作者古诗词117首，其中毛泽东手书李白的诗作就有15首之多，可见李白是毛泽东手书古人诗作最多的一位唐代诗人。

毛泽东如此爱读爱书写李白的诗作、诗句，我认为，一是因为李白的诗文采奇异，气势雄伟，想象丰富。毛泽东曾对身边的工作人员说过："李白的《蜀道难》写得很好"，"这首诗主要是艺术性很高，谁能写得有他那样淋漓尽致呀，它把人带进祖国壮丽险峻的山川之中，把人们带进神奇优美的神话世界，使人仿佛也到了'难于上青天'的蜀道上面了。"[①] 我们在毛泽东生前读批过的一本由中华书局印行的乾隆年间蘅塘退士（孙洙）选编的《唐诗三百首》中看到，毛泽东用铅笔在《蜀道难》这首诗的天头上画了一个大圈，并批注："此篇有些意思。"在另一本中华书局印行的《唐诗三百首》线装本第二十二面《将进酒》诗的标题上面，毛泽东用铅笔画了一个大圈，在正文天头又连画三个小圈，并在天头小圈和大圈之间的空白处写了

[①] 杨建业：《在毛主席身边读书——访北京大学中文系芦荻老师》，《光明日报》1978年12月29日。

七、读中国古诗词曲赋

"好诗"两个字。毛泽东还对李白的《梁甫吟》《古风五十九首》《庐山谣寄卢侍御虚舟》等诗作作批注和圈画。毛泽东认为:"李白的诗,文采奇异,气势磅礴,有脱俗之气。"① 他对儿女们说过:"李白的诗豪放,想象力丰富,读了使人心旷神怡。……多读些李白的诗,可以开阔胸襟。"②

1958年1月16日,毛泽东在南宁会议上讲话中说:"光搞现实主义一面也不好,杜甫、白居易哭哭啼啼,我不愿看,李白、李贺、李商隐,搞点幻想。我们党建党以来,几十年没正式研究过这问题。"③

何其芳曾在回忆文章中这样写道:

> 1942年4月下旬的一天上午,他和鲁艺文学系和戏剧系的几个党员教师去见毛泽东,谈到文艺工作,严文井问毛泽东:"听说主席喜欢中国古典诗歌,您是喜欢李白,还是杜甫?"毛泽东回答说:"我喜欢李白。但李白有道士气,杜甫是站在小地主的立场。"④

二是因为李白的诗具有很高的艺术性。据有关史料记载,1949年12月,毛泽东在去苏联访问的旅途中,与苏联汉学家费德林谈话中谈到了李白,毛泽东的评价是:"李白,唐代杰出诗人。他像天才诗人普希金对俄国人民的贡献那样,为中国人民写了许多珍贵的艺术诗篇。李白的诗是登峰造极的,他是空前

---

① 毛岸青、邵华:《回忆爸爸勤奋读书和练书法》,《瞭望》1983年第12期。
② 《燃烧的回忆——访刘松林、邵华》,《文汇报》1983年12月23日。
③ 陈晋:《毛泽东读书笔记解析》,广东人民出版社1996年版,第1260页。
④ 何其芳:《毛泽东之歌》,《时代的报告》1978年第2期。

绝后的不朽艺术家。中国至今没有能超过李白、杜甫的诗才。"①毛泽东喜欢李白的诗,不仅自己读,还经常推荐他人读李白的诗。1959年8月6日,毛泽东把李白的《庐山谣寄卢侍御虚舟》推荐给儿媳刘松林,鼓励她开阔胸襟,从毛岸英去世的悲痛中走出来。1961年9月16日在庐山,毛泽东又将这首诗书赠党中央常委诸同志一读。

尽管毛泽东很欣赏李白的诗,但也一贯主张,对李白和李白的诗作要一分为二,要坚持辩证法。毛泽东认为李白的诗除了"文采奇异,气势磅礴",具有很高的艺术性等积极的作用外,也有其消极之处,主要表现在李白"尽想做官"和诗的字里行间渗透出"道士气"。在李白的人生观和价值观中,"做大官"的意识是很浓厚的。他在《代寿山答孟少府移文书》中说:"申管晏之谈,谋帝王之术。奋其智能,愿为辅弼。使寰区大定,海县清一。"他的名诗《梁甫吟》集中体现了他的这一思想。

《梁甫吟》是李白被排挤出长安后官场失意之时的悲愤之作,他在诗中引用了汉代郦食其的故事。郦是一介书生,嗜酒如命,被称为"高阳酒徒"。他曾给刘邦献计而克陈留,被封为广野君。公元前204年,他游说齐王田广归汉,使刘邦不战而得齐国七十余城。但此时韩信乘机奔袭齐国,齐王以为郦食其以缓兵之计欺骗了他,便把郦扔进了油锅。李白很推崇郦食其以三寸不烂之舌建功于风云际会之时的才智和气概,故说"君

---

① 〔俄〕尼·费德林著,周爱琦译:《我所接触的中苏领导人》,新华出版社1995年版,第28页。

不见高阳酒徒起草中"，"指挥楚汉如旋蓬"，希望自己也能像他一样一举成名。

毛泽东不赞成李白在这首诗中透露出的在建功立业上书生式的纯理想化的思想和认识，1973年7月4日，他在谈话中说到秦始皇时随口引出了《梁甫吟》，并用打油诗的方式批评了李白："你李白呢？尽想做官！结果充军贵州，走到白帝城，普赦令下来了。于是乎，'朝辞白帝彩云间'。其实，他尽想做官。《梁甫吟》说现在不行，将来有希望。'君不见高阳酒徒起草中'，'指挥楚汉如旋蓬'。那时神气十足。我加上几句，比较完全：'不料韩信不听话，十万大军下历城。齐王火冒三千丈，抓了酒徒付鼎烹'，把他下了油锅了。"[①]

毛泽东对李白尽管有这样的看法，但他对李白的《梁甫吟》还是很喜欢的。在他的故居藏书中，有一份《梁甫吟》的手抄本，是用一寸大小的毛笔字抄在16开毛边纸上的，共7页。这是毛泽东晚年视力减退时，为阅读此诗，特意让身边工作人员用大字抄写出来的。此本右上角画着两个红圈，说明这份手抄本毛泽东至少看过两遍。《唐诗别裁集》中这首诗旁，也画有表示读过两遍的大圈；并且"君不见高阳酒徒起草中""指挥楚汉如旋蓬"两句旁，用红铅笔画着直线。其他多种版本的李白的这首诗作，毛泽东都不止一次地阅读圈画过。

毛泽东十分喜欢李白的诗歌，身边一直放着载有李白诗歌的唐诗选本，如《唐诗别裁集》《唐诗三百首》《唐诗三百首详

[①] 陈晋：《毛泽东读书笔记解析》，广东人民出版社1996年版，第1271—1272页。

析》等。他老人家在晚年的岁月里还时常翻阅。李白的许多诗作,他老人家都熟记于心,开口就能背诵下来。

2. 毛泽东为什么爱读李贺的诗作、诗句

毛泽东认为:"李贺诗很值得一读。"

李贺是继李白之后,唐朝又一位杰出的浪漫主义诗人。多种版本的李贺诗集,如《李长吉歌诗集》《李长吉集》《李昌谷诗集》《李昌谷诗注》等,毛泽东都有浓厚的兴趣,都不止一遍地阅读、批画过。直到1974年5月7日下午,他老人家还指示我们将叶葱奇疏注,人民文学出版社出版的平装本《李贺诗集》印大字线装本。7月2日大字线装本印出后一直放在游泳池住地卧室里和会客厅的书架上,那些时日,他尽管身患多种老年性疾病,还经常阅读。李贺的《致酒行》中"我有迷魂招不得,雄鸡一声天下白。少年心事当拿云,谁念幽寒坐呜呃"之句,他老人家百读不厌。

李贺的另一首诗《梦天》也是毛泽东非常喜爱的。"老兔寒蟾泣天色,云楼半开壁斜白。玉轮轧露湿团光,鸾珮相逢桂香陌。"诗人对想象中月宫的描绘可谓美丽奇特,在所有写月宫的诗中独树一帜。"黄尘清水三山下,更变千年如走马。遥望齐州九点烟,一泓海水杯中泻。"诗人梦游月宫,感宇宙之博大,察地球之渺小,九州大地,自天外观之不过是烟尘九点;大海汪洋,从高处俯察,不过是杯中之水。诗中揭示的永恒与短暂,伟大与渺小之间的辩证关系是前无古人的,也是极富哲理的。雄视千古,善于从大处着眼兼有诗人和哲学家气质的毛泽东特别欣赏这首诗,他在黄陶庵评本《梦天》一首题头评语"论长

七、读中国古诗词曲赋

吉每道是鬼才，而其为仙语，乃李白有所不及"处，圈点断句，表明他对黄说的极其赞同。毛泽东的《七律二首·送瘟神》中"坐地日行八万里，巡天遥看一千河"等诗句显然受李贺《梦天》一诗的影响。

李贺的诗与李白、李商隐的诗有相同之点，就是字里行间都充满着幻想和浪漫情怀，其诗想象丰富，构思奇艳，意境瑰丽。这是毛泽东很为喜爱的。有一次在谈到李贺的诗歌时，他曾对随行人员说，李贺"专门作古怪的诗"，其作品"是鬼诗，不是人诗"。毛泽东很欣赏李贺那富于想象、浪漫奇崛的诗风。

毛泽东喜爱读李贺的诗，还有一个原因，就是他很欣赏李贺不满封建统治、不迷信封建帝王的叛逆精神。这是李贺诗与他人诗作的又一个不同之点。李贺在《金铜仙人辞汉歌》中写道："茂陵刘郎秋风客，夜闻马嘶晓无迹"，在《苦昼短》中写道："刘彻茂陵多滞骨，嬴政梓棺费鲍鱼"，诗中敢于称汉武帝为"刘郎、刘彻"，直呼秦始皇为"嬴政"，正是表现了诗人的这种勇气。在1958年成都会议上，毛泽东讲话提倡振作精神，破除迷信，曾以李贺为例。他说，中国的儒家对孔子就是迷信，不敢称孔丘，李贺就不是这样，对汉武帝直写其名。

毛泽东很欣赏李贺诗的艺术风格。所以，他在创作中也多少带有李贺诗的奇艳瑰丽、意境浪漫的独特风格。如《浣溪沙·和柳亚子先生》中的"一唱雄鸡天下白"、《念奴娇·井冈山》中的"一声鸡唱，万怪烟消云落"，与李贺《致酒行》一诗中的"雄鸡一声天下白"颇为相似。在1949年写的《七律·人民解放军占领南京》一诗中，"天若有情天亦老"诗句更是一字不差地引用了李贺《金铜仙人辞汉歌》中"衰兰送客咸阳道，天若有情天亦老"之句，只是在这里，毛泽东在诗中又寓了新的含义。

3. 毛泽东为什么爱读李商隐的诗作、诗句

李商隐，字义山，是唐代后期的著名诗人。他的诗与李白、李贺的诗作的相同之点是，都具有浪漫主义色彩，同时，又受同时代大诗人杜甫现实主义诗风的影响，他的诗有自己鲜明的时代特色、个性特征和独特的艺术风格。这是毛泽东喜爱李商隐诗的主要原因。

毛泽东不但喜欢他的《无题》《锦瑟》《嫦娥》等情致缠绵的爱情诗，也喜欢《贾生》《马嵬》《隋宫》等政治诗，并对其好多作品都能熟背如流。据周谷城回忆，1965年他在上海见到毛泽东，谈到旧体诗及李商隐，兴之所至周谷城背诵起李商隐诗《马嵬》："海外徒闻更九州，他生未卜此生休。空闻虎旅鸣宵柝，无复鸡人报晓筹。此日六军同驻马，当时七夕笑牵牛"，背到此，忘记了后面两句，毛泽东便接口背道："如何四纪为天子，不及卢家有莫愁。"

1958年11月1日，毛泽东来到河南新乡沁阳县视察工作，时任沁阳县委书记叫赵汉儒。毛泽东见到赵汉儒开口就说："沁阳是李商隐的故乡，李商隐的诗写得好哇，我很喜欢他的诗！雍店这个村还有吗？李商隐就是这个村的！"赵汉儒回答说："这个村现在叫新店。"毛泽东饶有兴趣地接着说："应该叫新店，叛匪火烧雍店，叫新店好，好！"

毛泽东对李商隐生平事迹以及其生活也有兴趣。20世纪五六十年代，毛泽东在身患多种疾病的情况下给秘书田家英写过

七、读中国古诗词曲赋

一封信：

田家英同志：

　　苏雪林著《李义山恋爱事迹考》，请去坊间找一下，看是否可以买到，或者商务印书馆有此书？①

毛泽东还关注和参与李商隐诗歌研究。他读《历代诗话》，关于李商隐《锦瑟》中的"锦瑟"解释，对苏东坡的"适、怨、清、和"说和其他几种关于"锦瑟"的不同解释，一路画了密圈。1965年6月和刘大杰谈到的李商隐的《无题》诗，毛泽东发表意见："《无题》诗要一分为二，不要一概而论。"②

1975年8月2日，刘大杰为修改其《中国文学发展史》，关于李义山的无题诗专门致信毛泽东，刘大杰在信中写道："关于李义山的无题诗，说有一部分是政治诗，也有少数是恋爱诗，这样妥当吗？"1976年2月12日，毛泽东在身患多种疾病的情况下给刘大杰复信："李义山无题诗现在难下断语，暂时存疑可也。"③ 这是毛泽东生前致友人的最后一封信。

毛泽东常以李商隐诗作为书法练习内容。上面说到的《毛泽东手书古诗词选》中收有李商隐的《锦瑟》、《筹笔驿》、《无题》（"相见时难别亦难"）、《马嵬》、《嫦娥》、《贾生》等。

据不完全统计，毛泽东圈画李商隐诗有30余首，其中圈画过多次的有《有感二首》《重有感》《锦瑟》《夜雨寄北》《马嵬》

---

① 董边等：《毛泽东和他的秘书田家英》，中央文献出版社1990年版，第27页。
② 孙琴安：《毛泽东与刘大杰谈古典文学》，《文艺报》1991年12月28日。
③ 《毛泽东传》第六册，中央文献出版社2011年版，第2747页。

《贾生》《北齐二首》《隋宫》和《韩碑》。《无题》("相见时难别亦难"),在标题上连画三个圈。《无题》("昨夜星辰昨夜风")、《无题》("飒飒东风细雨来")等诗也都有圈画。在读《随园诗话》时,毛泽东对杨守和、尹文端集李商隐诗句的对子"夕阳无限好,只是近黄昏""天意怜幽草,人间重晚晴"加了圈画。这些毛泽东阅读批注、圈画过的李商隐的诗作等有关图书都从中南海毛泽东故居移交给中央档案馆保存着。

(三)也爱读晚唐罗隐的诗

罗隐是晚唐时期很有才气的一位诗人。《吴越备史·罗隐本传》一书中称赞罗隐是"黄河信有澄清日,后代应难继此才"。尽管他有才华,但很不得志。在以科举取士的封建社会里,他因写《谗书》讥讽时政,触犯了统治阶级,10次投考进士,都榜上无名。怀才不遇,才能难展。悲愤之下,隐居深山。诗言志,诗言情。在悲愤、不满、消极、低沉的情感下写的诗作,可以说许多的诗句都是他内心情感的真实表白,自然流露。罗隐的诗,毛泽东首首都读,很多诗旁都有圈画,有的还写下批注文字。

毛泽东晚年为什么爱读罗隐的诗作呢?尤其是"时来天地皆同力,运去英雄不自由",这两句是毛泽东极为欣赏的,也是书写最多的。依我的理解,主要有以下几个方面的原因。

一是毛泽东对罗隐怀才不遇、才能难展的思绪有同情的心理。不同际遇,不同时空,相似的悲凉、孤独、寂寞情感,是毛泽东晚年爱读罗隐诗作、爱书写罗隐诗句的一个重要缘由。

七、读中国古诗词曲赋

"时来天地皆同力，运去英雄不自由。"这是罗隐咏史诗《筹笔驿》中的诗句。全文是：

> 抛掷南阳为主忧，北征东讨尽良筹。
> 时来天地皆同力，运去英雄不自由。
> 千里山河轻孺子，两朝冠剑恨谯周。
> 唯余岩下多情水，犹解年年傍驿流。

毛泽东在读这首诗时，在标题前画了三个大圈，每句诗的末尾也都画上了圈，第一句诗旁画了曲线，从第三句开始，一直到全诗最后一个字，逐字逐句画上了圈。

筹笔驿为古地名，在今四川省境内。传说是诸葛亮率兵出师，曾驻扎过这个地方，并在这里运筹决策。"时来天地皆同力，运去英雄不自由"这两句诗，表达了诗人对诸葛亮出众才华、才思过人的颂扬和钦佩，同时也表达了诗人对诸葛亮未能实现初衷、用尽其才，终未光复汉业的惋惜。这是诗人罗隐的情怀。毛泽东为什么又读又书写又圈画这两句诗呢？这里我试作分析。

如果说，从1935年著名的遵义会议之后，特别是万里长征大转移来到陕北延安之后及抗日战争、全国解放战争期间，直到社会主义新中国成立的初期，毛泽东领导全中国人民团结一致，万众一心，排除万难，夺取了一个又一个的伟大胜利是"时来天地皆同力"的话，那么，进入20世纪六七十年代，毛泽东在领导中国人民建设社会主义的伟大探索实践中出现了失误，特别是持续十年的"文化大革命"这一全局性的"左"倾严重错误，给党、国家和各族人民带来了严重的灾难，国民经济遭受巨大损失，他本人又重病缠身，体质越来越差，身体越来越不好，加上林彪的背叛，江青等"四人帮"肆无忌惮、迫不及待篡党夺权，再加上周恩来、朱德等老一辈革命家相继辞世等等一件件国事、家事、烦事、愁事、悲事，毛泽东晚年较长时间处在忧虑、忧伤、不安和孤独、寂寞、悲凉的氛围之中。罗隐怀才不遇、才能难展，隐居深山，消极、低沉、失落、悲愤情绪在他的诗句中表现得淋漓尽致。毛泽东和罗隐，两位生活在不同的年代，不同的时空岁月中，有着不同的人生阅历和不同的际遇环境，同样的"运去英雄不自由"，有着相似的内心情感。毛泽东对罗隐怀才不遇，才华难展，有同情之意，对他的诗作的思想性、艺术性及其创作的独特风格很为欣赏。二者的相融相通，是毛泽东对罗隐诗作喜爱的主要原因。

罗隐的咏史诗，毛泽东首首都读，几乎首首、句句都作圈画。除《筹笔驿》外，还有一首叫《王濬墓》，诗中写道："男儿未必尽英雄，但到时来即命通，若使吴都犹王气，将军何处立殊功。"据史籍记载，王濬是西晋大将，水师统帅，曾率水师破吴获胜。毛泽东读这首诗时，在标题前画了两个大圈，又在头两句诗旁连续上画了几个圈。还有一首咏史诗叫《西施》，全文是："家国兴亡自有时，吴人何苦进西施。西施若解倾吴国，越国亡来又是谁。"毛泽东同样先在这首诗的标题前画了两个大圈，后在每句诗、每个字旁都画了圈。除此之外，《焚书坑》《秦帝》《董仲舒》等，都是罗隐咏史诗中的佳作，毛泽东都读过多遍，都作了密密麻麻的圈画，由此可看出毛泽东对诗人和诗作是很为欣赏的。

我们看到，毛泽东读罗隐的诗作写的唯一的一条批注是

"十上不中第"。毛泽东批注的这五个字不难理解，就是十次上考，十次没考中的意思，是对罗隐当年实际遭遇的一种注释，也是对罗隐怀才不遇，"运去英雄不自由"内心情感的一种同情。这五个字的批注是在读了罗隐的《嘲钟陵妓云英》这首诗之后写下的。这首诗的全文是："钟陵醉别十余春，重见云英掌上身。我未成名君未嫁，可能俱是不如人。"罗隐的这首诗在《罗昭谏集》和《甲乙集》两本诗集里都刊载了。上述的批注是写在《甲乙集》刊载的这首诗的天头上，用黑铅笔写的。两种版本中刊载的这首诗，毛泽东都读了又读，都有圈画。《罗昭谏集》中这首诗的后两句，每个字旁边都画有圈。罗隐的这首诗，从字面上看是有嘲笑妓女云英的意思。但实际上也是诗人自己屡试不中、内心深感痛楚的一种写照。在诗人心里，他与妓女虽然身世不同，窘境不同，但实际上是"同病相怜"的，都是受人欺凌、任人摆弄，"俱是不如人"的。这与诗人在另一首《自遣》诗中表白的意境是一致的。罗隐的《自遣》诗："得即高歌失即休，多愁多恨亦悠悠。今朝有酒今朝醉，明日愁来明日愁。"面对无情的社会现实和种种丑恶的现象"愁"也好，"恨"也罢，有看法、有想法，最终却是无能为力，只能"今朝有酒今朝醉，明日愁来明日愁"。诗人罗隐也好，妓女云英也好，命运不"俱是不如人"嘛！毛泽东对罗隐的《自遣》《偶兴》《东归别常修》等诗，也是读过多遍，许多诗句旁边都画上了圈。

罗隐写景写情的诗也有独到之处，有的写得很精彩。《罗昭谏集》《甲乙集》这两本诗集中就有很多写情、写景的诗，深得毛泽东的喜爱。

例如《七夕》这首诗，原诗是这样写的："月帐星房次第开，两情惟恐曙光催。时人不用穿针待，没得心情送巧来。"构思别致，意境新颖，情感细腻。毛泽东在阅读这首诗时不仅在最后两句诗旁字字画圈，而且在诗后又画上了两个小圈外套两个大圈。诗句旁小圈连小圈，诗末小圈套大圈，圈圈相连，足以说明，毛泽东对诗的喜爱。

写景的诗，如《浮云》这首诗是这样写的："溶溶曳曳自舒张，不向苍梧即帝乡。莫道无心便无事，也曾愁杀楚襄王。"再如，《京中正月七日立春》全诗是："一二三四五六七，万木生涯是今日。远天归雁拂云飞，近水游鱼迸冰出。"这两首诗的构思也很独特、奇巧，毛泽东也很喜爱。他在阅读过程中，这两首诗全诗都加了圈点，诗的标题前还分别画了两个大圈。还有一首写景诗《中秋夜不见月》，第一句："阴云薄暮上空虚"，阅读中，毛泽东在句末用黑铅笔画了两个圈。第二句："此夕清光已破除"，句末又画了两个圈。第三句和第四句："只恐异时开霁后，玉轮依旧养蟾蜍。"每个字旁都画了圈。这首写景诗，诗人的构思、文采、想象等都别有特色，所以，毛泽东在欣赏之余，圈了又圈，画了又画。

罗隐虽然怀才不遇，"十上不中第"，但是，他写下的一首首诗作，能流传至今，受到了毛泽东的青睐。诗中体现的才华和倾吐的情感，得到毛泽东的赏识和同情，这是诗人不会想到的。

（四）圈画最多的是辛弃疾的词

我国古典文学中的词作，也是毛泽东生前很喜爱，读了又

七、读中国古诗词曲赋

读，读而不倦的。

从毛泽东生前阅读批注圈画过的书籍中可以看到，我国著名词人苏轼、李清照、岳飞、陆游、张孝祥、张元干、秦少游、萨都剌等的词作，毛泽东几乎都圈画过。其中读得最多、圈画最多的是南宋伟大的爱国主义词人辛弃疾的词。

辛弃疾，号稼轩，是我国开一代词风的伟大词人，也是一位能征善战、熟稔军事的民族英雄。南宋词人刘克庄称其词作是"大声镗鞳，小声铿鍧，横绝六合，扫空万古，自有苍生以来所无"，曾有古人这样赞美他：稼轩者，人中之杰，词中之龙。我国当代文豪郭沫若曾为辛弃疾之墓撰写挽联："铁板铜琶继东坡高唱大江东去，美芹悲黍冀南宋莫随鸿雁南飞。"这是对辛弃疾词的风格与价值最有见地的评价。毛泽东对辛弃疾别具风格的词爱不释手，读了又读，圈了又圈，画了又画。对辛弃疾词作中"金戈铁马，气吞万里如虎"的英雄气概，毛泽东是很为赞赏的。

中南海毛泽东故居藏书中，中国古典词作种类很多，版本很多。《词综》就有五种以上不同的版本。1974年我们将原来他老人家看过的两种线装本《词综》，影印放大。一种放在他游泳池住地的卧室里，一种放在会客厅里。这两种《词综》中的辛弃疾的词，毛泽东都多次阅读圈画。其中有一首词《破阵子·为陈同甫赋壮词以寄之》，词中写道："醉里挑灯看剑，梦回吹角连营。八百里分麾下炙，五十弦翻塞外声，沙场秋点兵。马作的卢飞快，弓如霹雳弦惊。了却君王天下事，赢得生前身后名。可怜白发生！"陈同甫就是陈亮，他是辛弃疾志同道合的好朋友。词的字里行间反映了辛弃疾昔日沙场生涯的追忆之情。

毛泽东在这首词的天头上用黑铅笔重重地画了一个大圈。另一首词《水调歌头·舟次扬州和杨济翁、周显先韵》："落日塞尘起，胡骑猎清秋。汉家组练十万，列舰耸层楼。谁道投鞭飞渡？忆昔鸣髇血污，风雨佛狸愁。季子正年少，匹马黑貂裘。今老矣，搔白首，过扬州。倦游欲去江上，手种橘千头。二客东南名胜，万卷诗书事业，尝试与君谋。莫射南山虎，直觅富民侯。"在这首词标题的天头上，毛泽东也用黑铅笔画了一个大圈。毛泽东在读词过程中不仅非常用心地理解词意和词的创作艺术，而且很认真地把书上印错的字改正过来。如上述词中的"列舰耸层楼"中的"舰"字，书上错印成了"槛"字，毛泽东在阅读中就用黑铅笔把它改正过来。这是毛泽东在读书中的一贯的做法。

辛弃疾的另一本著作《稼轩长短句》，由中华书局1959年影印出版的，共四个分册。每一分册的封面上，毛泽东都用粗红铅笔画上了圈。这个圈一方面说明他读过了，另一方面也说明喜爱读。翻开这部书，我们粗略地数了一下，共60多首的标题上都画了圈。书中圈、点、曲线、粗线很多，有的是用黑铅笔圈画的，有的是用红铅笔圈画的。不同的笔迹，说明毛泽东读过很多遍，十分喜爱。

辛弃疾有两首词是毛泽东特别喜爱的。一首是《永遇乐·京口北固亭怀古》。原词是："千古江山，英雄无觅孙仲谋处。舞榭歌台，风流总被雨打风吹去。斜阳草树，寻常巷陌，人道寄奴曾住。想当年，金戈铁马，气吞万里如虎。元嘉草草，封狼居胥，赢得仓皇北顾。四十三年，望中犹记，烽火扬州路。可堪回首，佛狸祠下，一片神鸦社鼓！凭谁问，廉颇老矣，尚能饭否？"词中的"想当年，金戈铁马，气吞万里如虎"的词句和英雄气概，都是毛泽东很欣赏的。另一首是《南乡子·登京口北固亭有怀》："何处望神州？满眼风光北固楼。千古兴亡多少事？悠悠。不尽长江滚滚流！年少万兜鍪，坐断东南战未休。天下英雄谁敌手？曹刘。生子当如孙仲谋。"这首词，毛泽东非常喜爱。中南海故居里存放的多种词书中，关于这首词毛泽东都作过圈画。不仅读得多、记得牢，他还经常挥毫书写，一字不差。关于这首词，还有一段小故事：1957年3月，在一次由南京飞往上海的途中，当飞机飞临镇江上空时，毛泽东兴致盎然，提笔蘸墨，书写《南乡子·登京口北固亭有怀》，一边书写，一边向同行的工作人员解释这首词的意义和词中所提到的典故。据史书记载，历史上京口北固亭就在现今镇江的东北，京口曾是三国时期吴国孙权建都的地方。我们知道毛泽东生前坐飞机外出次数本就不多，在万里高空留下墨宝，就更为稀罕了。这幅极其珍贵的书作，一直由中央档案馆珍藏着。

辛弃疾的词作中，还有一些是抒发感情的，写得很细腻、优美、动人。毛泽东也爱读。如《太常引·建康中秋夜为吕叔潜赋》："一轮秋影转金波，飞镜又重磨。把酒问姮娥，被白发、欺人奈何！乘风好去，长空万里，直下看山河。斫去桂婆娑，人道是、清光更多。"这首词，毛泽东先后读过多遍，在书的天头上还画了一个大圈。辛弃疾还有一首词，叫《木兰花慢·可怜今夕月》，词前作者写了一段小序："中秋饮酒将旦，客谓前人诗词有赋待月，无送月者，因用《天问》体赋。"词是这样写的："可怜今夕月，向何处，去悠悠？是别有人间，那边才见，光影东头？是天外空汗漫，但长风浩浩送中秋？飞镜无根谁系？

姮娥不嫁谁留？谓经海底问无由，恍惚使人愁。怕万里长鲸，纵横触破，玉殿琼楼。虾蟆故堪浴水，问云何玉兔解沉浮？若道都齐无恙，云何渐渐如钩？"毛泽东读这首词时，对前面的小序中每句话都有圈点，在词中的每个疑问句后，都画了一个大大的问号，在词的标题前用黑铅笔连画了三个大圈。可以看出，毛泽东读这首词时，对词作者在700多年前就这样缜密地观察月亮升落、旋转的自然景象，是非常欣慰的，对词作者这种丰富的想象是很称赞的。直到1964年8月，毛泽东在和周培源、于光远谈哲学问题时，还提到辛弃疾这首词，他认为辛词和晋朝人张华《励志诗》中的诗句"太仪斡运，天回地游"，都包含着地圆的含意。

毛泽东读诗读词，不仅欣赏诗词的艺术性，更欣赏诗人、词人丰富的想象力和浪漫豪放的情怀及其辩证的思维。1957年8月1日，毛泽东在《对范仲淹两首词的评注》中写道："词有婉约、豪放两派，各有兴会，应当兼读。读婉约派久了，厌倦了，要改读豪放派。豪放派读久了，又厌倦了，应当改读婉约派。我的兴趣偏于豪放，不废婉约。婉约派中有许多意境苍凉而又优美的词。范仲淹的上两首，介于婉约与豪放两派之间，可算中间派吧；但基本上仍属婉约，既苍凉又优美，使人不厌读。婉约派中的一味儿女情长，豪放派中的一味铜琶铁板，读久了，都令人厌倦的。人的心情是复杂的，有所偏但仍是复杂的。所谓复杂，就是对立统一。人的心情，经常有对立的成分，不是单一的，是可以分析的。词的婉约、豪放两派，在一个人读起来，有时喜欢前者，有时喜欢后者，就是一例。睡不着，哼范词，写了这些。"① 这是毛泽东对范仲淹两首词的评注，也是毛泽东关于怎样读中国古词的独特的见解。

（五）爱读中国历代名家赋作

1. 读《枯树赋》

说到毛泽东晚年爱读中国历代名家赋作，这里先介绍一下毛泽东在疾病缠身的最后的岁月里还一遍一遍吟诵《枯树赋》的故事。

事情是这样的：1976年1月8日，周恩来总理逝世。周恩来是毛泽东最忠诚的战友，是毛泽东最得力的助手，与毛泽东一起并肩战斗近半个世纪。得知周恩来逝世的消息，毛泽东心里万分悲痛。那些天里，他老人家饭不想吃，觉不想睡，常常一个人独自坐在沙发上流眼泪。身边的工作人员看到，周恩来追悼大会的头一天，他老人家在审阅周恩来悼词的时候，眼里不停地流泪。第二天下午两点多钟，周恩来追悼大会快要开始的时候，身边的工作人员都知道，他老人家的内心里很想去出席追悼大会，向老战友送别。可是，当时他老人家两条腿肿得不能站立，两只脚肿得像发面馒头似的，鞋子都穿不进去。此时此刻，他老人家难过的心情，身边的工作人员真不知道用什么语言形容好。只看他坐在沙发上泪如泉涌，浸湿了衣衫。看得出，他老人家万分悲痛，但那些天一直强忍着，我们也无法

---

① 《毛泽东文集》第7卷，人民出版社1999年版，第304页。

知道眼泪往肚里流了多少。到了5、6月间，毛泽东的健康状况明显恶化，6月初突发心肌梗死。中共中央一方面积极组织抢救，一方面把毛泽东的病情向中央各部委、各省市自治区党政军主要负责同志通报。经过医护人员的通力协作，他老人家被抢救过来了。可是没过多久，7月初，朱德委员长又突然逝世。半年时间里，周、朱两位开国元勋，与自己患难与共、风雨同舟几十年的老战友都走了，毛泽东此时的心情更加悲伤、悲凉。

在这一段时间里，毛泽东对外宾、内宾、身边工作人员都说过：我不行了，没有用了。我已经接了上帝的请帖，我要去访问上帝。马克思要请我去喝烧酒呢，上帝要叫我去呢，人总是要死的，哪有不死的人呢？死神面前，一律平等，我毛泽东岂能例外？1975年10月1日上午，他独自一个人靠在床头上沉思时自言自语：这也许是我过的最后一个国庆节了，最后一个"十一"了。[1] 1975年除夕夜，他一个人坐在游泳池住地会客厅的沙发上，隐隐约约听见远处传来的鞭炮声，用低哑的声音对工作人员说："放点爆竹吧。"当听到工作人员燃放的爆竹声，他那垂老松弛的脸上露出一点儿笑容。此时，生命垂危的毛泽东已经很清楚他自己的身体状况。就是在这样极其忧伤、悲凉、痛楚的日子里，有一天，毛泽东突然让机要秘书张玉凤给他读《枯树赋》。《枯树赋》是南北朝时期著名文学家庾信写的，共500多字，毛泽东早年就熟读过。这篇赋讲的是晋朝时的一个人，来到一棵大树下，看到大树过去也有过生长繁盛的时期，

---

[1] 《毛泽东年谱（1949—1976）》第6卷，中央文献出版社2013年版，第611页。

七、读中国古诗词曲赋

而现在已经衰老了，这个人内心油然而生一种悲凉。张玉凤在回忆文章中写道：当时"我读得很慢，主席微闭着眼睛，似乎在体味赋中描述的情景，回顾他一生走过的路"。

张玉凤慢慢念了两遍，毛泽东突然说："你拿着书，看我能不能把它背出来。"张玉凤说："我看着《枯树赋》，他老人家几乎一字不漏地全部背诵出来。他已不能像过去那样声音洪亮地吟诗，只能微弱而费力地发音，一字一句，富有感情地背着：此树婆娑，生意尽矣！……昔年种柳，依依汉南；今看摇落，凄怆江潭。树犹如此，人何以堪！"背诵一遍后，毛泽东意犹未尽，又让张玉凤看着书，很吃力地背第二遍。张玉凤很为感慨地写道："老人家的记忆力真是惊人，他的声音，他背诵时的表情，我至今历历在目，终生难忘。"[①]

《枯树赋》是我国赋史上的一篇著名的感伤身世之作。作者庾信在赋中着重表现的是国破家亡之痛和故国故乡之思，情真意切，血泪迸溢。毛泽东在生命垂危之时还低声一遍一遍地背诵，一方面说明毛泽东对这篇赋创作的独特的艺术风格是很为欣赏的。作者借树拟人，写一棵树由小到大到枝叶繁茂到枝叶婆娑凄怆枯老，字里行间渗透着人的忧伤和悲凉的情感。由树拟想到人，"树犹如此，人何以堪！"把自然界的"树"与社会生活里的"人"巧妙地联系起来。这样独特的艺术风格在诸多的赋作里是不多见的。《枯树赋》是我国赋史上的一篇上乘之作，也是一篇很为感人的感伤悲凉之作。字字、句句，饱含深情。所以毛泽东很喜爱这篇赋作，并熟读熟记于心。

[①] 参见《毛泽东生活实录》，江苏文艺出版社1989年版。

另一方面也说明毛泽东对庾信创作这篇佳赋抒发的情感很为理解，很为同情，很为欣赏。作者生活在那样的年代，身处那样的境地，能够把自己对国破家亡之痛和故国故乡之思的情感写得这样深刻真挚，是令毛泽东喜爱的一个重要原因。从全文的内容看，作者是借着树木遭受的摧残损伤，来寄托他对南方故国故乡故人的思念和哀伤。据史籍记载，庾信曾亲身经历过两次亡国之痛，最终故土难回，只身客寄他乡。在寄人篱下的日子里，他婉转地借助对树木枯萎的悲凉哀叹，来表达心中难以诉说的悲凉心情。史家对作者在《枯树赋》中抒发的真正的情感有两说：一曰"移植说"。树木遭受摧残伤害而逐渐枯老是由于"移植"的原因。毛泽东认为"借树木的迁徙移植，摇落变衰，寄寓自己的悲感"的说法不准确，因而，1975年8月12日就庾信《枯树赋》注释问题批示："关于注释的问题，请你们仔细的研究。"[①] 一曰"多因说"。枝叶飘零、树木枯老，是多方面的，有人为移植的原因，还有天时、地利、环境等诸多因素。枯树不仅寄寓个人，也比作我们古老的国家和民族。把枯树与国家、民族、人民安危联系起来，与故乡故土联系起来，这样的境界，这样的胸怀，这样的寓意，要比"移植说"广泛得多，深刻得多，意义深远得多。一位已83岁高龄的老人，还能这样情有独钟地一字一句全文背诵，应当说，这是最主要的原因。

树从小到大，从盛到衰，从茁壮到柔弱，这是事物发展的

---

① 《毛泽东年谱（1949—1976）》第6卷，中央文献出版社2013年版，第602页。

必然趋势。毛泽东由吟诵赋联想到自己耄耋衰老的现状，想到自己的童年，想到自己的故乡。1975年7月14日晚上，毛泽东听了身边工作人员连读两遍王粲的《登楼赋》后评论说："赋里含有故土之思。人对自己的童年、自己的故乡、过去的朋侣，感情总是很深的，很难忘记的，到老年更容易回忆、怀念这些。写《到韶山》，就是想起了三十二年前的往事，对故乡是很怀念的。写《答友人》，说'斑竹一枝千滴泪，红霞万朵百重衣'，就是怀念杨开慧的，开慧就是霞姑嘛！可是现在有的解释不是这样，不符合我的思想。"[1]《枯树赋》里亦有作者对故乡故土故人的思念之情，此刻的毛泽东在一遍一遍吟诵《枯树赋》时，脑海里一定想得很多很多。这也应当是毛泽东爱读爱吟诵《枯树赋》的一个原因。

据我们所知，毛泽东至少两次背诵《枯树赋》，还有一次是在1951年，彭德怀从朝鲜战场回到北京向毛泽东汇报抗美援朝第二次战役的情况，听取毛泽东对下一段作战方针的指示。

> 将要向毛泽东告别时，彭德怀说："主席，我要向你负荆请罪，我没有照顾好岸英，他……"
>
> "岸英怎么了？"毛泽东一惊。
>
> 彭德怀顿时愣住了：岸英牺牲后，自己很快给主席拍了电报，怎么他还不知道？看来是别人怕主席伤心……
>
> "你莫要讲喽，莫讲喽！"毛泽东打断彭德怀的话，起身踱到窗前，望着窗外，身子背对着彭德怀。

---

[1] 《毛泽东年谱（1949—1976）》第6卷，中央文献出版社2013年版，第599页。

"主席把岸英交给我，我没有照顾好，对不起主席……"彭德怀感到非常痛心。

"你莫讲喽"，好久，毛泽东开口说："打仗哪有不死人的？志愿军战士死了成千上万，岸英就是属于牺牲了的成千上万革命烈士中的一员，一个普通的战士。不要因为是我的儿子，就当成一件了不起的大事。不能因为是我、党中央主席的儿子，就不应该为中朝两国人民共同的事业而牺牲，哪有这样的道理呀！……"

彭德怀同志离去之后，毛泽东依然站在窗前，久久凝视庭院里那一棵棵挺拔参天的松柏。

过了好一会儿，毛泽东长叹一声，轻轻地吟诵起庾信的《枯树赋》：

此树婆娑，生意尽矣！……昔年种柳，依依汉南；今看摇落，凄怆江潭。树犹如此，人何以堪！

"开慧，岸英和你一样，是为革命，为人民牺牲的，人民将永远怀念你们……"毛泽东默默地自言自语。[1]

我们无法知道，毛泽东一生中到底吟诵过多少次《枯树赋》，到底熟读过多少次《枯树赋》，但是我们知道，毛泽东读过的赋作是很多的，头脑里记住的赋作也是很多的。他的书房里至少有四种不同版本的《枯树赋》。上海1974年专门印制的大字线装本《枯树赋》《别赋》《恨赋》《月赋》《雪赋》等赋作，一直放在他的床边，他伸手就可以翻看。

---

[1] 参见《汉江血》，经济日报出版社1990年版。

七、读中国古诗词曲赋

应当说,《枯树赋》等名篇佳作也是毛泽东一生爱读的文学作品,一直陪伴着毛泽东走完人生旅程。

2. 对其他诸多赋作青睐有加

毛泽东还爱读宋玉的赋。在中共八大二次会议上的第四次讲话中,在讲到要注意识别政治方向时,毛泽东说:以后注意辨别风向。大风一来,十二级风,屋倒,人倒,这样好辨别,小风不易辨别。宋玉写的《风赋》,值得一看。他说风有两种,一种是贵族之风,一种是贫民之风(即所谓'大王之雄风'与'庶民之雌风')。风有小风、中风、大风,宋玉说:'风生于地,起于青苹之末。侵淫溪谷,盛怒于土囊之口。'风起青苹之末,那时最不容易辨别。宋玉是我国历史上最著名的赋作家。他的《风赋》《高唐赋》《神女赋》《登徒子好色赋》《对楚王问》各篇,都具有很高的思想性和艺术性。

宋玉的赋作,毛泽东几乎都能随口背诵出来。1958年,一次,毛泽东与部分史学家、科学家和新闻工作者的谈话中,背诵起宋玉的《登徒子好色赋》,"玉曰:'天下之佳人,莫若楚国,楚国之丽者,莫若臣里,臣里之美者,莫若臣东家之子。臣东家之子,增之一分则太长,减之一分则太短;著粉则太白,施朱则太赤;眉如翠羽,肌如白雪;腰如束素,齿如含贝;嫣然一笑,惑阳城,迷下蔡。然此女登墙窥臣三年,至今未许也。登徒子则不然;其妻蓬头挛耳,龋唇历齿,旁行踽偻,又疥且痔;登徒子悦之,使有五子。王孰察之,谁为好色者矣?"背完后,毛泽东说:"宋玉攻击登徒子的这段话,完全属于颠倒是非的诡辩,是采用'攻其一点,不及其余,尽量夸大'的手

277

法。"接着,他又十分风趣地说:"从本质看,应当承认登徒子是好人。娶了这样丑的女人,还能和她相亲相爱,和睦相处。照我们的看法,登徒子是一个爱情专一的遵守'婚姻法'的模范丈夫,怎能说他是个'好色之徒'呢?"① 毛泽东不仅能熟稔地背诵这段赋,还能用唯物辩证法的观点进行分析,揭穿宋玉的诡辩,还登徒子"模范丈夫"的本来面目。这是毛泽东读书读赋的一个独特之点:不人云亦云,而是实事求是,用唯物辩证法的观点进行分析。毛泽东是活学活用古典文学的典范。

还有一篇《海赋》也是毛泽东很为喜欢的。1959年9月底,中国发现了大庆油田。1960年在十分困难的条件下,国务院组织有关部门,调集诸方人力,开发大庆油田。年近七旬的毛泽东得之喜讯,兴之所至,要读《海赋》。《海赋》是西晋文学家木华所作。作者以其丰富而奇特的想象,运用渲染和夸张的手法,描绘了大海宽阔无垠、漫无边际的壮丽图景和气吞山河、融汇百川、荡云沃日的宏伟气魄。作者在写尽大海各种波涛态势变化的同时,又联想到当时社会现实和人们的真情实感,把自然景观和社会人文情感交织在一起,情感真挚,风格独特,是一篇传颂千古的佳赋良作。

还有东汉文学家傅毅的《舞赋》,毛泽东也是熟读于心。有一天晚上入睡之前,大约凌晨两点钟,他挥毫就书写《舞赋》:从"梦襄王既游云梦"一句开始,一鼓作气写到"姣服极丽,姁偸"(只是《舞赋》的一部分),整整写满四面(每面竖写写

---

① 参见董学文:《毛泽东和中国文学》,春风文艺出版社1994年版,第256—257页。

七、读中国古诗词曲赋

满 7 行,每行 10～12 个字),一个年近八旬老人,除了将"皎皎"写成"皎洁"一个错字外,其余的近 320 个字,一气呵成,写得又快又好看。可见他对《舞赋》记得多牢,背得多熟。

毛泽东对中国赋作的喜爱是贯穿于他的一生的。1975 年 7 月 14 日晚上,毛泽东还让身边工作人员给他读汉末王粲的《登楼赋》。工作人员连续读了两遍之后,毛泽东评论说,王粲真正焦心的,是"惟日月之逾迈兮,俟河清其未极",王粲守着个腐朽的贵族(指刘表——编者注),无所作为,时光白白地流去,期待着天下太平,却迟迟无望,他自然痛苦。作者的最高理想,是"王道之一平",出现贤明的君主,统一天下,稳定时局,他就可"假高衢而骋力",干一番于国于民有益的大事业了。"惧匏瓜之徒悬兮,畏井渫之莫食"两句,是借着用典,道出了作者的心事,他怕自己成为无用之人,终生碌碌,无所作为。儒家讲,"达则兼济天下,穷则独善其身",王粲就不守这个信条,正因为天下大乱,他又处于"穷"境,却更要出来济世,这就高多了。知识分子一遇麻烦,就爱标榜退隐,其实,历史上有许多所谓的隐士,原是假的,是沽名钓誉,即使真隐了,也不值得提倡。像陶渊明,就过分抬高了他的退隐。不过,陶渊明倒是真隐了,而且亲自种过田,情况有所不同。① 《登楼赋》是作者王粲流寓荆州期间,登当阳城楼有感之作。全篇以"登楼"为主线,按登楼、下楼的先后顺序和白天、夜晚的时间顺序来描写,时间、人物、行动、感受四方面紧密结合,情景互融,

---

① 《毛泽东年谱(1949—1976)》第 6 卷,中央文献出版社 2013 年版,第 598—599 页。

自然和谐,真挚感人,具有很高的艺术价值。

毛泽东此时让读《登楼赋》,除了作品本身具有的艺术感染力外,他对赋中表达的拥护统一和愿为统一事业做贡献的思想深表称赞,所以,才为之叫"好",读了又读,评了又评。

说到毛泽东爱读熟读中国的古典赋作,就不能不说枚乘的《七发》这篇著名的经典赋作。

枚乘,西汉大辞赋家,其代表作《七发》,不仅是一篇优秀的古典文学名著,也是一篇阐述养身修身之道的杰作。毛泽东不仅自己爱读,还曾多次建议党的高级干部读,希望大家从中受到一些启发。

1959年8月2日,毛泽东给张闻天写了一封信。信中写道:

《昭明文选》第三十四卷,枚乘《七发》末云:"此亦天下要言妙道也。太子岂欲闻之乎?"于是太子据几而起,曰:"涣乎若一听圣人辩士之言。""涊然汗出,霍然病已。"……如有兴趣,可以一读枚乘的《七发》,真是一篇妙文。[①]

中国的赋作,毛泽东称为"妙文"的,这还是第一次。除了这封信之外,这一年,毛泽东又撰写了《关于枚乘〈七发〉一文》:

此篇早已印发,可以一读。……你看,《七发》的气氛,不是有颇多的批判色彩吗?"楚太子有疾,而吴客往问之",一开头就痛骂上层统治阶级的腐化,"且夫出舆入辇,命曰蹶痿之机;洞房清宫,命曰寒热之媒;皓齿娥眉,命

[①] 《建国以来毛泽东文稿》第8册,中央文献出版社1993年版,第399—400页。

七、读中国古诗词曲赋

曰伐性之斧；甘脆肥脓，命曰腐肠之药"。这些话一万年还将是真理。……第九段是结论，归到要言妙道。于是太子高兴起来，"涩然汗出，霍然病已"用说服而不用压服的方法，见效甚快。……首尾两段是主题，必读。如无兴趣其余可以不读。……我少时读过此文，四十多年不理它了。近日忽有所感，翻来一看，如见故人。聊效野人献曝之诚，赠之于同志。①

这是目前我所知道的毛泽东谈赋最长的一篇专文。从中可以看出，毛泽东不仅读过许多赋作，而且都有所研究，有自己独到的评价和看法。

从最早屈原、荀况、宋玉的赋作，到《昭明文选》和《韩昌黎全集》，再到江淹、庾信、贾谊、傅毅、谢庄、谢惠连、枚乘、木华、王粲等历朝历代诸多名家、大家的赋作，毛泽东都很有兴趣，下过许多功夫。许多名赋，如《枯树赋》《别赋》《风赋》《雪赋》《月赋》《舞赋》《海赋》《二鸟赋》《复志赋》《洛神赋》《登楼赋》《吊屈原赋》《神女赋》《登徒子好色赋》等，毛泽东都烂熟于心，能背诵出来。

从青年到老年的几十年里，无论环境、工作、生活怎样变化，毛泽东对中国古典赋作始终充满着浓厚的兴趣。

（六）读古代诗话

《随园诗话》与《读〈随园诗话〉札记》，是毛泽东晚年读

---

① 参见萧永义：《毛泽东诗词史话》，东方出版社2004年版，第290—291页。

过的两部重新排印的大字线装书。

《随园诗话》，清代袁枚撰，16卷，补遗10卷。袁枚是清代颇为有名的诗人，字子才，号随园，浙江钱塘（今杭州）人。据说袁枚曾为乾隆四年进士，曾担任溧水、沭阳、江宁等地知县，33岁辞官后侨居江宁，筑园林于小仓山，遂取号为随园，亦叫随园老人。袁枚论诗主张抒写性情，提倡自然风趣地反映诗人一时的感受，不必讲境界的大小，格调的高下。他对儒家"诗教"表示不满，并在一定程度上要求摆脱其束缚。他反对一味地模仿古人，部分诗篇表达了对封建礼教和程朱理学的抨击，不过书中的多数作品所称誉的，是抒发封建士大夫的闲情逸致。

《读〈随园诗话〉札记》，实际上是郭沫若读《随园诗话》写的读书笔记。作者在本书的序中写道："袁枚（1716—1797年），二百年前之文学巨子。其《随园诗话》一书曾风靡一世。余少年时尝阅读之，喜其标榜性情，不峻立门户；使人易受启发，能摆脱羁绊。尔来五十有余年矣。近见人民文学出版社铅印出版（1960年5月），殊便携带。旅中作伴，随读随记。其新颖之见已觉无多，而陈腐之谈却为不少。良由代易时移，乾旋坤转，价值倒立，神奇朽化也。兹主要揭出其糟粕者而糟粕之，凡得七十有七条。条自为篇，各赋一目。虽无衔接，亦有贯串。"书末还有作者写的一篇后记，开头是这样写的："《读〈随园诗话〉札记》是1961年12月12日在广东从化温泉脱稿的。《人民日报》从1962年2月28日起，陆续刊登了出来，转瞬已是半年多了。在这期间，我接到不少读者来信，大部分是从报社转致的，我很感谢他们。来信中有的补充了我的缺陷，有的纠正了我的错误，有的提出了不同的看法。这些都是很可贵的收获。"后记的末尾还写道："老实说，我写出这七十七则《札记》的用意，是想借此学写点短文章。"①

据有关史籍记载，诗话是从北宋年间兴起的一种诗词评论形式。采用这种形式写成的诗话，一般都是运用漫谈随笔的写作方法，写起来既轻松活泼，不拘一格，可以涉及各方面的内容，又可以寓庄于谐，娓娓道来，富于趣味性，使人爱读。对诗话涉及的内容，《西江诗话》的作者裘君弘在本书的自序中是这样写的："其中有诗品焉，有诗志焉，有诗释焉，有补正焉，有订谬焉，有类及焉，有源流焉，有弃同焉，有辩证焉。"自宋以来，在我国文学的海洋中，诗话作品应运而生。袁枚的《随园诗话》就是其中曾风靡一世、颇受人们青睐的作品。

毛泽东喜爱阅读我国历代各种诗话。我们从他老人家在中南海毛泽东故居的藏书中看到，有线装本的历代各种诗话，也有平装本的各种不同版本的诗话。我国历代出版的各种诗话，毛泽东这里差不多都有。毛泽东辞世后，我在整理他老人家生前的藏书时看到，许多诗话书上都留有明显的圈画标志，例如：《历代诗话》《历代诗话续篇》《全唐诗话》《西江诗话》《升庵诗话》《香祖笔记》《分甘余话》《随园诗话》等。尤其是《随园诗话》，毛泽东圈画的地方最多。圈画是阅读的标志，圈画最多，说明毛泽东当时读得最多，阅读时的思维参与最多。

早在20世纪50年代，毛泽东就读过一部清代出版的线装本《随园诗话》，共16册，每一册的封面上都画了圈。从卷一到卷十六，几乎每卷都有圈画的标志。这部《随园诗话》，连同

---

① 参见郭沫若：《读〈随园诗话〉札记》，作家出版社1962年版。

毛泽东生前阅读圈画过的其他各种诗话，现在都收藏在中南海毛泽东故居里。

据我当年的记录，1974年7月1日的晚上，毛泽东又一次要读《随园诗话》。当时毛泽东书房里存有两部《随园诗话》，一部就是前面说到的那部清代出版的线装本，一部是人民文学出版社1960年5月出版的上、下两册平装本。这两部书字都比较小，毛泽东这个时候两只眼睛都患有老年性白内障，右眼比较严重，几乎什么都看不见了。左眼虽然轻一些，但小字本也看不清了。所以，我们就与国家出版局的同志联系，请他们帮助重新排印大字线装本。

北京几家印刷厂的任务已经安排得很满，同时《随园诗话》一书字数又比较多，为保证早出书，国家出版局就想将此书安排到上海去印。但当时上海的出版任务也不小，为了使书能快些印出来，他们提出了两条建议：一是我们派个同志和他们的同志一道去上海办理此事；二是如果我们不能去人，最好给上海有关方面打个电话，请他们关注和支持办好此事。因为我们当时很忙，实在抽不出人与出版局的同志一道去上海，所以就采纳了第二条建议，请王洪文处给上海打个电话，告诉他们由国家出版局孔岐去上海具体办理此事。孔岐7月2日去的上海，7月3日晚上就打来电话，说《随园诗话》一书7月8日就可以出书，出来一册送一册，一共是26个分册。就这样从7月8日开始出书，一卷一个分册，到7月24日22时半，全书26卷26个分册全部印装完毕送到北京，送给了毛泽东。从8日到23日，毛泽东收到一册看一册，24日深夜收到全书后，大概至25日，他老人家又从头至尾地通读了一遍。印得快，毛泽东读得也快，60万字的《随园诗话》，他老人家用了10多天就读完了，平均每天读3万多字。这还不算他每天同时阅看的其他书报文件。对一位81岁高龄而且全身是病的老人来说，这不能不说是快速度。这种生命不息、读书不止的精神是多么令人敬佩啊！

按照规定，当时送给毛泽东的新印的大字线装书都是一式两部，一部摆放在会客厅里，一部摆放在卧室里。这两部《随园诗话》，毛泽东都读过。放在卧室里的这一部，第一册至第五册的封面上，他老人家在阅读时还用铅笔画了圈。放在会客厅里的这一部，第一册至第三册的封面上也用铅笔画了圈。当时他老人家的习惯做法是，每读一次就在这册书的封面上画个圈。翻开这两部书，我们看到，书中的许多地方他老人家在阅读时都用铅笔圈点勾画过。

袁枚所撰的《随园诗话》中，有不少的内容是谈论古诗和创作体会的。作者议论古诗不拘泥于古人，有他自己的独到之处。正如该书校点后记中所说："他论诗虽重天分，却不废工力；虽尚自然，却不废雕饰。他认为：内容与形式，天分与学力，自然与雕饰，平淡与精深，学古与师心，都是相反相成的，诗人都应该兼收并蓄，不偏不倚地去对待。"毛泽东很爱读古诗，也很爱读古人的谈诗论诗的著作和文章。所以，对《随园诗话》中有关谈论古诗和创作体会的内容，尤其是对作者谈诗论诗的独到之见，他老人家尤有兴趣，在阅读中一一加了圈画。袁枚在《随园诗话》卷一第四十三条中写道："余每作咏古、咏物诗，必将此题之书籍，无所不搜；及诗之成也，仍不用一典。常言：人有典而不用，犹之有权势而不逞也。"在卷六第四十三条中又写道："凡作诗，写景易，言情难。何也？景从外来，目之所触，留心便得；情从心出，非有一种芬芳悱恻之怀，便不能哀感顽艳。然亦各人性之所近：杜甫长于言情，太白不能也。永叔长于言情，子瞻不能也。王介甫、曾子固偶作小歌词，读者笑倒，亦天性少情之故。"在卷八第八十条中还写道："诗人爱管闲事，越没要紧则愈佳；所谓'吹皱一池春水，干卿底事'也。陈方伯德荣《七夕》诗云：'笑问牛郎与织女，是谁先过鹊桥来？'杨铁崖《柳花》诗云：'飞入画楼花几点，不知杨柳在谁家？'"。对袁枚的这些议论，不知是与毛泽东本人的诗词创作思想和实践中的感受有相通之处，因此他产生了共鸣，还是因为这些议论有道理，读后能得到启发，引起思考，总之，毛泽东读得很仔细，阅读时一一作了圈画。

《随园诗话》中还有一些关于怀古诗的评论，毛泽东也很关注。比如《随园诗话》卷六第五十四条，作者是这样写的：怀古诗，乃一时兴会所触，不比山经地志，以详核为佳。近见某太史《洛阳怀古》四首，将洛下故事，搜括无遗，竟有一首中，使事至七八者。编凑拖沓，茫然不知作者意在何处。因告之曰："古人怀古，只指一人一事而言，如少陵之《咏怀古迹》：一首武侯，一首昭君，两不相羼也。刘梦得《金陵怀古》，只咏王濬楼船一事，而后四句，全是空描。当时白太傅谓其'已探骊珠，所余鳞甲无用。'真知言哉！不然，金陵典故，岂王濬一事？而刘公胸中，岂止晓此一典耶？"对袁枚关于怀古诗的这一评论，毛泽东在阅读时都作了圈画。袁枚说的这些怀古诗，毛泽东都读过多遍，有的他老人家还能一字不差地脱口背诵出来。

毛泽东爱读怀古诗。例如李白的《越中怀古》《夜泊牛渚怀古》，苏轼的《念奴娇·赤壁怀古》，辛弃疾的《永乐·京口北固亭怀古》和《南乡子·登京口北固亭有怀》，萨都剌的《满江红·金陵怀古》等，这些怀古诗，毛泽东在80岁高龄时还都能熟练地背诵出来。他老人家晚年在练习书法时，常常一面背诵、一面书写这些怀古诗。他老人家书写的怀古诗墨迹，有不少都被收进北京出版社1993年出版的《毛泽东手书选集》一书中。

《随园诗话》中，还有一段关于编选诗集的议论，毛泽东在阅读时也都加了密密的圈点。本书卷十四第二条是这样说的："选家选近人之诗，有七病焉；其借此射利通声气者，无论矣。凡人全集，各有精神，必通观之，方可定去取；倘捃摭一二，并非其人应选之诗，管窥蠡测：一病也。《三百篇》中，贞淫正变，无所不包；今就一人见解之小，而欲该群才之大，于各家门户源流，并未探讨，以己履为式，而削他人之足以就之：二病也。分唐界宋，抱杜尊韩，附会大家门面，而不能判别真伪，采撷精华：三病也。动称纲常名教，箴刺褒讥，以为非有关系者不录；不知赠芍采兰，有何关系？而圣人不删。宋儒责蔡文姬不应登《列女传》；然则'十七史'列传，尽皆龙逢、比干乎？学究条规，令人欲呕：四病也。贪选部头之大，以为每省每郡，必选数人，遂至勉强搜寻，从宽滥录：五病也。或其人才力与作者相隔甚远，而妄为改窜；遂至点金成铁：六病也。徇一己之交情，听他人之求请：七病也。"

袁枚在这里提出的关于历史上选家编选诗集的七种毛病，是有见地的。对此，毛泽东是不是亦有同感呢？这里不敢妄断。但是，毛泽东晚年在与身边工作人员谈话中曾表示过对已经出版的一些诗文选本的不满。直到1975年，也就是在他老人家逝世的前一年，一次在与身边工作的同志谈话中，得知当时大学文科不讲古诗词曲赋的课,学生不读书,不学习,想学也买不到书的情况时,他老人家还颇有信心地提出了编选诗词曲赋的设想,说:"现在没有书,咱们搞一部吧,选它五百首诗,五百首词,三百首曲,三十篇赋。"① 后来因为他老人家一直重病在身,站立行走都很困难了。所以,这一愿望最终也没有实现。如果要说毛泽东晚年有什么遗憾的话,这不能不说是其中之一。毛泽东在病魔缠身的最后几年,阅读《随园诗话》时对袁枚的这一段话还又圈又画,可见他老人家对作者的这些议论是颇感兴趣的。如果毛泽东编选诗词曲赋这部书的愿望能得以实现,我想袁枚在这里的议论一定会引起他老人家的足够的重视,袁枚指出的这"七病"可能就成了他老人家编选诗词曲赋的"七忌"了。

《随园诗话》中,作者还引录了一些诙谐、幽默讽喻深刻的古人诗词,搜集了一些流传于民间的有关诗词的俚俗趣闻。对这些内容,毛泽东也是有极大兴趣的。例如,《随园诗话》卷一第十一条,作者写道:尹文端公总督江南,年才三十,人呼"小尹"。海宁诗人杨守知,字次也,康熙庚辰进士。以道员讹误,候补南河,年七十矣。尹知为老名士,所以奖慰之者甚厚。杨喜,自指其鬓,叹曰:"蒙公盛意,惜守知老矣!'夕阳无限好,只是近黄昏。'"公应声曰:"不然!君独不闻'天意怜幽草,人间重晚晴'乎?"这一段话,毛泽东在阅读中都加了圈画。《随园诗话》卷十二第五十条中还有这样一段话:灵胎,有《戒赌》《戒酒》《劝世道情》,语虽俚,恰有意义。《刺时文》

---

① 《学习毛泽东》,上海人民出版社1979年版,第430页。

云:"读书人,最不齐,烂时文,烂如泥。国家本为求才计,谁知道,变做了欺人技。三句承题,两句破题,摆尾摇头,便道是圣门高弟。可知道'三通''四史'是何等文章?汉祖、唐宗是哪一朝皇帝?案头放高头讲章,店里买新科利器,读得来肩背高低,口角嘘唏,甘蔗渣儿嚼了又嚼,有何滋味?辜负光阴,白白昏迷一世。就教他骗得高官,也是百姓朝廷的晦气!"

毛泽东在阅读这段话时,用红铅笔在"刺时文"三字旁边画了粗粗的着重线。类似这样的诗词和有关诗词的俚俗趣闻,毛泽东都一一用心阅读。由此可见,《随园诗话》一书毛泽东读得是多么地认真,多么地仔细。

毛泽东早在青少年时代,对我国的古典诗词就怀有浓厚的兴趣。他不仅非常广泛地阅读过我国历朝历代的诗词曲赋,而且对诗词的音韵格律方面的著作和研究也非常关注。我从他生前的藏书中看到,《诗韵集成》(余照春亭辑)、《增广诗韵合璧》(鸿宝斋主人辑)、《声律启蒙》(车万育著)、《佩文诗韵释要》(光绪辛亥年版)、《切韵考》(陈澧撰)、《广韵校本》(周祖谟著)、《说文声类》(严可均撰)等有关音韵、格律方面的著作,一直放在他的案头。直至1975年,在党中央关于调整党的文艺政策的指示中,他还特别提到了诗。他还曾建议编一本《新诗韵》,专为学习写新诗用韵较广的人使用。《随园诗话》不是音韵学和研究诗词格律的专著,但这部书中却有不少关于音韵学方面的内容。毛泽东之所以爱读《随园诗话》,这不能不说是其中的一个原因。把它作为学习和研究音韵学的一个读本,这又不能不说是毛泽东读书学习的一个独到之处。我们从毛泽东生前阅读过的几种不同版本的《随园诗话》一书中看到,凡是书中谈到有关音韵方面的段落，他老人家几乎都一一圈画。例如，《随园诗话》卷十二第三十八、第三十九、第四十条，书中是这样写的：

声音不同，不但隔州郡，并隔古今。《谷梁》云："吴谓善伊为稻缓，淮南人呼母为社。"《世说》："王丞相作吴语曰：何乃淘？"《唐韵》："江淮以'韩'为'何'。"今皆无此音。

偶见坊间俗韵，有以"真元"通"庚青"者，意颇非之。及读《三百篇》，爽然若失。"山榛""隰苓""十蒸"通"九青"。"有鸟高飞，亦傅于天。彼人之心，于何其臻。曷予靖之，居以凶矜"。是"一先""十一真""十蒸"俱通也。《楚辞》："肇锡余以佳名"，"字余曰灵均"。"八庚"通"十蒸"也。其他《九歌》《九辨》，俱"九青"通"文元"。无怪老杜与某曹长诗，"末"字韵旁通者六；东坡与季长诗"汁"字韵旁通者七。

余祝彭尚书寿诗，"七虞"内误用"余"字，意欲改之，后考唐人律诗，通韵极多，因而中止。刘长卿《登思禅寺》五律，"东"韵也，而用"松"字。杜少陵《崔氏东山草堂》七律，"真"韵也，而用"芹"字。苏颋《出塞》五律，"徽"韵也，而用"麾"字。明皇《饯王晙巡边》长律，"鱼"韵也，而用"符"字。李义山属对最工，而押韵颇宽，如"东、冬""萧、肴"之类，律诗中竟时时通用。唐人不以为嫌也。

上述这三条，都是议论音韵的。我们看到，毛泽东在阅读时或者加圈，或者加点，或者画道道，圈圈、点点、道道，画得密密麻麻。由此我们约略可以看出毛泽东对学习音韵学的兴趣。这既是他终身不懈地坚持学习、研究律诗，运用音韵的需要，又从一个小小的侧面反映他攀书山自由采撷、游学海任意

七、读中国古诗词曲赋

探索的广泛的兴趣和爱好,同时也说明他老人家博览群书、孜孜以求、广纳百家、精勤钻研的学习精神及其渊博精深的学识。

《随园诗话》中还收录了一些民间楹联,既诙谐风趣,又警策透彻,它也引起了毛泽东的格外注意。

楹联,也叫"对联""对子",从青少年时代起,直到生命垂危的最后的岁月,毛泽东对楹联一直有着浓厚的兴趣。毛泽东生前的藏书当中有好多种有关楹联方面的书。例如《天下名胜楹联录》《古今楹联类纂》《楹联录》《二知堂联语》《格言联璧》《楹联丛话》《楹联续话》《巧对录》等,这些专著,有不同刻本的线装本,也有各种不同版本的平装本。除这些专著外,还有《楹联墨迹大观》等碑帖和诸多的书法作品。毛泽东都看过许多遍,多有圈画,有的还写下了批注的文字。

毛泽东生前阅读批注过的书中有一部清代出版的《楹联丛话》(梁章钜辑),这部《楹联丛话》收录了云南昆明池大观楼一长达180字的楹联:

> 五百里滇池,奔来眼底。披襟岸帻,喜茫茫空阔无边。看东骧神骏,西翥灵仪,北走蜿蜒,南翔缟素。高人韵士,何妨选胜登临。趁蟹屿螺洲,梳裹就风鬟雾鬓;更苹天苇地,点缀些翠羽丹霞。莫辜负四围香稻,万顷晴沙,九夏芙蓉,三春杨柳。
>
> 数千年往事,注到心头。把酒凌虚,叹滚滚英雄谁在。想汉习楼船,唐标铁柱,宋挥玉斧,元跨革囊。伟烈丰功,费尽移山心力。尽珠帘画栋,卷不及暮雨朝云;便断碣残碑,都付与苍烟落照。只赢得几杵疏钟,半江渔火,两行

秋雁，一枕清霜。

这对联句是清代康熙年间孙髯题写的，联字为陆树堂所书。毛泽东在阅读时，在下联的"叹滚滚英雄谁在""伟烈丰功，费尽移山心力"等句每个字旁边都用铅笔画上了圈。在"尽珠帘画栋，卷不及暮雨朝云；便断碣残碑，都付与苍烟落照。只赢得几杵疏钟，半江渔火，两行秋雁，一枕清霜"等句旁都画上了粗粗的曲线，每一句句末，有的画了两个圈，有的画了三个圈。

对孙髯翁写的这对联句，阮元（号芸台）先生任云南总督时，曾对其作了修改。阮元修改后的这一长联，《楹联丛话》也收了进来。毛泽东将修改前后的两副长联一一对照，凡是阮元修改的字句，他都画上了着重线。

还有一部平装本《楹联丛话》（商务印书馆 1935 年 4 月出版），毛泽东在阅读时，对孙髯翁写的长联及阮元修改的地方又一次用铅笔作了圈画，同时还写下了一些批注的文字。作者梁章钜在书中说："惟云南省城附郭大观楼，一楹帖多至一百七十余言，传诵海内。"毛泽东挥笔在这句话旁边写下批注："一百八十字。"在"传诵海内"四字旁还画上了曲线。孙髯翁写的长联确是 180 字。显然，毛泽东认为作者说的"一百七十余言"不准确，所以写了这样的批注。梁章钜在书中还写道："究未免冗长之讥也。"毛泽东认为这话说得也不妥当，所以在书的天头和行间写下了一段批注："从古未有，别创一格，此评不确。近人康有为于西湖作一联，仿此联而较短，颇可喜。"大概是因为康有为的这一联"颇可喜"，所以毛泽东一直把它留在记忆中。

七、读中国古诗词曲赋

因此,他在批注中接着写道:"记其下联云:'霸业烟销,雄心止水,饮山水绿,坐忘人世,万方同慨顾何之。'康有为别墅在西湖山上,联悬于湖中某亭。"康有为的这一联多达76个字,全文是:

岛中有岛,湖外有湖,通以卅折画桥,览沿堤老柳,十顷荷花,食莼菜香,如此园林,四洲游遍未尝见。

霸业销烟,禅心止水,阅尽千年陈迹,当朝晖暮霭,春煦秋阳,饮水山绿,坐忘人世,万方同慨更何之。

他老人家凭记忆写下的下联,虽有漏字,但也能看出他对此联是一直熟记在心的。

我们知道,新中国成立以后,毛泽东多次去杭州,他的住处就在西湖边上,依山傍水。他老人家喜爱爬山,也常有兴致地游览西湖。听说,每游西湖,都要提到康有为这一"颇可喜"的楹联。有时他老人家还用此联来考身边的工作人员,因为一般的同志都不太注意楹联,所以往往都回答不出来。他老人家也常常给身边的同志有声有色地背诵此联。晚年练习书法时,他老人家还很有兴致地信手挥毫书写熟记在心中的这一长联。其中一份墨迹现收入《毛泽东手书选集》(北京出版社1993年版)一书。毛泽东读这部平装本的《楹联丛话》时,对阮元改过的长联,在"凭栏向远""波浪""金马""碧鸡""盘龙""惜抛流水光阴""衬将起苍崖翠壁""早收回薄雾残霞""便薜碣苔碑""一片沧桑"等改动的字句旁也都用铅笔画上了竖道。在改动的楹联末尾处,还写下了一条批语:"死对,点金成铁。"

我们从毛泽东生前阅读批注过的图书中,还看到一部《两般秋雨庵随笔》（清代梁绍壬撰），这部八卷本的笔记，主要记载的是文学故事、诗文评述和风土名物等，它是毛泽东生前爱读的又一部笔记文体的著作，这部书中也收录了阮元改过的上述的长联。毛泽东在读到此联时，又写下批注："此阮元改笔，非尽原文。"这说明，原联和阮元修改的长联，毛泽东一直记在心里。

以上三部书中收录的孙髯翁写的长联及阮元修改的此联，毛泽东都有圈画和批注，说明这一长联，他至少读过三遍。每次读，每次都浓笔圈画，还写批注。由此可以看出毛泽东对这一长联是多么地欣赏，多么地喜爱。

在毛泽东生前的读书登记中，还有这样的记载：1973年4月30日，毛泽东要读梁章钜辑录的《楹联丛话》。我记得，当时毛主席书库里藏放的《楹联丛话》，字比较小，我就到中央办公厅图书馆借来一部，这部《楹联丛话》是道光庚子（1840年）春刻，线装本，1函4册。书送给毛泽东之后，他老人家一直放在游泳池住地的书房里。后来，他老人家在病中还时常翻阅。毛泽东辞世之后，直到1979年2月7日，经有关领导同志批准，这部《楹联丛话》才随着其他许多的书籍一起退还给原单位。

除了以上三种版本，毛泽东还读过其他版本，例如道光庚子年（1840年）桂林署斋刻本等。从在商务印书馆1935年4月出版的《楹联丛话》上的批注来看，毛泽东阅读这部书时间大致是在20世纪50年代。当时毛泽东亲手写的要读这部书的字条，至今我还珍藏着。这张字条正面不知是哪部书的一份《勘误表》，宽约7.5厘米，长约10厘米。毛泽东在这张《勘误表》的背面写下："梁章钜：楹联丛话。"毛泽东是用铅笔按竖写的格式写的。"梁章钜："三个字和冒号在右边，"楹联丛话"四字在左边。这张小小的字条，是 20 世纪 50 年代毛泽东要读《楹联丛话》的真实的记录。从 20 世纪 50 年代到 70 年代，时间跨越 20 多年。直到 1973 年 4 月 30 日，他老人家已近 80 岁高龄时，还要再次读《楹联丛话》。所以，我认为，《楹联丛话》也是毛泽东一生中比较爱读的一部书。

因为毛泽东喜爱楹联，爱读楹联，所以，在读《随园诗话》时，对书中谈到的有关对联显得分外注意，阅读一则，圈画一则。例如，《随园诗话》卷一第二十四条中写的征求戏台的对联，姚念兹集唐句云："此曲只应天上有；斯人莫道世间无。"张文敏公戏台集宋句云："古往今来只如此；淡妆浓抹总相宜。"苏州戏馆集曲句云："把往事，今朝重提起；破工夫，明日早些来。"这些联语，既幽默，又贴切。毛泽东阅读时很有兴致。卷一第四十六条还有这样一段："'学然后知不足。'可见知足者，皆不学之人，无怪其夜郎自大也。鄂公《题甘露寺》云：'到此已穷千里目；谁知才上一层楼。'方子云《偶成》云：'目中自谓空千古；海外谁知有九州？'"毛泽东在阅读时，在这些联句旁都画上了道道。又如《随园诗话》卷十二第四十一条说："沈总宪近思，在都无眷属，项霜泉嘲之，云：'三间无佛殿，一个有毛僧。'鲁观察之裕，性粗豪而屋小，署门曰：'两间东倒西歪屋；一个南腔北调人。'薛征士雪善医而性傲，署门曰：'且喜无人为狗监；不妨唤我作牛医。'"《随园诗话》中类似这样的楹联还有不少，毛泽东在阅读中多有圈记。从各种圈点和勾画的标志中，我们可以看出，他老人家在阅读这些楹联时，看得仔细，读得认真，表现出了很大的兴趣。毛泽东晚年之所以还要读新印的大字本《随园诗话》，这大概与他老人家对楹联的喜爱也有很大的关系。

正因为《随园诗话》中有许多诙谐风趣、警策透彻的楹联，亦有不少流传于我国民间的有关诗词的俚俗趣闻，还有许多诙谐、幽默、讽喻深刻的古人诗词以及作者本人对一些古诗词的独到的议论和评论等。所以，毛泽东晚年阅读《随园诗话》，就好像是在欣赏古人诗句，品味名人联语，静听民间趣闻，阅读诗词评论、随笔漫谈。我认为，毛泽东晚年阅读《随园诗话》，就如同读中国著名的五部古典小说那样，是从不同的视角去阅读、理解、认识、品味和欣赏的。所以，直到晚年，他老人家还一遍又一遍地阅读新印的大字线装本《随园诗话》。

《读〈随园诗话〉札记》是郭沫若读《随园诗话》一书时随读随记的笔记，从某种意义上来说，是对《随园诗话》的补充和扩展，也可以说是《随园诗话》的诗话。

重新排印的大字线装本《随园诗话》，毛泽东从头至尾通读了一遍后，大约20天，毛泽东又要读《读〈随园诗话〉札记》。当时毛泽东的图书中有一本作家出版社1962年出版的小字平装本《读〈随园诗话〉札记》。经请示毛泽东同意。为了他老人家阅读的方便，8月17日下午，我就将这本平装本《读〈随园诗话〉札记》直接送北京新华印刷厂生产科，请他们重新排印成大字线装本。

说起《读〈随园诗话〉札记》一书重新排印大字线装本的事，有一件往事还一直萦绕在我的心中。得知两部样书印装出来后，我急速去印刷厂取回送交毛泽东阅读。毛泽东收到样书后，读书的要求是满足了。然而，他老人家翻看了样书后，言谈话语当中流露出两点不太满意。一是嫌每个分册装订稍厚些，阅读时觉得有些沉；一是样书每册的封面书名用的不是原平装书郭老自己的手迹，样书改排了铅字。郭沫若的书法，毛泽东是很喜爱的。所以，毛泽东说："书名字还是用郭老自己写的好。"我很快就与出版社和印刷厂的同志联系，用原平装书封面的书名字重新制版。原样书的3个分册，经与出版社的同志联系后改成了4个分册。当他老人家看到改正后的《读〈随园诗话〉札记》大字线装本的样书后，苍老的脸庞上顿时露出了满意的微笑。

《读〈随园诗话〉札记》印成之后，和《随园诗话》一样，送给毛泽东两部。一部摆放在游泳池住地的卧室里，一部摆放在会客厅里。这两部书，毛泽东都多次翻阅过。有一部4个分册的封面上，他老人家都用红、黑两种铅笔画了圈。

八、读报章杂志

（一）读报章杂志每天都不能少

说到毛泽东晚年的读书生活，不能不特别说一下他老人家对于阅读报章杂志的高度重视和浓厚兴趣。在延安时，毛泽东曾讲过，要是一天不看报就是缺点，三天不看报就是错误了。1958年9月19日，视察安徽芜湖时他还说过："读书看报，每天都不能少！"毛泽东是这样说的，他自己几十年一直也是这样做的。天天都要读书，天天都要看报章杂志。这个从青少年时代就养成的良好习惯，直到病魔缠身的最后岁月，他老人家还以惊人的毅力顽强地坚持着。

新中国成立之后，毛泽东阅读的报章杂志数量更多了，范围更宽了，不仅有哲学，还有法学、文学，以及政治、经济、工业、农业、军事、艺术、文化、体育等社会科学领域的，也有多种自然科学的。上至天文，下至地理，就连讲琴棋书画之类的报刊文章，他都爱读。据逄先知回忆：为毛泽东每年订阅的报刊，包括出版社赠送的，都在百种以上。1956年毛泽东开始考虑适当摆脱一些政务，用更多的时间研究理论问题。从1958年起，我们又给他增订了全国各主要高等院校出版的综合性的学报或社会科学方面的学报。

八、读报章杂志

逄先知在回忆文章中写道：毛泽东阅读报刊也是有所侧重的。每天必读的报纸有：《光明日报》、《人民日报》、《文汇报》、《大公报》、《解放军报》、《工人日报》、《中国青年报》、《解放日报》（上海）、《天津日报》等。经常看的杂志主要有：《哲学研究》《历史研究》《新建设》《文史哲》《经济研究》《红旗》《学术月刊》《文艺报》《诗刊》《文物》《科学画报》《大众科学》以及《自然辩证法研究通讯》《现代佛学》等，有时还翻阅中国科学院出版的某些刊物。他最喜欢读的是有关哲学、历史、中国古典文学的文章，所以对光明日报的《文学遗产》《哲学》《史学》等专刊特别有兴趣；而对《人民日报》在一个时期比较缺少理论文章和学术文章提出过意见。1964年，他说过："《人民日报》要注意发表学术性文章，发表历史、哲学和其他的学术文章。"又说，"《人民日报》要搞理论工作，不能只搞政治。《人民日报》最近组织一些学术讨论，这样做好。"后来《人民日报》加强了理论方面的内容，得到毛泽东的称赞，他说："现在，《人民日报》有看头了，理论上加强了，也有一些有意思的东西。"[①]

毛泽东对报刊上有争论的问题尤为关注。有时为了研究一个问题，还召集有关专家和人员进行自由的、无拘束的交谈和讨论。

从1955年起，我国学术界对形势逻辑与辩证法问题在报刊上展开了讨论，1956年达到高潮，这个讨论引起毛泽东的浓厚兴趣。有关这方面的情况，前文已有叙述，这里不再多说。

---

① 《毛泽东新闻工作文选》，新华出版社1983年版，第217—218页。

毛泽东晚年读书纪实

从1958年以来，我国哲学界在报刊上开展了关于矛盾的同一性与斗争性、思维与存在有没有同一性等问题的讨论。凡属这方面的重要文章，毛泽东几乎都要看的。1958年6月24日他曾邀集一些同志谈论发表在《哲学研究》1956年第2期的《对"矛盾的同一性"的一点意见》一文，该文对苏联《简明哲学辞典》关于同一性的解释[①]提出不同意见。1960年11月12日，毛泽东看到当天《人民日报》登载的一篇关于矛盾的同一性和斗争性的讨论的综合介绍，当即要我们把文中提到的分别刊登在《新建设》《光明日报》《学术月刊》《文汇报》上的几篇不同观点的文章全部找给他。

对苏联哲学界讨论社会主义社会的矛盾问题的文章，毛泽东也很注意。1958年2月1日，他要看这方面的文章，我们收集了一批送给他。当时苏联有一位哲学家写信给毛泽东，并寄来他的一篇关于社会主义社会矛盾的文章，毛泽东对这篇文章很重视。[②]

说到毛泽东20世纪五六十年代读报章杂志的事，中共中央组织部原副部长曾志的回忆文章是这样说的：

> 五十年代到六十年代初毛主席经常来广州，随身带的除了一个十多斤重的荞麦大枕头，就是一大堆书报。一天，我问毛主席："您到哪里都带许多书报，一天究竟看多少书报，看得过来吗？成天在看，不觉得疲劳吗？"主席说：

[①] 苏联《简明哲学辞典》说，不能把"像战争与和平、资产阶级和无产阶级、生和死等等现象"认为是同一的。

[②] 《毛泽东的读书生活》，中央文献出版社2003年版，第256—258页。

八、读报章杂志

"我一天收到的报刊、杂志、参考资料等不下二百份,每天都有几十万字,仔细看是看不完的。我请了几位秘书,有专门读书的,有专门看报纸杂志、参考资料的,他们先看一遍,值得我看的,用红笔画出来,我就挑着看。一样东西看读多了,也实在累,我的休息方法,就是一样东西看久了,觉得疲倦了,就放下来,换上另一本再看,兴趣一来,疲倦就打消了。换着看书,就等于休息。"我看毛主席除了开会、处理文电、游泳、写字、吃饭、睡觉以外,都在看书读报,他睡眠基本上是倒着的,白天睡觉,晚上看书报,写作。①

20世纪五六十年代,是毛泽东读报章杂志兴趣很浓的年代。他读报章杂志,与读书一样,兴趣很广泛。政治、理论、经济、历史、哲学(包括佛学)等类文章他都爱读,就是关于文艺批评方面的文章,他也爱看。1957年3月8日,在中国共产党全国宣传工作会议期间,毛泽东同文艺界代表的谈话中说:"我看到文艺批评方面围剿王蒙(作家),所以我要开这个宣传工作会议。从批评王蒙这件事情看来,写文章的人也不去调查研究王蒙这个人有多高多大,他就住在北京,要写批评文章,也不跟他商量一下,你批评他,还是为着帮助他嘛!要批评一个人的文章,最好跟被批评人谈一谈,把文章给他看一看,批评的目的,是要帮助被批评的人。可以提倡这种风气。"

"《新观察》上有一篇《在惠泉吃茶记》的文章,你们看过

---

① 《缅怀毛泽东》(上),中央文献出版社1993年版,第402页。

没有？就在一月份第二期上，可以看看，作者叫姚雪垠。我对他描写喝茶的人有些兴趣，他的文章说在那里喝茶的群众不会喝茶，可是他们还喝得很有一股劲。他还批评这个茶馆合作社经营得不好，有缺点，这个批评是对的，有很多这样的事情，经过公私合营与合作化以后，把原来的许多优点都丢掉了，这以后应当整顿。但是他轻视那些喝茶的群众是不对的，这就是'君子''小人'的观点。'君子'在那里喝茶，'小人'也来了，文章就显得这个作家在群众中落落寡合的样子。驳他的文章，我也看了一些，有个姚文元，写得还是比较有说服力的，我还看得下去。还是要帮助姚雪垠。无论资产阶级思想也好，小资产阶级思想也好，在知识分子中还是占大多数的，他们还没有跟群众打成一片。我看还是跟工农兵打成一片才有出路，不能打成一片，你写什么呢？光写那五百万知识分子，还有身边琐事？不能永远只写这些人，这些人也会要变的。文艺作品，总是要写点这一部分人跟那一部分人的关系。"[1]

《在惠泉吃茶记》是作家姚雪垠写的一篇很普通的文章，就是这样的文章，毛泽东都仔细阅看，批评这篇文章的文章，他也读，并明确地表明他的观点和看法。毛泽东的这次讲话，对引导当时正确开展文艺批评起了很好的作用。

据当年有关的记载，《自然辩证法研究通讯》，也是毛泽东每期必读的。

《自然辩证法研究通讯》1963年副刊第1期中，毛泽东在坂

---

[1]《毛泽东文集》第7卷，人民出版社1999年版，第255页。

田《基本粒子的新概念》这篇文章的标题前面，用铅笔画了三个大圈。在作者的名字下，画了一道。全文在杂志上占 8 面，几乎每面都画满了横道，夹有一些波纹线和双线。文末的译者名字下面，也画了一道。

这一期还有两篇文章，毛泽东也仔细阅读过。一篇是何祚庥对坂田文章的简短评注，占一面，大部分文字下面都画了横线或波线。另一篇是郁里《评 M. 玻恩的〈物理学中的实在概念〉一文》，在文章的第一部分画了横线或波纹线。

1964 年第 1 期的目录上，毛泽东在《我所辑的〈马克思主义者关于科学实验的论述〉》这个题目前面画了一个大圈。在正文中，这个题目前面也画了一个大圈。这篇材料的第二部分，集纳了马克思、恩格斯、列宁的有关论述，毛泽东在这一部分的导语下面画了横线。

1964 年第 2 期上，毛泽东在席泽宗的《宇宙论的现状》一文的最后两段，画了横线和波纹线。

我们还知道，毛泽东对报章杂志上刊载的关于宗教研究的文章也很为关注、很有兴趣。1963 年 12 月 15 日，中共中央外事小组、中央宣传部关于加强研究外国工作给中央写了一份报告。1963 年 12 月 30 日，中共中央为转发这个报告写了指示稿，毛泽东在这个指示稿上写了批语："这个文件很好。但未提及宗教研究。对世界三大宗教（耶稣教、回教、佛教），至今影响着广大人口，我们却没有知识，国内没有一个由马克思主义者领导的研究机构，没有一本可看的这方面的刊物。《现代佛学》不是由马克思主义者领导的，文章的水平也很低。其他刊物上，用历史唯物主义的观点写的文章也很少，例如任继愈发表的几篇谈佛学的文章,已如凤毛麟角,谈耶稣教、回教的没有见过。不批判神学就不能写好哲学史,也不能写好文学史或世界史。这点请宣传部同志们考虑一下。"①

我们估算了一下,20世纪60年代中期到70年代,毛泽东身边的各种报刊,除了我们根据毛泽东的需要订阅的百种以上之外,加上各地出版部门、红卫兵群众组织赠送的,共近300种。除了上文逄先知说到的每天必读的报刊之外,还有《人民画报》《中国画报》《解放军画报》《民族画报》《湖南画报》《苏联画报》《罗马尼亚画报》《朝鲜画报》《越南画报》《新朝鲜》《新阿尔巴尼亚画报》,还有各种人物、史学丛刊,《文物》《考古》杂志,英文版的《北京周报》《中国日报》等,也是毛泽东爱看的、经常翻看的。

毛泽东直到病魔缠身的最后岁月,还以十分顽强的毅力,坚持天天阅读报刊资料。当时,我们的记录是这样的:

> 1973年2月25日,主席要看1971年1月6日、1971年3月16日两天的《文汇报》,我们从主席书库找到后即送主席阅;
>
> 1974年3月12日,主席要看《人民日报》国际部编辑的《苏联与东欧》第1期、第2期,因主席视力原因,我们即改印大字线装本送主席阅;
>
> 1974年9月6日,主席要看新华社国际部编印的《国际动态清样》第1—3期,我们从主席书库找到即送主

---

① 《毛泽东文集》第8卷,人民出版社1999年版,第353页。

八、读报章杂志

席阅；

1974年9月24日，主席要看新出版的《化石》杂志，我们从主席书库找出即送主席阅；

1974年10月6日，主席要看新出版的《动物学杂志》，我们从主席书库找出即送主席阅；

1975年12月19日，主席要看《中华民国史资料丛稿·人物传记》第1辑，我们从中国书店购买一册即送主席阅；

1976年初，主席还向我们要过《自然辩证法》杂志和《科学大众》等期刊。

新出版的这些科普、大众刊物，毛泽东几乎期期翻看，他曾说，《科学大众》里的知识可广了。他读过的《化石》《动物学杂志》《自然辩证法》《哲学研究》《历史研究》《文史哲》《文物》《诗刊》《新建设》《新观察》《红旗》《中国妇女》等许多杂志，都还存放在中南海毛泽东故居里。

毛泽东与书相伴，以书为友。他老人家辞世时身边的床上、书架上、桌子上放有数千种图书报章，其中就有他爱看的、常看的《人民日报》《红旗》《光明日报》《文汇报》《解放军报》《工人日报》《中国青年报》，以及《哲学研究》《历史研究》《参考资料》《参考消息》等数百种报章资料。如果说，毛泽东在书籍的海洋里是生命不息，遨游不止的话，那么，阅读报章杂志就是他遨游书海每天用心采撷的果实。

(二) 每天必读的一报一刊

我们知道，对于报章杂志，毛泽东在晚年的岁月，读得最多的是新华社有关部门编辑、出版的《参考消息》和《参考资料》。这一报一刊，是他老人家每天必读的，尤其是《参考资料》读得更多。

1. 读《参考消息》

1949年10月1日，新中国宣告成立之后，毛泽东的工作尽管越来越忙，但他每天仍然坚持读《参考消息》。不仅自己天天读《参考消息》，而且他还主张扩大发行。1956年，他曾提出把只限党内高级干部看的《参考消息》扩大发行到县委以上干部。1957年1月27日，在省市自治区党委书记会议上的讲话中，毛泽东还谈到扩大《参考消息》的发行范围。他说："现在，我们决定扩大发行《参考消息》，从两千份扩大到十万份，使党内党外都能看到。"①

1957年3月17日，毛泽东在天津党员干部会议上的讲话中又从扩大《参考消息》发行范围问题，讲到党内党外都应该受锻炼，见世面，同那些反马列主义的东西见面，以便同它作斗争，使自己发展起来。他说："不要把自己关在房子里，把眼睛封起来，把耳朵封起来，那很危险。马克思主义是同它的敌对力量作斗争中创造出来的，发展起来的，现在还要发展。比如我们中国办事情，如果我们不发展马克思主义，那么事情就办不好。马克思主义的原理原则到中国来实行的时候，就要带有中国的色彩，就要按照具体情况解决问题。如果采取压服的方法，不让百花齐放、百家争鸣，那就会使我们的民族不活泼，

---

① 《毛泽东文集》第7卷，人民出版社1999年版，第196页。

简单化，不讲道理，使我们的党不去研究说理，不去学会说理。马克思主义要跟非马克思主义作斗争才能发展起来，百花齐放、百家争鸣之所以需要，就是这个道理。"①

1957年5月18日晚上，在中南海丰泽园菊香书屋召开的中央政治局常委会议上，在谈到新闻的阶级性问题时，毛泽东又一次谈到了《参考消息》扩大发行的问题。他说："无产阶级的新闻政策和资产阶级的新闻政策，有一个共同点，这就是新闻有阶级性、党派性。资产阶级报纸只登对他们有利的东西，不登对他们不利的东西。无产阶级和人民大众的报纸也不登对我们有害的东西。这都是阶级利害关系，是普遍规律。赫鲁晓夫的反斯大林秘密报告，资产阶级报纸大登特登，我们的报纸就一字不登。西方通讯社有些消息，我们就不采用。它们也不采用我们的东西。倒是我们办了一个《参考消息》，登了许多西方官方和报刊骂我们的东西，可以说天天替帝国主义作义务宣传，目的是使我们的干部接触细菌，增强免疫力。中央决定《参考消息》扩大发行40万份，过一段时间，总结一下经验，加以改进，进一步扩大发行。"

毛泽东在《参考消息》扩大发行后不久，就提出要把它办成"天下独一无二的报纸"。《参考消息》的"独一无二"首先是它刊登的内容不同于一般报纸："它选载当天收到的各外国通讯社、台湾国民党通讯社所播发的消息，和各国报刊、台湾香港报刊所发表的有参考价值的材料"②，"连那些骂我们的言论也

---

① 《毛泽东传》第四册，中央文献出版社2011年版，第1607—1608页。
② 见1956年12月18日中共中央关于扩大《参考消息》订阅范围的通知。

登"。为什么要这样做呢？毛泽东说："目的就是把毒草，把非马克思主义和反马克思主义的东西，摆在我们同志面前，摆在人民群众和民主人士面前，让他们受到锻炼。不要封锁起来，封锁起来反而危险。这一条我们跟苏联的做法不同。为什么要种牛痘？就是人为地把一种病毒放到人体里面去，实行'细菌战'，跟你作斗争，使你的身体里头产生一种免疫力。发行《参考消息》以及出版其他反面教材，就是'种牛痘'，增强干部和群众在政治上的免疫力。"①

对《参考消息》刊登的稿件，毛泽东也很关注。他在一些批示中指出，稿件登不登《参考消息》，主要看其登出后是否既有助于读者正确认识形势与问题，又不会产生不利的社会效果，不会诱发社会动荡、思想混乱，至于说得好听与不好听，不是登不登的标准。

毛泽东一再指示《参考消息》报道不要倾向性太大，让读者自己判断，以培养他们分析问题的能力。针对"有的同志希望每一条国际消息都加按语"的意见，他说，那样就麻烦了。同志！都不加按语。我们就是叫人们自己去思考……1972年10月7日，周恩来指示："《参考消息》从今天起一概不要有倾向性，完全客观，毛主席已说过多次。"

1958年毛泽东又指示，"要把《参考消息》的阅读范围扩大到全国的高等院校学生"②。在毛泽东的重视、主张和提倡之下，

---

① 《毛泽东文集》第7卷，人民出版社1999年版，第196页。
② 《毛泽东百周年纪念——毛泽东生平和思想研讨会文集》中册，中央文献出版社1994年版，第333页。

八、读报章杂志

《参考消息》阅读、发行范围不断扩大。领导干部可以看,共产党员可以看,广大干部、群众都可以看,大学、中学的学生也可以看。其发行量成了全国报刊之首。三年困难期间,由于纸张严重不足,《参考消息》不得不大大压缩订数。当经济形势一出现好转,他便提出增加《参考消息》的发行份数。1964年6月,他在同外宾谈话中说:《参考消息》的订阅范围,"以后要逐步扩大,今后可以增加到50万份,80万份。只要纸张问题能够解决,做到每个公社、每个工厂都有一份,还可以发给个人。"① 一个月后,他又提出,《参考消息》发行量今后增加到100万份。

"文化大革命"开始后,《参考消息》扩大发行受到影响。1970年夏,毛泽东指示,《参考消息》扩大发行到基层党支部。1971年6月,毛泽东批准《参考消息》刊登斯诺采访毛泽东、周恩来的一组报道后,订数猛增,到年底达到604万余份。

进入20世纪70年代,毛泽东的身体越来越差,但还天天坚持读《参考消息》。我们记得,在他老人家眼病厉害的时候,只有一只眼睛能看书看报。后来,随着病情加重,小号字看不清了。根据毛泽东读书读报的需要,1974—1975年,有一段时间,曾组织中办秘书局的同志、毛泽东身边的工作人员,一起用近似毛笔的碳素笔将毛泽东要看的《参考消息》上刊载的有关文章、报道等抄写成大字(近似36磅黑体字大小)送给毛泽

---

① 《毛泽东百周年纪念——毛泽东生平和思想研讨会文集》中册,中央文献出版社1994年版,第333页。

东看。有的文章、报道文字较长，为了让毛泽东及时阅读，工作人员加班加点抄写，晚上常常抄写到深夜两三点钟，睡几个小时觉，第二天上午继续抄写。我们记得，白内障手术之前，两个眼睛都不能看东西了，毛泽东每天仍要工作人员给他读书读报，包括《参考消息》。

说到毛泽东在生命的最后岁月读《参考消息》的事，曾直接为毛泽东做理发服务工作长达17年的周福明回忆：

> 9月8日，主席去世的前一天，那天主席一觉醒来，向守候在身旁的医务人员说着什么。医务人员半天都没有听出来，就马上跑到值班室找身边的工作人员。我闻讯赶到，主席从喉咙里发出微弱的声音，几乎听不清，我连忙从床边抓起纸和笔，把笔塞到主席手中。主席艰难地握着铅笔，在我举着的纸上费了很大的气力，半天才画了三个道，就再也写不动了。过了一会儿，他又慢慢地抬起握着铅笔的手，非常吃力地在木床头点了三下。
>
> 我们立刻反应到，主席说的话是和"三木"有关。
>
> "主席，您是不是要看有关三木的消息？"我轻声地问。
>
> 主席默默地点点头。
>
> 三木就是三木武夫，当时日本自由民主党总裁、内阁总理大臣。他正在日本进行大选。此时病重的主席仍关切地注视着他在日本大选中的情况。[①]
>
> 在场的工作人员急忙从《参考消息》《参考资料》上找到关

[①] 《缅怀毛泽东》（下），中央文献出版社1993年版，第689—690页。

八、读报章杂志

于三木的报道，一读题目，毛泽东的脸上就露出轻松的表情。读完这一篇，又读了一篇关于美国当时竞选总统的报道，毛泽东也静静地听着。过一会儿，他就安详地睡着了。时隔几个小时之后，毛泽东的心脏就停止了跳动。

2. 读《参考资料》

随着《参考消息》订阅范围不断扩大，订阅数量不断增多，新华社从1955年3月1日起，在继续编辑出版《参考消息》的同时，创办了《参考资料》这个内部刊物。① 《参考资料》一出刊，就受到毛泽东的青睐。每天工作无论多忙，毛泽东都坚持阅看这份每天多达15万到20万字的刊物。1953年3月，毛泽东曾说："现在的报纸我只看一些新闻和文章，但是《参考资料》《内部参考》每天必看。"② 毛泽东把读《参考资料》作为了解国际情况和国际动态、学习国际知识的主要来源。除了看重要新闻，他对刊登的西方资产阶级政治活动家的回忆录，也饶有兴味。他说，这些回忆录里写了许多过去我们不知道的帝国主义国家内部的矛盾和斗争的情况，很值得看。毛泽东从《参考消息》《参考资料》《内部参考》上得到的国外的情况，学习掌握的国际知识，常常使得一些著名的外国记者为之惊讶。1960年，斯特朗在回忆她于1946年同毛泽东的那次谈话时说："他首先问我美国的情况。美国发生的事有许多他知道的比我还

---

① 该刊创刊后，曾每天出上午版、中午版和下午版，20世纪60年代改为上、下午版两册，80年代改为每天一册。
② 卫广益：《毛泽东与大小"参考"》，《党的文献》1994年第2期。

311

详细。这使我惊讶……他像安排打仗的战略那样仔细地安排知识的占有……主席对世界大事的知识是十分完备的。"毛泽东虽然出国不多，也没有去过美国、英国、法国等国家，但是，他对于纷纭复杂的国际形势发展趋势的判断，对国际关系的分析和把握都是很准确的。这同他经年累月、一天也不间断地阅读和研究大量国际问题的资料和新闻是分不开的。对于这一点，澳大利亚前总理高夫·惠特拉姆也谈过他与毛泽东一次近一个小时的会见时的情景。他们的谈话范围涉及历史、当前问题、亚洲地区、文学和当代的一些人物。毛泽东很熟悉情况，知道西方世界正在发生的情况，乐意对一些人物和问题发表意见。①

毛泽东阅读《参考资料》像读书一样地圈点批画，读到重要之处，他总是习惯用红铅笔或黑铅笔在有关的文字旁画线或圈点；在有疑问处则打问号或写出质疑；发现有差错还认真地加以校正；对一些有重要参考价值的文章，他还作眉批旁注，并推荐给其他领导同志或身边工作人员阅读。如1958年9月24日下午版《参考资料》中有20篇文章作了眉批旁注，在有关的报道中画了密密麻麻的圈圈点点和杠杠线线。毛泽东对一些有助于了解世界形势、认清对立面意图的参考报道，常常批示有关报刊转载，或者印发有关人员参阅。1950年12月28日，他批示"可将胡佛演说以资料名义刊于《人民日报》第四版及《世界知识》上"。1958年12月，中共八届六中全会期间，毛泽东将《参考资料》上刊登的杜勒斯的两篇演说和美国"新教领

---

① 参见《博览群书的毛泽东》，吉林人民出版社1993年版，第308页。

袖们"通过的一个声明等三篇报道亲自重拟标题、重写提要，批示邓小平印发给与会中委阅读。

毛泽东还一直把《参考资料》作为他增加知识和作重大决策的重要"教材"和重要"依据"。1959年9月15日，在民主党派负责人座谈会上的讲话中，在谈到当时中央为解决台湾海峡关系问题所作出的重大决策时，毛泽东强调指出："每天全世界的一切舆论，一切消息，你都要看完，每天两大本（指新华社编的内部资料《参考资料》——引者注），你才了解情况，才知道方向，不然怎么决策？"① 1962年11月19日下午，毛泽东从当天的《参考资料》（第5406期）上看到，印度总理和总统在18日的讲话中都说希望通过和平谈判解决中印边界冲突。他当即批示："突然大谈和平解决。送总理阅。请外交部研究一下，印度领导人过去几天，是否有过十八日这种论调。"他抓住这一契机，作出了一项没有先例的大胆决策：中国边防部队在自卫反击战取得胜利的情况下，主动实行全线停火，并主动后撤。② 这一重大决策，对当时中印边界局势的稳定起了重要的作用。对太平洋彼岸的美国方面的新动向，毛泽东也早已注意。1968年冬天，他饶有兴趣地读了有关美国总统竞选的材料，并对在中国的美籍专家柯弗兰写的文章③表示"欣赏"。他还仔细阅读了不久后当选第三十七届美国总统的尼克松所写的《六大危机》，认为该书"写得不错"。1969年1月，根据毛泽东的意

---

① 《毛泽东传》第四册，中央文献出版社2011年版，第1843页。
② 《毛泽东传》第五册，中央文献出版社2011年版，第2229页。
③ 文中称共和党候选人理查德·尼克松将当选本届美国总统。

见，《人民日报》全文刊登了尼克松在1月20日发表的就职演说。1971年他到外地巡视途中对各地负责人谈话时说："我天天当学生，每天看两本《参考资料》，所以懂得点国际知识。"1972年8月1日，周恩来在人民大会堂对各部门负责人讲话时说："毛主席天天看《参考资料》，忙时看《参考消息》。我们不看心里过不去。毛主席说，他要学点新知识，主要靠两本《参考资料》。"

毛泽东还特别关注《参考资料》编发的为中央提供的参考报道，他要求正面的反面的、好的坏的都要反映。他很重视外界"唱反调"的言论。比如，他看了1957年6月24日《参考资料》刊登的美国《新共和》杂志的一篇文章，在给陈云的批语中写道："17页有一句话，值得研究一下。这一句话是唱反调的，但也应当促使我们注意。"

他要求编辑从选材到制作标题，都不要带主观成分，尽量客观。他对《参考资料》上的一些标题倾向性太大，曾多次提出意见。1970年6月，周恩来强调指出："毛主席交待过，《参考资料》不要自己标标题，原来怎么标就怎么标，让读者自己判断。"1971年10月28日，周恩来在一次同外宾谈话中又说："《参考资料》编辑有时有些主观，标题作的不一定符合实际内容，其实可以不这样搞，按照毛主席的指示，用人家原来的标题。"

1969年5月17日，毛泽东针对《参考资料》关于我党九大反应报道的标题批示说："外国人、外国党评论九大，编者不要随意加'妄评'字样，如实地向中央提供就可以了。"关于记者写内参，毛泽东说："中央给记者的任务就是如实反映情况。记者反映情况就是执行自己的职责。中央怎样判断,这是中央的事。"对调查的态度,毛泽东指示:"调查应本实事求是原则,有则有,无则无,多则多,少则少,力避主观夸大,但也不要故意缩小。"①

毛泽东要求报道准确无误,发现译编差错便给予批评指正。1958年10月,《参考资料》关于台湾海峡地区局势的报道未抓住美台矛盾加剧的动向,不符合中央政策,他批评说:"从最近《参考资料》上台湾海峡地区局势新闻的标题和编排可以看出,《参考资料》的编辑人员不了解中央在这方面的政策和方针。他们应该好好学习。"②

进入20世纪70年代,毛泽东的体质日渐下降,根据他的健康状况,医护人员要他每天进行半个小时的"日光浴"。于是他就给工作人员规定:"日光浴"时要给他拿来当天的《参考资料》《参考消息》及其他的报刊,充分利用这半个小时时间了解国内国际发生的大事、重要新闻和信息等。工作人员都知道他平时休息时间很少,希望他能利用"日光浴"的机会静静地休息一下。因此,有几次就故意不给他拿《参考资料》和其他报纸。当他知道工作人员的好意时,就微笑着对工作人员说:"我每天工作很忙,没有时间看书看报,利用这半小时的时间,看看资料、报纸,既可以增强体质,又可以了解新闻时事和国内外大事,这不是一举两得嘛!"

---

① 《毛泽东百周年纪念——毛泽东生平和思想研讨会文集》中册,中央文献出版社1994年版,第336页。
② 转引自卫广益:《毛泽东与大小"参考"》,《党的文献》1994年第2期。

对毛泽东来说，读书是一种休息，读《参考资料》等报刊是一种休息，练习书法也是一种休息，这就是毛泽东学习的一个独到之处。

毛泽东除了自己每天都读《参考资料》之外，有时还让身边的工作人员每天也读，读了之后给他讲。对于这一点，护士长吴旭君的回忆文章中是这样写的：

> 我们看的《参考》分两种。一种是现在一般人都可以看到的小开张的我们叫一张纸《参考消息》；另外一种是《参考资料》，其内容比前者多，是供首长们看的，有上午版、下午版各一本，还有一本是国际共产主义运动，每天定时送来新出版的当天资料，这三本加起来可能不止几十万字。从此，我便开始每天把《参考资料》当成教科书一样认真阅读，然后，每天找到适当的时间去向主席汇报，在交谈中，我发现他对国际上每个国家以及每个地区的问题了如指掌，非常熟悉，来龙去脉讲得头头是道，我问他："主席，外交方面的事已经分工有人管了，你还这么操心干吗？"

> 主席说："我一直没有放松对国际问题的关注，当个主席哪能只顾国内不顾国外，要兼顾。以后，我要多抓抓国际外交上的大事，否则，时间就来不及了。你以后在这些方面也要多看些东西和我多交谈，我们就有共同语言了。"……

1971年3月21日，由毛主席决定派出的我国乒乓球代表团抵达日本名古屋，准备参加于28日开始的世界第三十

八、读报章杂志

一届乒乓球锦标赛。

代表团一离开北京，主席就对我说：

"你每天要把各通讯社对于我们派出去的代表团的反映逐条地对我讲。"

3月21日这一天，主席像着了魔似的躺在床上三四个小时睡不着。平时起床总有一套事要做，比如穿衣服、擦脸、漱口、吸烟、喝茶等等。这些天他觉得做这些事是多余的浪费时间，马马虎虎地做完就看文件。这天，他因为几个小时睡不着，决心不睡了。我来到他的卧室，刚打开台灯，他就说话了，只一个字"讲"。

"讲"是"开讲"的简单说法。所谓"开讲"就是让我向他报告《参考资料》中一些国际上的大事。我把我看过的参考的内容一一说给他听。他认真地听着，两眼看着我。我坐在他床旁对面的椅子上。我讲的这些只是前一天下午版的情况，当天的参考还没送来。因为当时还是早晨六点钟，人们还没上班呢。听完我的汇报，他不耐烦地说：

"告诉徐秘书，催催新华社的参考清样一出来立即就送来，我等着看。"这时，他才心事重重地起床，穿上睡袍，擦脸，漱口。……

我禁不住好奇地问：

"主席，你怎么这么关心乒乓球代表团的反映？"

主席说："这件事事关重大，非同一般呀！这是在火力侦察，以后我要争取主动，选择有利时机。让人们看看中国人不是铁板一块。"

这次派出的球队是六年来第一次在世界上露面。

果然，中国队重返世界乒坛，立即引起了世界舆论的关注。……

世乒赛期间，主席说了，要我认真看参考，把全部情况及时向他汇报。那阵子我每天跟他谈参考和有关的情况反映材料，直谈得口干舌燥，嗓子疼。

有一次参考里有这么一段，我觉得挺有意思，就跟主席说了。这条消息的大意是说4月4日，美国队3号选手格伦·科恩去场馆练球，出来之后找不到车，结果上了中国队的汽车。科恩吃惊地看着一车中国人有些尴尬地说："我知道我的帽子、头发、衣服让人看了好笑。"科恩是个嬉皮士，留着长发。当时中国的乒乓球队队员庄则栋站起来说："我们中国人民和美国人民一直是友好的，今天你来我们车上，我们大家都很高兴。我代表同行的中国运动员欢迎你。为表达感情，我送给你一件礼物。"于是庄则栋把一尺多长的杭州织锦送给了科恩。科恩也非常高兴，想回赠什么，可发现什么也没带。

那时候中美关系十分僵，双方都处于敌对状态，庄则栋的举动可以说是相当勇敢的。

就这么一条花絮，主席听后眼睛一亮，立刻让我原原本本地把这条消息念了两遍。听完了，他脸上带着满意的笑容说："这个庄则栋不但球打得好，还会办外交。此人有点政治头脑。"

听了主席的话，我心里也挺高兴，心想，这条消息我算选对了。国际上的事很微妙，但这件事看来办到了主席

八、读报章杂志

的心坎上。①

就在世界第三十一届乒乓球锦标赛将要结束的时候,毛泽东又下决心邀请美国乒乓球队访华。这个消息一传到名古屋,立刻在全世界引起轰动。日本各大报纸都在头版显要位置登出有关报道,并大加评论。这件事产生的影响,在当时超过第三十一届世界乒乓球锦标赛的消息。消息很快传到美国白宫。美国前总统尼克松后来回忆道:

> 这个消息使我又惊又喜。我从未料到对华的主动行动会以乒乓球队访问的形式得到实现。我们立即批准接受了邀请。中方作出的响应是发给几名西方记者签证以采访球队。
>
> 4月14日,我宣布结束已存在20年的对我们两国间贸易的禁令。我还下令采取一系列新的步骤,放宽对中华人民共和国的货币和航运管制。同一天在北京,周恩来亲自欢迎了我们的乒乓球运动员。②

"乒乓外交",获得了"小球转动大球"的戏剧性效果。正如周恩来接见美国乒乓球队时所说:它打开了中美两国人民友好往来的大门。毛泽东的上述重大决策,与他每天阅读《参考资料》,翔实、准确把握国际形势和美国动态等是分不开的。

说到毛泽东通过阅读《参考资料》等国际时事评论和各种新闻、讯息报道,及时作出重大决策的事,还有另一项重大决

---

① 《缅怀毛泽东》(下),中央文献出版社1993年版,第633—640页。
② 《尼克松回忆录》中册,商务印书馆1979年版,第237页。

319

策不得不提，即恢复中国在联合国合法席位。

对恢复中国在联合国合法席位这件事，毛泽东一直看得很重，一直放在心上。他曾对身边工作人员多次说过："联合国，我们总有一天可以进去。""世界不能始终让美、苏两国霸占下去，中国人在世界上说话也得算数。"① 毛泽东广泛收集国际上对恢复中国在联合国合法席位的反映，认真阅读《参考资料》，或者要工作人员把有关消息读给他听，还要看大量文件、电报。那时，局势仍不明朗，不少人对联合国这次能否通过这项决议抱着怀疑的态度。毛泽东说："看问题不要只看表面现象，要看实质。"接近联大投票时，他说："我们就算有十亿人口，在联合国也只是一张票，一个小国也是一张票，我奉劝你不要看不起小国。"当得知联合国大会通过恢复中国在联合国合法席位的决议时，毛泽东很高兴，说："主要是第三世界兄弟把我们抬进去的。"②

在联合国大会通过恢复中华人民共和国合法权利的当天下午，毛泽东召集周恩来及外交部有关人员开会，决定立即组团出席联大。以乔冠华为团长，黄华为副团长的中国代表团很快组成。代表团离京前的11月8日晚，毛泽东接见代表团的成员。当周恩来带领大家来到中南海时，毛泽东站在书房门口同大家一一握手。谈话当中，毛泽东兴致很高，从世界大势一直谈到国内问题。他说：你们这次去联合国可以放心了，我的那个"亲密战友"不在了。我国今年有两大胜利，一个是林彪倒

---

① 《毛泽东传》第六册，中央文献出版社2011年版，第2602页。
② 《毛泽东传》第六册，中央文献出版社2011年版，第2602页。

台，一个就是恢复联合国席位。① 第二天，代表团启程。按照毛泽东提出的送行规格"宜高一点"的意见，周恩来、叶剑英等同志前往机场送行。

几天后，中华人民共和国代表团首次出现在联合国裁军问题的大会上。会上，各国代表不顾原定议题，纷纷登台发表一篇篇热情洋溢的贺词，欢迎中国代表团的到来。每天阅读外电报道的毛泽东指示有关部门：要将联大会议上各国代表的发言全文刊登在国内报纸上，不要只登摘要。②

据我们所知，当时，毛泽东每天读《参考资料》所刊载的国际问题的多种材料的时间远远早于读国内公开出版的各种报刊的时间。《参考资料》每天必看，每期必看。对刊载的国际上发生的重大事件、重要新闻、西方各国政要的言论及传记、对重大事件的评论，等等，毛泽东都看得很细，许多地方都用粗红色、黑色铅笔点画，还有的写了批注。

毛泽东每天读《参考资料》的习惯一直保持到生命的最后时刻。1976年9月7日到8日下午，已在垂危中的毛泽东仍坚持要看文件、看书报资料，直到生命的最后时刻，他老人家还要看当时的日本首相三木武夫的材料。《参考资料》《参考消息》与其他众多的图书一样，陪伴着毛泽东度过了人生最后的岁月。

---

① 《新中国外交风云》第3辑，世界知识出版社1994年版，第99页。
② 《毛泽东传》第六册，中央文献出版社2011年版，第2602页。

(三) 爱读《人民日报》的学术、理论文章，对光明日报《文学遗产》《哲学》《史学》等专刊特别有兴趣

《人民日报》和《光明日报》也是毛泽东生前每天都要阅读的，它们是毛泽东把握国内学术、思想、理论哲学、史学动态的重要窗口。

1. 读《人民日报》

《人民日报》，前身为中共中央华北局机关报，1948年6月15日在河北平山创刊。1948年7月，毛泽东为《人民日报》题写了报头，1949年3月迁至北平（今北京）出版，同年8月1日起改为中共中央机关报。

《人民日报》创刊到改为中共中央机关报之后，毛泽东一直很为关注。不仅每天读报，而且对如何办报、如何办好报多次给予指示，提出指导性的意见。

1957年3月10日，下午3时至6时40分，毛泽东在中南海住地颐年堂邀集邓拓、金仲华、徐铸成、赵超构、朱穆之等新闻出版界的同志座谈新闻出版方面的问题。与会同志在会上提出了不少意见和问题。毛泽东边听边答。

有人反映，现在报纸编出来群众不爱看。毛泽东说，报纸是要有领导的，但是领导要适合客观情况。群众爱看，证明领导得好；群众不爱看，领导就不那么高明吧！他又说，报上的文章，"短些，短些，再短些"是对的，"软些，软些，再软些"就要考虑一下。不要太硬了，太硬了人家不爱看，可以把软和

八、读报章杂志

硬两个东西统一起来。文章写得通俗、亲切，由近讲到远，引人入胜，这就很好。板起面孔办报不好。

有人问：鲁迅如果活着会怎么样？毛泽东回答：我看鲁迅活着，他敢写不敢写。在不正常的空气下面，他也会不写的，但更多的可能是会写。现在有些作家不敢写，有两种情况：一种情况，是我们没有为他们创造敢写的环境，他们怕挨整；还有一种情况，就是他们本身唯物论没有学通，是彻底的唯物论者就敢写。

在报纸上如何开展批评？他说：对人民内部问题进行批评，锋芒也可以尖锐。我也想替报纸写些文章，但是要把主席这个职务辞了才成。我可以在报上辟一个专栏，当专栏作家。文章要尖锐，刀利才能裁纸，但是尖锐得要是帮了人而不是伤了人。在报纸上开展批评的时候要为人家准备楼梯，否则群众包围起来，他就下不了楼。[①]

1957年4月4日至6日，毛泽东在四省一市党委书记思想工作座谈会上，在谈到批评问题时，他又严肃指出："怕人家批评怎么能办好报纸？人家提提意见有什么不好？文教、报纸、刊物、戏剧，都是教育人民的工具，要经常教。不要头痛医头、脚痛医脚。报纸、学校、戏剧，各地无人管，这种现象不能再继续下去。你们（书记）管得太少了。"[②]

1957年3月17日晚上，毛泽东在天津市党员干部会议上的

[①] 参见《文献和研究》（一九八三年汇编本），人民出版社1984年版，第59页。

[②] 《毛泽东传》第四册，中央文献出版社2011年版，第1624页。

讲话中，在谈到我们应该采取"百花齐放、百家争鸣"的方针这个问题时，说：凡是科学方面的问题，思想方面的问题，精神方面的问题，都不能用粗暴的方法。有两个方法，一个叫压服，一个叫说服。是采取压服的方法，还是采取说服的方法？现在我们有一些同志等不及了，大有要压一下的想法。压是压不服人的，只会使我们处于不利的地位。如果用压服的办法，我们就没有理，就站不住脚，我们就输了。我们要学会说理，学会写说理的文章，学会作说理的报告。曾经有个同志跟我讲："搞那么多道理，老子就搞不惯。老子就是一冲。"我说你一冲呀，不能解决问题，要加以分析，要研究，写出有说服力的文章才行。至于各种错误的意见在报纸上、刊物上发表，开座谈会评论，会不会把我们的天下搞乱，把人民政府搞倒，我说完全不会。因为他们不是反革命，不是特务，他们中的大多数愿意跟我们合作，只有极少数人是敌视我们的。①

1957年3月中旬到4月中旬，毛泽东离京前往天津、山东、江苏、上海、浙江巡视考察。他发现，党内党外、党的报纸和民主党派的报纸，对《关于正确处理人民内部矛盾的问题》的讲话的反响存在很大反差，党外传达快，党内反而迟。民主党派的报纸放开宣传，各级党报特别是党中央的机关报《人民日报》，对最高国务会议讲话和宣传工作会议讲话一声不响，毛泽东对此提出了严厉的批评。毛泽东说："最高国务会议和宣传工作会议，已经开过一个多月了，共产党的报纸没有声音。陈其通四人的文章发表以后，《人民日报》长期以来也没有批评。你

---

① 《毛泽东传》第四册，中央文献出版社2011年版，第1607页。

们按兵不动，反而让非党的报纸拿去了我们的旗帜整我们。过去我说你们是书生办报，不是政治家办报。不对，应当说是死人办报。你们到底是有动于衷，还是无动于衷？我看是无动于衷。你们多半是对中央的方针唱反调，是抵触、反对中央的方针，不赞成中央的方针的。（邓拓解释说：过去中央曾有规定，党的会议不发消息，主席讲话未公布前，也不引用。我对这件事没有抓紧。）中央什么时候有这个规定？最高国务会议发了消息，为什么不发社论？消息也只有两行。为什么把党的政策秘密起来？宣传会议不发消息是个错误。这次会议有党外人士参加，为什么也不发消息？党的报纸对党的政策要及时宣传。最高国务会议以后，《人民日报》没有声音，非党报纸在起领导作用，党报被动，党的领导也被动。党报在非党报纸面前丢脸。我在最高国务会议上的讲话目前还不能发表，但可以根据讲话的意思写文章。对党的政策的宣传，《人民日报》不是没有抓紧，而是没有抓。"①

1957年6月7日，毛泽东在与胡乔木、吴冷西的谈话中，针对当时《人民日报》存在的问题指出："写文章，尤其是社论，一定要从政治上总揽全局，紧密结合政治形势，这叫做政治家办报。"②

毛泽东接着又重提他4月10日同人民日报的同志的谈话。毛泽东说，他在那次长达4小时的谈话结束时，曾归纳了四点意见：

---

① 《毛泽东传》第四册，中央文献出版社2011年版，第1628页。
② 吴冷西：《忆毛主席——我亲身经历的若干重大历史事件片断》，新华出版社1995年版，第40页。

一、报纸的宣传，要联系当前的政治，写新闻、文章要这样，写社论更要这样。如2月间的最高国务会议和3月间的全国宣传工作会议及其以后的发展，报纸的宣传要围绕这个当前最重要的政治来做。

二、中央的每一重要决策，报纸都要有具体布置，要订出写哪些社论、文章和新闻的计划，并贯彻执行。2月间在最高国务会议上的讲话，当时来不及整理发表，但可以根据讲话要点写文章，社论来宣传，在这方面，《人民日报》有充分的条件可以得风气之先。现在这个讲话已作了多次修改，差不多了，只有几个地方还要斟酌一下，再过几天就可以发表。《人民日报》就要准备作系统的宣传。

三、《人民日报》要在现有条件下努力改进工作，包括领导工作。编委会可以扩大些，开会要讨论政治上和思想上的实质问题，可以争论。报纸的编排和文风，不要刻板，要生动活泼。文章要写得短些、通顺些，标题要醒目些，使读者爱看。

四、要吸收报社以外的专家、学者、作家参加报纸工作，要团结好他们。理论版和文艺版要设专门的编委会，请报社外的人参加，属半独立性质。

毛泽东最后对吴冷西（当时即将调任《人民日报》总编辑）严肃地说，要政治家办报，不是书生办报，就得担风险。你去人民日报工作，会遇到不少困难，要有充分的思想准备，要准备碰到最坏的情况，要有五不怕的精神准备。毛泽东扳着指头说这五不怕是：一不怕撤职，二不怕开除党籍，三不怕老婆离婚,四不怕坐牢,五不怕杀头。毛泽东说,有了这五不怕的思想准备,就敢于实事求是,敢于坚持真理了。毛泽东接着逐条作了解释,讲了很长的一大段话。①

毛泽东上述有关的谈话、讲话精神对办好《人民日报》具有重要的指导作用。

1959年8月21日,《人民日报》第3版刊登了《关于甘薯翻藤问题的讨论》文章,毛泽东读后很感兴趣,于8月23日上午6时,倚枕给胡乔木、吴冷西、田家英等同志写信说:"此版右角甘薯问题,很有兴趣,可以一看。这种讨论,是非常之好的。科学讨论,《人民日报》要多起来,要多得占篇幅五分之一左右,岂不是很好吗?请你们于衣食住行用五大要政讨论一下。一塘死水,需要搅动一下了。"②对《人民日报》等报刊文章中的合理意见,毛泽东很注意吸取。20世纪50年代后期全国掀起"除四害"(老鼠、麻雀、苍蝇、蚊子)运动。对于应不应该消灭麻雀,科学界有不同的意见。当时的刊物上也展开了对这个问题的讨论。毛泽东知道了这个情况,要工作人员把各种不同观点的文章收集起来送给他。在仔细看了这些材料之后,1960年3月16日,他在为中共中央起草的关于卫生工作的指示中改变了消灭麻雀的决定,提出"麻雀不要打了,代之以臭虫,口号是'除掉老鼠、臭虫、苍蝇、蚊子'"③。接着,3月24日他在天津会议上重申了这个改变,说:这两年麻雀遭殃,现在我提

---

① 《缅怀毛泽东》(上),中央文献出版社1993年版,第202—207页。
② 《毛泽东文集》第8卷,人民出版社1999年版,第86页。
③ 《建国以来重要文献选编》第七册,中央文献出版社1993年版,第432页。

议给麻雀恢复"党籍"。

20世纪50年代末、60年代初,毛泽东对《人民日报》在一个时期比较缺少理论文章和学术文章提出过批评。1964年1月,在一次中央政治局常委会上,他曾提出,《人民日报》要发表学术方面的文章,包括哲学、经济学、历史学、文学、艺术等方面的文章。他说,现在报上政治新闻太多,尽是送往迎来,这个会议那个会议。这些事情不登也困难,但可以少登。要多登学术方面的文章。为此,他专门作过批示:"《人民日报》历来不注重思想理论工作,哲学、社会科学文章很少,自然科学文章更少,把这个理论阵地送给《光明日报》《文汇报》和《新建设》月刊。这种情况必须改过来才好。"[1] 后来《人民日报》注意加强了这方面的工作,马上得到毛泽东的称赞。他说:"现在,《人民日报》有看头了,理论上加强了,也有一些有意思的东西。"[2]

对《人民日报》刊载的学术、理论文章,毛泽东是很爱读的。例如:20世纪50年代《人民日报》开展的对电影《武训传》的讨论、关于对《红楼梦》小说的研究文章等,毛泽东都仔细阅读,有的还写了批注。有关的重要社论,编者按、评论员文章等,毛泽东都亲自审阅修改。1954年10月28日《人民日报》发表的袁水拍的文章《质问〈文艺报〉编者》,就是经毛泽东审阅修改的。毛泽东在文章列举《文艺报》压制青年作者的老爷态度后,加写了这样一段话:"文艺报在这里跟资产阶级

---

[1] 《毛泽东传》第四册,中央文献出版社2011年版,第2302页。
[2] 《毛泽东新闻工作文选》,新华出版社1983年版,第217—218页。

八、读报章杂志

唯心论和资产阶级名人有密切联系，跟马克思主义和宣扬马克思主义的新生力量却疏远得很，这难道不是显然的吗？"①

毛泽东对《人民日报》发表的学术、理论文章一直很为关注，对有争论的问题尤为关注。从1958年以来，我国哲学界在报刊上开展了关于矛盾的同一性与斗争性、思维与存在有没有同一性的问题的讨论。凡属这方面的重要文章，毛泽东几乎都要看。

在1968年9月，毛泽东修改《人民日报》社论《世界革命人民胜利的航向》初稿时，几乎把所有提到毛泽东思想的地方都删掉了，并且写了一个重要批示："把离开主题的一些空话删掉。不要向外国人自吹自擂。"②

1971年3月15日，毛泽东审改"两报一刊"③编辑部文章《无产阶级专政胜利万岁》时写下批语："我党多年来不读马、列，不突出马、列，竟让一些骗子骗了多年，使很多人甚至不知道什么是唯物论，什么是唯心论，在庐山闹出大笑话。这个教训非常严重，这几年应当特别注意宣传马、列。"④

1970年5月21日，毛泽东在《人民日报》发表《全世界人民团结起来，打败美国侵略者及其一切走狗》的声明，严厉抨击美国政府自第二次世界大战后的对内对外政策，强烈谴责美军近年来对印度支那的侵略。⑤

---

① 《毛泽东传》第三册，中央文献出版社2011年版，第1256页。
② 《毛泽东传》第六册，中央文献出版社2011年版，第2526页。
③ 两报指《人民日报》和《解放军报》，一刊指当时的《红旗》杂志。——笔者注。
④ 《毛泽东传》第六册，中央文献出版社2011年版，第2556—2557页。
⑤ 《毛泽东传》第六册，中央文献出版社2011年版，第2595页。

1975年2月9日,《人民日报》发表题为《学好无产阶级专政的理论》的社论,公开发表毛泽东关于理论问题的指示。社论提出:"我们同修正主义的斗争,不是一两次较量,而是长期的斗争。我们的任务,是不断铲除滋生修正主义的土壤,像列宁所说的那样,造成使资产阶级既不能存在,也不能再产生的条件。很明显,这个任务是重大无比的。"

毛泽东关于理论问题的指示主要内容是:

> 列宁为什么说对资产阶级专政,要写文章。要告诉春桥、文元把列宁著作中好几处提到这个问题的找出来,印大字本送我。大家先读,然后写文章。要春桥写这类文章。这个问题不搞清楚,就会变修正主义。要使全国知道。
>
> 我同丹麦首相谈过社会主义制度。(注:毛主席在1974年10月20日会见丹麦首相保罗·哈特林时说过:总而言之,中国属于社会主义国家。解放前跟资本主义差不多。现在还实行八级工资制,按劳分配,货币交换,这些跟旧社会没有多少差别。所不同的是所有制变更了。)我国现在实行的是商品制度,工资制度也不平等,有八级工资制,等等。这只能在无产阶级专政下加以限制。
>
> 所以,林彪一类如上台,搞资本主义制度很容易。因此,要多看点马列主义的书。
>
> 列宁说,"小生产是经常地、每日每时地、自发地和大批地产生着资本主义和资产阶级的"。工人阶级一部分,党员一部分,也有这样情况。
>
> 无产阶级中,机关工作人员中,都有发生资产阶级生

活作风的。①

1976年，是毛泽东度过的最后一年。

元旦当天，《人民日报》和全国各大报刊都在头版刊载了他10年前写的两首词：《水调歌头·重上井冈山》和《念奴娇·鸟儿问答》。标题下方，印着笔迹颤抖的"毛泽东"签名。

毛泽东重视《人民日报》，关注《人民日报》，爱读《人民日报》，特别是爱读《人民日报》刊载的学术、思想、理论文章，亲手为《人民日报》草拟、修改社论、专论、评论员文章、编者按语等。在党和国家的领导人中，像毛泽东这样重视《人民日报》，关注《人民日报》，不是很多的。

2. 读《光明日报》

《光明日报》是全国性综合性报纸，创刊于1949年6月16日，由中国民主同盟主办。1953年起改由各民主党派、全国工商联共同主办。1957年改由中共中央宣传部和中共中央统战部领导。现为中共中央领导下的主要面向知识分子的日报，向国内外公开发行。

我们知道，《光明日报》和《人民日报》《解放军报》《参考消息》等报纸一样，印出后，报社每天早上很早就送到中南海西门收发室，由有关工作人员分送给毛泽东、周恩来等中央领导同志。毛泽东是夜晚工作，白天休息，一般上午十点钟之后才开始新一天的工作。上班后，除特别重要、特别紧急的文件

---

① 《毛泽东传》第六册，中央文献出版社2011年版，第2682页。

或是需要阅批的文件之外，毛泽东一般都先翻翻报纸。对光明日报《哲学》《史学》《文学遗产》等专刊发表的文章，毛泽东特别感兴趣，几乎是期期都看，篇篇都读。这几个专刊经常发表学术、理论文章，有深度，有高度，能够反映较多的学术思想信息。毛泽东常常是边读边用笔在报纸上圈圈画画，有时还写批注文字，写下自己的见解。有的还批送其他中央领导同志阅读，或者指示《人民日报》转载。

1957年4月29日《光明日报》登载了北京大学教授李汝祺写的《从遗传学谈百家争鸣》。毛泽东阅后，致信当时任中共中央书记处候补书记、秘书胡乔木建议《人民日报》予以转载，并为此文重新拟了题目《发展科学的必由之路》，还代《人民日报》编辑部拟写了按语：

> 这篇文章载在四月二十九日的《光明日报》，我们将原题改为副题，替作者换了一个肯定的题目，表示我们赞成这篇文章。我们欢迎对错误作彻底的批判（一切真正错误的思想和措施都应批判干净），同时提出恰当的建设性的意见来。[①]

遵照毛泽东的指示，《人民日报》5月1日全文转载了这篇文章。毛泽东为什么要《人民日报》转载这篇文章呢？

新中国成立初期，因受苏联李森科发动的对摩尔根学派粗暴批判的影响，我国有关高等院校和研究机关，曾用行政手段和政治压力取缔了摩尔根学派的课程讲授和研究工作，这个学

---

① 《毛泽东书信选集》，中央文献出版社2003年版，第485页。

八、读报章杂志

派的一些教授、学者受到了不公正的待遇。毛泽东曾多次亲自纠正这方面的错误,批评了对待科学问题简单粗暴的做法。1956年8月,中国科学院和高教部在青岛召开遗传学座谈会,各个学派的遗传学者在会上畅所欲言,各抒己见、取长补短。8月下旬至9月初,《光明日报》对会议作了报道并发表了与会学者发言的详细摘要。

青岛会议后,摩尔根学派在中国的代表人物谈家桢等来到北京。毛泽东在中南海怀仁堂听了谈家桢关于这次会议情况的汇报。他一边注意地听,一边不住地点头说:"应该取长补短。"同时鼓励谈家桢:"一定要把遗传学研究工作搞起来,要坚持真理,不要怕。"①

李汝祺教授以亲身体会感到青岛会议贯彻执行百家争鸣方针取得了重大成果。毛泽东此时建议《人民日报》转载这样的文章,一方面表明毛泽东要继续深入推进百家争鸣方针的贯彻执行,另一方面也是毛泽东对谈家桢等这些著名科学家的鼓励和支持。就是在这段时间里,毛泽东在北京、上海等地多次会见谈家桢。1958年1月4日午夜,毛泽东派他的专机到上海把谈家桢和赵超构、周谷城接到杭州,同他们三人一起聊了一个通宵。毛泽东每次同谈家桢见面,都先询问遗传学发展的情况。当他得知遗传学研究还遇到很多阻碍时,就用坚定的口气对谈家桢说:"有困难,我们一起来解决。一定要把遗传学搞上去!"②这些亲切的会见,谈家桢本人和摩尔根学派学者都受到极大

---

① 《毛泽东同志九十诞辰纪念文选》,人民出版社1984年版,第333页。
② 《毛泽东同志九十诞辰纪念文选》,人民出版社1984年版,第334页。

鼓舞。

1957年夏季反右派斗争扩大化的错误，使得百家争鸣方针的贯彻受到了严重的干扰和损害。1959年初，为了打破反右派斗争以来学术界的沉闷空气，改变万马齐喑的局面，《光明日报》选定曹操评价问题作为突破口，在报纸上组织学术争鸣。

为曹操翻案的问题，是1959年1月郭沫若在光明日报《文学遗产》专刊上发表的《读蔡文姬的〈胡笳十八拍〉》一文中首先提出的，曾在学术界引起强烈的反响。《光明日报》决定就此问题展开讨论后，2月19日，光明日报《史学》专刊第152期首先发表了翦伯赞撰写的《应该替曹操翻案——从〈赤壁之战〉说到曹操》，同时还发表了希望学术界人士和读者参加讨论的"编者按"。这篇文章讲到曹操"一贯地把统一中国当作自己的政治使命"和他的征讨对以后西晋统一所产生的作用。作者认为"曹操不仅是三国豪族中第一流的政治家、军事家和诗人，而且是中国封建统治阶级中有数的杰出人物"。毛泽东看了翦伯赞的文章，说："曹操结束汉末豪族式混战的局面，恢复了黄河两岸的广大平原，为后来西晋的统一铺平道路。"其后，这场讨论在报纸上展开，郭沫若、吴晗、王昆仑等都发表文章，替曹操翻案。

在学术上，毛泽东提倡和鼓励不同意见的自由争论和自由讨论，认为这是发展科学的必由之路。1954年10月10日，《光明日报》发表了李希凡、蓝翎的文章《评〈红楼梦研究〉》，并加"编者按"以示重视。《红楼梦研究》是俞平伯的《红楼梦辨》在1952年修订再版时改用的书名。《光明日报》按语说："目前，如何运用马克思主义科学观点去研究古典文学，这一极

八、读报章杂志

其重要的工作尚没有很好地进行，而且也亟待展开。本文在试图从这方面提出一些问题和意见，是可供我们参考的。同时我们更希望因此引起大家的注意和讨论。"

毛泽东看了这个编者按，很不满意，用质问的口气写了几句批注："不过是试作？""不过是一些问题和意见？""不过可供参考而已？"即使有人对毛泽东的著作提出不同的观点，他也同样认为应当允许自由谈论，不应当去禁止。1956年，来中国讲学的一位苏联学者向中国陪同人员谈了他对毛泽东的《新民主主义论》中关于孙中山世界观的论点的不同意见。有同志认为这"有损于我党负责同志威信"。此事反映到毛泽东那里，他立即写信给刘少奇、周恩来等同志说："我认为这种自由谈论，不应当去禁止。这是对学术思想的不同意见，什么人都可以谈论，无所谓损害威信。""如果国内对此类学术问题和任何领导人有不同意见，也不应加以禁止。如果企图禁止，那是完全错误的。"[1]

1964年8月24日，毛泽东同北京大学副校长周培源等谈话时说："《光明日报》上前两天有一篇文章[2]，讲氢、氧化合成水要经过几百万年。北京大学傅鹰教授说要几千万年，不知道《光明日报》那篇文章的作者同傅鹰讨论过没有？有了水，生物才能生长出来。"[3]

根据毛泽东一贯的思想和主张，1965年《光明日报》开始

---

[1] 《毛泽东书信选集》，中央文献出版社2003年版，第471页。
[2] 指1964年8月21日郁之的《氢和氧化合成水是"合二而一"吗？》。
[3] 《毛泽东文集》第8卷，人民出版社1999年版，第391页。

编发关于《兰亭序帖》真伪问题的讨论文章,毛泽东对这一讨论很为关注。

《兰亭序》又名《兰亭宴集序》《兰亭集》《临河序》《禊序》《禊帖》,是我国书法史上一部影响深远的行书法帖。相传东晋穆帝永和九年(353年)三月三日,名书法家与当时名士四十一人会于会稽山阴(今浙江绍兴)兰亭"修禊",会上各人作诗,并由王羲之作序。序中记叙兰亭周围山水之类和聚会的欢乐之情。法帖相传之本,共有二十八行,三百二十四字。《兰亭序帖》自被唐太宗李世民断定为王羲之的真迹,经过历代帝王重臣的推崇和士大夫的宣扬,视作不可侵犯的"神物"。[①] 但是,关于《兰亭序帖》真伪的争论,在我国书法史上将近千年从来没有解决过。

1965年5月,郭沫若经过考证,撰写了一篇文章《由王谢墓志的出土论到〈兰亭序〉的真伪》,认为传世的《兰亭序》后半部文字,兴感无端,不符合王羲之的性格和思想感情,是在《临河序》的基础上加删改、移易、扩大而成的,它的书体也和近年出土的东晋王氏墓志不同,所以是后人伪托的。

郭沫若的这篇文章发表于1965年6月10日至11日的《光明日报》和同年第6期《文物》杂志上面。当时南京市文史研究馆馆员高二适看了,不同意郭沫若的观点,写了一篇《〈兰亭序〉的真伪驳议》。文稿写成后,高二适曾寄给章士钊看过。经过章氏指点,加以修改后,又于7月14日寄给章士钊,请他推荐

[①] 《缅怀毛泽东》(下),中央文献出版社1993年版,第418页。

给毛泽东"评鉴"。①

7月16日，章士钊写信给毛泽东，将此文连同作者高二适给他的信一起附送，希望此文能够发表。

毛泽东看过高二适的信和文章以及章士钊的来信，7月18日复信给章士钊说："高先生评郭文已读过，他的论点是地下不可能发掘出真、行、草墓石。草书不会书碑，可以断言。至于真、行是否曾经书碑，尚待地下发掘证实。但争论是应该有的，我当劝说郭老、康生、伯达诸同志赞成高二适一文公诸于世。"

同日，毛泽东还把有关信函、文稿以及回复章士钊的信，一起送给郭沫若。他在给郭的信中写道："章行严先生一信，高二适先生一文均寄上，请研究酌处。我复章先生信亦先寄你一阅。笔墨官司，有比无好。未知尊意如何？"②

郭沫若接到此信，非常高兴。他同意毛泽东的意见，发表高二适的文章，并准备写文章同他讨论。当天就约光明日报社的有关同志前去商谈，建议《光明日报》本着百家争鸣的方针，在报纸上组织这场讨论；希望早日发表高二适的文章。

7月23日，《光明日报》发表了高二适的文章。8月12日，郭沫若写了同高二适进行讨论的文稿《〈驳议〉的商讨》送交报社。郭沫若在文中说，他已仔细地阅读了高二适的文章。"对于学术问题，高先生肯把不同的意见提供出来，进行讨论，这是很好的事，《兰亭序》依托说，如果经过《驳议》，证明确实是

---

① 章士钊也不同意郭沫若的看法，在他当时编撰的《柳文指要》一书中，坚持《兰亭序帖》非伪，《兰亭序文》为真，而斥持反对说者为"以一定万，以偶冒常"，"持论诡谲，不中于实"。

② 《毛泽东书信选集》，中央文献出版社2003年版，第564页。

'站不住脚'，我愿意认错，撤销这种说法。但在仔细阅读了《驳议》之后，却感觉着这种说法尚未被驳倒。因此，我要把我的意见再写些出来，作进一步的商讨。"郭沫若在反驳高二适的时候，摘引了清代名书画家赵之谦批评唐太宗的一段话："……要知当日太宗重二王，群臣戴太宗，摹勒之事，成为迎合。遂令数百年书家尊为祖者，先失却本来面目，而后人千万眼孔，竟受此一片尘沙所眯，甚足惜也。此论实千载万世莫敢出口者，姑妄言之。"其后郭沫若说："与赵之谦'妄言'相比，高先生的《驳议》却是在绝对信仰唐太宗及其群臣。……既是'玄鉴'，又是'睿赏'，凡是唐太宗所过目的，便绝无真伪可言。高先生之信仰唐太宗，似乎比唐初群臣有过之而无不及了。"[1]

高二适的文章在报纸上发表后，毛泽东一直关注这场讨论。8月17日，他同党和国家其他领导人在北京人民大会堂接见出席一次会议的部队干部时，曾经问起"郭老的《兰亭序》官司怎样了，能不能打赢？"郭沫若得知此事，当天就把所写的《〈驳议〉的商讨》和《〈兰亭序〉与老庄思想》两篇文章的清样送给毛泽东。毛泽东很快看完了清样。8月20日，他在退回清样时写信给郭沫若说：

> 8月17日信及大作两篇清样，均已收读。文章极好。特别是找出赵之谦骂皇帝一段有力。看来，过分崇拜帝王将相者在现代还不乏其人，有所批评，即成为"非圣无法"，是要准备对付的。第一页上有一点文字上的意见，是

---

[1] 《缅怀毛泽东》（下），中央文献出版社1993年版，第421页。

八、读报章杂志

否如此，请酌定。①

毛泽东看清样非常仔细，不但改正了排错的字，有的地方还作一些批注。在《〈驳议〉的商讨》一文中，讲到"《世说》作者临川王义庆"，临川王原是刘义庆的官衔，在清样上，后面有一处出现"王义庆"的字句。毛泽东看到这里，就在清样上批注："《世说》作者是刘宋大贵族刘义庆，他是刘裕的中弟刘道怜的第二个儿子，过继给刘裕的小弟刘道规为嗣。刘道规有武功，死后追封临川王，刘义庆因此袭封为临川王。史称他'爱好文义'，有著述，招引一批文士，以为篆属，其中有鲍照那样有名的人。以上均见刘宋《宋书》宋室传（见《刘道怜》《刘道规》两传）。《世说》一书，大概是鲍照等人帮他集录的。但《宋书》却未说到刘著《世说》。1962年重印《世说新语序》载明'南朝宋刘义庆撰'，老本子《辞海》亦如此说。"这一段批注，就是毛泽东信中说的"第一页上有一点文字上的意见"。

8月21日，郭沫若的《〈驳议〉的商讨》在《光明日报》上发表。这场关于《兰亭序帖》真伪问题的讨论，在毛泽东的支持下，就从《光明日报》开始，逐渐在一些报刊上展开。

毛泽东对光明日报《哲学》专刊上发表的文章，也是充满浓厚的兴趣，也几乎是每期必读，例如：1959年2月1日，光明日报《哲学》专刊第174期发表了北京大学哲学系三年级学生曹家铸写的一篇文章：《黑旋风为什么斗不过浪里白条？——谈事物的条件》。毛泽东看后认为写得好，在会议上推荐给大家

---

① 《缅怀毛泽东》（下），中央文献出版社1993年版，第421页。

看。据报社的同志回忆说，因为要看这份报纸的人太多，报社发行部门将留存的报纸全拿出来还不够，最后把印刷厂挑拣出来的、印刷质量不合格的"残报"也都送出去了。

这篇文章是曹家铸下放农村锻炼后，在一个普及哲学知识现场会议上的讲话稿。文章借《水浒传》第38回《黑旋风斗浪里白条》的故事，从哲学上说明：世界上一切事物都明显地受客观条件的制约和对条件的依赖性。同时指出，我们还要根据客观规律去积极地创造条件，"通过人的主观努力，促使事物的转化和发展"。

在此之前，农村人民公社运动中刮起了一阵"共产风"。这篇文章就是联系当时实际，以黑旋风和浪里白条打斗的事例，谈到无论什么事情都要受一定条件的约束和限制。"在条件还不成熟时，不要勉强去做那些只能在将来，在另一条件下才能实现的事。"当时"共产风"正是忽视了这一点，这样弄出来的不可能是共产主义，"倒是使共产主义的伟大理想受到歪曲，庸俗化。""在这里我们又一次看到了条件的重要性，以及事物对条件依赖的客观性。"世界上"任何事物的转化要有一定的条件，没有这一定的条件，事物的转化便是不可能的。在实际工作中，我们必须尊重这些条件，否则就会犯主观主义的错误，就像李逵一样，注定是要碰壁的"。

这篇文章富于创见，文笔生动，发表又很适时，引起了毛泽东的重视。另外，毛泽东一向主张理论联系实际："让哲学从哲学家的课堂上和书本里解放出来，变为群众手里的尖锐武器。"他看到一位大学生经过一个时期的实际锻炼，能够写出这样生动活泼、深受农民欢迎的哲学文章，自然会非常高兴。

八、读报章杂志

毛泽东是伟大的哲学家，读过众多的中外哲学著作。所以，他特别爱看《光明日报》刊发的研讨哲学问题的文章，尤其关注逻辑学研究的进展。20世纪50年代末期开始的关于逻辑学的讨论，他一直充满兴趣。1959年6月7日，毛泽东在致章士钊的信中，提到章著《逻辑指要》"既有颇多删补，宜为几句说明，即借先生之笔，为之筹策"。在"筹策"中，提到"近年以来，逻辑一学引起了学术界的极大兴趣，于逻辑学的范围及其与唯物辩证法的关系，争论繁兴，甚盛事也"[1]。显然，毛泽东对于这种"争论繁兴"的盛况是十分高兴的。

周谷城是毛泽东湖南的老乡、老同学，20世纪60年代前后，周谷城先后在《光明日报》上发表了不少关于逻辑学研究文章。毛泽东爱读老同学周谷城的文章。

周谷城回忆说："有一次主席用长途电话要上海市委用飞机送我到中南海专谈逻辑问题，谈至深夜。"[2] 实际上，20世纪50年代末到60年代初，在北京、上海和杭州，毛泽东曾多次找周谷城谈逻辑问题。当时报刊上发表的有关讨论文章，绝大部分都不同意周谷城的意见，使他不无顾虑。毛泽东在见面时总是鼓励他：不要怕，积极写文章，继续讨论。毛泽东还曾多次找来包括赞同和反对周谷城观点的逻辑学界、哲学界人士王方名、金岳霖、冯友兰、郑昕、费孝通、胡绳等，到中南海和周谷城聚会，共同研讨逻辑学讨论中提出的问题。周谷城先后在《光明日报》上发表过多篇谈论逻辑的文章。《光明日报》同时也发

---

[1]《毛泽东书信选集》，中央文献出版社2003年版，第515页。
[2]《文史文萃》，文史资料出版社1983年版，第4页。

表不少持有不同意见、同周谷城商榷的文章。当时周谷城写的所有文章以及同他争论的文章,毛泽东篇篇都看。有时文章刚一发表,相关同志就接到毛泽东的电话,邀约前去交谈有关争论的问题。

1965年10月8日,《光明日报》发表朱波《形式逻辑同一律客观基础的探索》一文。毛泽东看了,当天上午就对身边工作的人员说:这篇文章既不同意把形式逻辑的同一律与客观事物规律等同起来,又不同意把它与客观事物完全割裂开来,而认为它反映的是思维的确定性,它的客观基础是客观事物的确定性。这种观点是动脑筋思考了的,比那些把形式逻辑"规律"等同于事物规律的庸俗化做法前进了一步。在与工作人员的交谈中,毛泽东不无遗憾地指出:我们的党员研究哲学,就是不研究逻辑。

1962年末,周谷城在《新建设》月刊第12期发表《艺术创作的历史地位》一文。这篇文章提出的"无差别境界"说和时代精神"汇合"论,在美学界引起争论。当时有不少人士在《光明日报》和其他报刊上发表文章,和周谷城商榷。

关于"时代精神"讨论,从1963年至1964年延续了两年。许多人撰文和周谷城讨论究竟什么是时代精神?时代精神究竟是不是各阶级意识的"汇合"?各方来稿踊跃,仅1964年夏、秋三个月,《光明日报》就收到290篇(批评周谷城的259篇,赞成他的31篇),其间姚文元和周谷城在《光明日报》上多次交锋。1964年5月10日,姚文元就此问题发表的第二篇文章《评周谷城先生的矛盾观》中,重述他对时代精神的看法:"时代精神就只能是推动历史前进的精神,而不是阻碍历史前进或

八、读报章杂志

拉历史倒退的精神。"

金为民、李云初看了姚文元这篇文章，寄来一篇文章：《关于时代精神的几点疑问——与姚文元同志商榷》。文章写道："我们认为：时代精神，也就是一个时代主要的阶级矛盾统一体中起主导作用、占支配地位的阶级的生活方式、精神状况所体现的，事实上也就是这个时代大量存在的、统治的生活方式、精神状况，也就是该时代最富特征的生活与思想样式。"同时批评姚文元说："他的关于时代精神的立论，实质上缺乏历史具体性和革命的辩证法精神，却只是抽象的、凝固不变的公式。"

毛泽东很关注这场讨论，周谷城、姚文元等在《光明日报》上发表过的有关文章，他几乎都逐字逐句读过。有的文章，他还在发表以前看过报社排印的清样。金为民、李云初的文章就是这样。7月6日，他在看过报社排印的这篇文章清样以后，就让中共中央宣传部把它和姚文元的文章编成一本小册子出版，并亲自挥笔写了一段按语作为它的序言：

这两篇文章，可以一读。一篇是姚文元驳周谷城的，另一篇是支持周谷城驳姚文元的。都是涉及文艺理论问题的。文艺工作者应该懂得一点文艺理论，否则会迷失方向。这两篇批判文章不难读。究竟谁的论点较为正确，由读者自己考虑。

编者7月6日[①]

光明日报社负责人穆欣在当天得知此事，为免报纸发表此

---

① 穆欣：《办〈光明日报〉十年自述》，中国青年出版社2015年版，第387页。

文迟于小册子出版的时间,他与中央宣传部有关同志商定:《光明日报》即将金为民、李云初的文章在7月7日报纸上发表,请他们把序言标示的日期往后移一天。中央宣传部根据毛泽东的意见,即将这两篇文章辑印成书,书名定为《关于文艺理论的两篇文章》,同时将毛泽东所写序言的日期改为"7月7日"。这虽然已经过去60年了,但它足以表明,毛泽东对当时《光明日报》开展的关于逻辑学问题的研究讨论的重视和支持。

光明日报《史学》专刊编发的文章毛泽东也很爱看。

1965年9月22日,《史学》专刊第325期发表陕西师范大学历史系青年助教孙达人的文章《应该怎样估价"让步政策"》。文中强调:"伟大的农民战争冲破了封建罗网,根本改变了地主和农民的关系,才使农民获得了自由。相反,在农民战争失败之后,新建政权的'让步政策'实质上恰恰就是剥夺农民夺得的这种自由,重新束缚农民。"同时认为,农民战争的历史作用表现在推翻和改造了封建王朝,削弱了封建的生产关系,没有什么根据说农民战争的历史作用非要透过"让步政策"不可。毛泽东看后十分赞赏,这年12月21日,在杭州同哲学工作者谈话时,他还特意说道:现在出了个小将孙达人,写文章反对翦伯赞所谓封建地主阶级对农民实行"让步政策"。在农民战争之后,地主阶级只有反攻倒算,那有什么让步政策!孙达人的文章,只讲古代,不讲近代;看了近代史,这个问题就更明白了。地主阶级对太平天国就没有什么让步。义和团先是"反清灭洋",后来变为"扶清灭洋",这时得到慈禧的支持。清朝被帝国主义打败,慈禧和皇帝逃跑了。以后慈禧就搞"扶洋火团"。……

这样的例子,可以举出很多,1959年3月1日,《文学遗产》刊载马茂元一篇短文《柳宗元的诗》（即作者所写的读书札记）。毛泽东看后，对这篇文章的观点有不同的看法，曾说：柳宗元是一位唯物主义的哲学家，见之于他的《天对》，刘禹锡发展了这种唯物主义；而这篇文章无一语谈到这一大问题，是个缺点。

《光明日报》于1958年元旦创办的集学术性、知识性与艺术性于一体的《东风》副刊，也是毛泽东特别爱看的。特别是副刊发表的一些写得好的诗词，毛泽东更爱读。

1961年12月28日光明日报《东风》副刊刊登了中国民主促进会成员吴研因写的《赏菊》（七绝二首）：

不期青女忍相欺，老圃新枝竞吐奇。
秋色还如春色好，西风莫漫撼东篱。

嫩红老紫百千盆，蟠错如虬况有根。
为证明年花更艳，手题诗句待重温。

同时发表了中国国民党革命委员会成员钱昌照写的《七绝二首》：

芦台农场

麦苗肥壮谷登场，谁信当年一片荒？
排灌齐全轮作好，芦台今日是粮仓。

藁城农村

薯曝墙头菜挂檐，棉田片片麦无边。
农村活跃歌声里，绿女红男夕照前。

毛泽东看到这些诗篇，十分欣赏。扩大的中央工作会议开幕前夕，他用铅笔在刊登这些诗的《光明日报》上写了批示："这几首诗好，印发各同志。"大会秘书处即用大字印发给参加会议的同志。当时将毛泽东批示的这张报纸和用三号字排印的文件拿到报社编辑部传阅，大家看了，异常兴奋。两位诗作者知道后，更是万分激动，大受鼓舞。

说到毛泽东爱读《光明日报》的《文学遗产》《哲学》《史学》等专刊和《东风》副刊的事，这里还有一段关于光明日报《哲学》等几个专刊停刊、复刊的历史佳话。

据报社的同志回忆说，《光明日报》开头几年，专刊学院气比较浓，有些读者不满意，报社编辑部未能及时协同这些专刊的编委会研究改进。1958年10月《光明日报》编委会决定停办全部专刊，并于10月25日在报上登出《本报五种专刊停刊启事》，宣布《哲学》《史学》《文学遗产》《文学改革》《民族生活》自11月起停刊。当时毛泽东正在郑州开会，看了这个启事说："《光明日报》的副刊如《哲学》《文学遗产》等，应继续办下去，不要停刊。"还说，他看《光明日报》就是看这些副刊。他还让吴冷西写信把这些意见转告当时《光明日报》负责人穆欣。《光明日报》编委会根据毛泽东的意见进行了讨论，认为原来匆忙作出这个决定是不慎重、不严肃的，因而是错误的。11月2日，又在报上登出《本报〈哲学〉〈文学遗产〉等专刊继续出刊启事》。可以说，光明日报《哲学》等几个专刊在宣传停刊一个星期后又得以复刊，是毛泽东关心、指导的结果。

最后，再介绍一下关于毛泽东应请为《光明日报》题写报头的事。穆欣在回忆文章中是这样说的：

八、读报章杂志

毛泽东的书法艺术造诣很高，功力深厚，是举世公认的。他的笔力苍劲洒脱，气势磅礴，为国人所喜爱。我到报社工作不久，社内外许多同志和广大读者，多次提议换用毛主席题写的报头。1964年夏天，我曾为此专门向毛泽东同志写过报告。开头他认为原先用的报头是郭沫若写的，说凡是报上用的鲁迅、郭老写的报头，都不再给写。情况并非这样，郭沫若只题写了《文学遗产》专刊的报头。经过说明以后，仍然没有应允，这事便拖下来。

后来，看到毛泽东手写的《满江红·和郭沫若同志》词后面，有"郭词见1963年1月1日光明日报"字样。征得他的同意，1967年1月1日，即以这里头的"光明日报"四字制成报头，沿用至今。①

---

① 《缅怀毛泽东》（下），中央文献出版社1993年版，第428—429页。

九、潜心学习自然科学

（一）学习自然科学书籍垂老不倦

毛泽东对自然科学的学习和钻研，融贯他的一生。早在青少年时代，毛泽东就用心读过达尔文的《物种起源》、赫胥黎的《天演论》等自然科学著作。毛泽东晚年还多次提到过赫胥黎和达尔文。1970年他在一个批示中写道："《人类在自然界的位置》请找一本给我。《天演论》前半是唯物的，后半是唯心的。"① 这两部书都是赫胥黎的著作。对达尔文及其著作，毛泽东也是十分钦佩的，在他的著作和谈话中，曾多次提到达尔文和进化论。在《关于正确处理人民内部矛盾的问题》一文中，毛泽东指出："历史上新的正确的东西，在开始的时候常常得不到多数人承认，只能在斗争中曲折地发展。正确的东西，好的东西，人们一开始常常不承认它们是香花，反而把它们看作是毒草。哥白尼关于太阳系的学说，达尔文的进化论，都曾经被看作是错误的东西，都曾经经历艰苦的斗争。"②

据有关史料记载，1974年英国前首相希思来中国访问，会见毛泽东时，送给毛泽东一张达尔文的照片（上面有达尔文的

---

① 《毛泽东的读书生活》，中央文献出版社2003年版，第91页。
② 《毛泽东文集》第7卷，人民出版社1999年版，第229页。

九、潜心学习自然科学

亲笔签名和达尔文自己写的话："这是我的确十分喜欢的一张照片，同我的其他照片比，我最喜欢这一张"），和达尔文的《人类原始及类择》第一版。希思对毛泽东说：这些是达尔文的后人提供的。

毛泽东看了达尔文的照片后对希思说：达尔文，世界上很多人骂他。希思说：但我听说，主席很钦佩达尔文的著作。毛泽东点头，说：我读过他的书。帮他辩护的，叫 Huxley（赫胥黎）。希思点头说：他是十分杰出的科学家。毛泽东说：他自称是达尔文的咬狗。[①]

自然科学知识浩如烟海，典籍繁多。作为一个立志改造世界、建设新中国的伟大领袖，毛泽东一生都在注意尽可能地挤出更多的时间阅读各种自然科学著作，或从各种书刊中了解一些世界自然科学的发展及其学术思想的大概。

新中国成立后，我国工农业生产经过恢复走向发展。20世纪50年代和60年代期间，毛泽东亲自主持制定国民经济发展的五年计划、全国农业发展纲要、十二年科学发展规划，等等。为了领导这些工作，毛泽东夜夜黄卷青灯，常常通宵达旦学习阅读农业、土壤、机械、物理、化学、水文、气象等自然科学方面的书籍。他不仅自己这样做，而且要求全党的同志这样做。就自然科学方面的书而言，毛泽东最喜欢的是生命科学、天文学、物理学、土壤学等。1951年4月中旬的一天，毛泽东邀请周世钊和蒋竹如到中南海做客，曾对他们说："我很想请两三年

[①] 《毛泽东的读书生活》，中央文献出版社2003年版，第91—92页。

假学习自然科学，可惜，可能不容许我有这样长的假期。"①

1956年党中央专门召开关于知识分子问题的会议，毛泽东在会议最后一天讲了话，号召全党努力学习科学知识，同党外知识分子团结一致，为迅速赶上世界科学先进水平而奋斗。②

在党的八大的第二次预备会议上，毛泽东进一步提出这样一个重要论点："中央委员会中应该有许多工程师，许多科学家。现在的中央委员会，我看还是一个政治中央委员会，还不是一个科学中央委员会。"③

1958年初，毛泽东要求全党工作的重点转到技术革命和经济建设上来，他说："提出技术革命，就是要大家学技术，学科学。"他还说："过去我们有本领，会打仗，会搞土改，现在仅仅有这些本领就不够了，要学新本领，要真正懂得业务，懂得科学和技术，不然就不可能领导好。"④ 他是这样要求全党同志的，实际上也是这样做的。他见缝插针挤出时间认真阅读了许多关于农业、土壤、机械、物理、化学、水文、气象等自然科学方面的书籍。

1958年7月，毛泽东在中南海瀛台参观一机部的机床展览，回到住所后，即要秘书给他找两本书：《无线电台是怎样工作的》《1616型高速普通车床》，这是他在参观时看到的。1958年9月，张治中陪同他一起外出视察工作。有一天，在行进的列车

---

① 《毛泽东的读书生活》，中央文献出版社2003年版，第4页。
② 《中国共产党历史大事记（1919.5—1990.12）》，人民出版社1991年版，第217页。
③ 《毛泽东文集》第7卷，人民出版社1999年版，第102页。
④ 《毛泽东文集》第7卷，人民出版社1999年版，第350页。

上，他正在聚精会神地看一本冶金工业的书。张治中诧异地问他，你也要钻研科技的书？毛泽东说："是呀，人的知识面要宽些。"从9月10日至21日，毛泽东视察长江流域的湖北、安徽、江苏、上海、浙江等省市，沿途参观工厂、矿山、学校、农村时，每天都要乘车六七个小时，途中十分辛苦，即使如此，他仍不知疲倦地学习多种农业、土壤、植物学著作。1958年10月27日，一个阳光灿烂的下午，毛泽东兴致勃勃地来到北京西郊的中关村，参观各个研究所的成果展览会，对每一件展品，都看得很仔细。看完展览足足用了两个半小时。

在一个全身布满黑点的人体模型前，当时的中国科学院副院长张劲夫介绍说："这是针灸穴位和皮肤电位分布的比较。试验证明，祖国医学上的经络学说还是值得重视的。"毛泽东边听边看说明，就祖国医学的科学性问题对大家说："这就有了科学了，不能再说没有科学喽！"

参观后，毛泽东会见了各学部和各研究所的负责人和科学家，勉励大家要敢于走前人没走过的道路，破除迷信，解放思想，努力赶超世界先进水平。

1959年1月，苏联发射了一枚宇宙火箭。第二天，毛泽东就向有关人员索要了若干本关于火箭、人造卫星和宇宙飞船的通俗著作。

1960年11月，毛泽东看到光明日报《哲学》专刊上一篇题为《从设计"积木式机床"试论机床内部矛盾运动的规律》的文章，这是一篇提交全国第一次自然辩证法座谈会的论文，是结合当时"蚂蚁啃骨头"（小机床加工大工件）、"积木式机床"等技术革新成果写成的。读后，毛泽东大为赞赏，他请《红旗》杂志加以转载，并代《红旗》杂志编辑部给论文的作者写了一封信：

中国哈尔滨工业大学机械系机床及自动化专业分总支委会同志们：

看了你们在1960年11月25日《光明日报》上发表的文章，非常高兴，我们已将此文在本杂志上转载。只恨文章太简略，六条结论使人读后有几条还不甚明了。你们是否可以再写一篇较长的文章，例如一万五千字到两万字，详细地解释这六条结论呢？对于车、铣、磨、刨、钻各类机床的特点，也希望分别加以分析。我们很喜欢读你们的这类文章。你们对机械运动的矛盾的论述，引起了我们很大的兴趣，我们还想懂得多一些，如果你们能满足我们的（也是一般人的）要求，则不胜感谢之至。①

信末原署"毛泽东1960年11月28日"，后来改署为"红旗杂志编辑部1960年12月6日"。从这里我们可以看到毛泽东对自然科学、技术科学的兴趣是多么浓厚。

1962年，毛泽东在扩大的中央工作会议上的讲话中说过："拿我来说，经济建设工作中间的许多问题，还不懂得。工业、商业，我就不大懂。对于农业，我还懂一点。但是也只是比较地懂得，还是懂得不多。要较多地懂得农业，还要懂得土壤学、植物学、作物栽培学、农业化学、农业机械，等等；还要懂得农业内部的各个分业部门，例如粮、棉、油、麻、丝、茶、糖、

---

① 《毛泽东的读书生活》，中央文献出版社2003年版，第98—99页。

九、潜心学习自然科学

菜、烟、果、药、杂,等等;还有畜牧业,还有林业。我是相信苏联威廉斯土壤学的,在威廉斯的土壤学著作里,主张农、林、牧三结合。我认为必须要有这种三结合,否则对于农业不利。所有这些农业生产方面的问题,我劝同志们,在工作之暇,认真研究一下,我也还想研究一点。但是到现时为止,在这些方面,我的知识很少。我注意得较多的是制度方面的问题,生产关系方面的问题。至于生产力方面,我的知识很少。"①

1963年12月,聂荣臻等向毛泽东汇报新的科学技术十年规划的时候,毛泽东说了两段极重要的话:"科学技术这一仗,一定要打,而且必须打好。过去我们打的是上层建筑的仗,是建立人民政府、人民军队。建立这些上层建筑干什么呢?就是要搞生产。搞上层建筑、搞生产关系的目的就是为了解放生产力。现在生产关系是改变了,就要提高生产力。不搞科学技术,生产力无法提高。""科学研究有实用的,还有理论的。要加强理论研究,要有专人搞,不搞理论是不行的。"②

新中国成立以后,毛泽东对自然科学的学习和研究是下了很多功夫的。杨尚昆回忆说,毛泽东提倡学习,不是说说而已,他买了许多书来读,还把中学物理、化学实验的仪器买来摆在寝室外面。他的求知欲是没有止境的。有一次他外出的时候,李烛尘陪着他,他就跟李烛尘学化学,谈起硫酸是什么成分,他还能写出硫酸的分子式,当时我在旁边,看见毛主席记得很多的化学分子式。

---

① 《毛泽东文集》第8卷,人民出版社1999年版,第302—303页。
② 《毛泽东文集》第8卷,人民出版社1999年版,第351页。

毛泽东虽然不是一位专门从事自然科学、技术科学研究的专家，但他却是一位对自然科学研究、技术科学研究有着浓厚的兴趣，并予以高度重视的伟大领导人。他一生都在尽可能地从繁忙的工作中挤出时间来学习和了解自然科学、技术科学的发展情况。延安时期如此，进城以后如此，直到逝世前几年，他老人家视力差了，全身患病，卧床不起，每天还是非常用心地阅读一些印成大字的自然科学书刊，如《物种起源》、《基本粒子发现简史》、《动物学杂志》、《化石》杂志、《自然辩证法》杂志、《科学大众》等。1976年，他还在读英国李约瑟著的多卷本《中国科学技术史》。实践证明，毛泽东对自然科学、技术科学的关注和重视有力地推动了我国科学技术事业的发展。

（二）重视和关注自然科学的研究和振兴

　　我国许多著名科学家都应邀到过毛泽东中南海的书房。在这里，他们受到毛泽东热情的接待，常常是清茶一杯，纵谈天地古今。大至宏观世界的天体起源、日月星辰；小至微观世界的细胞构成、原子裂变，他们畅所欲言，各抒己见。这种亲切坦率的会见，在20世纪五六十年代时是经常有的。毛泽东从科学家那里学到并丰富了自然科学知识，科学家们从毛泽东那里得到辩证唯物主义的哲学启迪。

　　毛泽东很重视虚心向科学家求教自然科学知识。1952年，他关心即将全面展开的社会主义经济建设中的石油资源问题。他在一次会议上见到了地质学家李四光，劈头就问：你那个"山字型"构造是怎么回事？你是不是给我讲一讲？李四光很诧

九、潜心学习自然科学

异,心想:毛泽东日理万机,怎么对地质学这样一个专门性的概念都注意到了?他详细地给毛泽东讲了在力的作用下,大地形成的"山字型"的构造是怎么回事。

第一个五年计划开始之后,毛泽东对我国的石油资源情况很关心。在这之前,国内外的一些所谓专家、权威都认为中国是个贫油国家,肯定找不到石油。1953年的一天,毛泽东把当时担任地质部部长的李四光请到中南海,周恩来和朱德也在场。毛泽东问李四光,在我们的地底下究竟能不能找到石油?毛泽东说:"第一个五年计划已经开始,天上飞的,地下跑的,都离不开石油。要是找不到天然石油,我们就要走人造石油的道路,可别耽误了!"①

李四光谈了从20世纪20年代他对这个问题的考察情况,满怀信心地说:"我们中国的地质条件很好,问题在于我们的勘察工作要跟上去。我主张广泛地开展石油普查工作。"

毛泽东很重视李四光的意见。根据李四光的地质力学理论,我国地质科学工作者和石油科学工作者广泛开展普查勘探工作,先后找到了石油。毛泽东对这项成就给予很高的评价。1964年元旦,毛泽东邀请李四光到中南海怀仁堂看豫剧《朝阳沟》,二人坐在一起,边看戏边谈话。当谈到我国发现石油时,毛泽东高兴地说,你们两位(指地质部部长和石油部部长)都有功劳。1964年2月6日,毛泽东把李四光、竺可桢和钱学森请到了中南海,与这三位科学家就天文、地质、尖端科技等重大科学问题进行了亲切而广泛的交谈。李四光回家后,对家里人说:"主

---

① 《李四光年谱》,地质出版社1999年版,第210页。

席知识渊博，通晓古今中外许多科学的情况，对冰川、气候等科学问题了解得透彻入微。在他的卧室里，甚至他的床上，摆满了许多经典著作和科学书籍，谈到哪儿就随手翻到哪儿，谈的范围很广，天南海北，海阔天空。"

著名气象学家竺可桢曾在日记中谈到1964年2月6日他和毛泽东一次会见的情况。竺可桢在日记中写道：

> 下午一点钟得毛主席电话，要我去中南海谈话，并说只约了仲揆①和钱学森。我到中南海怀仁堂后的（乙组）时，见毛主席卧室两间，外间外摆图书，内室一大床，桌、椅、床上也摆满图书。他卧在床上与我握手后，床前已摆好三椅，我坐下正要问好，他就先说见到我关于《中国气候的几个特点》文，我就说明这是去年在杭州地理学会所提论文。他就说农业八字宪法"水、肥、土、密、保、种、工、管"外，又加"光和气"……未几仲揆和学森来，就大家谈地球形成之初情况，如何空气合成了许多煤与石油，动植物如何进化。他又提到无穷大与微观世界、正电子与反电子的辩证法……谈到仲揆造山运动和冰川，因此谈到地质时代气候变迁与历史时代气候的变迁。毛主席又问到近来有否著作可以送他看。三点告别。②

竺可桢回来后，又给毛泽东送去了自己写的论文《历史时期气候的波动》和《物候学》。

毛泽东十分关注遗传学的发展，1956年毛泽东在杭州约见

---

① 指李四光——笔者注。
② 《竺可桢全集》第17卷，上海科技教育出版社2009年版，第37页。

周谷城、赵超构和谈家桢时,再次向谈家桢询问有关遗传学的一些问题,他说:"把遗传学搞上去还有什么困难和障碍?有困难,我们一起解决嘛!"1974年,毛泽东已重病在身。一次王震去上海,毛泽东就托王震代他向谈家桢询问:"这几年为什么没见你发表的文章?你过去写的文章,有些观点还是正确的嘛!"他继续鼓励谈家桢要用马克思主义观点指导遗传学的研究。[①]

20世纪60年代初期,我国科技界的各大工厂掀起了科技革新的热潮。数学家华罗庚的《统筹方法平话》一书,用通俗的语言介绍了如何在实际生活中运用统筹学的方法。起初,他的理论没有在实践中取得成功。后来,他应邀到西南的一些施工现场进行推广,取得了不少的成果。这使华罗庚十分高兴。他给毛泽东寄去了一本他写的《统筹方法平话》。1965年7月21日,毛泽东给华罗庚写了一封信:

> 来信及《平话》,早在外地收到。你现在奋发有为,不为个人,而为人民服务,十分欢迎。听说你到西南视察,并讲学,大有收获,极为庆幸。[②]

这封回信,肯定了华罗庚使科学研究走向实际生活的做法,极大地鼓舞了这位数学家继续从事基础科学研究的积极性。后来,华罗庚又在实际生产中推广优选法,并取得了很大的成功。

1967年5月1日,在天安门城楼上,毛泽东见到了华罗庚,亲切地握住他的手,并向在场的领导同志热情地介绍:"这是我们的数学家华罗庚同志。"

---

① 参见《博览群书的毛泽东》,浙江人民出版社1994年版,186—188页。
② 《毛泽东书信选集》,中央文献出版社2003年版,第570页。

从以上简略的介绍以及后来我国自然科学、技术科学领域进步发展的实际，我们可以看到，新中国成立之后，面对千疮百孔、百废待兴的诸多实际情况，毛泽东在千方百计凝聚力量、集中精力抓经济建设的同时还非常重视和关注自然科学技术的发展。诸多自然学科的建立和发展，诸多科学研究工作的开展和普及、诸多自然科学领军人才的发现、培养，诸多科学技术研究基地的建设和各项研究工作的开展，包括石油的开采，原子弹的爆炸，科学种田，农业生产机械化的推广，诸多自然科学、技术科学的研究成果和发明创造等，一件件，一项项，都是毛泽东重视自然科学、关注自然科学正确思想的具体体现。

(三) 关注《自然辩证法研究通讯》和"基本粒子"

《自然辩证法研究通讯》杂志是 1956 年制定自然辩证法研究工作十二年规划的时候创办的。创刊号上刊载了自然辩证法研究规划草案及其所列项目的二十几份说明书。该杂志办到 1960 年年中停刊。为什么停刊？龚育之在回忆文章中是这样写的："当时整顿刊物，说哲学研究所应集中力量办好《哲学研究》，《自然辩证法研究通讯》的任务由《哲学研究》承担就行了。"[①] 事实上《哲学研究》不可能完全承担，于是《自然辩证法研究通讯》于 1963 年又重新复刊。复刊第一期是 8 月出版的，其中重点文章之一，是日本物理学家坂田昌一的《基本粒子的新概念》，从苏联《哲学问题》杂志转译过来的。

---

① 《毛泽东的读书生活》，中央文献出版社 2003 年版，第 101 页。

九、潜心学习自然科学

这个杂志发行量不大，开头发行2000份，后来增加到1万份。读者范围大致限于自然辩证法工作者和一些对自然辩证法有兴趣的教师和学生。当时哲学界多数人对这本杂志不大注意。

1963年12月16日，中央科学小组的聂荣臻等同志到中南海颐年堂向毛泽东汇报新的科学技术十年规划。谈话中毛泽东问起这个杂志，说：有一本杂志《自然辩证法研究通讯》，中间停了很久，现在复刊了，复刊了就好。现在第二期已经出了。这个刊物哪里出的？

毛泽东为什么这样关注这本杂志呢？

毛泽东学习自然科学的目的，主要在于认识客观世界，指导现实的革命斗争和建设工作。除此之外，毛泽东也以他哲学家的智慧、理论家的品质，对自然科学的某些问题提出独特的见解，这其中，关于物质的无限可分性问题，就是一个很为突出的事例。

毛泽东对物质的无限可分性问题所持有的想法和怀有的兴趣由来已久。早在1955年1月上旬，毛泽东亲自主持召开会议，研究我国原子能科学的发展问题。在会上，毛泽东就问过钱三强："质子、中子是由什么组成的？"当时自然科学还没研究到这一步。钱三强回答说："对这个问题还没有新的认识，根据现有的科学研究，还只知道质子、中子是构成原子核的基本粒子。"毛泽东听了笑了，打着手势说："我看不见得。质子、中子、电子还应该是可分的，一分为二，对立统一嘛！现在实验室上虽然还没证实，将来实验条件发展了，将会证明它们是可分的。"接着，他又风趣地说："你们信不信？你们不信，反正我信。"半年以后，美国第一次发现了"反质子"，一年以后，又发现了"反中子"。从而,证明了毛泽东的正确预见。①

1963年秋,毛泽东在复刊后的第一期《自然辩证法研究通讯》上读到日本物理学家坂田昌一写的《基本粒子的新概念》的译文,很感兴趣。他在文章里密密麻麻地画了横线,有的文字下面还画了两道横线,在标题前画了三个圈,在作者"坂田昌一"四字下也画了横线。他称赞坂田昌一关于基本粒子不是不可分的观点是站在辩证唯物主义立场上的。1964年8月18日,毛泽东在北戴河同几位哲学家工作者谈话,特别讲到坂田昌一的文章,赞赏坂田关于"基本粒子"并不是最后的不可分的粒子的观点。他说:"列宁讲过,凡事都可分。举原子为例,不但原子可分,电子也可分。可是从前认为原子不可分。原子核分裂,这门科学还很年轻。近几十年来,科学家把原子核分解了。有质子、反质子,中子、反中子,介子、反介子,有重的,还有轻的。至于电子同原子核可以分开,那早就发现了。电线传电,就利用了铜、铝的外层电子的分离。电离层,在地球上空几百公里,那里电子同原子核也分离了。电子本身到现在还没有分裂,总有一天能分裂的。'一尺之棰,日取其半,万世不竭。'这是个真理。不信,就试试看。如果有竭,就没有科学了。世界是无限的。时间、空间,是无限的。空间方面,宏观、微观,是无限的。物质是无限可分的。所以科学家有工作可做,一百年后也有工作可做。听了些说法,看了些文章,很欣赏《自然辩证法研究通讯》上坂田昌一的文章,以前没有看过这样的

---

① 葛能全、陈丹:《钱三强往来书信集注》,世界图书出版公司、中国出版集团有限公司2023年版,第443页。

九、潜心学习自然科学

文章。他是辩证唯物主义者，引了列宁的话。"①

1964年8月，北京召开了一次规模很大的国际性的科学讨论会。23日，毛泽东会见了作为日本代表团团长的坂田，对坂田说："你的文章我看过了，写得很好。"这使坂田既惊讶又兴奋。

这段时期，毛泽东对"基本粒子"可分的问题想得很多。在会见日本坂田的第二天，即8月24日，毛泽东又把著名物理学家周培源、于光远等请到中南海住地，专就这个问题进行了交谈。在长达3个多小时的讨论中，毛泽东和两位科学家还比较系统地谈了他对自然辩证法的一些见解，讲到宇宙的无限：宇宙从大的方面是无限的，从小的方面也是无限的，是无限可分的；讲到细胞的起源；讲到地球和人类的未来；讲到认识的主体和认识的工具；讲到哲学就是认识论；等等。

在当时召开的北京科学讨论会上，以及两年以后在北京召开的暑期物理讨论会上，中外科学家对毛泽东的这一哲学思想进行了热烈讨论。毛泽东强调的"基本粒子"可分的思想，本是从物理学家那里来的，反过来又影响物理学家去认真探索"基本粒子"以下层次的粒子。与会的中外许多科学家把这种粒子称为层子，建立了基本粒子结构的层子模型，发表了一批研究论文。据说，这些成果在当时都是较为超前的科研工作。在这前后，西方物理学家发展了基本粒子重粒子结构的"夸克"学说。"夸克"大致相当于"层子"。从那时以来，这方面研究工作取得长足的进展，"基本粒子"有更深层次的结构，在物理学界已得到公认。

毛泽东逝世后，1977年世界第七届粒子物理学讨论会在美

---

① 《毛泽东的读书生活》，中央文献出版社2003年版，第103—104页。

国夏威夷召开。诺贝尔物理学奖获得者格拉肖提议把构成物质的所有这些假设的组成部分命名为"毛粒子"（Maons），以纪念已故的毛泽东，因为他一贯主张自然界有更深的统一。这个提议表示了一个科学家对一个哲学家的深刻见解的敬意，也是这位自然科学家给予毛泽东的"哲学的最高荣誉"。

说到毛泽东晚年对"基本粒子"研究的浓厚兴趣，还有两段历史佳话。

一是1973年夏天毛泽东80岁高龄时，在中南海书房会见美籍华裔物理学家、曾获诺贝尔物理学奖的杨振宁博士。对毛泽东的这次会见，杨振宁回忆说：

> 我到中国既不是以记者身份去的，也不抱有任何具体的目的，唯一的目的是想促进中美两国间的相互了解。所以当我去见毛主席的时候，我没有任何拟定的问题要问他，也一点不知道谈话大概会怎么进行。其实，这样倒也好，因为这是一次非常轻松和漫谈性的谈话，毛主席非常有办法使我不感到拘束。
>
> 他问我们在物理学研究方面正在做些什么，当我告诉他我们正在研究"基本粒子"的结构的时候，毛主席对此非常感兴趣。使我感到惊奇的是，他显然是一直密切注意着当代高能物理学的某些发展情况，特别是"基本粒子"是否可分的问题。我告诉他这个问题仍然在激烈地辩论，迄今还没有作出明确的结论。
>
> 我觉得毛主席对物理学的兴趣确实是浓厚的。我估计他在哲学方面的兴趣同他对于我们想在实验室里弄清楚的

九、潜心学习自然科学

东西的了解和好奇心有关系。

我们的谈话涉及到许多方面。比如，他告诉我，中国古代哲学家也曾推测过物质的结构，他还引了一些古典著作中的话，我很乐于了解这些著作，因为我原先还不知道有这些东西。

谈话间，毛主席问我："在你们的领域里对'理论'这个词和'思想'这个词是如何用的？"啊，我可未曾想过这两个词之间的区别，因此我不得不想一想。经过一番思考之后，我作了一个未能说清问题的答复。接着我们就讨论这两个词在日常中文和英文中的含义，以便同它们在物理学学术方面的含义作比较。这两个词的含义的区别是细微的，这次讨论没有得出任何具体的结论，但是却给我留下了深刻的印象。毛主席还和我讨论了不同程度的概念问题，并非常仔细地把他要用的每一个词句都用得确切。[①]

杨振宁博士的《基本粒子发现简史》这本论著，原是英文本，中文本由杨振玉和范世藩翻译，上海科学技术出版社1963年9月出版。中文版一经出版，杨振宁就赠给毛泽东一本，并在这本书的扉页上用中文恭恭敬敬地写了一段话，表达作者对毛泽东的敬意，请伟大领袖指教。有一段时间，他老人家把这本书一直放在自己的案头，时常翻阅。

《基本粒子发现简史》全书约4万字，系根据杨振宁于1959年在美国普林斯顿大学的讲稿修订而成。书中按照历史发展次

---

① 《巨人中的巨人——外国名人要人笔下的毛泽东》，中共中央党校出版社1993年版，第321—322页。

序叙述了20世纪60年代末在"基本粒子"物理学领域内的重要发现,最后着重讨论了宇称守恒问题。作者的演讲原是专为大学中对科学有一般兴趣的听众而作的,因此虽然所涉及的问题有不少是当时"基本粒子"物理学中最突出和最深奥的问题,可是并不要求读者具备高深的物理学知识。

这次会见交谈之后,毛泽东对杨振宁博士的《基本粒子发现简史》一书,似乎意犹未尽。几个月之后,即1973年12月14日毛泽东又嘱咐我们把《基本粒子发现简史》印成大字线装本,放在自己的身边,多次翻阅。

二是1974年5月30日毛泽东在中南海书房会见美籍华裔物理学家、曾获诺贝尔物理学奖的李政道。对毛泽东的这次会见,李政道在《我同毛泽东的会见——对称在物理和政治中的含义》一文中是这样写的:

"请你谈谈,为什么对称是重要的?"毛泽东问。

根据韦伯斯特(Webster's)词典,对称(Symmetry)的意思是"平衡的比例",或者"产生于平衡的比例的形式美"。在中文里,对称是几乎完全相同的含义。从本质上说,这是个静止的概念。而根据毛泽东的观点,社会进化的基础在于变革,动态,而非静态,才是唯一重要的基本要素。他强烈地感觉到这种认识对于自然界肯定也是对的,所以奇怪为什么对称会在物理学中占有那么崇高的地位。

在我们的会见中,我是唯一的客人。我们的座椅之间是一个小茶几,上面放着铅笔,笔记本和两杯绿茶。我把铅笔放在笔记本上,把笔尖指向毛泽东,然后再把笔尖转

九、潜心学习自然科学

向我。铅笔转过来又转过去。我指出,这运动没有一刻静止,但这整个过程却具有对称性。毛泽东很欣赏这种演示,并且问到对称的更深含义,问到物理学家能否仅仅根据对称性原理真正描述出普遍规律。我解释了爱因斯坦根据等价原理的对称要求而建立的相对论所具有的深远意义,我们讨论了粒子和反粒子之间的对称以及它们产生和湮灭的动力学过程。看起来对称所具有的美感简洁性与其含义的深刻普遍性的统一给毛泽东留下了很深的印象。他为自己一直没有时间学习科学而遗憾,但他仍记得并很欣赏生物学家阿瑟·汤姆森(J. Arthur Thomson)所著的一套著作,那还是他年轻时读过的。

我们的谈话逐渐从自然现象转到人类活动。我谈到教育同创造性、同社会的健康是不可割裂的。谈话结束时,毛泽东接受了我的建议,中国的教育应该加强。后来这导致大学"少年班"的建立,让那些聪颖过人的十三四岁优秀学生跳级进入大学学习。

在"文化大革命"制造的巨大混沌中,这次会见带来的只不过是微量有序。然而,它在某种意义上却揭示出人寻求自然界对称的迫切愿望同他建立有意义的平衡社会的强烈要求之间的相互关系。第二天,我在机场收到了毛泽东的送别礼物:一套阿瑟·汤姆森的1922年版原版著作《科学概要》(*Outline of Science*)。①

---

① 《巨人中的巨人——外国名人要人笔下的毛泽东》,中共中央党校出版社1993年版,第295—296页。

这次会见，从头到尾，毛泽东紧紧围绕着"粒子和反粒子之间的对称"这个主题进行交谈。为了加深对李政道观点的了解，1974年4月6日，毛泽东还嘱咐我们将李政道写的《不平常的核态》一文印成大字线装本。6月4日大字线装本印出后，毛泽东又多次仔细阅读。

毛泽东和以上两位美籍物理学家的会见，时间虽已过去40多年了，但毛泽东对"基本粒子"研究的关注和垂老不倦用心阅读《基本粒子发现简史》《不平常的核态》等大字线装本自然科学论著的日日夜夜，都还深深地留在我的记忆中。

十、读笑话书

在给毛泽东晚年图书服务工作中，我们知道，他老人家曾有一段时间对笑话书产生了浓厚的兴趣。特别是1974年这一年里，他老人家读书读得最多的就是笑话书了。

（一）第一次为毛泽东查找笑话书

毛泽东第一次要我找笑话书是1974年1月1日。这一天正是1974年元旦，是国家法定的休息日。

1月1日上午11时30分，我正准备去饭堂吃午饭，忽然，毛泽东让秘书张玉凤给我打来电话。张玉凤[①]告诉我说，毛泽东要看《太平广记》和笑话方面的书，并且要线装大字本的，要马上找出送来。

《太平广记》为小说总集，北宋李昉等编，共500卷，另有目录10卷，收录了自汉代至宋初的小说、笔记、稗史等475种，保存了大量的古小说资料。因该书成于宋太宗太平兴国年间，故称《太平广记》。其中所引用的书，很多已经散佚、残缺，有的已被后人篡改。因此，新中国成立后，有关方面已经

[①] 1973年底，徐业夫生病以后，毛泽东的机要秘书工作暂由张玉凤代理。

校正重新排印出版。新版的《太平广记》，毛主席书库存有一部，但不是线装大字本，我要到北京图书馆去借。当时的北京图书馆就在中南海北门外①，从中南海办公室步行到北京图书馆，要不了5分钟。所以，我很快从北京图书馆善本组借来一部明许自昌刊本《太平广记》，共10函100册。

笑话方面的线装书，我以前基本没有见过。平装本笑话书也是在这次查找笑话书过程中知道的。因为平时对这方面的书关注得不够，实事求是地说，当时我没有想到毛泽东会要读这方面的书。所以，这次找笑话方面的书，我很感生疏。毛主席书库里有没有笑话书，有哪些笑话书，一时我心中很不清楚。我把《太平广记》送给毛泽东后，就钻到毛主席书库里，翻开《线装图书总目》，查找笑话书并把它抄录如下：

《古今谭概》冯梦龙撰，文学古籍刊行社1954年12月影印

《可发一笑》会文堂书局印

《笑林广记》

《谐铎》同治丙寅年印

《我佛山人滑稽谈》（清）吴趼人著

《滑稽丛话》陈琰著，宣统三年印

《译准笑话》小品堂藏版

《笑府》（清）墨憨斋编

《溪蛮丛笑》（宋）朱辅撰

《笑典》

……

---

① 现在已经改为北京图书馆分馆。

十、读笑话书

从目录上看，线装的笑话书共十几种，可是最终在书柜里找出来的只有 4 种共 9 册，其余的可能是毛泽东平常看后没有退回来，仍在他的中南海游泳池住地存放。我将找出来的笑话书即刻送到毛泽东住处。

后来翻阅毛泽东读书登记，我才知道，这不是毛泽东第一次要看笑话书。在此以前，毛泽东晚年至少有两次比较集中地读过笑话书。

第一次是 1966 年 1 月，据逄先知当时的记录，1 月 13 日毛泽东的秘书徐业夫从外地来电话，说毛泽东要看《笑林广记》等类笑话书。接电话后，逄先知即从毛泽东存书中找出下列笑话书：

《笑林广记》　　　　　　　　　　　　（乾隆刊本）
《广笑府》　　　　　　　（冯梦龙编，中央书店出版）
《笑笑录》
《古今谭概》　　　　　　　　　　　　（影印本）
《苦茶庵笑话选》　　　　（周作人编，北新书局出版）
《明清笑话四种》　　（周启明等编，人民文学出版社出版）
《历代笑话选》　　　　　　（牧野编，作家出版社出版）

1 月 14 日，逄先知亲手妥善包装后交给中央办公厅机要室①的通讯员送给了毛泽东。

第二次是 1970 年 8 月，据有关的记录来看，8 月 25 日这天，从北京图书馆、北京市文物管理处②及有关同志的个人图书

---

① 也就是现在的中央办公厅秘书局。
② 现为北京市文物局。

中共找出 20 种笑话书送给了毛泽东。这 20 种笑话书是：

《民间笑话》	《苦茶庵笑话选》
《历代笑话选》	《滑稽诗文集》
《中国古代笑话》	《俏皮话》
《皇历迷》	《徐文长故事》
《古代笑话选》	《谐译》
《古谐今译》	《译准笑话》
《笑话》第 1、2 集	《花间笑话》
《明清笑话四种》	《滑稽故事类编》
《广笑府》	《笑府》
《笑笑录》	《历代笑话集》

其中《明清笑话四种》《徐文长故事》《广笑府》3 种和《笑笑录》《苦茶庵笑话选》2 种是从当时中央办公厅秘书局代管的个人图书中找出来的。其余的 15 种笑话书都是从北京图书馆和北京市文物管理处借来的，后来都如数退还了。

上述两次读笑话书的情况，我当时一无所知。当我把第一次找出的 4 种 9 册笑话书送给毛泽东以后，他老人家看后第二天就告诉我们："不理想，再找一找。"

1 月 2 日这一天，我先跑到北京图书馆，又到中央办公厅图书馆和毛泽东自己的存书中，线装、平装的笑话书又找出许多，共 14 种 21 册。这 14 种笑话书分别是：

《笑堂福聚》（线装本）	《历代笑话选》
《清都散客二种》（线装本）	《古代笑话选》
《笑话一百种》	《明清笑话四种》
《俏皮话》	《笑史》（线装本）

十、读笑话书

《苦茶庵笑话选》　　　　　　　《笑笑录》（线装本）

《可发一笑》　　　　　　　　　《笑林广记》（线装本）

《笑笑录》　　　　　　　　　　《新笑林一千种》

与我第一次送的4种9册相比，这14种21册全是新的。可是线装本、平装本都是小字的，他老人家看起来是很吃力的。其中好几种都是他以前看过的。毛泽东看后，从中选出《新笑林一千种》和《历代笑话选》2种，要我联系重新排印大字本。

这些笑话书，他老人家很快就全都看完了，2月23日又发出指示："继续找笑话书。"

继续找笑话书，该到哪里去找呢？因为对我国出版的笑话书的情况不清楚，所以，当时我心中一点把握也没有。经请教北京图书馆的同志，得知可以去北京的名牌大学找一找。我的第一个目标是北京师范大学图书馆。2月25日上午，我拿着中央办公厅的介绍信，去北京师范大学。党委的一名女同志将我们带到图书馆，找到馆长李石函。李馆长先后找出来11种笑话书，分别是：

《笑话奇谭》　　　　　　　　　　　　　　（怡情室主编）

《新鲜笑话》　　　　　　　（上海大中华书局1946年11月出版）

《笑话三千篇》　　　　　　（徐卓呆著，上海中央书店出版）

《笑话大观》

《笑话》

《幽默笑话集》

《男女新笑话》　　　　　　　　　　（上海中国第一书局出版）

《历代才子笑话》　（王微波著，东南书局1921年6月出版）

《笑话一大箱》

（文业书局编辑部编，文业书局1939年2月出版）

《调笑录》　　（徐卓呆著，上海大东书局1925年1月出版）

《哈哈笑》

除这11种外，我还从中央办公厅秘书局管的几个个人图书中找出2种笑话书：

《笑话奇观》　　（李定夷著，上海国华书局1932年出版）

《广笑府（第七种）》

（墨憨斋主人著，襟霞阁主人1936年8月重刊）

我还从中国书店旧书当中又买回了2种笑话书：

《时代笑话五百首》

（陈平编辑，上海大方书局1940年4月出版）

《笑话三千篇》（中册）　　（徐卓呆著，上海中央书店出版）

4月15日下午，我又到北京大学图书馆借来了以下6种笑话书：

《笑竹集》　　　　　　　　（清秦武域著，四乐草堂藏版）

《文府滑稽》　　　　　　　　　　（明邹迪光辑，明刻本）

《清代名人笑史大观》

《笑话一百种》　　（何迟编，天津人民出版社1956年出版）

《摩登大笑话》

《幽默古文选》

4月17日下午，北京图书馆又为我们找出了5种笑话书：

《诗笑》　　　　　　　　　　　　　　　　　　　　（善本）

《书笑》　　　　　　　　　　　　　　　　　　　　（善本）

《雅笑》　　　　　　　　　　　　　　　　　　（李卓吾辑）

十、读笑话书

《浮白主人八种》　　　　　　　　　　（浮白主人述）
《古今笑》　　　　　　　　　　　　（姑苏龙子犹新纂）

先后合计找出 25 种 49 册笑话书，送给了毛泽东。毛泽东看后，从中选出《时代笑话五百首》《笑话三千篇》《哈哈笑》3 种，要我们重新排印大字线装本。这 3 种笑话书都是毛泽东比较喜欢的，是他老人家还要详细看的。北京大学图书馆的 6 种，北京图书馆的 5 种，他老人家看后于 5 月 6 日都分别退还了。借北京图书馆的 5 种笑话书中，有的封面上毛泽东还用红铅笔画了圈，表示他老人家已经看过了。我们将这一情况告诉北京图书馆的领导同志后，他们十分重视。毛泽东圈阅过的图书，他们都一直作为馆藏珍本保存着。

找了这么多的笑话书，又重新排印了《笑话三千篇》等 3 种大字本，加在一起超过 5000 个笑话了。6 月 4 日晚饭后，毛泽东在看完新印的《笑话三千篇》等一批笑话书之后又说："新印的《笑话三千篇》也不理想。请再找一找有关笑话方面的书。"

"再找一找"，北京还有哪些图书馆会存有笑话书呢？为了满足毛泽东的读书需要，我们拟定了"全面出击"的计划。所谓"全面出击"，就是与北京市的各大图书馆都联系，除北京图书馆、首都图书馆、中国书店和北京大学、清华大学、北京师范大学等老牌大学的图书馆外，我们还分别与中国科学院图书馆、中国社会科学院文学研究所图书馆、中央编译局图书馆、中央宣传部图书馆，等等，都进行了联系。通过"全面出击"，广泛联系，各方查找，我们又找出了一大批笑话书，共 20 种 55 册。6 月 14 日下午，我们都将其送给了毛泽东。一个星期后，即 6 月 21 日晚上,他老人家翻看完这批笑话书之后告诉我们:"最近所借的笑话书,没有多少新鲜的,就不用重印了。"

"没有多少新鲜的",这一次,我们把目光和希望投向了上海和杭州。从 1974 年 6 月中下旬以后,我们开始"兵分两路",即北京、上海两地,继续为毛泽东查找笑话书。在北京地区,我们把目标锁定在北京市文物管理处。

北京市文物管理处的同志临时组织人力,翻箱倒柜,从收存的图书中仔细查找,第二天,即 6 月 27 日,就找出了 60 多种笑话书。后来又相继找出几种,能找的他们差不多全找出来了。既有平装本,又有线装本。与从前送毛泽东的笑话书相比,大部分还都是新的。因找出来的笑话书过多,我按照中央办公厅领导同志的要求,将这次找出的笑话书分为平装和线装两大类先做出一份《笑话书目》送给毛泽东。

他老人家这一次并没有马上翻看这份《笑话书目》。据我所知,主要原因是从 1974 年 5 月以来毛泽东已经不是一心只读笑话书了。他老人家从 1974 年 5 月 7 日开始,对古今名人墨迹、手札、字帖等又逐步产生了兴趣。直到 8 月 26 日,他老人家才从《笑话书目》中圈选了 10 种笑话书:

《笑泉》　　　　　　　（李心炎编,明文社康德三年出版）
《人人笑》　　　　　　　　　　　　　（1923 年出版）
《大众笑话》　　　　　（邹梦霞选辑,醒民出版社 1941 年出版）
《滑稽诗话》　　　　　　　（国报社编辑,宣统末年出版）
《历代才子笑话》　　　　（王微波编,东南书局 1920 年出版）
《不知所云》　　　　　　　　　　　　　　　（李凤编）
《摩登笑话一千种》　　　（郑笑林著,上海东亚书局出版）

十、读笑话书

《风凉话》　　　　　　（章克标著，上海开明书店 1929 年出版）

《绘图外国笑话奇谈》　　　　　　　　　　（光绪年刊）

《甜言蜜语》　　　（李定夷著，上海国华书局 1931 年出版）

9 月 19 日，毛泽东又从《笑话书目》中另外圈选了 10 种笑话书：

《徐文长故事》　　　　　　（王忱石编，上海经纬书局出版）

《新式滑稽丛书》　（贡少芹编，上海共和书局 1921 年出版）

《笑话一万种》　　　（新华书局编，新华书局 1913 年出版）

《新鲜笑话篓子》　　（王笑若编，诚文信书局 1939 年出版）

《笑经》七卷　　　　（郑灿钰编，香港东南书局 1956 年出版）

《古今滑稽文选》　　（雷君曜辑，上海扫叶山房 1915 年出版）

《趣乐谈笑酒令》（残缺）　　　　　　　　　　（明刻本）

《笑柄》　　　　　　　　　　　　　　　　　（光绪年刊）

《一见开心》　　　　　　　　　　　　　　　（光绪年刊）

《滑稽丛书》　　　　　　　　　　　　　　　（1912 年刊）

先后两次共圈选了 20 种。选中了这么多，这还是我为毛泽东查找笑话书以来的第一次。

如果从 1974 年 1 月 1 日我为毛泽东第一次找笑话书算起，到 9 月 19 日，在北京地区前后查借笑话书已逾百种。从为毛泽东查找笑话书的实践知道，1974 年是毛泽东读笑话书最多的一年。翻开毛泽东的借书登记本，我们可以清楚地看到，1974 年 1 月 1 日至 6 月 30 日，这半年时间里，毛泽东外借图书除极少数其他图书外，绝大部分都是笑话书。6 月 30 日以后，外借笑话书逐渐减少，但断断续续还有，时间一直延续到 1975 年 2 月初。

375

(二)"快印些，印好一册送一册"

从 1973 年春季以来，毛泽东因患白内障，两眼视力急剧下降，小字号的书看不清了，只能看大字线装本。

毛泽东晚年看大字线装本，看得较多，要得最急的是笑话书。每次印笑话书，他老人家几乎都要求："快印些，印好一册送一册。"一册平装本笑话书重新排印成大字线装本，往往都要装订成几个分册或十几个分册。印刷厂每装订好一册，我们就取回一册，往往印一本笑话书，我们要往返印刷厂许多次。为印制笑话书，许多时日，我们几个同志几乎是白天黑夜，在图书馆、出版局、出版社、印刷厂、中南海游泳池住地之间穿梭往返，奔波忙碌。

为毛泽东重新排印的第一本笑话书是晚清程世爵编著的《笑林广记》。送印时间是 1973 年 12 月 6 日。

那时候，给毛泽东印大字线装书，我们的习惯做法都是先与国家出版局联系，由国家出版局根据新印书的类别安排出版社，再由出版社根据自己的工作实际安排印刷厂。政治类的读物一般都由人民出版社负责，历史、古典诗词和曲谱集等读物一般都由中华书局负责，通俗小说类、笑话书等一般都由人民文学出版社负责。北京有新华印刷厂、北京印刷一厂和北京印刷二厂三个大印刷厂作为给毛泽东印大字线装书的定点印刷厂。除北京的之外，有些大部头的书，国家出版局还常常安排到上海和天津特设的两个点去排印。

12 月 6 日，我们将要印大字线装本的《笑林广记》送到国家出版局。按照专业分工，国家出版局将该书安排给人民文学出版社具体负责印制。在此之前，《鲁迅全集》大字线装本由人民文学出版社于1972年下半年已经用一号仿宋字重新排印出来送给了毛泽东。有了《鲁迅全集》的样本，这次印《笑林广记》，毛泽东要求就照《鲁迅全集》的样式印，包括字体、字号、开本、版式、装帧等。因为毛泽东在等着看，所以时间要求是越快越好。

送印的《笑林广记》原书没有标点，只是"圈"点，就是每一句后面都是圈。新中国成立前的许多出版物都是这样。因此，重新排印过程中，出版社的同志提出要不要重新标点？如果要重新标点时间就要拉长了，因此，我们认为不需要重新标点。请示毛泽东后，毛泽东表示同意我们的意见：不用重新标点，照原书排印。5天后即12月11日，毛泽东问《笑林广记》印出来没有？因此，我们即催促出版社，请他们加快速度印，印好一册送一册。12月24日，全书印装完毕。原薄薄的一册书，重印后变成4个分册，外面还加做了一个深蓝色的布面函套。因为印成的是线装、大字、竖排本，看起来很方便。24日下午收到新印的《笑林广记》，毛泽东第二天就看完了。

我国现存的新中国成立之前出版的《笑林广记》有好几种版本，各种版本的大体内容都差不多。它是我国古代笑话故事精选汇集。从逗人发笑这个效果上来说，《笑林广记》是值得一读的，可以说它是新中国成立前出版的笑话书中最受人们喜爱的一种了。

《笑林广记》是毛泽东很爱读的一种笑话书。1966年1月他老人家出差到外地时，指名要看《笑林广记》等类笑话书。

1970年3月14日，他老人家又一次要看《笑林广记》。在这次重新排印之前，他老人家游泳池住地就放有一套新中国成立前印的线装本《笑林广记》。在这次重新排印之后，1974年8月6日，他老人家又一次要看新印的《笑林广记》。这足以说明，毛泽东晚年多次阅读《笑林广记》。

《笑林广记》确实也收集了一些使人读后捧腹大笑的笑话。这里我照录新印的《笑林广记》中的两则笑话。

我不去

世上惟妇人最会哭。……潘氏哭夫。乃假号了一阵。至今留为笑柄。

一妇人夫死。哭之甚痛。抱棺披发而哭。见人来更大哭曰。我的夫阿。我的天阿。我愿意跟了你去。你为何不拉了我去。正哭得高兴。被棺缝儿把头发挂住。妇人大惊。忙改口曰。你别拉。我不去。我不去。

穷人遇贼

两夫妇甚穷。朝不谋夕。竟至断炊。妇谓夫曰。我两人腹内无食。身上无衣。何不赊壶酒来。虽不能充饥。亦可以御寒。夫出门赊酒而归。至晚。夫妇枵腹同饮。妇人大醉。家中只有棉絮一条。妇人扯去自盖。男人甚冷。不得已拿半个破缸。覆在身上。枕瓦而眠。将要睡着。有贼撬门而入。穷人曰。我们穷得如此。你还要来偷。顺手用所枕之瓦打去。贼呼痛而逃。穷人曰。便宜了你。我是用枕头打你。若用被头打你。早要你的性命了。

《笑林广记》所收的345个笑话，读后大都能使人开怀大笑。一次，毛泽东独自在游泳池书房里看书，看着看着情不自禁地笑出声来。这时候，秘书徐业夫正好从外面走进来。一看他老人家一个人在发笑，便轻轻地走近他身边，这才知道，毛泽东在看《笑林广记》。第二天徐秘书就找我给他自己借一部新印的大字本《笑林广记》。

一部《笑林广记》，不能满足毛泽东读笑话书的愿望。在看了我于1974年1月2日送给他的笑话书后，他老人家先从中选了两种，一种是《新笑林一千种》，一种是《历代笑话选》。这两种都是平装本，他指示我们重新排印大字本。

由于要得急，3日上午送印，6日上午10时，《新笑林一千种》第一、二分册就印好了，当我去取书时得知，为了尽快印出来，有的工人师傅已经连续工作了20多个小时，有的工人师傅带病坚持在工作岗位上，这使我深深地感受到广大工人对领袖毛泽东的无限深情。7日上午印好第三、四分册。7日夜12时半，也就是8日凌晨，《新笑林一千种》全书全部如数印装完毕。《历代笑话选》于9日夜10时多，也全部如数印装完毕。这两种笑话书，3天开始出书，5天全部印装完毕，这在当时的印刷条件下，真是不容易。

《历代笑话选》送印本，是牧野编，作家出版社1958年公开出版的大众通俗读物，一般的图书馆都可以见到。这本笑话书重新排印之前的平装本，毛泽东就看过很多遍。这次又让重新排印，足见他对这本书的喜爱。

《新笑林一千种》送印本，愚公著，广益书局1939年8月再版，号称"新笑林一千种""千笑集"，实际所收的笑话只有504个。

《新笑林一千种》送印平装本，也是毛泽东比较爱读的一本笑话书，一直存放在他的书库里。这本笑话书新中国成立后没有再版过，像北京图书馆、上海图书馆等这样国内著名的图书馆都没有收藏，可毛泽东自己却收藏了一本，这不能不说是毛泽东对《新笑林一千种》的珍爱。书中所收的笑话，有不少都曾给毛泽东带来了笑声，增添了精神生活的乐趣。

送印的《新笑林一千种》的封面上有一幅彩色画。毛泽东对这幅画很感兴趣。送印前，他嘱咐说，封面上的彩色画和书前的四幅画照印。封面上的这幅彩画，技艺并非多么高超，也并非出自名家之手，更不是稀世珍宝，那么他老人家为什么对它感兴趣呢？原来这幅画表达的也是一则"嘲啬刻者"的笑话。这则笑话，书中是这样说的：

> 一极啬刻人过河。不肯花摆渡钱。乃涉水而过，行至中流。水深过腹，势将灭顶。急呼人救。岸上者曰：非二百文不救。曰：给你一百文如何？须臾，水过肩。又呼曰：给你一百五十文如何？岸上人仍不肯救。竟至溺毙。阎王怒曰：你在阳世蓄钱自利。不肯济贫，坐令人死。罚下油锅。既至油锅。见一巨锅盛油。吝刻鬼曰：这许多油，殊可惜，若把这油钱折给我，我情愿干锅炰烤。

彩画是笑话的形象直观的表示，笑话是彩画的根据。所以与其说毛泽东喜欢这幅彩画，不如说毛泽东喜欢这则笑话。

新印的《新笑林一千种》《历代笑话选》，毛泽东很快读完了。1月10日上午11时多，他老人家又要印《滑稽诗文集》（杨汝泉编，大公报社1933年9月出版）。时间要求还是"快印些，印好一册送一册"。

《滑稽诗文集》是一本读书札记。作者杨汝泉在《自序》中说："他在图书馆读书过程中，凡其所喜者，无不钞之。岁时既久，碎简零笺，充满于枕席之间，以检阅困难，遂分类剪存，以当时受读报影响，其中以滑稽一类者为多，又分为故事、诗文等两类。自服务于大公报社，遂于八小时工作之暇，重整旧钞，分为滑稽故事类编、滑稽诗文集两种，以备印行。诗文集以诗话为主，而缀以联话，及传记、书启、判词、赋、七檄疏册、弹文……等滑稽文字。"这本《滑稽诗文集》是1970年8月25日随一批笑话书送给毛泽东的。时间过去3年多后，他老人家又要重印大字本，还想看一看，可见，对于这本书，毛泽东也是比较喜爱的。

《滑稽诗文集》印后不久，毛泽东又从我们新找出的一批笑话书中选出《幽默笑话集》（张根法于1936年写序）、《哈哈笑》和《时代笑话五百首》（陈平编辑，上海大方书局1940年4月出版）3种，要我们重新排印大字线装本。

《幽默笑话集》《哈哈笑》和《时代笑话五百首》，这3种笑话书重新排印出大字线装本后，大约半个月，毛泽东就看完了。这3种笑话书所收的笑话，前面印的笑话书中差不多都有，新的笑话不多，所以，他老人家看后仍不满足。这时候，我们根据他老人家的要求，从北京几家图书馆里又借来一批笑话书。他老人家从中选出一种，书名叫《笑话三千篇》（徐卓呆著，上海中央书店出版），分上、中、下三册，要重新排印大字本。上、下两册是从北京师范大学图书馆借来的，中册是从北京琉璃厂中国书店旧书当中选购来的。这是我们经手为他老人家重新排印的第八种笑话书。

《笑话三千篇》因版权页脱落，出版时间不清楚。但作者在本书的《自序》结尾写了这样一条小注："民国廿四年十月胡蝶结婚消息传出的一天卓呆序于破夜壶室。"据此推测，本书可能是20世纪30年代中期的出版物。

《笑话三千篇》一书中的笑话，虽然没有3000篇，但它是我几个月来所见到的收辑笑话最多的一本。毛泽东之所以一见钟爱，与之收辑笑话最多不无关系。

因《笑话三千篇》下册前后缺页，内容不全，故重新排印了大字线装本，原上、中、下三册重新排印成后变成了12个分册。

毛泽东收到重新排印的《笑话三千篇》后，当天晚上和夜里，他老人家没再看别的书，晚饭也是在催了一遍又一遍后才吃了一点。当天夜里他老人家就把新印的《笑话三千篇》从头到尾看了一遍。是《笑话三千篇》新内容不多呢，还是逗人发笑的笑话不多呢，反正毛泽东看后对新印的《笑话三千篇》不很满意。6月4日下午，他老人家让张玉凤告诉我说："新印的《笑话三千篇》也不太理想。"

(三)《笑话新谈》重印始末

《笑话新谈》是毛泽东晚年读过的最后一部重新排印的大字线装本笑话书。

说到《笑话新谈》重新排印大字线装本，还得先从毛泽东让我们到上海、杭州两地查借笑话书谈起。

十、读笑话书

北京城里的笑话书，毛泽东都读遍了。然而，他老人家认为"理想"的、"新鲜"的却不很多。上海、杭州两地，是新中国成立前出版笑话书最多的地方。

1974年6月12日，我便与中共上海市委办公室联系。为了避免与北京地区找出的笑话书重复，我请上海的同志将找出的笑话书先做出一份目录。上海图书馆根据上海市委的要求，于6月14日，将他们馆藏的笑话书就编印了一份《历代笑话集书目》：铅印，三号宋体字，16开，一共9页，分为新书、旧平装、古籍三个部分。

新书部分主要包括新中国成立后我国各地出版社出版的笑话书，共有13种。旧平装部分主要是新中国成立前上海等地出版社出版的各种不同版本的笑话书，共有21种，其中《笑林广记》就有三种版本。古籍部分主要包括我国清代之前编撰出版的各种不同版本的笑话书，大都是线装本，共有53种。三部分加在一起共87种。显然，上海图书馆馆藏笑话书是北京地区各图书馆不能相比的。

毛泽东收到《历代笑话集书目》后，用红铅笔在新书部分首先圈画了10种：

《历代笑话集》　　　　（王利器辑，上海古典文学出版社1956年出版）
《笑话新选》　　（白沙辑，上海四联出版社1955年出版）
《吹牛的大嘴》　　（山西人民出版社1957年编辑、出版）
《笑话》　　（徐慧弟编，上海文化出版社1955年出版）
《历代笑话选》　　（牧野编，北京作家出版社1958年出版）
《民间笑话》　　（福建人民出版社1958年编辑、出版）

《讽刺笑话集》（李书华编，河北人民出版社 1957 年出版）
《古代笑话选》（袁捷编，北京通俗文艺出版社 1955 年出版）
《笑话》（民间笑话）　（湖南人民出版社 1958 年出版）
《笑话选集》　（张寿臣述，天津人民出版社 1956 年出版）

在旧平装部分，他又圈画了 6 种：

《笑话新谈》　　　　　（李节斋著，上海文益书局出版）
《笑话有趣》　（老林著，上海东华书局 1928 年出版）
《笑林广记》（程世爵著，上海大达图书供应社 1925 年出版）
《笑林广记》　　　　（无编著，上海进步书局出版）
《笑林广记》　　（无编著，上海启智书局 1934 年出版）
《笑笑录》（独逸窝退士编，上海新文化书社 1935 年出版）

这 16 种笑话书，上海市委办公室的同志于 1974 年 6 月 29 日、7 月 27 日、8 月 30 日分三次寄送给我们的。除《笑话新谈》外，其他的 15 种，毛泽东都已读过，牧野编的《历代笑话选》和程世爵著的《笑林广记》这两种笑话书，前面已经介绍过，分别于 1973 年 12 月和 1974 年 1 月重新排印过大字线装本。早就看过的笑话书，这一次他老人家又一次挑选圈画，可见他老人家对这几种笑话书的喜爱。

毛泽东看了这 16 种笑话后，只挑选了《笑话新谈》一种要我们重新排印大字本。

1974 年 9 月 2 日下午，毛泽东让机要秘书张玉凤将要重新排印大字本的《笑话新谈》送交给我，张秘书并向我转达了老人家的五点要求：

（1）字体、字号同重印的《读〈随园诗话〉札记》；

（2）原书先复印，用复印件送印发排；

（3）原书因后面有缺，请上海同志再查找一下；

（4）封面上的"笑话新谈"四个字可以重写，每册前面的据笑话绘的幽默画照印；

（5）印排当中的具体技术问题，请出版局和出版社酌定。

这就是《笑话新谈》一书重新排印大字本的开始。

《读〈随园诗话〉札记》是36磅黑体。这时候毛泽东视力已经大大地减退了。从这以后，新印大字本几乎都用的是这种又大又粗又黑的字体，每页8行，每行14个字，看起来醒目、清楚。当时，怕排错字体，他老人家还特意让张玉凤给我一册《读〈随园诗话〉札记》的样本，并嘱咐我们："用后退回"。

9月3日上午，我将《笑话新谈》复印件送印。

9月18日晚，《笑话新谈》由北京新华印刷厂先印装好两个分册后，我疾速跑到新华印刷厂将印好的分册取回送给毛泽东。张玉凤后来告诉我，当时主席收到书后，一边翻看，一边问她上海查找的情况。她将上海市委办公室的"情况汇报"向他老人家叙说起来。还没等她说完，他老人家就被书上的笑话吸引住了，边看脸上边渐渐露出笑容直至笑出声来。张玉凤说："这一次外出以来，我还是第一次看到主席这样高兴。"她走近毛泽东身边，看到毛泽东刚才看的是"怕老婆"这则笑话。这是一则怎样的笑话呢？这里，我把它照录如下：

怕老婆

有甲乙二人。素号惧内。偏背妻子面好大言。一日甲乙二人。均会宴于某处。甲曰。余回家时。老婆多跪。侍奉起居甚谨。稍一触我怒。则拳足交加。妻无怨言。乙曰。

君不过如此。我之夫纲。较君尤严。众问故。曰。非但奉我惟谨惟慎。我外出时。曾代我养三四子也（盖其妻有外遇。乙不敢言故也。）众称是。酒阑各归。一日甲约乙饮于其室。至久不见酒肴出。乙诧异问故。忽见甲妻手举棍叱之曰。米珠薪桂作甚乐。还不与我跪下。甲不觉而膝屈矣。正吵闹间。忽外来一妇。势甚汹汹。劈面与乙两个耳光。扭乙耳曰。还不与老娘滚回去。把老娘马桶倒倒。倘再在此鬼混。老娘一定把你这个乌龟打死呢。

9月19日下午，《笑话新谈》剩下的部分也已印好。印刷厂的同志还是先装订了两册。当毛泽东收到这两册书时，高兴地说："送来的正好，我正等着看哩。"说着就将手中正在翻看的《怀素自叙帖真迹》放下，拿起新送来的《笑话新谈》翻看起来。平常，他老人家边翻书边和你聊上几句，或者就书论书，或者问这问那。这一次，他老人家的注意力都集中到书上去了，边看边笑，不时还情不自禁地笑出声来。后来我才知道，前一天送给他的《笑话新谈》，他老人家当夜就全看完了。看完后，好像意犹未尽，还想往下看，可是书还没印出来。所以，那天一拿到书，他老人家就这样难以释手，全神贯注。

毛泽东为什么如此爱读《笑话新谈》呢？在通读了本书之后我才知道，《笑话新谈》所收的135个笑话，大多都能使人读后发笑，有的能使人读后大笑。这里我特意照原书抄录以下三则：

请教令尊

某先生在一乡户人家训蒙。一日东家走进书房。向先生问道。请问先生。人家说客气话。每每开口便问人家令

十、读笑话书

尊怎样。请教令尊是指的一个甚么人。先生一听。好生发笑。暗骂这一个初世为人。连令尊都不知是甚么人称呼。我且拿他取笑取笑。想罢便回道。这个称呼是常用的。就是指的人家儿子。东家信以为真。便同先生客气道。请问先生。你家有几个令尊呢。先生见问。暗恨道。不好。反被他取笑起来了。连忙把脸一沉。回答道。我家没有令尊。东家见他有带怒的样子。知道先生嫌烦。便格外亲热道。先生没有令尊。不用作烦。我家儿子多得很呢。过继几个给先生做令尊罢了。

没上没下

一富翁妻妾两个。妻多财。而富翁反宠妾。家中不许仆婢提一个小字。时将晚饭。富翁叫一初来的娘姨取只碗来。娘姨不知他家的规矩。便问道。老爷要大碗是要小碗。富翁作色道。你拿一只碗来算了。问甚么大小。我家屋里。不但物件不分大小。连人也没有大小分的。妻子一听。晓得丈夫有心压制自己。心中气他不过。刚刚一把酒壶不曾拿出。富翁便叫妻子到房中去取。其妻想了一个报复的方法。走去将一把尿壶拿来。向桌上一放。富翁道。你这怎么。妻子道。你说怎么。你既没大没小。我也没上没下。请你将就些喝喝罢。

先生昼寝

教读先生。白日最喜睡觉。学生功课。日见荒疏。东家忧之。一日来书房闲谈。问先生现在学生所讲何书。先生曰。论语。东家曰。请先生讲宰予昼寝一章与学生听。先生已知其意。乃讲曰。宰杀也。予我也。寝睡也。东家曰。先生讲错了。宰予乃人名。分开讲。岂不是割裂语义吗。先生曰。东家倒不必如此费心。我就与你说明了罢。你就是要宰了我也是要昼寝的。

《笑话新谈》按照原送印件，北京新华印刷厂全印完了。可是尚缺的19个笑话，上海、杭州等地查找还没有找到。国家出版局、人民文学出版社的同志不断催问查找情况，我们当然也很着急。为此，10月29日，我又专为此事给上海市委办公室打了一次电话，询问他们查找的情况。

功夫不负有心人。在上海和浙江两地同志的共同努力下，全本的《笑话新谈》终于找到了。1975年1月14日下午，我们收到上海方面新找出来的《笑话新谈》一、二册，李节斋辑，杭州聚元堂书局1913年出版。为不使这部凝结了很多同志辛劳的《笑话新谈》受损，15日上午，我们特请中共中央档案馆的同志帮忙复印了一份。

1月15日下午，我将中央档案馆的复印件送交付印。

2月3日下午，《笑话新谈》全本印装完毕。我从新华印刷厂取回后，又立即送毛泽东两本。后来我才知道，毛泽东收到书的当天晚上，后补的19个笑话，他老人家就翻看了一遍。因为这时候，毛泽东的兴趣早已转到看历代名人墨迹、手札、字画、碑帖等上面去了。所以，新印的全本《笑话新谈》，他老人家只看了补印的19个笑话之后就放下了。

《笑话新谈》是毛泽东晚年比较爱读的一部笑话书，也是他老人家晚年读过的最后一部笑话书。翻开"毛主席用书登记本"，自1975年2月3日后，直到1976年9月9日他老人家辞世时，没再向我们要过笑话书，也没有再重新排印过大字线装本笑话书。

　　读笑话书是毛泽东晚年读书生活的重要内容之一。毛泽东虽已离开了我们，然而，他老人家读过的种种大字线装本笑话书，还都收存在中南海毛泽东故居里。每当走进毛泽东的故居，看到为他老人家重新排印的种种大字线装本笑话书，就激起我对许多往事的回忆，就激起我对毛泽东的无限的思念。

十一、博览群帖，研究书法

博览群帖，学习、练习和研究书法，是毛泽东晚年读书生活的一个重要侧面。

毛泽东在青少年时代，就很爱好书法，对我国的传世书法佳作有浓厚的兴趣。到了20世纪五六十年代，他老人家对书法仍然是暇不释卷，爱不释手，苦心钻研直到70年代，甚至他老人家生命的最后岁月，他也从没间断过钻研和练习书法。博览群帖，孜孜不倦地钻研和练习书法伴随着毛泽东的一生。

（一）"学字要有帖"

毛泽东曾说过："学字要有帖。"[①] 学习书法，对照字帖，用心研究，反复临摹练习。这是历代诸多前人学书法的基本方法，也是毛泽东学书法的基本经验。毛泽东青少年时代开始学习书法时，就是从临摹字帖开始的。在为毛泽东服务工作中，我们知道，毛泽东晚年学习、练习书法，仍然非常喜爱临摹碑帖，直到生命垂危的岁月，他老人家还一直喜爱阅看历代草书字帖和各代名流、学者的墨迹与手札。

---

① 刘锡山：《毛泽东的书法艺术》，山东大学出版社1991年版，第201页。

十一、博览群帖，研究书法

毛泽东酷爱阅览、临摹字帖。新中国成立初期在毛泽东身边工作过的陈秉忱曾在《回忆毛主席周总理朱委员长书法活动片断》一文中说："我们从仅存的一张明信片①的字迹来看，毛主席早年似受晋唐楷书和魏碑的影响，用笔紧严而又开拓，是有较深功力的。在延安时期，领导抗战和建党，工作、著作任务那样繁忙，毛主席仍时常阅览法帖（阅过的晋唐小楷等帖，一直带在身边）。……全国解放后，更多地阅览法帖。1949年出国②访问时，也以《三希堂法帖》自随。1955年开始，指示身边工作人员广置碑帖。二十年间，所存拓本及影本碑帖有六百多种，看过的也近四百种，'二王'③帖及孙过庭、怀素的草书帖，则是时常批阅。毛主席不但博览群帖，而且注意规范草书，如古人编辑的《草诀要领》和《草诀百韵歌》等帖。"④

李锐曾回忆说："他写文章真是'日试万言，倚马可待'。这完全是由于平时勤学苦练的结果。每周一次的作文课，必定在堂上作好交卷，从不起草；想好通篇大意和结构，就挥笔疾书，两个小时内能写出一篇一两千字的古文。从现在发现的这个时期的一些零星手迹，包括信件、题词、各种记事和读书笔记等等看来，不论是随手所记的心得，即兴的感触，或者郑重其事的论述，无不文简意精，富于丹采，而且字总是写得流丽、工整（这是临摹王羲之、王献之帖本得来的功夫）。"⑤

---

① 指毛泽东青年时代在湖南第一师范读书时写给罗学瓒的明信片——笔者注。
② 指率中国党政代表团第一次访问苏联——笔者注。
③ 指晋代大书法家王羲之、王献之父子——笔者注。
④ 陈秉忱：《回忆毛主席周总理朱委员长书法活动片断》，《书法》1980年第2期。
⑤ 李锐：《毛泽东的早期革命活动》，湖南人民出版社1980年版，第47页。

1949年新中国成立之后的一段时间，毛泽东带领全国各族人民倾心谱写新中国社会主义建设的新篇章，工作千头万绪，日理万机，夜以继日地操劳。但是，他仍然挤出时间阅览、临摹和研究各种碑帖。这一时期，他阅览、临摹较多的是草书字帖。对于这一点，我们从1958年10月16日毛泽东致田家英的信中可以看出。这封信全文是这样写的：

田家英同志：

请将已存各种草书字帖清出给我，包括若干拓本（王羲之等），于右任千字文及草诀歌。此外，请向故宫博物院负责人（是否郑振铎？）一询，可否借阅那里的各种草书手迹若干，如可，应开单据，以便按件清还。

毛泽东
十月十六日[①]

关于毛泽东博览群帖，练习书法的事，逄先知的回忆文章中还有这样一段介绍：

毛泽东可说是当代一流书法家，尤其擅长草书。他喜欢看字帖，特别是草书字帖，这是他的重要娱乐活动，也是最好的休息。在草书中，毛泽东最喜欢怀素的草书。他多次要过《怀素自叙帖真迹》。我们见到怀素的字帖，只要是好的，就买下来给他送去。1961年10月27日，毛泽东要看《怀素自叙帖真迹》，并指示我们，把他所有的字帖都放在他那里。从此，我们就在北京和外地，买来很多字帖，

---

① 《毛泽东书信选集》，中央文献出版社2003年版，第504页。

十一、博览群帖，研究书法

包括一批套帖如《三希堂法帖》《昭和法帖大系》（日本影印）等，放在他的卧室外间的会客室里，摆满了三四个书架。在他卧室的茶几上、床铺上、办公桌上，到处都放着字帖，以便随时观赏。1964年12月10日，毛泽东要看各家书写的各种字体的《千字文》字帖。我们很快为他收集了30余种，行草隶篆，无所不有，而以草书为主，包括自东晋以来各代大书法家王羲之、智永、怀素、欧阳询、张旭、米芾、宋徽宗、宋高宗、赵孟頫、康熙等，直到近代书法家于右任的作品。……除了买字帖供毛泽东观赏，我们有时还到故宫借一些名书法家的真迹给他看。1959年10月，田家英和陈秉忱向故宫借了20件字画，其中8件是明代大书法家写的草书，包括解缙、张弼、傅山、文徵明、董其昌等。①

1966年8月，毛泽东从中南海丰泽园菊香书屋搬到中南海游泳池居住。在这之前，田家英、陈秉忱、逄先知等先后为毛泽东收集、购买、配置的600多种历代碑帖和名人墨迹等书法作品有一部分也一并搬放到了中南海游泳池住地。中南海游泳池住地会客厅里的书架上、沙发旁边的茶几上、会见厅中间的小圆桌上，还有他的办公桌上、床上，到处都放有字帖。工作之余、饭前会后，只要有空，他老人家就阅览、揣摩字帖，有时一边欣赏，一边还用手在自己的腿上临摹、比画。有许多字帖，如《王羲之真迹》《怀素自叙帖真迹》《三希堂法帖》《明文徵明墨迹选》《张旭草书李青莲序》《怀素书秋兴八首》《元鲜于

---

① 董边等：《毛泽东和他的秘书田家英》，中央文献出版社1989年版，第6—7页。

太常赵文敏合书千字文真迹》等，他老人家百看不厌。

　　田家英、陈秉忱、逄先知在书法方面都是很有造诣的。田家英为研究清代历史，从20世纪50年代中期开始，常年坚持在全国各地收集清代文人学者和书画名家的墨迹，"其所收作品之富之精，在个人收藏中堪称海内一大家"[①]。他对清代各个时期著名人物的墨迹和书法精品是很有研究的。陈秉忱是清末山东著名金石大家陈介祺之曾孙，家学渊博。1937年参加革命，后长期在毛泽东身边工作。他于文学、书法、绘画、金石等有浓厚的根基。逄先知自为毛泽东管理图书以来，按照毛泽东的需要，先后从北京、上海、杭州等地多次非常用心地为毛泽东选购、借阅字帖。他们三位从20世纪50年代到60年代中期，十多年里先后为毛泽东购置了600多种字帖，虽不能说这是我国历代书法精品的全部，但可以说是我国历代书法的代表之作。由于田家英的关系，清代的名人墨迹、碑帖尤为齐全。毛泽东对这些书法作品非常喜爱，反复翻阅，但很快这些就不再能满足他学书临摹、观赏休息的需要了。到了20世纪70年代，他老人家一次又一次地指示我们为他继续购置、借阅各种字帖。北京各图书馆和有关单位找差不多了，又让我们专门到南京、上海等地去借阅。仅1974年下半年，我经手在北京、南京、上海等地为毛泽东借阅的各种字帖就达165种342册。直到1976年2月，他老人家还要我们为他购买过两种字帖。

　　1974年底从南京、上海等地借来的88种136册字帖，他一直放在身边反复翻阅，直到1976年病中还时常翻阅。

---

① 董边等：《毛泽东和他的秘书田家英》，中央文献出版社1989年版，第7页。

十一、博览群帖，研究书法

毛泽东曾说过："字要写得美，必须勤磨炼。刻苦自励，穷而后工，才能得心应手。"① 毛泽东的字所以写得好，所以能书写迅疾，随意挥洒，自成一体，独具一格，在书法上获得很大的成功，最主要的原因就是他几十年坚持不懈而又从不满足地博览群帖，刻苦临摹和练习，锲而不舍、垂老不倦地下功夫。

（二）晚年爱看的字帖、墨迹

我们都知道毛泽东晚年很爱看字帖、墨迹。但毛泽东晚年爱看什么样的字帖、墨迹？他老人家晚年到底看过哪些字帖、墨迹？对于这些，我是在为毛泽东购买联系借阅字帖墨迹的实际过程中才逐步有所了解的。

我第一次为他老人家联系购买字帖、墨迹是 1972 年 10 月 12 日。11 日晚上，我吃完夜餐刚回到办公室，秘书徐业夫就告诉我，说首长要看几种字帖。第二天，一吃完早饭，我就跑到北京琉璃厂中国书店。按照徐秘书的要求，我一共选购了 4 种碑帖。分别是：

《宋拓九成宫醴泉铭》

《皇甫碑》

《宋拓化度寺碑》　　　　　　　　　　（南海伍氏珍藏秘本）

《宋拓化度寺碑》　　　　　　　　　　　（香叶草堂藏本）

除《宋拓九成宫醴泉铭》是 1 元，其他三种都是 1 元 2 角，4 种字帖一共花了 4 元 6 角钱。

---

① 《毛泽东轶事》，昆仑出版社 1989 年版，第 75 页。

395

这是我第一次为毛泽东购买碑帖。徐业夫告诉我，主席对书法很有兴趣，非常爱看字帖，工作间隙，夜晚办公室疲倦时，常常练习书法，或者书写历朝著名的诗、词、曲、赋，或者书写鲁迅的诗句，或者书写他自己的诗词。他还说主席常说："看文件、看书看累了，练练书法，调节调节大脑，这是一种很好的休息。"

1973年，毛泽东先后三次向我们要过字帖。第一次是3月16日。这一天上午9时多，我们正在学习讨论，周福明打电话找我，说首长要看赵孟𫖯的楷书《老子道德经》字帖，要我马上找到送去。

放下电话，我立即跑到毛主席书库去查找。毛主席书库里存的字帖、墨迹不少，可是没有赵孟𫖯的楷书《老子道德经》字帖。与中国书店联系也没有。我立即请北京图书馆和北京市文物管理处的同志帮忙查找。最终，两家单位分别找出《赵松雪书道德经》和《赵子昂道德经墨本》两种字帖。

第二次是7月12日，这天晚上9时左右，毛泽东要看鲜于枢的字帖。鲜于枢是元代著名书法家和诗人。他能诗文，工正、行、草书，尤以草书知名。他很善于悬腕作书，笔力劲健。留存下来的书迹有《渔父词》《透光古镜歌》《石鼓歌》等。毛主席书库有一本文物出版社1959年出版的《元鲜于枢书杜诗》，我找出给毛泽东送去后，毛泽东翻了翻就放下了，说鲜于枢还有别的墨迹。第二天一上班，我就请中国书店和北京图书馆的同志帮忙查找。很快北京图书馆找出两种，一种是《元鲜于伯机草书唐诗》，一种是《南雪斋藏真帖》（未集）中的《鲜于枢书石鼓歌》。这两种字帖送毛泽东后，《元鲜于伯机草书唐诗》

十一、博览群帖，研究书法

第二天就退给我们了。《鲜于枢书石鼓歌》他比较喜爱，一直放在他的会客厅里，直到他老人家逝世后，我们才将它归还给北京图书馆。

第三次是8月11日上午，毛泽东要看怀素的字帖、墨迹。怀素是唐代书法大家。他精勤学书，以善"狂草"出名。相传他好饮酒，运笔迅速，如骤雨旋风，飞动圆转，虽变化无常，而法度具备。前人评论他的书法时说其狂草继承张旭，而有所发展，谓"以狂继颠"，并称"颠张醉素"，对后来影响很大。留存下来的书迹有《自叙帖》《苦笋帖》等。怀素的书迹，特别是怀素的草书墨迹，早在20世纪50年代，毛泽东就时常批阅。20年后，他又要我们找怀素的字帖，可见他老人家对僧怀素的墨迹是多么喜爱。怀素的墨迹，毛主席书库存有两种：一种是《僧怀素草书千字文》，一种是《怀素自叙帖》。我将这两种字帖送给他之后，他老人家立即放下手中正在翻看的新印大字线装本《鲁迅全集》，高兴地翻看起来，一边翻看，一边问我们："你们知道怀素是什么地方人？"我和当时在场的几个同志一时都回答不出来。他笑着说道："僧怀素是我的老乡，湖南长沙人也，俗姓钱，字藏真。"我和徐业夫看他老人家谈兴很浓，便开玩笑说："怪不得您爱看怀素的字帖，原来他是您的老乡！"他老人家马上回答说："你们说话差矣，我爱看怀素的字帖不是因为他是我的老乡，而是因为怀素的草书写得好，有大家风度，狂草尤为独特。"他老人家还告诉我们，学习草书，僧怀素堪称典范。说着，他还问我们："唐代有大诗人曾专门写诗赞扬怀素的狂草，你们知道是谁吗？"我们几个人都说不知道。他说："又是一个不知道，我告诉你们吧，就是那个号为青莲居士的李太白。李太白的《草书歌行》的诗，就是专门赞扬僧怀素的狂草的。"说着他老人家就抑、扬、顿、挫地给我们背了起来：

> 少年上人号怀素，草书天下称独步。
> 墨池飞出北溟鱼，笔锋杀尽中山兔。
> 八月九月天气凉，酒徒词客满高堂。
> 笺麻素绢排数箱，宣州石砚墨色光。
> 吾师醉后倚绳床，须臾扫尽数千张。
> 飘风骤雨惊飒飒，落花飞雪何茫茫！
> 起来向壁不停手，一行数字大如斗。
> 恍恍如闻神鬼惊，时时只见龙蛇走。
> 左盘右蹙如惊电，状同楚汉相攻战。
> ....

他老人家背完之后，我们不约而同地鼓起掌来。看我们鼓掌，他老人家也笑了起来。看得出，他老人家很高兴。从1971年"九一三事件"以来，他老人家这样高兴，我们还是第一次见到。怀素的这两种字帖，大概因为是特别喜爱的缘故吧，这一次他老人家看后，就一直放在他的会客厅里。除这两种外，后来我们又找到了一些怀素的字帖：《唐怀素论字帖》、《唐圣母帖》（两种）、《怀素自叙帖真迹》（两种）、《唐怀素小草千字文墨迹》、《僧怀素书四十二章经》、《怀素草书千字文》（两种）、《唐释怀素圣母帖》、《怀素千金帖圣母帖合册》、《怀素秋兴八首》、《怀素藏真律公二帖石刻》等十多种。这些字帖一直伴随着他老人家度过了最后的岁月。怀素的字帖是毛泽东最爱看的，也是收存字帖中种类最多的。

十一、博览群帖，研究书法

根据我们当时的记录，1973年毛泽东要我们给他找字帖的就是以上三次。

如果说，进入20世纪70年代的最初几年，毛泽东看字帖、墨迹不是很多，或者说在这几年里他老人家读书学习的兴趣主要不在于字帖，那么，到了1974年，情况就发生了明显的变化。大概从这一年的4月开始，他老人家看字帖逐渐增多，后来越来越多，到了8月，我每天的工作就是为他老人家找字帖，如同上半年找笑话书那样，北京各家图书馆、博物馆找遍了，又到南京、上海等地去查找。

1974年4月18日下午，张玉凤告诉我，首长还要看字帖，要我把原存放在毛主席书库里字帖字大一些的行书、草书等都挑选出来放到中南海游泳池住地的会客厅里。毛主席书库存放的字帖、墨迹，大部分是新中国成立之后田家英、陈秉忱、逄先知等同志从旧书店里购买的。也有的是新中国成立之后有关的出版社赠送的。我一共挑选了230册。其中有不少是古今名人墨迹和学术范本。然而，这些并没有满足毛泽东晚年学习、研究和欣赏的需要。大约两个星期后，他又要我们找孙中山、康有为、梁启超的墨迹，而且要越快越好。我们知道后，先把他书库里还存放的《孙中山先生手札墨迹》和《梁任公诗稿手迹》（梁任公即梁启超）找出来送给他。然后，我又从中国书店购买了4种：

《孙中山遗墨建国大纲》（人民美术出版社1956年出版）

1册

《孙中山手札》　　　　　　　　　　　　　　1册

《康南海先生书开岁忽六十诗》　　　　　　　1册

《康南海篆书诗稿》　　　　　　　　　　　　1册

北京图书馆又帮助查找出 8 种：

《总理遗墨》　　　　　　　　　　　　　　　1册

《南海先生戊戌书稿后跋》　　　　　　　　　1册

《康南海手写诗稿》　　　　　　　　　　　　1册

《南海先生致梁任公手札》　　　　　　　　　2册

《南海先生信札诗钞》　　　　　　　　　　　2册

《梁任公临郑文公碑》　　　　　　　　　　　2册

《梁任公手写妙法莲花经》　　　　　　　　　1册

《梁任公临张迁碑》　　　　　　　　　　　　1册

送给毛泽东之后的第三天，张玉凤就告诉我，首长说孙中山、康有为的字帖还可以，梁启超的诗稿手迹等字帖，字太小了，看不了。大约两个星期后，送的孙、康、梁三人的字帖全部退了回来。

6月3日下午，张玉凤找到了我，说首长要我把田家英收存的字帖、墨迹挑选一下，把行草、大字本的都挑出来送给他。这是毛泽东又一次成批地向我们要字帖。

按毛泽东的要求，我们把田家英收藏的 1000 多件清人墨迹，一件一件地翻了一遍，凡是行书、草书，而且字写得比较大一些的都挑了出来，共 200 余件。第二天一早，我将挑选的清人墨迹、字帖送到中南海游泳池住地的办公室。

这一批字帖，毛泽东翻阅一遍之后，除《名人楹联真迹大全》《龚自珍墨迹》《鲁迅先生墨迹》《支那墨迹大成》《郑板桥真迹》等少数字帖还时常翻阅外，其他虽然后来一直存放在游泳池的会客厅里，但他老人家翻阅欣赏的就很少了。

十一、博览群帖，研究书法

大约又过了半个月，他老人家又要看《三希堂法帖》，指示我们把他身边存放的那套老式装帧本《三希堂法帖》重新改装一下。

7月31日，中央办公厅领导同志又指示我们：找一部分字帖送主席。具体要求是：第一，字要大些，清楚的；第二，本子要整齐点，不要太破的；第三，本子不要太厚、太重，要便于主席拿着看的；第四，字体不限；第五，要快些找，快些送。

中央办公厅领导同志给我们下达指示的同时，已让有关方面给时任国家文物局局长王冶秋打了电话，叫我们直接与王冶秋联系。当天下午，即7月31日下午，我们来到位于沙滩红楼的国家文物局，王冶秋把准备好的字帖交给我们。

回到中南海办公室，我们一一进行登记。除《怀素自叙帖真迹》外，还有《唐神策军碑》（文物出版社1974年2月出版）、《宋米芾二帖册》（文物出版社1959年5月出版）、《宋林逋自书诗卷》（文物出版社1960年2月出版）、《汉张景碑》（文物出版社1973年12月出版）、《元康里巙书谪龙说》（文物出版社1959年12月出版）等，一共19种38册。登记后，我将这部分字帖、墨迹即送交毛泽东先阅。

31日这天，我们还从北京图书馆借来下列字帖、墨迹送毛泽东：

《黄文节公法书石刻》　　　　　《元圆通寺记》
《元敬君墓碣》　　　　　　　　《赵孟頫书寿春堂记》
《明文徵明墨迹选》　　　　　　《苏轼丰乐亭记》
《宋黄山谷书墨竹赋》

8月1日，我们又从北京图书馆借来下列4种字帖、墨迹送给毛泽东：

《养泉斋遗墨》　　　　　　　　《渤海龚遂瘦金书》
《邓石如少陵诗》　　　　　　　《黄文节公书太白忆归游诗》

8月1日，在国家文物局局长王冶秋的帮助下，我们又从北京市文物管理处借来12种字帖、墨迹，分别是：

《宋拓米襄阳行书》　　　　　　《王文成公真迹》
《宋拓夏承碑》　　　　　　　　《宋拓颜书清远道士诗》
《宋吴琚诗帖》　　　　　　　　《元鲜于枢书透光古镜歌说明》
《宋徽宗书诗卷》　　　　　　　《唐李少监搁先茔记》（宋榻本）
《汉循吏故闻熹辰韩仁碑》　　　《宋拓玄秘塔》
《宋高宗千字文》　　　　　　　《明陈白阳草书诗帖》

8月2日，我们从琉璃厂中国书店购买6种字帖、墨迹，分别是：

《元赵孟頫书烟江叠嶂诗》

　　　　（辽宁省博物馆编，文物出版社1962年12月出版）

《元鲜于枢杜诗》

　　　　（故宫博物院藏，文物出版社1959年12月出版）

《宋陆游自书诗》

　　　　（辽宁省博物馆编，文物出版社1962年8月出版）

《元鲜于枢书王安石诗》

　　　　（辽宁省博物馆编，文物出版社1962年12月出版）

《宋徽宗赵佶书恭事方丘敕》

　　　　（辽宁省博物馆编，文物出版社1962年8月出版）

《元赵孟頫书福神观记》　（文物出版社1959年12月出版）

8月2日下午，我们从北京师范大学图书馆借来8种字帖、墨迹送毛泽东：

《黄庭坚书松风阁诗》　　　　　（北平故宫博物院 1933 年出版）

《元康里巙草书笔法》　　　　　（文物出版社 1959 年出版）

《明祝枝山书曹植诗》　　　　　（北平故宫博物院 1932 年出版）

《宋徽宗赵佶书蔡行敕》　　　　（文物出版社出版）

《元鲜于枢行书诗赞》　　　　　（文物出版社出版）

《宋徽宗赵佶草书千字文》　　　（文物出版社出版）

《辽宁省博物馆藏法书选集》　　（文物出版社出版）

《百爵斋藏历代名人书法》

8 月 2 日下午，我们还从荣宝斋购买 2 种字帖、墨迹送毛泽东：

《董玄宰草书》　　　　　　　　　　　（1929 年出版）

《赵孟𫖯所书行草》　　　　　　　　　（何镜铭藏书）

8 月 2 日下午，我们还从首都图书馆借来《平原山房法帖》等 5 种字帖、墨迹送毛泽东。

8 月 3 日上午，我们又从琉璃厂文物商店购买 4 种字帖墨迹：

《元杨维桢真镜庵募缘疏》

　　　　　　　（上海博物馆藏，文物出版社 1965 年 9 月出版）

《明唐荆川草书诗稿真迹》（锡山秦氏藏，艺苑真赏社出版）

《欧阳修醉翁亭记》

《明拓米元章书马赞》

8 月 5 日上午，我们从国家文物局又借来下列 6 种字帖、墨迹送毛泽东：

《宋米襄阳办法帖真迹》　　　　《明董文敏日诗月诗》

403

《明董文敏行书李太白诗墨迹》　　　　《宋拓中兴颂》
《鲜于伯几盘谷序墨迹》　　　　　　《明董文敏虎丘诗真迹》

8月5日下午，我们从中国科学院图书馆又借来下列5种字帖、墨迹送毛泽东：

《明代名人手迹》（第三集）　　　　《木刻停云馆帖》
《祝枝山草书杜诗》　　　　　　　　《明云栖寺碑》
《米芾诗版》

8月6日下午，我们从中共中央党校图书馆又借来下列4种字帖送毛泽东：

《放大古法帖》（上、下册）　　　　《刘文清公法书》
《岳飞帖》　　　　　　　　　　　　《董其昌字帖》

8月7日上午，我们从北京图书馆又借来3种：

《大诒晋斋摹古帖》　　　　　　　　《莲池书院石刻》
《净云枝帖》

8月9日，我们从北京图书馆又借来2种：

《清芬阁米帖》　　　　　　　　　　《米家船帖》

8月12日，我们从北京图书馆又借来《米祠堂帖》（1函8册）一种字帖送毛泽东。

8月14日，我们从北京图书馆又借来下列4种字帖送毛泽东：

《御书帖》　　　　　　　　　　　　《眠云谷帖》
《听雨楼法帖》　　　　　　　　　　《挥墨轩集古帖》

从7月31日到8月14日，整整半个月时间，在北京有关单位找出来送给毛泽东的字帖一共是92种174册。根据当时的记录，除当时看后陆续退还有关单位的之外，还有21种字帖一直

十一、博览群帖，研究书法

放在他身边，直到他老人家逝世之后的 1979 年 2 月 17 日，经当时的中央办公厅领导同志同意后，我们才分别退还给有关单位。

这 21 种字帖墨迹，差不多都是行书和草书，本子都不太厚。从字帖本身的墨迹内容来看，21 种中近一半书写的是古诗或古文，使阅读者既可以品味书法艺术，也可以欣赏古诗古文，学习中国历史和中国文化，可谓一举两得。

8 月 14 日之后，直到 12 月初，这段时间毛泽东没再向我们要过字帖。根据当时的登记，毛泽东除向我们要过几本笑话书之外，其他方面的书基本上也没有要过。

从 12 月 6 日开始，毛泽东又要我们找字帖。我们从北京图书馆、故宫博物院、中国历史博物馆陆续找来了几皮箱，把北京能找的都找了。为便于今后的工作，我还给张玉凤写了一张便条，请教她若再继续找，该如何找。张玉凤收到后，给我写了回条，并附上《楹联墨迹大观》第四册（高野侯编辑，中华书局 1982 年出版）、《玉虹鉴真帖》（载有李长吉诗的一册）、《怀素自叙帖真迹》《唐人十二月朋友相闻书》（国立北平故宫博物院 1934 年出版）和《南宋赵孟坚自书诗》（文物出版社出版）5 种字帖供我们参考。便条是这样写的：

> 此五种字帖首长较喜爱，本子不很大，也很清楚，又有些内容。我的理解首长喜欢有风格的草书、诗句一类的字帖。

张玉凤附来的这五种字帖，我在翻阅过程中看到，《楹联墨迹大观》中，在赵书禾行楷"与人相见以诚，造物所忌者巧"的联句旁，毛泽东用红铅笔画了两个大圈。《玉虹鉴真帖》中有毛泽东很爱读的唐代诗人李贺的诗，李贺字长吉，毛泽东在这一册封面题签字旁用黑铅笔写了"李长吉诗"四个字，并用红铅笔在这四个字的旁边粗粗地画了一条曲线，在字的上面画了一个大圈。《玉虹鉴真帖》是套帖，一套是24册，在其中写有19首古诗的册封面上，毛泽东又用红铅笔画了两个大圈，表明他对这册字帖的喜爱。还有《怀素自叙帖真迹》等有关怀素的字帖，毛泽东更是爱不释手、百读不厌。《唐人十二月朋友相闻书》和《南宋赵孟坚自书诗》这两种字帖，毛泽东也都有圈画。这些都从侧面表明，毛泽东看字帖，不光是在看字，而且是在看诗、看文。有风格的行书、草书，加上有思想性、艺术性较高的诗词、文赋等，这样的字帖、墨迹是毛泽东最爱看的。毛泽东晚年翻阅字帖、墨迹，主要是在于休息，也是一种对大脑的调节。根据当时的记录，1975年下半年，有一段时间，毛泽东还看过一阵子小人书。1974年底1975年初，这段时间毛泽东还常听京剧录音和侯宝林等说的相声。看字帖、墨迹和看笑话书、看小人书、欣赏名人字画、听京剧、听相声等一样，主要是在于休息，这都是晚年毛泽东重要的娱乐活动。

没过多久，张玉凤对我说，首长还要你们继续找字帖。北京如果找得差不多了，汪东兴说可以去外地再找找。经和有关方面的领导同志商量，第一站，我们选择了上海。12月23日晚，我从上海图书馆、上海博物馆、上海师范大学图书馆、复旦大学图书馆等单位找出的部分字帖、墨迹中选出《松雪草书墨宝》等25种26册。

这25种字帖、墨迹，都是行书、草书体，而且大部分都是草书，字又大又清楚，本子也都不太大、不太厚，差不多都是

十一、博览群帖，研究书法

线装本。

24日、25日这两天，上海图书馆等有关单位又陆续找出一部分字帖、墨迹。我从中又挑选出《明莫云卿草书山居杂赋卷》等17种送给毛泽东。

第二站我们选择了南京。

30日上午，南京图书馆最先送来一部分字帖、墨迹。下午，其他几个单位也陆续挑选出一些送来。我从中挑选出《张旭草书李青莲序》等19种送毛泽东。

这19种字帖大部分都是草书，特别是被并称为"颠张醉素"的唐代两位"狂草"大家张旭和怀素的两件墨宝实属罕见，还有日本上田桑鸠先生的草书范本等也都是以前没有见过的。

12月31日和1975年元月1日这两天，江苏省博物馆、南京图书馆、南京师范学院图书馆等单位又相继找出一部分字帖、墨迹。我和张志诚从中又挑选出《王梦楼寿屏十二轴全册》等20种送毛泽东。

又过了两天，有关单位又相继找出一部分字帖。我和张志诚又精心挑选出《快雪堂法帖》（1—5册）等7种35册送毛泽东。

1975年1月12日，张玉凤告诉我："首长说你从上海、南京找来的字帖、墨迹都很好，他都喜欢看。现在他正在翻阅。首长说暂时可不找了，待这一批看过后再说。"

从上海、南京借来的字帖、墨迹，他老人家一直没有退还，全放在他的身边。有些字帖，他老人家不知翻了多少遍了。

直到1979年2月底，经当时的中央办公厅领导同意，我们才将上海借来的42种48册字帖、墨迹，南京借来的46种88册字帖、墨迹全部如数地退还给了他们。

毛泽东喜爱有风格的草书、诗句一类字帖和墨迹。这些字帖伴随着毛泽东度过了最后的岁月。

（三）改装《三希堂法帖》

《三希堂法帖》，是《三希堂石渠宝笈法帖》的简称，共32卷。"三希堂"是清代内廷书斋名，在北京故宫西路养心殿内。清高宗弘历藏王羲之《快雪时晴帖》、王献之《中秋帖》、王珣《伯远帖》墨迹三种于此室内，自谓三希，因题其室为"三希堂"。乾隆十二年（1747年），清高宗命和亲王弘昼等总理，大学士梁诗正等校勘编次内府所藏自魏晋至明历代法书，聚工摹勒上石。因为收入了上述三种珍贵法帖，此帖所收均见于《石渠宝笈》著录，故名《三希堂石渠宝笈法帖》。全套法帖刻成大约用了三年时间。该帖所收作品自魏至明一共135家340种，另有题跋200多个，印章1600多方。全帖除王献之《保母帖》、赵孟頫《兰亭序跋》前的《兰亭序》系据拓本上石外，其余全是墨迹。本帖除乾隆拓本外，清末还有重拓本、摹本、石印本，新中国成立以后一些出版社还相继据原本拓本影印出版，是一部在我国流传较广、深受书法爱好者喜爱的法帖之一。

《三希堂法帖》是毛泽东生前最喜爱的套帖之一。从20世纪50年代到60年代，直到70年代，《三希堂法帖》他老人家到底看过多少遍，这是很难说清的。毛泽东每次去外地，《三希堂法帖》是必带的。

1974年6月，毛泽东又要看《三希堂法帖》。这时候毛泽东

十一、博览群帖，研究书法

已经近81岁高龄了。可是毛泽东身边存放的两套《三希堂法帖》，都是旧式装帧本，每套32册，每册封面、封底都是厚厚的硬纸板装帧，每册又厚又重，这样的装帧本对他老人家来说显然是很不合适的。在这种情况下，我们几个有关的同志商量后提出，是不是把毛泽东最爱看的那套《三希堂法帖》请有关方面按现在的要求重新装帧。我们的想法报告毛泽东后，毛泽东点头同意，并指示我们："不要太讲究，不要多花钱，改装后我能看就行。"改装《三希堂法帖》就这样确定了。

1974年6月21日下午，我带着毛泽东看过多遍的那套《御刻三希堂石渠宝笈法帖》（共32册）和一册西安碑林本《僧怀素草书千字文》作为改装的样本到荣宝斋。荣宝斋负责人侯恺问我："还有什么具体要求吗？"我说："改装后的本子要能够像一般的线装书那样，每册不要太厚，还要打上书根字和册码，便于首长阅看。最好先做出二册样本，待首长看后满意了再全部改装。"第二天，即6月22日，毛泽东让周福明转告我："昨天送的《三希堂法帖》改装问题，每个分册不要太大、太厚了，不要完全照送去的《僧怀素草书千字文》那个本子的大小做，要适当缩小一些，减少分量。最好不要超过原《三希堂法帖》开本，小些可以。"我即时将这个意思转告给了侯恺。

7月5日，两册样本做出来了。一册是用一般的宣纸做的，另一册是用比较厚一些的胶版纸做的。当我去荣宝斋取样本的时候，侯恺又向我提出了以下几个问题：第一，封面题签上的书名字由谁来写？第二，改装后要不要做函套？如果做函套，布料用什么颜色的？

毛泽东看了样本后，很显然对用宣纸做的这一册感兴趣，但本子还有点大，要我们与荣宝斋的同志商量，能不能再小一点，再薄一点。毛泽东说，封面题签上的书名字请他们写，函套要做，蓝色为好。

7月15日，书名字荣宝斋的同志也写好了。他们一共写了三种，一种是楷体，一种是隶书，一种是行书，三种字写得都不错，各有特色。我将荣宝斋的同志写的这三种书名字送毛泽东后，隶书他老人家是不爱看的，看了一眼就把它放在一边了。剩下的行书和楷书两种，比来比去，还是对楷书"三希堂法帖第　册"七个字比较满意，并拿起粗红铅笔，在楷体的这张题签的左上方画了一个圈。这里的圈表明他看过了，而且是他最终的选定。

"三希堂法帖第　册"题签毛泽东选定以后大约半个月，全套《三希堂法帖》全部改装完毕。原来的32册，改装后成了16函120册，每册开本大小比原装本略小一些，但纸张材料统统换成了宣纸的，本子很薄，很轻，如同一般的线装书一样。当毛泽东看到改装后的《三希堂法帖》的时候，高兴得连声称赞说："改装得好！改装得好！"

为了便于阅看，我们还请荣宝斋的同志将全帖的目录另装一册，这样改装后的《三希堂法帖》，全部费用是456元6角，花钱不多。毛泽东听后很高兴，并嘱咐我们说："改装的字帖是我看的，改装的费用还是从我的稿费中支出吧。"按照毛泽东的要求，我们即时到荣宝斋办理了交款手续，并对荣宝斋同志的辛勤劳动表示了谢意。

改装后的《三希堂法帖》和毛泽东原来的那套《御刻三希堂石渠宝笈法帖》，现在都还存放在中南海毛泽东故居里。毛泽东生前非常爱看《三希堂法帖》，当年阅览时留下的种种痕迹和标志，至今都还留在这两套不同装帧但内容是完全相同的字帖中。

（四）"朋友交往要重信义"

毛泽东生前博览、临摹过的各种字帖，有的是我们做图书服务工作的同志按照他的指示和要求，在北京、上海、杭州等地的旧书店里购买的，所需的款是从他个人的稿费中支付的。例如：《怀素自叙帖》《僧怀素草书千字文》《元鲜于枢书杜诗》《康南海手写诗稿》《梁任公诗稿手迹》《孙中山先生手札墨迹》《孙中山遗墨》《宋陆游自书诗》《董玄宰草书》《赵孟𫖯所书行草》《明拓米元章书马赞》《明唐荆川草书诗稿真迹》《欧阳修醉翁亭记》《敦煌石室唐拓柳书金刚经》等。除购买的之外，其余他平常阅览、临摹的字帖大部分都是向有关单位或个人借来的。

1958年10月16日，毛泽东给秘书田家英的信中就曾这样写过："请向故宫博物院负责人（是否郑振铎？）一询，可否借阅那里的各种草书手迹若干，如可，应开单据，以便按件清还。""应开单据，以便按件清还"，这是毛泽东对我们图书管理人员的一贯要求。20世纪60年代、70年代，我们向北京图书馆、故宫博物院、中国历史博物馆等单位借字帖、字画，用完后，他总是要我们及时送还。提到借用字帖的事，还有这样一段小故事：

1959年，根据毛泽东本人的请求，并经党中央同意，毛泽东不再兼任中华人民共和国主席职务。他在休息时便练练书法。这段时间，他与民主人士和过去的老熟人的往来也多了起来，当时任全国人民代表大会常务委员会副委员长、中国民主建国会主任委员黄炎培就是往来较多的一位。

黄炎培也很爱好书法，常常将他的墨迹、书作送请毛泽东赐教。交往过程中，毛泽东得知黄炎培珍藏一本王羲之的真迹。王羲之的字帖，毛泽东早在青年时代就临摹过，也是他最喜爱、临摹最多的书法家之一。由于时代久远，保存下来的王羲之的真迹是极为珍贵而且是价值连城的。所以毛泽东欲求的迫切心情可想而知。尽管王羲之的真迹很珍贵，但毛泽东要借阅，黄炎培也不好不借。所以，双方约定，借期一个月。

毛泽东自借到王羲之的真迹，就一往情深，每天工作一停便翻开来看，时而全神贯注地看着字迹琢磨，时而拿起笔来边看边在纸上练习。他不是简单地照着模仿，而是用心揣摩，取其所长，取其神韵。据当时在他身边工作的同志回忆说，毛泽东拿到这册真迹后，几乎是天天看，天天练，练到兴头上，吃饭也叫不应。

大概是这本真迹太珍贵的缘故吧，自从借给毛泽东之后，黄炎培一直放心不下，借出一星期他就不断打电话询问。有一次黄炎培直接把电话打到毛泽东那里。毛泽东一听就有些不高兴，不耐烦地说："不是讲好借一个月吗？"黄炎培马上连连回答说："对对对，对对对。"

可是，过了不久，黄炎培处又向值班室打电话询问。毛泽东借的书刊（包括各种墨迹、碑帖），不到一个月，就这样一次一次地催要，这还是第一次。怎样向毛泽东报告呢？值班室的同志借给毛泽东沏茶的机会来到他的书房。

值班室的同志走进毛泽东书房，毛泽东正在聚精会神看那

十一、博览群帖，研究书法

本真迹，边看头边依着真迹上的笔迹晃动，好像下巴颏就是一支笔。看到这种情景，值班人员先轻轻地沏上一杯茶水，然后小声报告说："主席，黄炎培那边又来电话了……"

"嗯？"毛泽东抬起眼皮，头也不再晃动，淡淡的眉毛开始收拢。

值班室的同志一看毛泽东的神情，便小声说道："他们……又催呢。"

毛泽东一听就不耐烦了，说："怎么也学着逼债了？不是讲好一个月的，还差七天，我是给他数着呢。"

毛泽东之所以这样生气，是当时赫鲁晓夫正在逼债，再加上黄炎培这样频频来电话催要，他把这两件事可能联想到一起了。

值班室的同志看到毛泽东生气的样子，便改口说："主席，他们……他们不是催要，是问问，就是问问主席还看不看？"

"我看！"毛泽东喝口茶，重新拿起烟嘴，语气转缓和些，"到一个月不还，我失信。不到一个月催讨，他失信。谁失信都不好。"

一个星期后借期已到，毛泽东自己将王羲之那本真迹用木板小心翼翼夹好，对值班室的同志说："送还吧，今天必须送到。"

值班室的同志说："黄老那边已经说过，主席如果还在看，尽管多看几天没关系。"

毛泽东说："送去吧，讲好一个月就是一个月，朋友交往要重信义。"

毛泽东在这里自称与黄炎培的交往是朋友的交往。的确，黄炎培是毛泽东交往的朋友中书信往来最多的一位党外民主人士。从1949年开始到1960年底,这11年时间里,毛泽东与黄炎培几乎年年都有书信来往。黄炎培虽然年长毛泽东15岁,但他非常信赖毛泽东、尊敬毛泽东,封封书信和诗作的开头或结尾都写:"毛主席""敬献毛主席""敬呈毛主席""毛主席赐教"等,字字句句表达了他对毛泽东和中国共产党的一片真情。毛泽东在给黄炎培的信中开头总是称其为"任之先生""黄任老",字里行间都凝结着领袖的谦逊和朋友的真诚。

因为黄炎培对毛泽东这个朋友的"高度的信任",所以,他每有诗作,总是先"敬献或敬呈毛主席"。

1949年10月1日,黄炎培随同毛泽东在天安门上参加隆重的中华人民共和国开国大典,黄炎培的心情万分激动,即席抒发题为《天安门歌》的诗篇九首。

1949年除夕晚会上,黄炎培分外高兴,当即赋诗一首在晚会上朗诵。

1952年3月23日,黄炎培将《天安门歌》九首和在1949年除夕晚会上朗诵的诗以及1938年11月23日流转至成都作的《重做人三章》一并用毛笔亲手恭书呈献给毛泽东。

黄炎培呈献给毛泽东的诗,都是用毛笔书写的,大都是楷书和行书,是诗作,也是黄老的书作。黄老的行书流畅自如,自成风格;楷书功力深厚,笔力遒劲,端庄刚健,尤为擅长。毛泽东辞世时,书房里还放有黄炎培敬献的诗稿墨迹册页。毛泽东把黄炎培的诗作墨迹一直摆放在自己的书房里,由此可知,毛泽东对黄炎培的书法是很喜爱的。

黄炎培经常给毛泽东送诗稿墨迹,毛泽东收到之后除及时复信外，也常有回赠。1956年12月4日，毛泽东在《致黄炎培》的信全文写完之后，特意又加写了这样一句话："去年和今年各填了一首词，录陈审正，以答先生历次赠诗的雅意。"

毛泽东在信中说的两首词是指《浪淘沙·北戴河》和《水调歌头·游泳》。

黄炎培在得到毛泽东这两首词的墨迹之后，兴奋不已，时以展示同好。后来荣宝斋将这两首词的墨迹制成拓片，从此广泛流传。

黄炎培晚年，倾心于大作《八十年来》的撰写。到1963年2月上卷写出了初稿，即打印后呈送毛泽东。在送书稿时，他非常动情地给毛泽东写了一封信。

毛泽东收到后是用心阅读过的，不少地方还用黑铅笔画了道道。黄老的信和《八十年来》上卷书稿，现在都还收藏在中南海毛泽东故居里。如今它已成了黄炎培与毛泽东暮年之交的珍贵的纪念。

十二、读《智囊》

《智囊》是毛泽东晚年很爱读的线装本史书之一。

直到1976年9月9日逝世前,毛泽东的身边一直放着两部木刻线装本《智囊》。一部放在他老人家在中南海游泳池住地的会客厅里。这个会客厅是他老人家晚年经常会见外宾的地方,也是他读书学习的地方,也可以说就是他老人家晚年的书房,许多他常看的书籍都放在这里。除工作、会见宾客之外,他几乎每天都要在这个会客厅里看书学习。另一部放在中南海增福堂毛主席书库里。这是一个旧式的四合院。南边是永福堂,北邻来福堂。这三个院子,增福堂可用房间稍多点,院内条件也稍好些。因毛泽东的藏书较多,只有增福堂能全部放下。为便于对毛泽东图书报刊的保管和使用,经当时的中央有关领导同志批准,就把我们当时管理的毛泽东的图书全部搬放到这个院里,并把这个院子命名为"毛主席书库"。

放在游泳池会客厅里的《智囊》,据说是借的章士钊的,木刻大字本,共14个分册,每个分册的封面都是浅褐色的并用印有花纹的绢装帧的。除字较大外,每册装帧也比较讲究,薄厚适宜,很适合老年人阅读。加上原书主人的精心保护,看上去如新的一般。

据章含之回忆:

十二、读《智囊》

  1962年12月26日，毛主席70寿辰那天，我随父亲到中南海参加主席的家宴。……一周之后，一个星期六的上午，我突然接到毛主席的秘书林克同志的电话，说主席在寿宴那天同我说妥的，要我帮助主席学英语。主席关照要我第二天星期日下午开始去主席那里。父亲知道后很高兴。他同毛主席数十年相知，他对我说主席是很随和的。他还要我带一套线装书《智囊》给主席。父亲藏书较多，主席经常向他借书看。自从我经常去主席那里之后，我就成了他们之间的借书、还书交通员。毛主席每次都先还清上次借的，然后再借一部，还开玩笑说："有借有还，再借不难。"

章含之的这段回忆，没有说出毛泽东向章士钊借《智囊》的意思，据我所知，到目前为止，也还没有发现毛泽东要向章士钊借《智囊》的材料，这是第一。第二，既然毛泽东说过"有借有还"，这部书如果是向章士钊借的，毛泽东又为什么一直没还？所以，这部《智囊》是毛泽东向章士钊借的，还是章士钊知道毛泽东爱读史籍，特意送给毛泽东的呢？我认为很可能是后者。因为章士钊生前常给毛泽东送书，除《柳文指要》外，还有两种珍贵版本的线装书，一种是宋版的《云仙散录》，一种是明版的《三国志》。

另一部放在毛主席书库的《智囊》，是20世纪50年代从北京琉璃厂中国书店购买的。这部书似清代重刻本，字刻得稍小些，全书亦分为14个分册，每册的封面都是用深蓝色的普通纸装帧的，本子显得有些破旧。与章士钊的那一部相比，无论是装帧式样，还是木刻字体及大小等，这一部都显然逊色多了。

这两部《智囊》，毛泽东都不止一次阅读，书中大部分故事都作了圈画，许多地方还写有批语。据我所知，毛泽东晚年读过的图书中，除各种马列著作、二十四史和鲁迅著作外，圈画和批注文字较多的，就要数这两部《智囊》了。从 20 世纪 50 年代到 60 年代，直到生命的最后几年，他老人家还时常阅读。特别是从琉璃厂购买的这一部，他老人家看得多、画得多、批注得多。由于他老人家经常翻看，许多册的封面都显得很破了。

《智囊》是一部什么样的书呢？中国卓越出版公司 1989 年 12 月出版的《智谋大全》（即《智囊》）的前言中说："明代著名作家冯梦龙（1574—1647 年）所编著的这本《智囊》，正是我国古典智慧的集大成。此书将先秦至明代各色人物以智取胜的故事千余则汇为一册，按政治智慧（即上等的智慧）、军事智慧、司法智慧、语言智慧、妇女智慧等分类编撰，共 10 部 28 卷。书中故事，大多取材于经史典籍，亦有少量采自稗官野史，集中展现了古代中国人在治国安邦、治军用兵、断案决讼、平定动乱、经营产业、为人处世等方面的高度智慧。"关于这本书的特点和书中人物等，前言中还说，本书"内容丰富多彩、妙趣横生，读之可以启迪思考、发展智力、增强应变能力。书中人物，虽然不乏神奸巨猾的个人，但也有不少德才兼备的贤者，这些人胸怀大志、学贯古今、通达事理，且能出以公心，所以才能扭危局、胜险恶、处事得体。正所谓大聪明者往往是大老实人，大智来源于大度大勇"。

从上面的介绍中，我们可以知道，《智囊》实际上就是先秦至明代这一段历史典籍中有关以智取胜的故事汇编。编著者的

十二、读《智囊》

目的之一在于发掘读者的智慧。书中所收的千余则故事，大多有利于"启迪思考、发展智力、增强应变能力"，读后能使人"变得更聪明一些"。毛泽东之所以爱读这部书，这是重要的原因之一。

毛泽东爱读《智囊》，我认为还有一个方面的重要原因，就是"古为今用"。1960年12月毛泽东在对两个外国代表团的谈话中说：应该充分地利用遗产，要批判地利用遗产。中国几千年的文化，是封建时代的文化，但并不全是封建主义的东西，有人民的东西，有反封建的东西。要把封建主义的东西与非封建主义的东西区别开来。封建主义的东西也不全是坏的，也有它发生、发展和灭亡的时期。我们要注意区别发生、发展和灭亡时期的东西。当封建主义还在发生和发展的时候，它有很多东西还是不错的。反封建主义的文化也不是全部可以无批判地利用的，因为封建时代的民间作品，也多少都还带有若干封建统治阶级的影响。我们应当善于进行分析，应当把封建主义发生、发展和灭亡时期的文化区别开来，应当批判地利用封建主义的文化，我们不能无批判地加以利用。反封建主义的文化当然要比封建主义的好，但也要有批判、有区别地加以利用。我所了解的是这样，我们现在的方针是这样。至于充分利用它们，我们现在还没有做到。古典著作多得很，现在是分门别类地去整理，用现代科学观点逐步整理出来，重新出版。[①]

这段讲话，是毛泽东对待中国古代文化遗产的根本思想和

[①]《毛泽东的读书生活》，生活·读书·新知三联书店1986年版，第200—201页。

根本的态度。他是这样说的,实际上他在博览卷帙浩繁的中国古代群书中一直也是这样做的。对于这一点,我们从他在阅读《智囊》过程中所写的批语字里行间,也能约略看出一二。

例如,在阅读《智囊》第一部"上等的智慧·通简卷"中有关朱博的这一则故事时,对朱博因老从事教唆百姓聚众闹事,而将老从事杀掉的事,毛泽东写了这样一条批语:"这个老从事也可以不杀,教以改过,或者调改他职。"显然,毛泽东对朱博的这一做法不很赞成。这里毛泽东为什么提出对老从事这个官吏也可以不杀呢?因为朱博本来是个武官,没有做过文官,后来他做了北州刺史。上任时巡视部属来到一个县。这个老从事为了观察和试探一下朱博的本事,就故意让这个县的数百个官吏和老百姓聚众拦道,并且吵吵嚷嚷,说是要告状。官署、寺庙里也都挤满了人。这个老从事并无其他恶意,只是为了看看朱博的应变能力,也没有因此造成特别重大的损失。所以毛泽东批语说"这个老从事也可以不杀"。

还是朱博的这一则故事,书中有一段是这样写的:朱博当左冯翊时,长陵大姓中有个叫尚方禁的,年轻的时候强奸别人妻子,被人用刀砍伤了面颊。官府的功曹受了贿赂,没有革除尚方禁,反调他做守尉。朱博听到此事,找了一个借口召见尚方禁,一看他的脸,果然有瘢痕。朱博避开左右的人,问尚方禁:"这是什么伤啊?"尚方禁自知朱博已了解实情,连忙叩头,禀报了事情经过。朱博笑着说:"大丈夫本难免不时有这种事,我想为你洗刷耻辱,你能自己效力吗?"尚方禁又喜又怕,回答道:"万死不辞。"朱博于是命令尚方禁不得向任何人泄露谈话的情况,有机会就记录言论。于是将他视为亲信、耳目。尚方禁经常破获盗贼、通奸等犯罪活动,很见成效,朱博提升他为连守县县令。很久之后,朱博召见功曹。关上门,一一列举尚方禁等人的事情,对他痛加斥责,给了他纸笔,要他将自己受贿一个钱以上的事情全部写下来,不能有丝毫隐瞒,若有半句欺骗的话,就杀他的头。功曹惶恐万状,就写了所有为奸为贼的事,一点也不敢隐瞒。朱博知道他说的是实话,于是命令他就地听候裁决,要他改过自新。然后拔出刀来将他所写的罪状裁成纸屑,打发他仍然出去就任原职。这功曹后来时常战战兢兢,如履薄冰,尽心尽责,不敢有丝毫差错。朱博就重用了他。关于朱博对尚方禁、功曹的做法,毛泽东读后用黑铅笔在文字旁写下批语:"使人改过自效。"

《智囊》第九部"妇女的智慧·贤哲卷"中有一则关于赵威后卓见的故事,这则故事说:齐王派使者去问候赵威后。使者还没有拿出书信,威后就问道:"齐国的年成好吗?老百姓平安无事吧?齐王身体健康吗?"使者一听,很不高兴地说:"我是奉齐王之命来看望威后的,现在您不先问候齐王,而先问起年成和百姓了,怎么先问贱而后问尊贵呢?"威后说:"不对,假如国家没有收成,怎么能养活百姓?假如没有了老百姓,哪里还有君王呢?所以,哪有舍了根本,而先问枝节的啊?"进而她又问使者说:"齐国的於陵子终,他还活着吗?他这个人做人,是上不以臣礼事奉君王,下不治理自己的家庭,中不求跟诸侯交往。这是个引导百姓无所事事的人,为什么至今还不杀了他呢?"毛泽东读完这则故事,对赵威后主张杀齐国的於陵子终持否定态度。毛泽东认为,像於陵子终这样的人,是不应该把他杀掉的。於陵子终的问题仅是一般的问题,通过教育和改造是可以转化的。

《智囊》第一部"上等的智慧·通简卷"中，还有一则韩褒以毒攻毒的故事，故事说：西魏文帝时，韩褒任北雍州刺史。此州盗贼很多。韩褒到任后，秘密地查访了盗贼的情况，原来都是州里豪富人家的子弟。韩褒表面上装着什么都不知道，对那些人仍然以礼相待。他对他们说："本刺史是一介书生，哪里知道治理盗贼的事，只有依赖诸位共同分担我的忧虑了。"于是将那些性情凶恶狡猾的少年全部找来，将他们都任命为捕盗首领，每人分片包干，有盗贼行窃而未抓获，就以故意放纵偷盗论处。那些被委以重任的纨绔子弟都惶惶不安，连忙检举说：前次的盗案实际上是某某所干的。将作案人的姓名一一登记在本子上。韩褒将这个本子拿过来藏好，在州府门上贴了一张布告："凡是盗贼，可以马上来自首，过了本月不来自首的将公开处死，并没收他的妻子儿女赏给先来自首的人。"十天左右，所有的盗贼全部都来投案自首。韩褒将登记簿取来一对，一点不差。因此全部赦免了他们的罪过，允许他们改过自新。从此，再也没有发生偷盗案。毛泽东读了这则故事，又用黑铅笔在本页天头上写了"使人改过"四个字的批注。显然，毛泽东对韩褒允许盗贼改过自新的做法是持赞许的态度。

对于有一般过错的人允许其改过自新，并给他们提供改过自新、重新做人的机会，这是毛泽东一贯的思想和主张。

毛泽东阅读《智囊》和阅读其他古籍一样，总是密切联系现实生活和现实斗争。读的是古书，想的是今天，为的是今天，以求指导和服务于现实斗争。

例如，《智囊》第二部"思维的智慧·经务卷"中，有一则故事叫"责任在谁"。这个故事是说：明世宗时，倭寇蹂躏东南沿海，巡抚屡次告急，请求朝廷出兵。兵部尚书根据朝臣徐阶的意见，发精兵6000人。结果遇到敌人的伏击，军队溃败。掌权者认为这是徐阶的过错。因此，徐阶上疏说："按法律应该当责罚州县的守令。军队的将校负责打仗，州县的长官负责防守，现在军队的将校打仗一旦失利，就要判死刑，而州县的长官平安无事；要是城池陷落，军队的将校又得判死刑，而州县的长官仅是降职，这怎么能起到鼓励和惩戒的作用呢？能够支配百姓的是州县的长官。现在全国当兵的只占一，而当民的占百，我们怎能把打仗和防守的责任都责求军队的将校来完成呢？守令要是辛勤，军队的粮饷必不会缺少；守令要是果断，侦察敌情的探哨必定不会耽误军情；守令要是警惕，奸细就必定无处藏身；守令要是仁爱，乡兵就必定能配合军队作战。所以我认为重责守令就可以了。"毛泽东读了这则故事，特别是读了徐阶上疏的这番话，对重责守令还是重责军队的将校并没简单地表示肯定或否定，而是首先将旧制度和我们今日的新制度进行了一番比较。毛泽东认为，明朝的这种制度"莫如今之军区党委制。党政军民统一于党委"。党是领导我们事业的核心力量，党政军民都在党委的统一领导下，党指挥枪，军爱民，民拥军，党政军民一条心，这是我们的事业不断取得胜利的可靠保证。

说到毛泽东读《智囊》联系实际，第五部"敏捷的智慧·总序"中有这样一段话：兵书上有这样的记载，用兵上只听说过虽快而方法却笨拙的，没有听说过用兵缓慢而方法却是巧妙的。用兵快而不巧妙的人，要是拖得时间再长了，必定是方法更加笨拙了。毛泽东读后在旁边写的批语是："吾见其人矣。"

20多年的戎马生涯，转战南北，艰苦卓绝，赴汤蹈火，流血牺牲，件件往事，历历在目。《智囊》中的这段话，把毛泽东带到了以往的战争年代，"用兵快而不巧妙的人"也都浮现在他老人家的眼前。那么，"吾见其人矣"中这个"其人"到底指的是谁呢？只有毛泽东本人最清楚。

毛泽东读史书，从不人云亦云，总是开动脑筋，独立思考。早在青年时代，毛泽东就认为，对待古代文化遗产和中西学说，不可不加分析地兼收并蓄，应该有分析，有批判。他在湖南第一师范读书时常对同学说，古人的话，教师的话和一切学者名流的话，不一定都对。我们读书、看报、上课、听讲演，都要开动脑筋，多想一想，对的就接受，不对的应该抛弃，囫囵吞枣的办法最要不得。后来的几十年，在读书治学中，毛泽东一直就是这样做的。毛泽东的这种治学态度，直到晚年在阅读《智囊》的过程中也还时有体现。

例如，《智囊》第七部"语言的智慧·辩才卷"中有一则关于子贡一箭五雕的故事。这则故事的最后有句评论子贡的话：子贡真是纵横家的祖师，一点也不像圣贤的门生之作风。毛泽东读到这里，对书中的这种说法很不赞成，他说："什么圣贤门风，儒术伪耳。孟轲、韩非、叔孙通辈，都是纵横家。"

又如，《智囊》第五部"敏捷的智慧·灵变卷"有这样一则小故事：王羲之小时候很受大将军王敦喜爱，王敦常常把他放在自己的帐子里睡觉。一次王敦先起床，接着钱凤入门来，两人便屏退别人秘密商量谋反，却忘记了还有小孩在帐中睡觉。王羲之当时已醒，听到了他们密谋的事，知道自己性命难保。在千钧一发之际，王羲之急中生智，用手指捅喉部引起呕吐，

十二、读《智囊》

把自己的脸和被头都弄脏了，并作出睡得很香的样子。王敦他们密谋到一半，才想起王羲之还没有起床，两人都很惊恐地说："这下子不得不把这个孩子除掉了。"等掀开床帐，见王羲之口里吐出来的东西把被子都弄脏了，确信这个孩子一直在熟睡。这样王羲之才保全了性命。毛泽东读后对此有些怀疑，便批注道："此事似误，待查。"

冯梦龙是明代的著名作家，《智囊》从明代流传至今已近350年，对这位大家的作品，毛泽东不迷信，不盲从，毫不掩盖地提出自己的见解，这种对待古代文化遗产的态度和做法多么值得我们称颂和学习啊！

说到毛泽东读《智囊》，从书上的圈画和批注的情形来看，毛泽东最爱读的或者说是最有兴趣的还是第八部"用兵的智慧"。这个部分为不战、制胜、诡道、武案四卷，共收119个故事。毛泽东都不止读过一遍，差不多都圈画过，许多地方读后还写了批注。

例如，制胜卷"孙膑的战术"这则故事中，有一段是讲唐太宗谈用兵之道的。原著中大意是，唐太宗曾说："我从年轻时就筹划天下大事，颇懂得用兵的关键，每次观察敌人的战阵，就可以得知对方力量的强处与弱处。我常用我方的弱兵，去对付对方的强兵，用我方的强兵去对付对方的弱兵。对方在战胜了我方的弱兵之后，往往追逐我军不到几百步就止兵不前，因此我方的弱兵并未全军崩溃；而我方的强兵在战胜了对方的弱兵之后，必定要冲到对方战阵的背后，然后转过身来攻打对方，敌人没有不因此而全军崩溃的。"这就是用了孙膑的战术。毛泽东读了这段话，似乎觉得唐太宗说得还不够清楚和全面，因此他写了一段批语，对唐太宗的用兵之道予以补充和完善："所谓以弱当强，就是以少数兵力佯攻敌诸路大军。所谓以强当弱，就是集中绝对优势兵力，以五六倍于敌一路之兵力，四面包围，聚而歼之。自古能军无出李世民之右者，其次则朱元璋耳。"这就把什么叫"以弱当强"，什么叫"以强当弱"说得更加明白了。这实际上也是毛泽东本人克敌制胜的一条重要的基本的作战经验。

还是在"孙膑的战术"这则故事中，关于如何救赵国的问题，孙膑对田忌说："想解乱丝只能慢慢用手去解开，不能把乱丝整团地握在拳头里使劲拉扯，解劝斗殴只能好好为双方分解，不能往相持很紧的双方身上使劲打，要避开敌人力量充实的地方，冲击他们势力虚弱之处，在形势上控制住他们，这样做，敌人的包围自己就解开了。现在魏国和赵国互相攻战，魏国的精锐部队必定全都在国外打仗，留下无战斗力的老弱残兵在国内防守。您不如带兵迅速赶到魏国国都大梁，冲击它力量虚弱之处，那魏国必定会放下赵国，回来解救本国的围困，这样我们一下子为赵国解了围，又可以拖垮魏国。"田忌听从了他的意见，魏军果然离开了赵国的国都邯郸，同齐军在桂陵（今河南长垣县西南）打了一仗，齐军大败魏军。对孙膑这一攻魏救赵的战术，毛泽东倍加赞赏。毛泽东非常高兴地在这段文字旁边用黑铅笔写道："攻魏救赵，因败魏军，千古高手。"这里毛泽东称赞孙膑是"千古高手"，这是多么高的评价啊！

毛泽东爱读《智囊》，尤爱读《智囊》中关于用兵打仗、以智克敌制胜等军事方面的故事。孙膑、唐太宗、朱元璋都是我国历史上著名的军事家，而毛泽东是我国当代被誉之为"用兵如神"的最伟大的军事家之一。古今军事家如果有机会相遇，他们会不会谈论治军用兵、战略战术等诸多的军事问题呢？我想是会的，特别是毛泽东对孙膑这个"千古高手"很可能还会称赞一番呢！

十三、读《一种清醒的作法》

"很有意思，必读之书。"这是毛泽东1960年6月21日在读了英国陆军元帅蒙哥马利著的《一种清醒的作法》一书后写下的批语。毛泽东一生中读过很多外国人撰著的书，批语也写过不少，但如此批注的并不多见。

蒙哥马利元帅，是第二次世界大战中盟军杰出的指挥官之一。

《一种清醒的作法》，全称为《一种清醒的作法——东西方关系研究》，北京编译社根据伦敦柯林斯出版社公司1959年英文版翻译，世界知识出版社于1960年3月作为内部读物出版，全书共5.1万字，大32开平装本。除绪言外，分为五部分：一、北大西洋公约组织——过去、现在和未来；二、在莫斯科同赫鲁晓夫会谈；三、1945年5月第二次世界大战结束以前的历史；四、战后的年代；五、日内瓦外长会议的实质问题。毛泽东的批语是用红铅笔写在这本书的封面上的。批语全文如下：

> 少奇、恩来、小平三同志阅，很有意思，必读之书。
>
> 毛泽东
> 六月二十一日

封面上，除写有上面的批语外，毛泽东还在"一种清醒的作法"和"世界知识出版社"下面分别画了粗粗的曲线，"蒙哥

十三、读《一种清醒的作法》

马利著"下面还画了粗粗的横道。毛泽东在这里所画的曲线和横道是什么意思呢？毛泽东到了晚年，常常将他认为值得一读的书批送刘少奇、周恩来、邓小平、彭真等中央领导同志阅读。例如，1965年，毛泽东读到二十四史中的《后汉书·黄琼传》和《后汉书·李固传》时，就批了"送刘、周、邓、彭一阅"，"送陈毅同志一阅"。可是这里写的批语是要刘少奇、周恩来、邓小平三同志阅。既不是送阅，也不是传阅，很显然是要他们自己去找书阅读。这就需要书名、作者、出版单位，这可能就是毛泽东画粗粗的曲线和横道的缘故吧！曲线和横道在这里还有没有什么特定的含义，曲线和横线所表示的意思是不是一样呢？有待于进一步的研究。

《一种清醒的作法》是一本什么样的书呢？其主要论点有哪些呢？毛泽东为什么如此批语呢？英国陆军元帅蒙哥马利在1959年东西方外长会议期间，在牛津大学作了两次讲演，并在伦敦《星期日泰晤士报》连续发表文章，鼓吹西方采取新的策略，逐步同苏联达成协议，企图通过所谓"自己活也让别人活"的方式，来实现最后战胜共产主义的妄想。后来他把这些文章和讲演稿结集成书，定名为《一种清醒的作法——东西方关系研究》。世界知识出版社1960年出版本书时，将这本书的主要内容及其作者的主要论点概括为如下七个方面：

一、西方虽取得对德战争的胜利，但在政治上输给了苏联。主要原因是由于美国军事思想的错误和美英之间的深刻矛盾。蒙哥马利认为，美国主张一切军事行动必须从纯军事理由出发而不考虑它的政治反响的做法是错误的，它"应该对我们（西方）今天的某些烦恼负责"。

二、西方战后在同东方的全球性斗争中遭到惨重的失败。蒙哥马利认为，反对共产主义的斗争是全球性的，不仅仅限于北大西洋地区。从世界范围来看，西方处处在败退。蒙哥马利还分析了东西方阵营力量对比的变化。

三、蒙哥马利认为，西方的真正的危险不在北大西洋地区，而在其他地方，特别是亚洲和非洲。西方要赢得一场竞争，必须注视外界的情况。未来的斗争将是政治和经济的斗争，更是意识形态和争取人心的斗争。西方必须采取一种新的、更灵活的方式来谋求东西方的"和平共处"。要在这方面取得进展，双方必须接受某些原则或"现实因素"。

四、蒙哥马利在书中露骨地提出争取一个"友好的中国"是西方两大政治目标之一。实现这个政治目标，"事不宜迟。早在几年以前我们就应该开始了"。他认为中国目前还是忙于自己的内政，不久就会成为太平洋和东南亚各国的威胁，因此，"对毛泽东有必要加以注视"。

五、蒙哥马利认为，目前还没有一项"把北大西洋公约组织和它外面的世界连结起来"的一致的政策，西方"目前还没有显然能被大家接受的领导"，因此，他强调西方在当前斗争中最需要的是团结和领导，并主张对北大西洋联盟整个政治军事机构进行彻底检查和改革。

六、关于缓和东西方的局势，蒙哥马利认为当前东西方都不愿意进行全面核战争，应强调通过谈判来缓和目前的紧张局势。在东西方关系中，蒙哥马利主张首先解决最危险的西柏林问题，他认为唯一办法是采取渐进的态度，通过小协议达成较大的协议。他说，斗争是"艰苦而漫长"的，但"时间对我们

十三、读《一种清醒的作法》

（西方）是有利的"。

七、蒙哥马利在结论中表露了他的"和平取胜"的狂妄企图，鼓吹西方必须改变策略，寄希望于下一代（25年），把苏联变成基督教世界的一部分。他说，如果西方能够觅得同苏联"自己活也让别人活"的某种途径，假以时间，"文明和教育的进展"将会使苏联发生"巨大的变革"，从而"使苏联变成基督教世界的一部分"这一问题得到"圆满的解决"。

如果说以上这些内容和政治论点还不足以说明"很有意思，必读之书"批语的缘起，那么，我们再来看看毛泽东阅读这本书的实际情形吧，也许能从中得到一些启示。

这本书的第三部分，即1945年5月第二次世界大战结束以前的历史，也就是1959年5月15日蒙哥马利在牛津大学的讲演，毛泽东圈画得最多。圈画虽然和文字批注不一样，不能直接表明毛泽东的看法和想法，但它是毛泽东阅读过程中亲笔圈画的，是毛泽东读书生活的鲜明标志。

圈画的地方很多，我不能一一去介绍。这里仅按照原书的顺序，将毛泽东圈画过的部分文字摘录如下：

> 我国[1]在1939年对第二次世界大战丝毫没有准备。（第28页——指原书页码，下同）

> 在希特勒战争进行了大约四年以后，形势已经很清楚。……后来，战争一结束，在那些过去逆来顺受或附属的地区，强烈的民族主义情绪开始发展，于是世界开始陷

---

[1] 指英国——笔者注。

入我们今日所处的混乱之中。最糟的是，恐怖一消除，西方的队伍马上就出现了不团结的现象，这就使我们比以往更难于坚持自己的立场，来对付集中统治的共产主义东方。（第 28—29 页）

……这两次大战可能都是由于没有准备而引起的；在每次大战后，我们完全没有获得人们希望甚至许诺胜利会给我们带来的利益。（第 29 页）

……国际共产主义理论是今日西方一切烦恼的基本根源……（第 29 页）

罗斯福费尽气力要使美国参战，但是收效不大。在一个特殊问题上，要使人口众多的美国人民团结一致是不容易的。最后还是日本人替他办了这件事；日本人在珍珠港的行动使得美国人在几分钟之内便团结起来。（第 34 页）

……1942 年 11 月，美国参战一年以后，美国陆军第一次在北非参加欧洲战事，这时人们发现美国部队非常"嫩"。丘吉尔和他的军事顾问们都知道，美国军队在 1942 年决不会是"能征惯战"的，足以在欧洲战场承当一个反击德军强大力量的角色，甚至到 1943 年夏天也不可能。（第 34 页）

……（罗斯福和丘吉尔）两个人都常常想同斯大林单独地好好谈谈。两个人对于对方单独会见斯大林都有点猜忌！（第 35 页）

1943 年 1 月 24 日，罗斯福在卡隆布兰卡举行的记者招待会上宣称，盟军决定强使德意日接受无条件投降。一般都认为，他发表这一声明是出于一时的心血来潮，事先并没有经过仔细考虑。事实并不是这样。

十三、读《一种清醒的作法》

1942年春,华盛顿的一个委员会就已经在研究"战争结束"的问题了,它已经注意到德国战争结束时的情况,当时仅仅是休战,而没有强迫德国无条件投降。他们认为,这一错误决定对于引起第二次世界大战应负直接的责任。该委员会建议,这一次要强制执行无条件投降。

这一声明究竟是什么意思,始终没有明确。这是不是说三国政府得交出它们的整个国家呢?是不是总得有个政府呢?或者说,这仅仅是武装部队的无条件投降呢?(第35—36页)

国家都是为了政治原因而走向战争的。在分明就要获得胜利的时候,政治决策便成了首要的事。当时,重要的是怎样指挥作战,能以一种有利于取得和平的政治均势来结束战争。克劳斯维兹①的学说是,战争继和平而来;但也可以反过来:和平继战争而来。(第37页)

……既然知道在东欧以及德国的未来这两个问题上同斯大林打交道要遇到什么困难,那么西方盟国就应当确保自己的武装比俄国抢先一步占领中欧的重要政治中心,特别是柏林、布拉格、维也纳。作为一个军人,我经过考虑后认为,如果1943年1月罗斯福和丘吉尔就把这一点当作目标确定下来,我们可以在1944年比俄国人捷足先登,占领这三个地方。(第37页)

…………

---

① 普鲁士名将兼军事战略作家,著有《战争论》——笔者注。

蒙哥马利的这些言论和观点，当然是站在西方资产阶级的立场上，是代表和维护本阶级的利益而阐发的，许多言论和观点既是侵略者本性的写照，又不加掩饰地对我们进行攻击。敌视中国是蒙哥马利一贯的观点。

这位在电影电视中总是头戴紫红色贝雷帽的英国元帅如此这般攻击中国，那么，到了1960年他为什么又愿意访问中国呢？是新中国翻天覆地变化的内在吸引力，还是北京的故宫、西安的兵马俑、中华大地的万里长城等古老文明的魅力，还是为缓和国际紧张局势、为世界和平而把中国这一世界人口最多的国家作为他的研究重点？

这我们不能轻加妄断，要有待于历史的研究去作结论。

尽管毛泽东已经表示过，欢迎蒙哥马利元帅访问中国。但这位元帅因曾攻击过中国、攻击过毛泽东，所以他在见到这位曾是唤起工农千百万、倒海翻江卷巨澜、万水千山只等闲、敢教日月换新天的新中国各族人民的伟大统帅毛泽东之前，必有疑虑，很不踏实。他来到中国之后，毛泽东的幽默谈吐，最令他兴奋，使统帅和元帅之间的"东西方距离"很快地缩短了。

蒙哥马利见到毛泽东，毛泽东对他说的第一句话就是："你知道你在同一个侵略者谈话吗？你在同一个侵略者谈话。在联合国，我国被扣上这样的称号。你是否在乎同一个侵略者谈话呢？"[①] 毛泽东在这里说的是"联合国"，并没有说蒙哥马利本人。这大概是第一次见面，毛泽东给客人留的面子吧。

身为陆军元帅的蒙哥马利怎么会不知道，联合国曾经通过

---

① 董保存：《毛泽东和世界风云人物》，人民出版社1993年版，第188页。

十三、读《一种清醒的作法》

谴责中国"侵略"朝鲜的决议呢！他怎么会忘记他自己前些年所写的回忆录和《一种清醒的作法》中曾有过这样的观点呢！然而，他无论如何也不会料到，毛泽东会这样地向他提出问题。所以，他对毛泽东的问话倍感吃惊。

毛泽东独特的思维方式、特有的谈话艺术、热情友好的语言和态度，使这位存有疑虑的元帅随着与毛泽东谈话的深入竟很快像老朋友一样无拘无束了。他俩这次谈话，从中国的政治、经济、军事，到中国人每个星期休息一天，几乎无所不包。

就是在这次谈话中，毛泽东针对蒙哥马利"中国强大后便要侵略别国领土"的错误观点说："下一代会出现什么情况，我们很难预料。在我活着的时候，中国不会越出边界侵略别人，也不企图把共产主义思想强加于别的国家。中国深受外国的侵略和剥削，我们只要求别人不干预中国的事情……"蒙哥马利听得入神。等毛泽东讲完，他又说：很可惜，对西方人来说，中国是一个"闭门的社会"，这种政策使西方人不能很了解中国，造成了许多曲解。[①]

蒙哥马利这里说的"不能很了解中国，造成了许多曲解"，是否也包括他自己呢？他自己以前写的回忆录和《一种清醒的作法》一书中对中国和毛泽东攻击的言论和观点，是不是也是因为"不能很了解中国"而造成的一种曲解呢？不过这些都已经成为历史了。以上这些大概是毛泽东批语的第一个方面的原因。

毛泽东批语的第二个方面的原因，是蒙哥马利在这本书中，

[①] 董保存：《毛泽东和世界风云人物》，人民出版社1993年版，第191页。

一方面以总结历史经验为途径，从整个的战略和策略等诸方面为西方统治者图谋良策。他说："我将看看是否能提出个方法，为我们国家——其实是为我们整个西方——所处的困境提供一个合理的思想行动基础。"这就是他写这本书的根本目的。蒙哥马利在书中多处强调西方统治集团要对社会主义各国"和平取胜"，必须要改变策略。他说，西方要赢得下一场竞争，必须要注视外界的情况。关于缓和东西方的局势，蒙哥马利认为当前东西方都不愿意进行全面核战争，应强调通过谈判来缓和目前的紧张局势。关于欧洲安全问题，蒙哥马利主张"慢慢来"，先在欧洲中心划定的小范围内实行一项"简单"的视察计划，再逐渐推广，不能强迫西方接受东方的计划。"一揽子"计划是行不通的。唯一办法是采取渐进的态度，"一步一步、一点一点地"获得解决，通过小协议导致较大的协议。

另一方面，蒙哥马利通过介绍"从第一次世界大战起，一直到希特勒战争"这段历史，向当时世人披露了西方统治集团内部许多鲜为人知的一些"内情"和他们相互之间的深刻矛盾。

关于以上这两个方面的内容，书中还有很多，这里不再一一介绍。为西方国家图谋良策也好，披露西方国家"内情"和"内部矛盾"也好，读了本书之后，都可以加深我们对西方统治集团的了解和他们侵略本性的认识。

第三个方面的原因是，蒙哥马利虽然是资产阶级军事家、战略家，但在这本书中阐发的某些观点和看法还是很为开明的，也是颇有见地的。其中有一些看法，随着社会的发展已经被证明是正确的。例如，蒙哥马利在书中说，假如有25年的时间，随着"文明和教育的进展"，苏联将会发生"巨大的变革"，变

十三、读《一种清醒的作法》

成基督教世界的一部分。现在这已成为事实！苏联解体，东欧剧变，不就是蒙哥马利主张的所谓"文明和教育"的结果吗？在本书中，"国家都是为了政治原因而走向战争的。在分明就要获得胜利的时候，政治决策便成了首要的事。当时，重要的是怎样指挥作战，能以一种有利于取得和平的政治均势来结束战争。克劳斯维兹的学说是，战争继和平而来；但也可以反过来：和平继战争而来"。（第37页）前面已经介绍过，这段话是毛泽东阅读过程中圈画过的。最后两句"战争继和平而来""但也可以反过来：和平继战争而来"，除分别画了横道外，每句后面还画了一个大圈，旁边的书页空白处还画了两条粗粗的竖线。这些圈画，说明毛泽东对蒙哥马利的见解很重视，并且很赞赏。

这样开明的西方军界要人，他的一系列政治、军事观点和战略、策略观点等大都在《一种清醒的作法》一书中得到了体现。阅读这本书，对认识和了解西方统治集团和平演变的战略与策略以及他们之间的内部矛盾和内部斗争的情形，对认识和了解蒙哥马利元帅等西方政界、军界要人的政治、军事观点等都不无益处。所以毛泽东认为《一种清醒的作法》这本书"很有意思，必读之书"。

我以上主观的分析和理解，肯定不能代替毛泽东批语的原来的意义。要知道毛泽东批语的真正的意义，最好还是自己去读一读《一种清醒的作法》这本书吧。

十四、读《柳文指要》

《柳文指要》是章士钊先生晚年撰写的一部大作，全书分上下两部，近100万字，是一部专门研究柳宗元文集的著作。

柳宗元是唐代著名的文学家、思想家，与韩愈倡导古文运动，同被列入"唐宋八大家"，并称"韩柳"。柳宗元的散文、游记、诗作等，毛泽东生前都很爱读。特别是《天说》《天对》等重要的哲学论著，毛泽东更为喜爱，多次阅读。

章士钊，字行严，湖南长沙人。北洋军阀统治时期曾任段祺瑞执政府司法总长兼教育总长。1949年中国共产党和中国国民党和平谈判时，是南京国民党政府代表团成员之一，因国民党政府拒绝在国内和平协定上签字，遂留在北平。中华人民共和国成立后，曾任政务院法制委员会委员、全国人民代表大会常务委员会委员、政协全国委员会常务委员、中央文史研究馆馆长。

章士钊不仅是我国近代史上一位颇有影响的政治活动家，而且是一位究心文史，用力精勤，著述颇多的学者。章士钊酷爱柳宗元的文章，曾用大半生的闲暇时间研究柳宗元的文集，《柳文指要》就是这一研究成果的重要体现。毛泽东得知《柳文指要》初稿完成后，就让徐业夫与章士钊商量，能不能把书稿先送他一读。先"送毛泽东阅示"，是章士钊心底的愿望。所

十四、读《柳文指要》

以，徐业夫一提出此事，章士钊很高兴，立即派人将《柳文指要》初稿送到中南海毛泽东处。

毛泽东收到书稿后，按古人的做法，当日（1965年6月26日）就派通讯员给章士钊送去桃杏各五斤，还给章士钊写了一封很有趣味的信。原信全文如下：

行严先生：

大作收到，义正词严，敬服之至。古人云：投我以木桃，报之以琼瑶。今奉上桃杏各五斤，哂纳为盼！投报相反，尚乞谅解。含之同志身体如何？附此向她问好，望她努力奋斗，有所益进。

毛泽东
一九六五年六月二十六日[①]

对章士钊的这部力作，毛泽东不仅从头至尾非常仔细地阅读，非常认真地把原稿中的错别字改正过来，还逐字逐句、逐章逐段地研究，凡是他认为不恰当的地方，都一一提出具体的修改意见，请作者考虑，有若干处还亲自作了修改。如《柳文指要·跋》的第五段中，原稿文字是："此一新兴文运，上同象魏之悬，下无宗派之争，雍容揄扬，著於后嗣，永远相持于不敝。斯诚游夏神游于文学之表所莫赞一辞，而是迥然别开一新纪元，以与古文相形而特显其壮大。以事过烦复，即不多论。"毛泽东将"永远相持于不敝"七个字删掉，改写为"微论大言小言，各适其域，推之工也，农也，商也，学也，兵也，其中

[①] 《毛泽东书信选集》，中央文献出版社2003年版，第561页。

多数人，皆能参与文事之列。经济有变化，反映经济之政教亦将有变化，文事亦将有变化。一成不变之事，将不可能。"《跋》中原稿文字"以奉教于巨人长德"，毛泽东将其改成"以示一二友人"。"所受长者督教"一语，改为"所受友人督教"，等等。章士钊对毛泽东的修改意见很为重视，一一重新作了研究和修改。对毛泽东亲自修改的地方和文字，章士钊基本都赞成。

从6月26日收到初稿，到7月中旬，《柳文指要》上下部，毛泽东已经从头至尾读过一遍，并支持它的公开出版，期望能引起学术界的注视，开展文史哲诸方面的争鸣。出于对柳宗元文章和这部"解柳全书"的喜爱，1965年7月18日，毛泽东又给章士钊写信说"还想读一遍"。信是这样写的：

行严先生：

各信及指要下部，都已收到，已经读过一遍，还想读一遍。上部也还想再读一遍。另有友人也想读。大问题就是唯物史观问题，即主要是阶级斗争问题。但此事不能求之于世界观已经固定之老先生们，故不必改动。嗣后历史学者可能批评你这一点，请你要有精神准备，不怕人家批评。——柳文上部，盼即寄来。敬颂康吉！

毛泽东
一九六五年七月十八日[①]

这封信中所说的"指要""柳文"，都是指《柳文指要》。从信中我们可以清楚地看出，毛泽东不仅直率地指出了这部书的

[①] 《毛泽东书信选集》，中央文献出版社2003年版，第562页。

十四、读《柳文指要》

问题，而且从作者世界观的实际出发，没有求全责备，没有发号施令，没有强加于人。由于作者对唯物史观还缺乏了解，因此，他不可能运用辩证唯物主义和历史唯物主义的观点来解释柳文，因而在具体的阐述时缺乏对柳宗元这一历史人物的阶级分析，过分夸大他在历史上的作用。对此，毛泽东并没有要求章士钊改变世界观，只是明确地告诉作者："嗣后历史学者可能批评你这一点，请你要有精神准备，不怕人家批评。"

对章士钊的这部百万字的巨著，毛泽东一直很为重视，很为关心。8月，毛泽东又对《柳文指要》作了更深入的分析和评价，而且针对书中存在的主要问题直言不讳地提出了自己的看法：

> 大抵扬柳抑韩，翻二王、八司马之冤案，这是不错的。又辟桐城而颂阳湖，讥帖括而尊古义，亦有可取之处。惟作者不懂唯物史观，于文史哲诸方面仍止于以作者观点解柳（此书可谓解柳全书），他日可能引起历史学家用唯物史观对此书作批判。[1]

章士钊根据毛泽东的意见，对《柳文指要》再次作了修改。章士钊也深感自己的著作会有不足之处，因此在该书的《总序》里表示："当世硕学，如认为有笑破口而竹坨我；何时获知，当即力事补正。夫学问者、不足之渊泉也，每当得一新解，不足之念，即习习然而至，数年之假，得以读易补过，企望之情，倍百恒品。"1965年9月，章士钊先生将《柳文指要》修改稿再

---

[1] 《毛泽东书信选集》，中央文献出版社2003年版，第563页。

次送请毛泽东审阅。毛泽东收到修改稿后，又一次阅读了全书。大约1965年底，毛泽东表明他同意出版《柳文指要》的意见。

修改后的书稿刚刚送到中华书局，"文化大革命"开始了。国内形势的突然变化，使本来有希望出版的《柳文指要》又变得渺茫。花费了近10年的时间，在年近90高龄的时候才完成的这一巨著，出版将成为泡影，章士钊的内心难以平静。

大约是到了1970年，章士钊先生又给毛泽东写信重提《柳文指要》的出版问题。收到章士钊的信，毛泽东才知道《柳文指要》还没有公开出版，立即让徐业夫给有关方面打电话问及此事。在毛泽东的关心和催促下，有关部门方决定将文稿发排铅印。1971年9月，《柳文指要》由中华书局正式出版发行。

《柳文指要》全书3函平装14册，16开本，三号宋体字竖排，字比较大，很适于年老的同志阅看。

本书一出版，章士钊先生就买了上百部，还让秘书王益知买来红纸，裁成小条。章士钊先生亲笔题字，贴在书的扉页上，送给他的朋友们。章含之说，首先是送给毛泽东、周恩来各一部。后来，出版社还按照惯例送给毛泽东一部。章士钊先生送给毛泽东的那部《柳文指要》，1976年9月毛泽东辞世时，还放在他卧室里的书架上。1971年9月到1976年9月，在这几年中，毛泽东时常翻阅《柳文指要》。中华书局送给毛泽东的那部《柳文指要》，1972年初，毛泽东又转送给他的女儿李讷了。李讷是学习历史的，当然也很喜欢《柳文指要》。

十五、读《容斋随笔》——生前要读的最后一部线装书

毛泽东到了晚年，虽然身体衰老、病魔缠身、视力减退，但仍以惊人的毅力坚持天天看书。平装小字本的看不见了，就看新印的大字线装本的。他要看什么书，除身边有的他自己信手拈来就看外，其余的都由我们负责提供和查找。当时我们的工作制度规定：毛泽东要看的书，是什么时候要的，从什么地方查找出来的，书名、作者、译者、出版单位、出版时间、开本、册数、退回时间、批注、批画情况等都要一一登记清楚。根据我们当时的记载，毛泽东要看的最后一部书是《容斋随笔》，时间是1976年8月26日。

这一次的登记，是在一组①。1976年"毛主席用书登记本"（每本100页）第56页的中间，当时的记录文字是这样的：

8月26日晚9时45分《容斋随笔》（宋）洪迈撰 明刻本 两函14册 借北京图书馆

这样的登记，本是很平常的，因为以前一直都是这样做的，一行又一行、一页又一页，记满一本又一本。然而这一次不同

---

① 因为保密的关系，当时几位中央主要领导同志处按顺序分别称为组，毛泽东处称为一组，有时也叫一办。

于往常，往常的登记后面还有一行又一行、一页又一页、一本又一本的延续，后面的一行延续了前一行，后面的一页延续了前一页，后面的一本延续了前一本，那么这前一行、前一页、前一本往往也就显得那么平常，从不引起人们对它的格外注意。这一次是毛泽东用书的最后一次登记，后面永远不会再有延续的了，空格子永远是空格子、空页永远是空页了。它是结束毛泽东读书生涯的一个显著的历史佐证。至此，我们为毛泽东提供查找、借阅、购买图书的服务工作基本上结束了。后来每当看到这一页页、一本本"毛主席用书登记本"的时候，我们便不禁回想起他老人家晚年的读书生活，不禁怀念起他老人家的音容笑貌。

1976年8月26日，毛泽东已经是重病在身了。他老人家差不多每天24小时都是躺在床上，吃饭都是靠别人一勺一勺地喂。这时候，身边的工作人员都为他的病情焦虑，可是他自己呢，明知马克思已经向他发出了邀请，可还是废寝忘食、不分昼夜地看书。这天晚上9时45分，秘书张玉凤告诉我，说主席要看《容斋随笔》。我急忙跑到毛主席书库。毛泽东个人的大部分图书都集中存放在这里。因为全部图书、报纸和杂志，都是刚从别的地方搬过来的，还没有来得及整理和编排顺序。因此，他以前看过多次的那部大字线装本《容斋随笔》一时找不出来，于是，我就立即与北京图书馆联系，请他们帮忙速找一部大字线装本《容斋随笔》。

毛泽东有夜晚看书的习惯，特别是20世纪60年代中期开始，经常深夜里要书。为了保证和及时满足毛泽东、周恩来等中央领导同志夜晚看书的需求，北京图书馆的领导经过研究，

十五、读《容斋随笔》——生前要读的最后一部线装书

专门成立一个办事小组。这个办事小组，白天、晚上、节日、假日，都有人轮流值班，晚上、假日里，馆里领导都有一人在馆，还有其他各方面的人员。有了这个办事小组，我们可就方便多了，凡是毛泽东要书，他的书库没有或一时找不到（因藏书较多，分类不准确），我们就可以与这个办事小组联系。再难找的书，再难查的话和诗句，有北京图书馆同志的支持，一般都很快地就能解决。在没设这个办事小组之前，也就是在我们刚开始给毛泽东管理图书的时候，一是对毛泽东藏书情况不熟悉，二是个人缺少这方面的知识。所以，起初毛泽东要书时，我们的心情是很紧张的。那时，毛泽东要看书，我们主观上都想立刻找出来送去。时间长找不出来，就会影响毛泽东的看书。不能及时满足毛泽东的需求，为毛泽东服务的工作就没有做好，我们心里就感到不安。尽管自己也曾下了很多功夫，做了很大的努力，但知识的海洋是浩瀚无垠的，学问是没有穷尽的，是不可能在短时间内就能达到学海的彼岸的。因此有时有的书特别是线装书不能马上找出来，有的典故、名人诗句、警语等也不能很快地查找出来。有了这个办事小组，毛泽东再要书，再查什么诗句、典故等，我们心里就踏实多了。这个办事小组的同志，当时和我们的心情是一样的。在那个年代里，尽管有时找一本书、查找一句话、一个典故，要在深夜里惊动许多人，如值班馆长、目录室人员、参考部人员、库房管理人员、出借组人员，还有门卫，等等，但大家当时都怀有共同的心情：为毛主席服务是最大的光荣，最大的幸福。所以，深夜里也好，节日、假日里也好，凡是毛泽东要书，他们都是以最快的速度，最好的版本查找出来送给毛泽东。如果说我们为毛泽东晚年的

读书生活做了点什么工作的话，那么，这些工作中也凝结着北京图书馆领导和各方面同志们的许多劳动和辛苦。

大约过了35分钟，北京图书馆的同志告诉我，书已从柏林寺书库找到了。柏林寺书库位于北京市东城区北新桥附近孔庙的东侧，距中南海大约8公里。从柏林寺书库取回《容斋随笔》后，我按照惯例，迅速地翻检了一遍。检查完毕，我急忙将该书送到游泳池毛泽东住地。当时的时间是10时50分。送完书在回我自己办公室的路上，全然没有以往完成了任务欣慰的心情，这一次说什么也高兴不起来，只觉得夜一下子变得那样的寂静，马路两旁的棵棵青松似乎也都失去神采，显得焦虑和不安，路灯好像也霎时变得黯淡起来，连宝光门的哨兵脸上也失去了笑容。大家都在为毛泽东的健康担忧啊！

《容斋随笔》是南宋洪迈撰写的关于经史百家、文学艺术以及宋代掌故、人物评价等方面内容的笔记，分《随笔》《续笔》《三笔》《四笔》《五笔》五集，实际上就是一部读书"随笔"的汇集。作者把自己所见所闻、道听途说中有价值的掌故、轶事及读书时所受到的启发、产生的灵感等随手记下，并加上个人的评论、想象和发挥，既有知识性、趣味性，也有一定的思想性。篇幅都不长，好读好记、开卷受益。它是毛泽东一生中比较喜欢的笔记体裁的书籍之一。

《容斋随笔》这部书，毛泽东生前读过多次。在延安时期，毛泽东读的是扫叶山房藏版、乾隆甲寅重刊的线装本，分上、下两函，共14册。这部《容斋随笔》是从当时的马克思列宁研究院图书室借来的。

《容斋随笔》这部书，毛泽东很为珍爱。在那戎马倥偬的战

十五、读《容斋随笔》——生前要读的最后一部线装书

争年代，不少的用品和书籍都遗弃或丢失了，可是这部书连同他读过的马列著作、哲学书籍、鲁迅著作等书刊一直带在身边。转移、行军到哪里，他就把书带到哪里。从延安东渡黄河带到河北省平山县西柏坡，又从西柏坡带到北京城，带到中南海。1949年6月到中南海丰泽园的菊香书屋居住之后，两函《容斋随笔》连同其他有关书籍一起就放在他卧室里的书柜上。现在，这部书还珍藏在中南海毛泽东故居里。书中不少地方，如《随笔》卷七"羌庆同音""佐命元臣""名世英宰"及卷十、卷十三等许多则，《续笔》卷十一"古錞于""孙玉汝""唐人避讳""名将晚谬"及卷十二、卷十六等许多则，毛泽东都用黑铅笔圈点过或者画上了杠杠。

新中国成立以后，毛泽东到外地开会或视察工作，还常在工作间隙读《容斋随笔》。1959年10月23日外出之前，除了他指名要带上马列著作、哲学、政治、经济、历史、文学等多种有关书籍外，他还特别嘱咐带上《容斋随笔》《梦溪笔谈》等自宋以来的多种笔记小说。20世纪60年代，毛泽东先后两次要过《容斋随笔》。一次是1966年11月，他让把他以前看过的那部《容斋随笔》2函14册全找来。一次是1967年9月23日，只要了《五笔》两册。到了20世纪70年代，毛泽东还几次读过《容斋随笔》。

就在这次要书后不久，毛泽东的病情恶化，9月9日零时10分，经连续4个多小时抢救无效，一代伟人毛泽东的心脏停止了跳动，终生酷爱的读书生活至此结束了。从北京图书馆柏林寺书库借来的这部《容斋随笔》成了毛泽东要看的最后一部大字本线装书，也成了结束他读书生活的一个显著标志。9月

16日，即在毛泽东逝世后的一个星期，我就将这部《容斋随笔》退还给北京图书馆了。借阅本书的主人虽然离开了我们，但他读过的这部书北京图书馆的同志还一直珍藏着，永远珍藏着。

十六、读新印的大字线装书

我们都知道,毛泽东晚年读了很多大字线装书,这是毛泽东晚年读书生活中最重要的内容之一。那毛泽东晚年读书为什么要重新排印成大字线装本?从什么时候开始的?到底读了哪些新印的大字线装书?毛泽东读的重新排印的大字线装书是在哪些地方印制的,用的是什么纸张材料、字体字号呢?

进入20世纪70年代,特别是从1971年"九一三事件"之后不久,一场大病险些夺走了毛泽东的生命。从此,无情的病魔就紧紧地缠住了他老人家那高大魁梧的身躯。在他老人家生命的最后几年,虽然病魔缠身、日见衰老、视力严重减退、健康状况愈来愈不好,但是,他老人家仍然一如既往,以十分顽强的毅力天天手不释卷、夜以继日地坚持读书。然而,随着视力的不断减退,这时候,小字本的书刊他老人家已经越来越看不清楚了。

起初,他老人家看小字本的书刊时,还借助放大镜。那时候,我们常常看到,他老人家一手拿书,一手拿放大镜坐在沙发上或躺在床上全神贯注地看书。对一个高龄而且体弱多病的老人来说,天天夜夜长时间地借助放大镜看书,这是很不方便的。每当看到这种情形,我们工作人员的心里,对他老人家的这种学习精神由衷地敬佩,同时也深感不安,这样下去,对他老人家的健康是很为不利的。后来，征得他本人的同意，凡是他老人家要看的小字本的书刊，我们就按照他的要求与国家出版局联系请有关的出版社及印刷厂，重新排印成少量的大字线装本。这些新印的大字线装本书，除供毛泽东本人阅读外，有不少我们还遵照他老人家的指示分送给当时的中央领导同志和其他有关的老同志阅读。

为什么要印成线装本呢？这主要是因为：一是毛泽东习惯看线装书。对于这一点，我们从他老人家生前阅读和批注过的书籍中看得很清楚。当时，游泳池住地（包括会客厅、办公室、卧室等处）存放的图书，大部分都是古籍线装本。保存下来的，他老人家曾圈画、批注过的书籍，大部分也都是线装本。从他老人家读书的习惯上来说，无疑对线装本更为喜爱。二是他老人家晚年看书特别是从1971年那场大病之后，差不多都是躺在床上或者是半躺半坐在床上或是沙发上看书。线装本用的都是专门工艺生产的宣纸，一册一册都比较轻，还可以卷起来看，对他老人家来说这种式样看起来比较方便。所以，无论从习惯上来说，还是从当时他老人家的身体状况来说，印成大字线装本是最符合实际需要的。

开始，我们要把他老人家要读的平装小字本的图书重新排印成大字线装本，他老人家还有些不太同意。他深情地对我们说："国家目前还很困难，印大字本又要花钱。"我们理解，这主要是从经济方面来考虑的。如果从他和一些老同志当时读书需要和实际情况来说，印成大字线装本是最为合适的。事实上，早在1963年，毛泽东就提出高中级干部要学习30本马列著作的意见。他要求30本书都要出大字本，并且嘱咐封面不要用硬

十六、读新印的大字线装书

纸，使每本减轻重量，便利一些老同志阅读。这是毛泽东最早提出"要出大字本"。1965年，他老人家又提出"印大字本"的事。事情是这样的：这一年的2月初，他老人家要读《近代逻辑史》一书，管理图书的同志找出送给他的《近代逻辑史》是大32开平装本。2月13日，他老人家亲笔在这本书的封面上写道："此书印大字本10000册，这种小字本是不适合老头子读的。"经当时的中央办公厅负责同志同意，我们与国家出版局联系。国家出版局的同志考虑到毛泽东和其他年老的同志的读书需要，同时考虑到一些重要著作的长久保存和供毛泽东及其他中央领导同志馈赠外宾，觉得可以印些少量的大字线装本。秘书徐业夫将此情况向毛泽东汇报后，毛泽东说："印大字本的费用就从我的稿费中支付吧。"

毛泽东晚年要看的书重新排印大字线装本，开始都是用一号长仿宋字体。由一般的五号、六号宋体字的书刊重新排成一号长仿宋字，看起来清楚多了，他老人家一时很为满意。可是，没过多久，他老人家就患了老年性白内障，两眼渐渐对一号长仿宋字也看得不太清楚了。在这种情况下，他老人家每天还要坚持看书。我们与出版局、出版社和印刷厂的同志商量，将原用的一号长仿宋字体又改用36磅长宋字体。这种字每字高12毫米，宽8毫米。原用的一号长仿宋字，每面排10行，每行排21个字，每面排满为210个字；改用36磅长宋体字之后，每面减少成8行，每行减少成14个字，每面排满一共是112个字。因为是长宋字体，字又比较大，疏密较为适度，所以显得很醒目，老人家看后很满意。1974年9月11日，他老人家非常高兴地对我们说："今后印书，都用这种字体。"从此以后，一直到他老人家逝世时重新排印的大字线装本书，用的都是36磅长宋字体。

毛泽东在生命垂危的最后几年，到底读了哪些新印的大字线装书呢？如果从1972年读新印的大字线装本《鲁迅全集》算起，到1976年8月底读的大字线装本《容斋随笔》为止，在这短短几年时间里，他老人家阅读过的、有的还作过一些圈画和批注的新印大字线装书，据我当时的不完全统计有129种（部）。

这129种新印的大字线装书，从内容上来说，有《政治经济学》（〔苏〕列昂节夫著）、《盐铁论读本》（郭沫若校订）、《经验主义，还是马克思列宁主义》等政治、经济理论读物，《简明中国哲学史》（杨荣国主编）、《哲学小辞典》（外国哲学史部分）、《孙子兵法》《孙膑兵法》等中外古今哲学、军事方面的读物，《古代社会》（〔美〕摩尔根著）、《世界通史》、《中国近代史》（范文澜著）等中外历史读物，《王安石》（邓广铭著）、《拿破仑传》（〔苏〕叶弗·塔尔列著）、《我在十六岁以前》（马叙伦著）等中外古今人物传记，《中国文学史》（北大中文系1955级集体编）、《中国文学发展史》（刘大杰著）、《中国文学发展简史》（北大中文系1957级编）等中国文学史著作，《鲁迅全集》《三国志通俗演义》《水浒传》《红楼梦》《聊斋志异》《东周列国志》《儒林外史》等中国古典小说，《唐宋名家词选》、《唐诗三百首详析》、唐宋元明清五朝诗别裁集、《曲选》、《李贺诗集》、《随园诗话》等中国诗词曲赋读物，《笑林广记》《历代笑话选》《新笑林一千种》《幽默笑话集》《哈哈笑》等民间通俗文学读物，《一千零一夜》等外国文学读物，《物种起源》（达尔文著）、《基本粒子发现简史》（杨振宁著）和李政道当时尚未正式发表

十六、读新印的大字线装书

的论文《不平常的核态》及《动物学杂志》、《化石》杂志等自然科学读物。还有《毛泽东选集》《毛主席的四篇哲学著作》《毛泽东军事文选》和《毛主席诗词》等毛泽东本人的著作。

从毛泽东生前阅读过的这些新印的大字线装本书中，我们可以清楚地看到，毛泽东晚年的读书内容是很广泛的。

这里需要说明的是，毛泽东在生命的最后几年阅读过的新印的大字线装书，其来源主要有这样三部分：一是他本人将他要读的小字本的书直接交我们，由我们与有关方面联系重新印制的。二是当时报纸杂志上发表的文章或有关出版社出版的小字本的书，姚文元等要印送毛泽东参阅的。三是一部分古籍线装书是当时中央决定影印出版的。1973年4月10日，国务院出版口送给中央办公厅的一批《影印书籍目录》中一共开列了以下14种：

《骆宾王文集》　　　　　　　　　《唐诗别裁集》
《宋诗别裁集》　　　　　　　　　《元诗别裁集》
《明诗别裁集》　　　　　　　　　《清诗别裁集》
《词综》　　《原本石头记》（亦名《戚蓼生序本石头记》）
《脂砚斋重评石头记》　　　　　　《昭明文选》
《忠义水浒传》（亦名《明容与堂刻水浒传》）　《儒林外史》
《三国志通俗演义》　　　　　　　《铸雪斋抄本聊斋志异》

1974年5月25日，国家出版事业管理局给中央办公厅又写了一份补充报告，报告中写道："去年一月底，中央领导同志批准出版一批影印古籍线装书，四月初我们将这批书目报送中央办公厅时，由于工作上的疏忽，书目中漏抄了《遏云阁曲谱》一书，此书已于今年二月出版，特再补报。"这批影印出版的古籍线装书，除分送给毛泽东的之外，还分送给当时的中央政治局各同志。

毛泽东在最后五年的时间里，读了这129种新印的大字线装书。但这不等于说，只读过这129种线装书。在这段时间里，他老人家身边还一直放着许多其他古旧线装书和多种大字本书刊。如二十四史、《红楼梦》《水浒传》等中国古典小说，《梦溪笔谈》《续古文辞类纂》等古文辞赋，《古今图书集成》《太平广记》等类书和丛书，还有古诗词曲赋及评论、人物传记、语言文学等许多经、史、子、集类的中国古籍。从卧室的床上、床边的桌子上，到会客厅里的书架上，沙发旁边的茶几上，在他老人家晚年日常生活、活动的主要场所——中南海游泳池住地，几乎到处都摆放着他老人家已经阅读过和正在阅读的数千种大字线装书。这些书籍，他老人家不分白天黑夜，随手拿起来就读。有些书，到底翻阅过多少次，连他老人家自己也难以说清楚。毛泽东晚年在中南海游泳池的住地，就如同是书籍的海洋，这129种新印大字线装书和其他数千种的古籍图书，是这浩瀚大海中最灿烂的明珠。这些中华文化的瑰宝一直伴随着毛泽东，默默地陪伴他老人家走完了人生的最后路程。这100多种新印的大字线装书，虽然仅是毛泽东最后五年读书的一部分，也可以说是游泳池这个浩瀚大海中的一滴，然而，它在毛泽东晚年的读书生活中，却铸成了深深的印记。它是研究毛泽东晚年读书生活最珍贵的史料之一。

随着工作内容的变化，我们当时每天的工作量也都显著地增加了。因为当时联系印的大字线装书，许多都是毛泽东等着看的。所以，差不多每次他老人家都要求我们："快些印，印好一册送一册。"为保证毛泽东尽快看到书，那一段时间，我们几个同志几乎是不分白天黑夜地工作着。当时，工作虽然很忙，很辛苦，但是，我们的工作劲头是很足的，心情也是很舒畅的。因为我们是在直接为毛泽东工作，为毛泽东服务，现在回忆起来还津津有味，对于我们来说，这一段小小的历史在我们的心中是永远也不会忘却的。

如果有人问我：你在为毛泽东图书服务工作中印象最深的是什么？那么，我的回答就是：毛泽东读新印的大字线装书是最令我难以忘怀的。因为，这是他老人家活到老、学到老最重要的标志之一，也是他老人家晚年读书生活中最重要的内容之一。

读三种中国文学史

毛泽东晚年读过的重新排印的大字线装本中国文学史一共有三种：第一种是刘大杰著的《中国文学发展史》修订本上册（上海人民出版社1973年2月出版），《中国文学发展史》中、下册（中册，中华书局1962年9月出版；下册，中华书局1963年7月出版）；第二种是北京大学中文系1955级集体编的《中国文学史》（人民文学出版社1959年9月出版，修订本，1—4册）；第三种是北京大学中文系1957级编的《中国文学发展简史》（中国青年出版社1963年出版）。我在这里着重说说读刘大杰著的《中国文学发展史》有关的一些情况。

刘大杰著的《中国文学发展史》（上、中、下）是中华书局60年代初期出版的，上、中、下册都印成了大32开、精装本。

毛泽东生前在中南海的存书中，我们看到过有这部大作。对这部大作，孙琴安在回忆文章中写道："当时毛泽东已读过刘大杰的有关《胡笳十八拍》的文章，也读过他写的《中国文学发展史》，认为他这套文学史还算是比较好的，基本上能自圆其说。"① 刘大杰及其夫人李辉群都是郁达夫的学生。刘大杰早年曾从事小说创作，后来则倾心于中国古典文学的教学与研究，撰有《中国文学发展史》《〈红楼梦〉评论集》等多种著作。毛泽东曾在北京接见过刘大杰，并与刘大杰、冯友兰三人合过影。20世纪60年代，毛泽东有一年在上海过五一国际劳动节时，也曾接见过刘大杰。但由于当时被接见的人多，毛泽东与刘大杰未能好好交谈。1965年6月20日，毛泽东在上海西郊的一座别墅专门接见了刘大杰。对于这一次的接见，有关回忆文章是这样记述的：

> 当刘大杰走进别墅时，只见毛泽东正坐在藤椅上。原来是毛泽东要接见他，这是他所没有想到的，他又惊又喜，忙迎了上去。
>
> 香烟摆在小桌上，两边各放一只藤椅，刘大杰就在毛泽东对面坐下。他生于1905年，比毛泽东小12岁，辈分要晚些，所以开始有些拘束。后来他见毛泽东很随便，也就随便起来，他从桌上拿起一支烟。毛泽东风趣地说："你还会抽烟哪。"
>
> 刘大杰抽完了，又拿起一支烟，毛泽东笑着说："你烟

---

① 孙琴安：《毛泽东与刘大杰谈古典文学》，《文艺报》1991年12月28日。

十六、读新印的大字线装书

瘾还不小哪。"随后又问："你是什么地方人？"

刘大杰用不是太重的湖南口音说："巴陵人。"

毛泽东听罢，立刻朗声吟道："昔闻洞庭水，今上岳阳楼。吴楚东南坼，乾坤日夜浮。亲朋无一字，老病有孤舟。戎马关山北，凭轩涕泗流。"背诵了杜甫《登岳阳楼》的全诗，并开始了对文学的谈论。

当时刘大杰就蔡琰的《胡笳十八拍》问题，正与郭沫若进行争鸣，又为中国文学的现实主义问题，与茅盾展开讨论，而毛泽东对这些都注意到了，幽默地对他说："你现在和沫若不睦，和茅盾矛盾。"

刘大杰不禁笑了。

"你跟前辈的人敢于争鸣，这是好的嘛。"毛泽东鼓励道："你这个战斗精神，希望能继续发扬下去嘛。你参加百家争鸣，不要怕丢掉名誉地位。"

两人当时谈得比较多的古代作家有陶渊明、韩愈、李商隐等。毛泽东早在湖南第一师范读书时，在国文教师袁仲谦的指导下，曾熟读过韩愈的文章，因此，毛泽东认为韩愈的文章还是写得好的，而刘大杰也认为韩愈的文章写得实在好，非常流畅。

当时他们还谈到李商隐的《无题》诗。毛泽东说："《无题》诗要一分为二，不要一概而论。"并与刘大杰谈到了李商隐的《行次西郊作一百韵》等诗。在谈到《贾生》一诗时，毛泽东问："能背得出吗？"

刘大杰立刻以湖南乡音吟诵道："宣室求贤访逐臣，贾生才调更无伦。可怜夜半虚前席，不问苍生问鬼神！"

毛泽东听罢，喟然叹道："写得好哇！写得好！"

两人当时还谈到了杜牧的诗，刘大杰很推崇杜牧的《河湟》，毛泽东则谈到了杜牧"身败兵家事不期"——即《题乌江亭》那一首。

当时毛泽东还对刘大杰说："要多商量，宁肯存疑，不要轻易作结论，真理是会越辩越明的，还是要投入到百家争鸣中去。"

这次谈话大约进行了两个小时，到吃午饭时，刘大杰方才离去。①

这一次的接见畅谈，进一步加深了毛泽东对刘大杰的了解，也进一步密切了毛泽东与刘大杰的关系。交谈中，刘大杰自然会说到他撰写的《中国文学发展史》一书。"文化大革命"初期，刘大杰与其他众多的专家、学者、教授等著名人士一样，被诬陷为反动学术权威。1968年10月31日，毛泽东在中共八届扩大的十二中全会开幕会上的讲话中，在说到上海的四位著名大家时，就说到了刘大杰。据有关文献记载，在这次会上，毛泽东着重讲了三个问题，在讲到第二个问题时，毛泽东强调指出："对于一些学者，所谓学术权威，不要做过分了。冯友兰、翦伯赞，还有吴晗，也还有某种用处。你如果要问唯心主义，要问帝王将相，还得请教他。"② 毛泽东还提到北京的华罗庚、赵继彬、任继愈，上海的周谷城、刘大杰、谈家桢、苏步青，

---

① 孙琴安：《毛泽东与刘大杰谈古典文学》，《文艺报》1991年12月28日。
② 《毛泽东年谱（1949—1976）》第6卷，中央文献出版社2013年版，第211页。

广州的杨荣国。毛泽东说，对这些人，"还是要注意调查研究，要重证据，不要重口供，不要打人，不要搞'喷气式'。"① 毛泽东的讲话，对冯友兰、华罗庚、周谷城、刘大杰等国内著名的学者、教授起了很好的保护作用。进入20世纪70年代，刘大杰根据毛泽东有关的指示、讲话和谈话精神，对他的专著《中国文学发展史》进行了一次修改。当时他认为韩愈虽非法家，但也不是醇儒，并以韩愈的《进士策问十三首》之五、《读鹖冠子》、《后汉三贤赞》、《读墨子》、《讳辩》、《毛颖传》等文为证，详加分析，于1975年8月3日极其认真地给毛泽东写了一封长信，提出了自己的观点，恭请毛泽东指正。这时候的毛泽东，病情很重，走不动，动不了，每天都要吸氧，吃饭、饮水也十分困难。除了少量的外事活动外，毛泽东每天能够做的工作主要是批阅一些文件、看书和听读报纸。晚年生活的疲惫、郁闷和孤寂，并没有停止他对中国古典文学的爱好和思维。1976年2月初春，毛泽东带病给上海复旦大学教授刘大杰写了回信：

> 我同意你对韩愈的意见，一分为二为宜。李义山无题诗现在难下断语，暂时存疑可也。奉复久稽，深以为歉。诗词两首，拜读欣然，不胜感谢。②

这封回信成为毛泽东致友人的最后一封信。文字虽然不长，但情真意切，充分表达了毛泽东与刘大杰的笃厚情谊，充分表达了毛泽东对刘大杰和对中国古典文学研究工作重视和支持。

---

① 《毛泽东年谱（1949—1976）》第6卷，中央文献出版社2013年版，第211页。

② 《毛泽东文艺论集》，中央文献出版社2002年版，第338页。

毛泽东的关心和支持，为刘大杰进一步修改《中国文学发展史》增添了信心。

《中国文学发展史》上册线装大字本印制完毕不几天，即1974年11月6日，我就收到张玉凤从外地（因为此时毛泽东离京去外地）的来信，她要我们找北京大学编写出版的中国文学发展史，说主席要看。经我们与北大有关方面联系得知，北京大学没有编辑、出版过中国文学发展史的书，他们编辑出版过《中国文学史》（1—4册）和《中国文学发展简史》两种关于文学史的读物。张玉凤让我们把这两种文学史都找出送给她。我们从北京大学图书馆借到这两种文学史当天即通过中央办公厅机要通讯员转送在外地的张玉凤了。

11月7日早饭之后，张玉凤从外地打来电话，问我们主席要看的北大编的两种文学史找到没有。我们告诉她，昨天下午已送给她了。她说，待报告主席再定。同时，她转告我们，前印的刘大杰著的《中国文学发展史》上册线装大字本，主席让我们送李讷一部，并要我们写个条子夹在书里，说这是主席让送她看的。

11月8日，我们收到张玉凤退给我们北大编的两种文学史，并附条子写道："北大编的这两种文学史，主席嘱都印大字线装本，先印《中国文学史》（1—4册）。"按照毛泽东的要求，我们即安排《中国文学史》（1—4册）印大字线装本。因为字号、字体、版面、版式等具体印制中的问题，前面印制《中国文学发展史》上册时毛泽东已经选定过，所以，《中国文学史》就照前印的《中国文学发展史》上册样式印制。送印本是北大中文系1955级集体编，人民文学出版社1959年9月修订本1—4册。

十六、读新印的大字线装书

由北京印刷一厂承印。《中国文学发展简史》送印本，是北大中文系57级编，中国青年出版社1963年出版，亦由北京印刷一厂承印。

北京大学编的《中国文学史》和《中国文学发展简史》两种文学史正在印制中。11月13日上午，我们又收到张玉凤送来的刘大杰著的《中国文学发展史》中、下册，中华书局出版，大32开精装本，要印大字线装本。张玉凤说："这两册书最好能先印，主席等着看。北大编的《中国文学史》可放后。"我们即从中办图书馆藏书中找出相同的《中国文学发展史》中、下册，送国家出版局安排印制。据我当年的笔记，我们当时向国家出版局的有关同志提出了印制的四条要求：一是字号、字体、版面、版式等均照前印的《中国文学发展史》上册印刷；二是先印中册，后印下册，印好几个分册就先送几个分册；三是首长等着看，请你们安排快些印；四是先印《中国文学发展史》中、下册，前送印的北大编的《中国文学史》《中国文学发展简史》往后安排。送印本中册是中华书局1962年9月出版，下册是中华书局1963年7月出版，中、下册都是原版。我们了解到，中册作者正在修改中，据说11月底作者才能修改完。此时，毛泽东要看中、下册，就只能照原版排印。中册和下册都是由北京新华印刷厂和北京印刷一厂合作承印的，先印中册，后印下册。因为毛泽东等着看，所以，我们要求出版社和印刷厂作为特急件对待，越快越好，抓紧时间，调动精兵强将印制。11月19日晚上，张玉凤在外地专门给我打来电话说："《中国文学发展史》中、下册要快些印，印装好一个分册就先送一个分册，不要等全部印完再送主席。"遵照这一要求，我们又一次向出版社和印刷厂催促。在各方人员通力合作赶制下，中册21日开始装订成分册，装订好一个分册，我们即送毛泽东一个分册，中册一共印装成30个分册，至22日早晨8点，中册全部印装完毕送毛泽东。紧接着印装下册，25日晚开始装订成分册送毛泽东，至26日晚8时，44个分册全部印装完毕送毛泽东。从送印到中、下册全部印装完毕，前后仅用了13天时间。

《中国文学发展史》中、下册印出线装大字本之后，毛泽东彻夜不眠，在闪烁的灯光下，一页一页、一个分册一个分册地凝神阅读。我们知道，毛泽东看书是很快的。刘著中、下册一共印装成74个分册，毛泽东很快就会看完的。所以，在《中国文学发展史》中、下册印装完之后，我们紧接着就让印刷厂抓紧赶印北京大学编的《中国文学史》和《中国文学发展简史》。出版社、印刷厂的同志连续作战，先印《中国文学史》，后印《中国文学发展简史》。在出版社、印刷厂同志们奋力赶印下，《中国文学史》从12月22日下午印刷厂就印刷装成第2—4分册。按照前面的做法，我们仍然是印装好几个分册，我们就取回几个分册送毛泽东。23日，印装好第5—6分册，24日，印装好第7—8分册，25日，印装好第9—10分册，26日，印装好第11—13分册，就这样，一天一天，一直到1975年2月1日，《中国文学史》最后的第110—120分册及目录1册即第1分册，印装好，至此，全书印装完毕。《中国文学发展简史》，从1975年2月21日开始装订，当天印装好第2—5分册，24日，印装好第6—17分册，27日，印装好第18—24分册，至3月3日，全书38个分册及目录册全部印装完毕。

就在刘大杰著的《中国文学发展史》上、中、下册和北京

十六、读新印的大字线装书

大学编的《中国文学史》和《中国文学发展简史》三种大字线装本印装完之后大约一年的时间，即1976年3月8日，刘大杰著的《中国文学发展史》（二）重新修改本又送到了毛泽东手里，毛泽东又嘱咐我们印大字线装本。遵照毛泽东的要求，当天下午，我们即送国家出版局安排重新排印。送印本是平装16开本，6个分册。承印单位是北京新华印刷厂和北京印刷一厂。因为有了前面的经验，新印的本书3天之后即3月11日，就印装好了第1—2分册，3月12日，印装好第3—4分册，3月13日，印装好第5—6个分册，至3月20日，最后的两个分册第17—18分册印制完毕。

印送毛泽东先看的都是样书，每个分册封面纸质颜色用的都是米黄色的。出版局和出版社的同志考虑到刘著修改本（二）的特殊性，他们拟将每个分册的纸质封面和每个函套的布质封面颜色与前印的文学史区别开来，做出了纸质和布质均用蓝色或均用米黄色两种式样让我们选定。我们建议，纸质颜色、布质颜色的选定，与前印的线装大字本文学史应当保持一致。前印的每册纸质封面都是米黄色，函套布质封面都是蓝色，包括刘著修改本《中国文学发展史》上册，亦是这样。报告毛泽东之后，他同意我们的意见，修改本（二）每个分册纸质封面仍用米黄色，每个函套布质封面仍用蓝色。刘大杰重新修改本《中国文学发展史》（二）线装大字本样书每个分册边印装边送毛泽东阅看。每天印装成2—3个分册，送给毛泽东，他很快就看完了。全书印装完毕之时，全书毛泽东也基本上通读了一遍。全书正式印装（带函套的，共2函18册）好了之后，又与前印的几种文学史一样，送给毛泽东2套。我们看到，毛泽东收到全套的刘著修改本（二）之后，还几次重新翻看。

从1974年9月初到1975年3月底，大约7个月时间，毛泽东先后读了刘大杰修改本《中国文学发展史》上册，北京大学编的《中国文学史》（1—4册）、《中国文学发展简史》，刘大杰著《中国文学发展史》中、下册（作者没有来得及修改本），到了1976年3月，他老人家已经重病缠身，又重读刘大杰修改本（二）。这从一个侧面告诉我们，毛泽东晚年在全身患有多种疾病的情况下，还仍然关注中国文学史读物的出版和研究。新印的几种大字本中国文学史，毛泽东都很认真看过多遍，对书中的内容，有赞成，有肯定，有褒奖，有批评，有口头的评议，有文字的记载。当时身边的工作人员曾请示：要不要把他的意见转告有关方面和有关的作者？他很严肃地回答说：不用了，学术问题要百家争鸣。要说是我的意见，人家就很为难了。要照我的意见改吧，人家心里又不愿意。所以还是不要告诉他们为好。再说，我的意见也仅是我个人的看法，不一定就那么对，还得由实践去检验，由事实去证明啊！当然，这是毛泽东的一种谦虚。这也是毛泽东的一贯做法，20世纪50年代报刊上开展的关于逻辑学问题的讨论，60年代报刊上开展的哲学问题、史学问题的讨论等，毛泽东都是这样做的。他支持讨论、辩论，关注讨论、辩论，鼓励讨论、辩论，正方、反方的文章他都看，正方、反方的意见他都听。他也主张百家争鸣，主张学术问题要多讨论。他认为"笔墨官司，有比无好"。[①] 他老人家的这种思想，这种做法，一直保持着，直到生命最后的岁月。

---

① 《毛泽东书信选集》，中央文献出版社2003年版，第564页。

十六、读新印的大字线装书

毛泽东读作者重新修改过的《中国文学发展史》上册、(二)，作者没有来得及修改的《中国文学发展简史》中、下册，北大编的《中国文学史》《中国文学发展简史》，以及其他的新印的大字线装本书刊、文章，都是在身体极差的状况下不分白天黑夜阅读的。由于他的身体过于虚弱，两只手不停颤抖，已经没有举起书籍的力量了，但他每天、每日、每夜，借助刚治好的一只眼睛，不停地、无休止地阅读。此时，好像只有读书才能摆脱他内心的痛楚，好像只有读书才能延续他一天一天的生活。在场的人、看见的人、在他老人家身边的工作人员，无不感动，无不敬佩，无不从心里折服！

读书，读大字本线装书，读中国文学史，读中国古今笑话书，读哲学，读二十四史，读鲁迅，读古诗词曲赋，等等，是毛泽东晚年，尤其是最后两三年里每天的主要的活动。读书，读大字本线装书，不仅仅使毛泽东进一步丰富了知识、活动了大脑，进一步认识了解中国和世界的昨天和今天，更重要的是，给毛泽东带来了笑声，带来了快乐，带来了精神上的满足，进一步消除了他生活中的寂寞、孤独的情感，进一步摆脱了他内心的许多苦闷和痛楚。毛泽东以书为友，与书相伴，嗜书如命，读书如痴。像毛泽东这样读书嗜学至死方休的人是不多见的。

毛泽东永远都是我们读书学习的榜样。

十七、毛泽东读书的启示

毛泽东从青少年时代起就酷爱读书，一直到他生命的最后时刻。几十年如一日，不懈地追求，每天无休止地读书，一生读过数万册的书刊。毛泽东逝世以后，我们将他生前读过的书和他老人家在中南海住地的存书进行了登记和统计，合计书刊有近 10 万册。这还不包括他在革命战争年代遗失了的藏书及出差到外地向当地图书馆借阅的图书。纵观毛泽东一生的读书实践，有以下五点启示。

（一）读书首先要明白"为什么要读书"

读书是人生中的一件重要事项。古往今来，可以说人人都要读书。然而，有的人读得进去，有的人读不进去；有的人越读越爱读，越读越有兴趣，有的人越读越不爱读，越读越没有劲头，甚至读着读着就睡着了。为什么会出现这种现象？原因当然是多方面的。其中最根本的、最重要的原因就是对读书的重要性、迫切性认识不清楚，对读书的需求、目的想不明白。

毛泽东一生酷爱读书，一生拼命读书，一生废寝忘食、孜孜不倦地读书。他是一个真正活到老，读书到老，生命不息、读书不止的人。他之所以能做到这样，就是因为他从思想认识

十七、毛泽东读书的启示

上、心理追求上都很明白、很清楚"为什么要读书"。正因为他有明确的思想认识，有自己独特的抱负和追求，有独自的需求和独有的目的，所以，他把读书当作人生一种从不懈怠的生活实践。

青少年时期毛泽东为什么酷爱读书？因为他从所读的大量书籍里，发现将相乡绅、名人要人，大多都握有兵权、拥有土地，他们根本不种地、不劳动，吃穿用行全靠农民供养。相反，常年辛勤耕种的农民当牛做马，却吃不饱，穿不暖，受苦受难。他认为这种不合理的社会制度必须要彻底改变，农民等劳苦大众应当当家作主。青少年时代的毛泽东就有彻底改变旧的社会制度、建立一个人民当家作主的新的社会制度的思想认识基础。

1912年春，毛泽东以第一名的优异成绩考取了湖南省立第一中学，半年后他又离开了湖南省立第一中学，到湘乡会馆自学读书。在这里他如鱼得水，每天图书馆一开门，他都是第一个去，直到晚上图书馆关门，才最后一个出来。中午肚子饿了就买两个烧饼充饥。他回忆这段读书生活时说："进到图书馆，看到图书馆书架上放满的书籍，就一本接一本地不停地读，如同牛跑进了菜园子，看到到处是新鲜的青菜，一个劲地不停地吃！"特别是他每天都能见到的图书馆墙上挂着的那张《世界坤舆大地图》，更使他开阔了眼界，受到了启迪，增长了见识。通过这张地图，他知道了世界之大，湖南之小。由此，他联想到，韶山的劳动人民生活苦，湘潭的劳动人民生活苦，湖南的劳动人民生活也很苦，那么全中国、全世界的劳动人民又何尝不是如此呢？这种大多数人受苦、少数人享受的现象，是绝对不合理的，应当彻底改造！由此，我们可以清楚地看出，毛泽东从青年时代就胸怀祖国,放眼世界,具有拯救中国乃至全世界受苦受难的人民的思想认识,这是毛泽东在青年时代就发奋读书的心理追求。

延安时期,毛泽东为什么夜以继日、伏案苦读大量的马列主义著作和哲学书籍呢?因为中国共产党领导全国人民的革命斗争需要新的革命理论指导,照搬共产国际、苏联的理论不符合中国社会的实际,只会使中国人民的革命斗争遭受巨大损失。新的实践需要新的理论指导,所以,毛泽东在延安拼命地读马列著作,读哲学著作。毛泽东在勤奋刻苦大量读书的基础上写出了《论联合政府》《实践论》《矛盾论》《中国革命战争的战略问题》《抗日游击战争的战略问题》《论持久战》《战争和战略问题》《中国革命和中国共产党》《新民主主义论》等光辉的著作,这些都是毛泽东在延安时期总结出来的,是指导、指引中国人民的新民主主义革命斗争、抗日战争、解放战争取得新的伟大胜利的强大的思想理论武器。对于这一点,中国人民革命斗争的实践已经证明了。延安时期,毛泽东广读书、苦读书,目的非常明白,就是为了总结写出指导中国人民革命斗争取得胜利的新的理论。

新中国成立之后,随着党的工作重心的转移,毛泽东的读书重点也随之转移到经济学经典著作上来了。这段时间他先后阅读过的马列主义经济学方面的著作有:《哥达纲领批判》《政治经济学批判》《经济学大纲》《资本论》《帝国主义是资本主义的最高阶段》《列宁有关政治经济学论文十三篇》《马恩列斯论共产主义社会》《苏联社会主义经济问题》《政治经济学教科书》《俄国资本主义的发展》等。读得最多、下功夫最多的是《苏联社会主义经济问题》和苏联《政治经济学教科书》(社会主义部分）。很明白，就是为了解决社会主义建设实践过程中遇到的诸多实际问题，就是为了探索社会主义建设的道路，就是为了更好地带领全国各族人民沿着社会主义康庄大道奋勇向前，等等。新中国成立初期，摆在中国共产党人面前的种种实际困难和具体的实际问题很多很多。如何解决这些困难和众多的矛盾，是摆在毛泽东面前的首要大事。毛泽东带领各级党组和广大共产党员读《共产党宣言》《论共产主义社会》《苏联社会主义经济问题》《政治经济学教科书》（社会主义部分）等书籍，拟从这些著作中找到答案，找到启示，找到解决问题的途径和办法。

毛泽东晚年还不分昼夜地读二十四史，读《资治通鉴》《续资治通鉴》《纲鉴易知录》《通鉴纪事本末》《续通鉴纪事本末》等中国历史典籍，最主要地还是为了更好地、更深入地了解中国"古今学说制度的大要"，为了了解中国历史，了解中国几千年的文明史。毛泽东读史最主要的目的，是借鉴历史，从历史中寻求、汲取治理国家的智慧、方略、启示、经验、教训，让其更好地为现实工作和社会主义建设事业服务。鉴往知来，是为了治国安邦。学习了解中国几千年的文化遗产，有批判地继承和发展我们民族的文化遗产的精华，汲取对今天、明天，政治、经济、科学、文化等建设和发展有益的东西，让其更好地为现实斗争和社会主义建设事业服务。这是毛泽东晚年还孜孜不倦、夜以继日地用心阅读多种历史书籍的主要目的。

纵观毛泽东一生的读书生活实践，我们可以清楚地看到，毛泽东一生发奋读书，就是为了实现他的"崇高理想、远大抱负、人生追求"，这是他发奋读书的总的目的。正因为他有这样明确的目的，所以，他读书有信心、有恒心，有用之不竭的动力。与此同时,他在不同的历史时期,不同的社会发展阶段,面对阻碍中国人民革命斗争胜利发展的种种思想认识问题和种种实际问题,还有具体的需求、具体的目的。他会根据具体的需求、具体的目的,来选定读书范围、读书内容。在人生历史的长河中,毛泽东总是把有限的剩余时间用来读书。

生命不息,读书、追求不止,为人民谋利造福不止,读书总是在进行中。全心全意为党为国为民谋利造福而读书,这是毛泽东读书生活实践留给我们的一点重要启示。

(二)读书要"下苦功"、要"挤"和"钻"

工作忙,没时间读书;看不懂,没有兴趣读书,这是不能坚持读书和不爱读书的人常常说的两个理由。

早在1939年5月20日,毛泽东在延安在职干部教育动员大会上的讲话中针对这两个问题就说过:"'没有工夫',这已成为不要学习的理论、躲懒的根据了。共产党员不学习理论是不对的,有问题就要想法子解决,这才是共产党员的真精神。在忙的中间,想一个法子,叫做'挤',用'挤'来对付忙。好比开会的时候,人多得很,就要挤进去,才得有座位。又好比木匠师傅钉一个钉子到木头上,就可以挂衣服了,这就是木匠向木头一'挤',木头让了步,才成功的。自从木头让步以来,多少木头钉上钉子,把看不见的纤维细孔,'挤'出这样大的窟窿来,可见'挤'是一个好办法。我们现在工作忙得很,也可以叫它让让步,就用'挤'的法子,在每天工作、吃饭、休息中间,挤出两个小时来学习,把工作向两方面挤一挤,一个往上一个往下，一定可以挤出两个小时来学习的。陈云同志有'挤'的经验，他有法子'挤'出时间来看书，来开会。"①

再一个问题是有同志反映读书学习"看不懂"。毛泽东指出，这种情形的确存在，有的同志"宁可挑大粪，不愿学理论"。忙可以"挤"，这是一个办法；看不懂也有一个办法，叫作"钻"，如木匠钻木头一样地"钻"进去。看不懂的东西我们不要怕，就用"钻"来对付。在中国，本来读书就叫攻书，读马克思主义就是攻马克思的道理，你要读通马克思的道理，就非攻不可，读不懂的东西要当仇人一样地攻它。现在有些人不是取攻势只取守势，那就不对，马克思主义决不会让步，所以不攻是得不到结果的。从前人称"校对"为"校仇"，校对确实很难，非似仇人对之是不胜所为的。对于难，我们要像仇人一样地进攻它，对于仇人我们是不讲感情的。所以马克思主义、列宁主义的理论，固然很难，但我们以"仇人"的态度不讲感情地攻它，一定是无攻不破的，一定可以把它的堡垒攻下来。过去韩文公《祭鳄鱼文》里，有一段是说限它三天走去，三天不走，五天，七天再不走，那就不客气，一刀杀掉。我们要像韩文公祭鳄鱼一样，十天不通，二十天，三十天，九十天……，非把这东西搞通不止，这样下去，一定可以把看不懂的东西变成看得懂的。②

毛泽东还说："正面搞不通，可以从旁的方面着手，如打仗一样，顽强的敌人，正面攻不下，就用旁袭侧击，四面包围，

---

① 《毛泽东文集》第2卷，人民出版社1993年版，第181页。
② 《毛泽东文集》第2卷，人民出版社1993年版，第181页。

把它孤立起来，这样就容易把它攻下。学习也是一样，正面的东西一时看不懂，就从旁的东西看起，先打下基础，就可以一点一点地搞通正面的东西。"

毛泽东最后总结说："工作忙就要'挤'，看不懂就要'钻'，用这两个法子来对付它，学习是一定可以获胜的。"[①]

1957年10月9日，毛泽东在中国共产党第八届中央委员会扩大的第三次会议上讲话中强调指出："我们要振作精神，下苦功学习。下苦功，三个字，一个叫下，一个叫苦，一个叫功，一定要振作精神，下苦功。我们现在许多同志不下苦功，有些同志把工作以外的剩余精力主要放在打纸牌、打麻将、跳舞这些方面，我看不好。应当把工作以外的剩余精力主要放在学习上，养成学习的习惯。"[②]

毛泽东出国访问、去外地开会或视察工作的途中，也是千方百计地挤出时间来读书。外出前，他常常自己挑选要带的书。有时实在忙得没有时间，就亲自告诉工作人员或亲手开个书单，一带就是几箱子书。

20世纪50年代，是毛泽东学习英语兴趣最浓的时候。他在外地视察工作期间，无论在火车上，轮船上，随时都挤时间学习英语。1957年3月17日至20日，他先后在天津、济南、南京和上海的上千人或几千人的干部大会上作报告，讲人民内部矛盾问题。当时的工作是很紧张的，但在旅行途中他仍以很大

[①] 《毛泽东文集》第2卷，人民出版社1993年版，第180—182页。
[②] 《马列著作毛泽东著作选读（科学社会主义部分）》，人民出版社1978年版，第603页。

的兴趣学习英语和阅读各种书籍。1958年9月10日至21日，毛泽东视察长江流域的湖北、安徽、江苏、上海、浙江等省市，沿途参观工厂、矿山、学校、农村时，途中十分辛苦。即使如此，他仍不知疲倦地学习英语。

有一年夏天，毛泽东到武汉视察工作。一天晚上，天气异常闷热，室内外一丝风也没有，人们干坐着身上还直冒汗。可是他还像往常一样，依然坚持在灯下读书。汗水顺着脸颊往下淌，工作人员看到这种情形，急忙拿来毛巾，请他把汗擦一擦，他接过毛巾边擦边幽默地说：读书学习也要付出一定的代价，流下了汗水，学到了知识。他的这种学习精神深深地教育着在他身边工作的每一个同志。

毛泽东每到一个新的地方，一般都先做两方面的调查。一是向人做调查，详细询问当地的政治、经济、文化及人民生活等现实情况；一是向书本做调查，了解当地的历史情况、地理沿革、文物掌故、风土人情以及古人写的有关当地的诗文。1958年3月，他初次到成都，在那里主持召开了中央工作会议。4日下午一到这个蜀汉古都，他就让工作人员到当地的图书馆为他借来《四川省志》《蜀本纪》《华阳国志》等有关四川的书籍。会议期间他亲自挑选一部分唐、宋、明三朝诗人写的有关四川的一些诗词，连同《华阳国志》，一并印发到会的同志。据有关同志回忆，在成都他从来没有到餐厅吃过饭，在哪里办公、看书，就在哪里吃饭，吃饭的时候，把面前的文件、书籍稍稍往旁边一推，端起饭就吃，一吃完饭，马上就接着工作或看书。

游泳是毛泽东终生爱好的一项运动。可是，就在下水前或游泳后稍稍休息的时间里，他也时常看书或学习英语。在中南海、在北戴河、在万里长江、在庐山水库、在湘江，几乎每次游泳都是这样，下水之前他要先看一会儿书，上岸后很短的休息时间里，也要看书。

1957年仲夏，著名的历史学家、后来担任全国人大常委会副委员长的周谷城应毛泽东之邀，来到中南海露天游泳池和毛泽东一起游泳。上岸之后，毛泽东还没顾上换衣服，只披了一件平时常穿的旧睡衣，就拿起线装本的《汉书》和周谷城一起讨论起来。毛泽东翻到列传第三十九，指着赵充国主张在西北屯田的一段对周说："这个人很能坚持真理，坚持正确的主张。他的主张，在开始时，赞成的人不过十分之一二，反对的人达十分之八九。但后来，逐渐被人接受了，赞成的人达十分之八九，反对的人却只十分之一二。真理要人接受，总要有一个过程。无论在过去的历史上，或现在。"[①] 毛泽东常常是这样，用具体的历史事实来启发教育人们。这本线装大字本的史书，毛泽东看过多次，并用黑铅笔在本册封面上写了"赵充国"三个字。赵充国这一段共19页，他从头至尾都用黑铅笔圈画过，有的地方还写有批注文字。

毛泽东在晚年患有老年性白内障。1975年7月23日手术之后，眼睛一时不能看书，他就让工作人员为他读书。没过两天，他就要求医生摘掉蒙在他眼睛上的眼罩，一只眼睛能看清楚东西了。他借助刚刚治好的那只眼睛，不停地读书。这时候他虽然能自己看书，但由于身体过于虚弱，两手已经没有举书的力气了。为了满足他老人家读书的需要，身边的工作人员就帮他

[①] 《毛泽东同志八十五诞辰纪念文选》，人民出版社1979年版，第187页。

举着书。为了保护他刚刚治愈的一只眼睛,医生嘱咐他不要看书过多,不要使眼睛太疲劳。可是,他不顾医生的劝告,还是每天读个不停。有一次,他老人家病情加重,发烧到39℃,还要看书。1975年8月,也就是他老人家做完眼科手术后不久,他就同以往一样夜以继日地读鲁迅著作,读二十四史。

毛泽东一生与书为伴,读书为乐,孜孜不倦。革命战争年代如此,建设时期亦如此。直到20世纪70年代的时候,他老人家躺在病床上,甚至在生命进入抢救状态的时候,仍然以惊人的毅力坚持读书学习。

1976年9月初,毛泽东再度病危,医护人员立即实施抢救并加强监护。医护人员通过监护器械紧张地观察血压、心律、呼吸等数据,并随时为他输氧、输液⋯⋯

从9月7日到8日下午,弥留之际的毛泽东仍坚持要看文件、看书。7日这天,经过抢救刚苏醒过来的毛泽东示意要看一本书。在工作人员帮助下,毛泽东只看了几分钟,就又昏迷过去。根据医疗组护理记录,当时的情况是这样的:8日这一天,毛泽东看文件、看书11次,共2小时50分钟。他是在抢救的情况下看文件看书的:上下肢插着静脉输液导管,胸部安有心电监护导线,鼻子里插着鼻饲管,文件和书是由别人用手托着。根据当年有关的记录是1976年9月8日晨,也就是在他老人家临终前一天的5时50分,是在全身布满多种监护抢救器械的情况下读的,读了7分钟。毛泽东辞世离开人间的那一刻,也就是他老人家读书生活结束的时刻。毛泽东这种活到老,学到老,生命不息,读书学习不止的精神是多么值得我们学习啊!

(三) 读书要紧密联系实际

联系实际，联系中国革命和社会主义建设的实际读书，这是毛泽东读书学习的一条基本的学习方法，也是毛泽东读书学习的一个显著特点。

毛泽东夜以继日地读书学习和钻研书籍，不是为了学习而学习，而是把读书学习和中国的革命、建设实际密切地联系起来。他常常说："对于马克思主义的理论，要能够精通它、应用它，精通的目的全在于应用。"①"要把一个落后的农业的中国改变成为一个先进的工业化的中国，我们面前的工作是很艰苦的，我们的经验是很不够的。"② 因此，必须善于学习。

新中国成立初期，面对中国社会主义建设新的实际和新的需要，毛泽东带头联系实际着重读了三本书，即苏联《政治经济学教科书》（社会主义部分）、斯大林著的《苏联社会主义经济问题》、《马恩列斯论共产主义社会》。在20世纪50年代，这三本书，毛泽东读过多遍，下了很大功夫。据有关记载，从1959年12月10日到1960年2月9日，大约两个月的时间，毛泽东与当时身边工作人员一起，每天下午除必须要做的工作外，其他的时间都用来读苏联《政治经济学教科书》（社会主义部分），联系实际，边读边议，毛泽东随时谈他的看法和意见。

---

① 《毛泽东选集》第3卷，人民出版社1991年版，第817页。
② 毛泽东：《中国共产党第八次全国代表大会开幕词》，人民出版社1956年版，第6页。

十七、毛泽东读书的启示

这一时期，毛泽东不仅自己带头联系实际读书，还亲笔给中央、省市自治区、地、县四级的委员会的委员同志们写信，号召党的各级领导干部联系实际读书。毛泽东在信中写道，不为别的，单为一件事：向同志们建议读两本书。一本，斯大林著《苏联社会主义经济问题》；一本，《马恩列斯论共产主义社会》。每人每本用心读三遍，随读随想，加以分析，哪些是正确的（我以为这是主要的）；哪些说得不正确，或者不大正确，或者模糊影响，作者对于所要说的问题，在某些点上，自己并不甚清楚。读时，三五个人为一组，逐章逐节加以讨论，有两至三个月，也就可能读通了。要联系中国社会主义经济革命和经济建设去读这两本书，使自己获得一个清醒的头脑，以利指导我们伟大的经济工作。现在很多人有一大堆混乱思想，读这两本就有可能给以澄清。有些号称马克思主义经济学家的同志，在最近几个月内，就是如此。他们在读马克思主义政治经济学的时候是马克思主义者，一临到目前经济实践中某些具体问题，他们的马克思主义就打了折扣了。现在需要读书和辩论，以期对一切同志有益。

为此目的，我建议你们读这两本书。将来有时间，可以再读一本，就是苏联同志们编的那本《政治经济学教科书》。乡级同志如有兴趣，也可以读。[①]

毛泽东历来重视理论的指导，在重要的历史时刻需要总结经验的时候，他就特别强调读书，学习理论。他说："有鉴于去年许多领导同志，县、社干部，对于社会主义经济问题还不大

[①] 《毛泽东文集》第7卷，人民出版社1999年版，第432—433页。

了解，不懂得经济发展规律，有鉴于现在工作中还有事务主义，所以应当好好读书。""中央、省、市、地委一级委员，包括县委书记，要读苏联《政治经济学教科书》（第三版）。时间三至六个月，或者一年。""县、社党委成员能读政治经济学的也可以读。设法给县、社党委每年有一个系统思考问题的时间。我们提倡读书，使这些同志不要像热锅上的蚂蚁，整年整月陷入事务主义，搞得很忙乱，要使他们有时间想想问题。现在这些人都是热锅上的蚂蚁，要把他们拿出来冷一下。"①

他在广泛读书的基础上，密切联系社会主义建设中的新情况、新实际、新问题，进行理性思维，写出了《论十大关系》、《关于正确处理人民内部矛盾的问题》、《工作方法六十条（草案）》《关于社会主义商品生产问题》等许多论著。实践证明，毛泽东的读书实践，联系实际的论著，在读书过程中的谈话等，对统一全党的思想和纠正克服当时种种错误倾向等都起了十分积极的作用，其中许多精辟的论述，对我们今天正在进行的社会主义现代化建设，仍然有着非常重要的指导意义。

（四）"不动笔墨不看书"

"不动笔墨不看书"，这是毛泽东一生孜孜践行的一种读书习惯，也是他一生中始终不渝、从不懈怠的一种读书方法。

"不动笔墨不看书"，是源自徐特立老师的教诲。徐老师不管读什么书，都是要做笔记的。他认为"绩学之士，读书必有

---

① 《毛泽东文集》第 8 卷，人民出版社 1999 年版，第 75—76 页。

札记，以记所得著所疑。记所得则要领明矣，著所疑则启他日读书参证之途矣"①。徐特立老师做笔记的形式是多种多样的。他强调说："好脑筋不如烂笔头。"

青年毛泽东的读书笔记主要有三种：一是重要的文章摘录本或手抄本；二是课堂笔记；三是课后自学笔记。

几十年里，毛泽东每阅读一本书、一篇文章，都要在重要的地方画上圈、横道、点等各种符号，在书眉和空白的地方写了许多批语。有时还把书、文中精彩的章节和语句摘录下来或随时写下读书笔记或心得体会。有的书他反复读过多次，每读一次就用一种颜色的笔在上面加一次圈点、勾画，写一次批语。中南海毛泽东故居收存的毛泽东生前阅读的书籍中，就有许多是他批画过的书籍，其中许多书上都是朱墨纷呈，批语、圈点，勾画满书。

这些笔记、批注、批画，是他读书思考的记录，也是他和作者思想感情的交流。他常常用粗重的笔迹批注上一个字："好"，两个字："略好""不错""有理"，或者连着画上几个圈圈，使人形象地感觉到，他读书时深入角色，和作者有一种强烈的感情共鸣。在存疑的地方和不同意的地方，常常批着："可疑""可以争论""废话""不可信"等。至于长达几千字的一条批注，常常是联系中国革命实际斗争的经验教训或感想，抒发自己的见解。"学而不思则罔"，毛泽东的批注反映了他积极的思考活动。

毛泽东平常工作、生活的地方，床头桌上、办公桌上、会

---

① 《徐特立文集》，湖南人民出版社1980年版，第3页。

客室的茶几上等处总是习惯放着些削好的铅笔，一般的有红铅笔、蓝铅笔、黑铅笔。他读书时习惯在书上画的符号有：△、?、○、—、×、√、□、﹏、＝、≡，这些符号的具体含义他自己是心中有数的。毛泽东在书上画的问号尤其多，有的一页之上多达四五个，有的问号已被他用短斜线画去，这表示后来已理解或肯定了书上的说法。这些特殊的符号和各种批注的文字是很重要的，它是毛泽东读书过程中最真实的思维活动、思想情感和理性思考的记录，是值得我们认真研究、认真对待的。

1917—1918 年他在湖南第一师范上学时阅读批注的《伦理学原理》[①] 这本书原文只有 10 万多字，而毛泽东在这本书上用毛笔写的批语和提要就有 12100 多字。全书从头至尾逐字逐句都用毛笔画了圈点、单杠、双杠、三角、叉等符号。这是现存的毛泽东阅批字数较多的一本书。

新中国成立后，随着党的工作重心的转移，毛泽东在百废待兴、日理万机的繁忙工作之余，仍然挤时间努力研读马列著作，写了不少批注，用以解决经济建设中出现的新问题，指导大规模的经济建设。

此外，毛泽东还挤出时间，阅读哲学书籍，写下了不少批语。如 1963 年读任继愈主编的《中国哲学史》（第三册）时，对该书关于华严宗思想的分析写了近百字批注。该书认为，华严宗承认个别与一般的内在联系，"总算有一点辩证法观点"；但华严宗又唯心地夸大、吹胀了个别与一般的联系，把这种"联系"绝对化，甚至抹杀"个别"的存在。毛泽东在这段话旁

[①] 〔德〕泡尔生著，蔡元培译：《伦理学原理》，商务印书馆 1913 年版。

边批道:"何其正确。"他还批道:"相对中有绝对,绝对只存在于相对之中,普遍只存在于个别之中,永恒只存在于暂时之中,离开这些来谈什么客观辩证法……岂非自相矛盾。"又如他在李达主编的《马克思主义哲学大纲——唯物辩证法》上写了近300字的批语,表达了他对唯物辩证法体系的看法。对于哲学期刊上的文章,他也爱看,并作注。他读了赵纪彬发表在《哲学研究》1965年第4期上一篇有关孔子思想的文章后,他在文章题目上方批了"孔门充满矛盾论"七个字。

毛泽东不仅批注了许多理论和哲学著作,在阅读历史书籍时也作了大量的批注、批画。从《尚书》《春秋》《左传》,到二十四史、《资治通鉴》、《纲鉴易知录》、《历代纪事本末》、《读史方舆纪要》、《清史稿》,从明朝近代史学家李贽、赵翼、魏源、康有为、章太炎等人的史著、史论、考订,到现代史学家郭沫若、范文澜、翦伯赞、吕振羽等人的历史著作和各种通史、断代史,他均有批注。此外,他还对各种历史演义小说如《三国演义》《西游记》《聊斋志异》等;还有冯梦龙编的《智囊》、姚鼐编选的《古文辞类纂》、梁章钜辑的《楹联丛话》、梁绍壬著的《两般秋雨庵随笔》、沈廷松编的《明人百家小说》等;还有沈德潜选的《古诗源》、项家达编的《初唐四杰集》、蘅塘退士编的《唐诗三百首注释》等;唐诗、宋词、元曲以及李白、杜甫、李贺、李商隐、罗隐、范仲淹等人的诗作,等等,都写有批注和批画。

毛泽东"不动笔墨不看书",在读二十四史时表现得尤为突出。二十四史是毛泽东晚年读得最多、画得最多、批得最多的一部史籍。从毛泽东对这部史书的批注、圈点、勾画中可以看得出来,毛泽东看这部史书,不是每一种都反复地看,而是根据他自己的需要和计划有重点地、有选择地看。他采取的是通读、选读、精读的办法。有些章节，毛泽东至少看过五遍以上。从这些批注、批画中，我们可以看到毛泽东读中国古籍的广度和理解的深度，像他这样读史的人是很少见的。

毛泽东之所以那样知识渊博，才华出众，是长年累月、不辞劳苦、奋发勤勉地学习的结果。毛泽东这种读书动笔、手脑并用的学习方法和学而不厌、好学不倦的精神是值得我们永远学习的。

（五）读书要独立思考，不要死读书，不要尽信书

毛泽东是中国精通唯物辩证法的伟大的马克思主义思想家和理论家。他的思想和理论贡献，唯物辩证观点和辩证分析方法，深刻地贯穿、融化在他读书的全过程中。

毛泽东在读书过程中，对书上所写、所记、所说的人和事、人物言论及所阐述的道理、所记述的史实、史迹、史例、史论、史评，等等，都要用马克思主义的唯物辩证方法分析，辩证地思考。他不人云亦云，而是独立思考，实事求是，具体问题具体分析。毛泽东常引用孟子的一句话："尽信书，则不如无书。"这里说的书，是指《书经》。毛泽东把它推而广之，及于其他，就是说，不要迷信书本，读书不要盲从，要独立思考。毛泽东认为，读书既要有大胆怀疑和寻根究底的勇气和意志，又要保护一切正确的东西，同做其他的事情一样，既要勇敢，也要谨慎。[1]

---

[1] 《毛泽东的读书生活》，生活·读书·新知三联书店 1986 年版，第 13 页。

十七、毛泽东读书的启示

毛泽东认为："一个共产党人必须具备对于成绩与缺点、真理与错误这个两分法的马克思主义辩证思想。事物（经济、政治、思想、文化、军事、党务等等）总是作为过程而向前发展的。而任何一个过程，都是由矛盾着的两个侧面互相联系又互相斗争而得到发展的。这应当是马克思主义者的普通常识。"[1]毛泽东在读史过程中也一直是这样做的，他读书不唯书，不尽信书，总是独立思考，辩证分析，发表了许多独到的见解。

毛泽东晚年在读书过程中很善于逆向思维。这是毛泽东读书中的一个显著特点，也是他常用的一种读书方法。

我们从毛泽东阅读、批注过的史籍中，可以清楚地看到：他不仅非常认真地读那些所谓"正面"的材料，同时也喜欢读那些"反面"的材料。无论是"正面"还是"反面"的记述，他都逆向思维去思考，去阅读。他以历史史实为本，用马克思主义的立场、观点和方法去分析，参照其他多方面的史籍、史料，力求在丰实的史料基础上，剖析史实，评说人物。

毛泽东在读裴松之注、卢弼集解的《三国志》中，对《魏书·武帝纪》《魏书·文帝纪》《魏书·刘表传》有关曹操的记述作了许多的圈画和批注。

毛泽东对曹操"不杀降"的政策很为赞同。《魏书·刘表传》第80—82页记载，刘表"遣人诱宗贼，至者五十五人，皆斩之"。毛泽东在"皆斩之"三字旁画着曲线，并批注："杀降不祥，孟德所不为也。"卢弼在传记中注释，刘表于建安五年（200年）占"地方数千里。带甲十余万"，祭祀天地，自立为

---

[1] 《毛泽东文集》第8卷，人民出版社1999年版，第348页。

帝。毛泽东批注："作土皇帝，孟德不为。"毛泽东再次称赞曹操在政治上与众不同，这是刘表不及的。

毛泽东不拘泥于封建正统史观，认为卢弼用旧史学家的正统思想，先入为主地视曹操为奸雄，不是从历史实际出发，对曹操的功过是非不能公正、客观地评论，这是毛泽东不赞成的。《让县自明本志令》是了解曹操的第一手史料。李白的《望鹦鹉洲悲祢衡》一诗中"魏帝营八极，蚁观一祢衡"，祢衡是东汉人，狂傲而有才气，曹操没有重视这个人才反而污辱他。李白肯定曹操统一北方的功绩，又指出他轻视祢衡的失误，毛泽东认为，对曹操的这种评价才比较合乎实际。

新中国成立之后，毛泽东先后多次用历史唯物主义的观点评说过曹操。1954年夏在北戴河，毛泽东针对历史上对曹操不公正的评价，作过如下的论述："曹操统一中国北方，创立魏国。他改革了东汉的许多恶政，抑制豪强，发展生产，实行屯田制，还督促开荒，推行法治，提倡节俭，使遭受大破坏的社会开始稳定、恢复、发展。这难道不该肯定？难道不是了不起？说曹操是白脸奸臣，书上这么写，戏里这么演，老百姓这么说，那是封建正统观念制造的冤案。还有那些反动士族，他们是封建文化的垄断者，他们写东西就是维护封建正统。这个案要翻。"[①]

1975年6月18日，毛泽东对身边的工作人员说："汉末开始大分裂，黄巾起义摧毁了汉代的封建统治，后来形成三国，这是向统一发展。三国的几个政治家、军事家，对统一都有所贡献，而以曹为最大。司马氏一度完成统一，主要就是曹操那

---

① 孙宝义：《毛泽东的读书生涯》，知识出版社1993年版，第221页。

十七、毛泽东读书的启示

时候打下的基础。"①

  毛泽东逆史籍对曹操的记述来读史评说曹操，读书独立思考，不唯书，不死读书，不尽信书，这是毛泽东读书生活给我们的又一重要启示。

---

① 《毛泽东年谱（1949—1976）》第6卷，中央文献出版社2013年版，第591页。

附录一　毛泽东晚年读过的逻辑学书目

《试读晚周名家的诡辩逻辑》，高亨著，1 册

《逻辑学论文集》(1—4 集)，1958 年 8 月出版，4 册

《逻辑学论文集》(5—6 集)，2 册

《逻辑问题讨论集》，哲学研究编辑部，上海人民出版社 1959 年 4 月出版，1 册

《逻辑问题讨论三集》，哲学研究编辑部，上海人民出版社 1962 年 4 月出版，1 册

《逻辑指要》，章士钊著，时代精神社 1943 年 6 月出版，1 册

《逻辑指要》，章士钊著，生活·读书·新知三联书店 1961 年 3 月出版，1 册

《论理学大全》，王章焕编，商务印书馆 1947 年出版，1 册

《论理学大纲》，葛雷顿著，丘瑾璋译，世界书局 1934 年 7 月出版，1 册

《新论理学》，张子和著，商务印书馆 1929 年 6 月出版，1 册

《新中学论理学概论》，吴俊升著，上海中华书局 1931 年 7 月出版，1 册

《论理古例》，刘奇著，商务印书馆 1943 年 8 月出版，1 册

《理则学》，陈祖光著，阳明山出版社 1960 年 12 月出版，1 册

《理则学概要》，林本著，台湾开明书店 1960 年 10 月出版，1 册

《因明学》，陈望道著，世界书局 1935 年 4 月出版，1 册

《中国名学》，虞愚著，正中书局 1936 年 2 月出版，1 册

《论理学》，吴士栋著，商务印书馆 1934 年 4 月出版，1 册

《理则学》，边振力著，正中书局 1947 年 12 月出版，1 册

《明理通论》，陈高佣著，上海开明书店 1930 年 8 月出版，1 册

《名学稽古》，章行严著，商务印书馆 1923 年 12 月出版，1 册

《马克思主义和逻辑问题》，马特著，生活·读书·新知三联书店 1962 年 11 月出版，1 册

《论逻辑思维的初步规律》，马特著，生活·读书·新知三联书店 1954 年 8 月出版，1 册

《形式逻辑中唯物主义对唯心主义的斗争》，马特著，上海人民出版社 1957 年 11 月出版，1 册

《逻辑学讲话》，一兵著，山东人民出版社 1955 年 8 月出版，1 册

《逻辑》，金岳霖著，生活·读书·新知三联书店 1961 年 5 月出版，1 册

《逻辑学教程大纲》，〔苏〕米丁主编，曹葆华、谢宁合译，中宣部 1949 年 5 月版，1 册

《逻辑学的对象和作用》，沃依什维洛著，贺绍甲译，生

487

活·读书·新知三联书店 1961 年 11 月出版，1 册

《逻辑学问题讨论集》，巴克拉节著，谢宁译，生活·读书·新知三联书店 1954 年 5 月出版，1 册

《逻辑学》，高尔斯基著，马哥译，上海人民出版社 1960 年 2 月出版，1 册

《逻辑学》，高尔斯基著，宋文坚译，教育出版社 1959 年 3 月出版，1 册

《逻辑学》，维诺格拉多夫著，刘执之译，生活·读书·新知三联书店 1951 年 9 月出版，1 册

《逻辑与逻辑学》，潘梓年著，生活·读书·新知三联书店 1961 年 11 月出版，1 册

《形式逻辑》，人民大学著，人民大学出版社 1959 年 9 月出版，1 册

《形式逻辑》，胡曲园著，上海人民出版社 1963 年 11 月出版，1 册

《形式逻辑》，勃鲁塞林斯基著，沈志远译，生活·读书·新知三联书店 1951 年 1 月出版，1 册

《论形式逻辑问题》，王方名著，人民大学出版社 1957 年 10 月出版，1 册

《形式逻辑与辩证法》，周谷城著，生活·读书·新知三联书店 1962 年 11 月出版，1 册

《墨家的形式逻辑》，詹剑峰著，湖北人民出版社 1956 年 9 月出版，1 册

《逻辑新引》，殷海光著，亚洲出版社 1955 年 7 月出版，1 册

《数理逻辑导论》，莫绍揆著，上海科技出版社 1965 年 4 月出版，1 册

《逻辑学讲义》，郭扬著，生活·读书·新知三联书店 1958 年 6 月出版，1 册

《逻辑学》，维诺格拉道夫著，齐大衍译，中华书局 1951 年 6 月出版，1 册

《辩证法的逻辑》，狄芝根著，柯柏年译，生活书店 1947 年 2 月出版，1 册

《逻辑学与逻辑术》，潘梓年著，生活书店 1938 年 5 月出版，1 册

《逻辑》，斯特罗果维契著，曹葆华译，新华书店 1950 年 12 月出版，1 版

《作为逻辑的辩证法》，柯普宁著，郑杭生译，上海人民出版社 1965 年 10 月出版，1 版

《辩证逻辑原理》，罗森塔尔著，马兵译，生活·读书·新知三联书店 1962 年 6 月出版，1 版

《逻辑与演绎科学方法论导论》，塔尔斯基著，周礼全译，商务印书馆 1963 年 3 月出版，1 册

《逻辑原理》（上册），布拉德雷著，庆泽彭译，商务印书馆 1959 年 11 月出版，1 册

《逻辑原理》（下册），布拉德雷著，庆泽彭译，商务印书馆 1962 年 12 月出版，1 册

《逻辑哲学论》，维特根斯坦著，郭英译，商务印书馆 1962 年 8 月出版，1 册

《数理逻辑基础》，希尔柏脱著，莫绍揆译，科学出版社

1958年7月出版，1册

《思维形式辩证法》，阿历克赛也夫著，马兵译，上海人民出版社1961年4月出版，1册

《思维与语言》，高尔斯基著，熊尧祥译，生活·读书·新知三联书店1963年9月出版，1册

《计算机和人脑》，诺意曼著，甘子玉译，商务印书馆1965年3月出版，1册

《中国逻辑思想史料分析》（第一辑），汪奠基著，中华书局1961年9月出版，1册

《近代西方逻辑发展纲要》，上海人民出版社1960年3月出版，1册

《近代西方逻辑发展纲要》，上海人民出版社1961年10月出版，1册

《逻辑学》（上卷），黑格尔著，杨一之译，商务印书馆1966年2月出版，1册

《黑格尔的小逻辑》，黑格尔著，贺麟译，商务印书馆1950年11月出版，1册

《黑格尔〈小逻辑〉浅释》，姜丕之著，上海人民出版社1963年12月出版，1册

《论黑格尔的逻辑学》，张世英著，上海人民出版社1964年7月出版，1册

《论黑格尔的"逻辑学"》，张世英著，上海人民出版社1961年8月出版，1册

《论黑格尔的"逻辑学"》，张世英著，上海人民出版社1959年12月出版，1册

附录一　毛泽东晚年读过的逻辑学书目

《黑格尔范畴论批判》，丕之著，上海人民出版社 1961 年 6 月出版，1 册

《哲学与逻辑语法》，殷福生译，商务印书馆 1946 年 9 月出版，1 册

《哲学和逻辑句法》，卡尔纳普著，付季重译，上海人民出版社 1962 年 1 月出版，1 册

《逻辑错误怎样妨碍正确思想》，乌耶莫夫著，春行译，上海人民出版社 1959 年 3 月出版，1 册

《关于证明与反驳的逻辑学说》，阿斯穆斯著，慎微译，作家书屋 1954 年 12 月出版，1 册

《逻辑教程大纲》，莫洛德佐夫著，解放社 1950 年 12 月出版，1 册

《黑格尔关于辩证逻辑与形式逻辑的关系的理论》，贺麟著，上海人民出版社 1956 年 11 月出版，1 册

《逻辑学问题译丛》，商务印书馆 1963 年 9 月出版，1 册

《逻辑史选译》，生活·读书·新知三联书店 1961 年 8 月出版，1 册

《新论理学》，张子和著，生活·读书·新知三联书店 1959 年 10 月出版，1 册

《论理学纲要》，十时弥著，田吴炤译，生活·读书·新知三联书店 1960 年 1 月出版，1 册

《名理学》，付汎际译，生活·读书·新知三联书店 1959 年 9 月出版，1 册

《穆勒名学》，穆勒著，严复译，生活·读书·新知三联书店 1959 年 10 月出版，1 册

491

《名学浅说》，耶方斯著，严复译，生活·读书·新知三联书店 1959 年 7 月出版，1 册

《名学纲要》，屠孝实著，生活·读书·新知三联书店 1960 年 1 月出版，1 册

《辨学》，耶方斯著，王国维译，生活·读书·新知三联书店 1959 年 10 月出版，1 册

《论理学十六讲》，郭湛波著，中华书局 1933 年版，1 册

《论理学》，沈有乾著，正中书局 1936 年出版，1 册

《论理学大纲》，司马特著，丘瑾璋译，世界书局 1934 年出版，1 册

《逻辑基本》，殷福生译，正中书局 1937 年出版，1 册

《综合逻辑》，林仲达著，中华书局 1936 年出版，1 册

《论理学大纲》，柴熙著，辅仁大学 1943 年出版，1 册

《黑格尔的小逻辑》，贺麟译，商务印书馆 1950 年出版，1 册

《辩证法·逻辑学和认识论问题》，彼·裴·柯洛尼茨基著，刘群译，人民出版社 1957 年出版，1 册

《辩证法的逻辑》，狄芝根著，柯柏年译，生活·读书·新知三联书店 1949 年出版，1 册

附录二 读过的新印的大字线装书

毛泽东晚年读过的新印大字线装书目录
1972年7月8日至1976年8月31日
（按印制先后排序）

《鲁迅全集》，10函88册
《十批判书》，郭沫若著，1函8册
《世界通史》，4函48册
《中国近代史》（上册），范文澜著，1函10册
《古代社会》，〔美〕摩尔根著，1函10册
《脂砚斋重评石头记》（放大影印，16回本），1函4册
《脂砚斋重评石头记》（放大影印，80回本），1函8册
《戚蓼生序本石头记》（《原本石头记》放大影印），2函20册
《明容与堂刻水浒传》（《忠义水浒传》放大影印），2函20册
《铸雪斋抄本聊斋志异》（放大影印），蒲松龄著，1函12册
《儒林外史》（放大影印），吴敬梓著，2函16册
《三国志通俗演义》（放大影印），罗贯中著，3函24册
《昭明文选》（放大影印），（梁）昭明太子著，（唐）李善，注，4函20册
《词综》（放大影印），朱彝尊编，1函6册

《唐诗别裁集》（放大影印），（清）沈德潜编选，1函8册

《宋诗别裁集》（放大影印），（清）沈德潜编选，1函4册

《元诗别裁集》（放大影印），（清）沈德潜编选，1函4册

《明诗别裁集》（放大影印），（清）沈德潜、周准编选，1函4册

《清诗别裁集》（放大影印），（清）沈德潜编选，2函16册

《骆宾王文集》（放大影印），1函2册

《遏云阁曲谱》（放大影印），（清）王锡纯辑，1函8册

《五四以来反动派、地主资产阶级学者尊孔复古言论辑录》，1册

《鲁迅批判孔孟之道的言论摘录》，上、下册

《鲁迅批孔反儒文辑》，上、下册

《批林批孔文章汇编》（一），上、下册

《批林批孔文章汇编》（二），上、下册

《笑林广记》，程世爵著，上、下册

《历代笑话选》，牧野编，上、下册

《新笑林一千种》（《千笑集》），愚公著，1函4册

《滑稽诗文集》，杨汝泉编，1函8册

《幽默笑话集》，1函4册

《哈哈笑》，1函6册

《笑话三千》，徐卓呆编，1函12册

《时代笑话五百首》，陈平编辑，上、下册

《一千零一夜》，3函25册

《政治经济学》，〔苏〕列昂节夫著，1函8册

《物种起源》，〔英〕达尔文著，1函7册

附录二 读过的新印的大字线装书

《基本粒子发现简史》，杨振宁著，1函1册

《拿破仑论》，〔法〕福尔著，1函4册

《拿破仑传》，〔苏〕叶·维·塔尔列著，1函13册

《唐诗三百首详析》，喻守真编著，1函5册

《唐宋名家词选》，龙榆生编选，1函9册

《曲选》，顾名选，1函5册

《李贺诗集》，叶葱奇编订，1函5册

《藏书》，（明）李贽著，2函25册

《续藏书》，（明）李贽著，1函12册

《焚书》，（明）李贽著，1函5册

《续焚书》，（明）李贽著，1函2册

《不平常的核态》，李政道著，1册

《韩非子·孤愤》，1册

《商君书·更法》，（战国）商鞅著，1册

《论商鞅》，梁效著，1册

《孔丘的仁义道德与林彪的修正主义路线》，燕枫著，1册

《美德乎，枷锁乎？》，汤啸著，1册

《马王堆汉墓的葬制与西汉初期复辟反复辟的斗争》，科学院考古研究所湖南省博物馆写作组著，1册

《读〈盐铁论〉》，梁效著，1册

《尊儒反法的〈辨奸论〉》廖钟闻著，1册

《儒家的仁——阴险狠毒的杀人术》，北京医学院郑教文著，1册

《尊法反儒的进步思想家李贽》，庆思著，1册

《论商鞅的历史功绩》，陕西师大师之著，1册

495

《孙子兵法》，1函1册

《孙膑兵法》，1函1册

《随园诗话》，（清）袁枚著，3函26册

《从银雀山竹简看秦始皇焚书》，卫今著，1册

《新镌大字神童诗》，1册

《梦溪笔谈》，（宋）沈括，1函5册

《中和堂增刻弟子规》，（清）李毓秀著，1册

《四书评》，（明）李贽著，1函4册

《读〈随园诗话〉札记》，郭沫若著，1函4册

《春秋繁露》，（西汉），董仲舒著，1函4册

《重订增广》，（清）希陶山人著，1册

《老子校诂》，马叙伦校，1函5册

《马叙伦学术论文集》，1函8册

《笑话新谈》，李节斋辑，1函4册

《滑稽诗话》，国报社编辑，1函2册

《古诗源》，（清）沈德潜选，1函4册

《中国文学发展史》，上册，刘大杰著，3函24册

《王文公文集》，（宋）王安石著，2函16册

《韩非子》，1函6册

《老子简注》，高亨注译，1册

《曹操集》，1函4册

《屈原〈离骚〉今译》，北大中文系文学专业译，1册

《史纲评要》，（明）李贽著，2函17册

《商君书注释》，高亨注译，1函6册

《中国文学史》（修订本），北大中文系1955级集体编，14

函 120 册

 《中国文学发展简史》，北大中文系 1957 级编，3 函 38 册

 《中国文学发展史》中册，刘大杰著，4 函 30 册

 《中国文学发展史》下册，刘大杰著，5 函 44 册

 《东周列国志》，（清）蔡元放修订，3 函 27 册

 《吕氏春秋集释》，许维释，1 函 10 册

 《经验主义，还是马克思列宁主义》，2 函 13 册

 《重增幼学故事琼林》，程允升编著，1 函 8 册

 《战国策》，（西汉）刘向编定，1 函 6 册

 《过秦论》，（西汉）贾谊著，1 册

 《诸葛亮集》，1 函 11 册

 《訄书》，章炳麟著，1 函 11 册

 《柳河东集》，（唐）柳宗元著，2 函 20 册

 《关于孔子杀少正卯问题》，赵纪彬著，1 函 5 册

 《银雀山汉墓竹简》（《孙子兵法》《孙膑兵法》），1 函 10 册

 《我在六十岁以前》，马叙伦著，1 函 5 册

 《初谭集》，（明）李贽著，2 函 16 册

 《水浒传》（百回本），（明）施耐庵、罗贯中著，10 函 100 册

 《第五才子书施耐庵水浒传》（70 回本），4 函 32 册

 《史通通释》，（清）浦起龙著，3 函 24 册

 《孔丘教育思想批判》，冯天瑜著，1 函 6 册

 《哲学小辞典》（外国哲学史部分），3 函 21 册

 《盐铁论读本》，郭沫若校订，1 函 7 册

 《简明中国哲学史》（修订本），杨荣国主编，3 函 33 册

 《毛主席诗词》，1 函 1 册

497

《中国文学发展史》（二）刘大杰著，2函18册

《毛泽东选集》（第1—4卷），8函38册

《唐诗别裁集》（照毛泽东圈画件影印），（清）沈德潜编选，1函8册

《宋诗别裁集》（照毛泽东圈画件影印），（清）沈德潜编选，1函3册

《元诗别裁集》（照毛泽东圈画件影印），（清）沈德潜编选，1函3册

《明诗别裁集》（照毛泽东圈画件影印），（清）沈德潜、周准编选，1函5册

《清诗别裁集》（照毛泽东圈画件影印），（清）沈德潜编选，1函12册

《词综》（照毛泽东圈画件影印），朱彝尊编，1函10册

《曲选》（照毛泽东圈画件影印），顾名选编，1函5册

《毛泽东的四篇哲学著作》，1函2册

《红楼梦新证》第七章《史事稽年》，周汝昌著，5函40册

《红楼梦新证》第九章第四节《议事续书》，周汝昌著，1函5册

《红楼梦新证》附录编《本子与读者》，周汝昌著，1函8册

《王安石》（十一、十二、后记），邓广铭著，1函4册

《辛亥革命后的袁世凯》，杨立强，1册

《从云梦秦简看秦代的阶级变动》，华中师院京山分院政史系等著，1册

《增田涉回忆鲁迅》，新华社记者，1册

《容斋随笔》，（宋）洪迈著，5函36册

附录三　毛泽东晚年爱看的字帖、墨迹目录

松雪草书墨宝，1册
宋米襄阳天衣怀禅师碑，1册
元赵文敏归去来辞真迹，1册
明文徵仲行书西苑诗真迹，1册
明文徵仲行书感怀诗真迹，1册
明文徵明书大字诗卷真迹，1册
明文徵明书渔父词十二首真迹，1册
明董香光墨妙四种，上、下册，2册
明王觉斯草书入秦行真迹，1册
明祝京兆草书五云裘歌，1册
祝枝山写赤壁赋墨宝，1册
文待诏滕王阁序真迹，1册
祝京兆草书艳词墨迹，1册
史阁部草书杜诗真迹，1册
史阁部为江文石先生书云洲子歌，1册
明卢忠肃公象升草书，1册
白阳山人行草诗卷，1册
黄山谷发愿文墨迹，1册

张文敏公真迹，1册

邵二泉诗卷真迹，1册

板桥书道情词墨迹，1册

徐天池行草诗卷，1册

唐郑广文草书大人赋墨迹，1册

宋仲温草书杜子美诗，1册

明莫云卿草书山居杂赋卷，1册

王铎书草书诗卷，1册

平湖秋月，1册

完白山人四体书，1册

明贤墨迹（上、下册），2册

何子贞木假山记大楷书，1册

元赵孟頫书青山白云吟，1册

元赵文敏天冠山题咏真迹，1册

小万柳堂书苏诗，1册

海山仙馆藏真，1册

沈石田书诗册，1册

苏文忠书爱酒歌真迹，1册

屠赤水先生手写园咏五十首，1册

明史阁部杜诗，1册

清刘石庵行楷四种，1册

清张廉卿座右铭（上、下册），2册

钱南园丛帖，(3—6册)，4册

鲜于枢草书石鼓歌，1册

僧怀素草书千字文，1册

附录三 毛泽东晚年爱看的字帖、墨迹目录

怀素自叙帖真迹，1册

唐怀素论书帖，1册

唐怀素小草千字文墨迹，1册

僧怀素书四十二章经，1册

唐释怀素圣母帖，1册

岳武穆书出师表，1册

董其昌书山抹微云词，1册

董其昌书海市诗，1册

郑板桥书重修文昌祠记，1册

刘石庵行书，1册

张旭草书李青莲序，1册

王觉斯草书墨迹，1册

祝枝山草书诗稿墨迹，1册

王虚舟临万岁通天帖，1册

怀素书秋兴八首，1册

清道人书大鹤仙人诗稿，1册

刘石庵相国墨迹第一集，1册

上田桑鸠先生草书范本，1册

玉虹鉴真贴，24册

祝枝山书秋兴八首，1册

王阳明书矫亭记七言诗真迹，1册

苏东坡清虚堂诗，1册

米南宫手札，1册

苏米合璧，1册

王梦楼寿屏十二轴全册，1册

何蝯叟行书墨迹，1册

王文成公书矫亭说真迹，1册

何子贞临麓山寺碑，1册

梁山舟先生墨迹，1册

遗民为僧之遗墨，1册

白云居米帖，卷1—12，12册

翁松禅写书谱墨迹，1册

宋拓苏长公雪堂帖，1册

王觉斯诗册墨迹，1册

姜西溟先生墨迹，1册

宋拓方园庵记，1册

曾宾谷京口三山联句，1册

元鲜于太常赵文敏合书千字文真迹，1册

北山移文合璧，1册

明莫廷韩词翰册，1册

明王铎行书诗卷，1册

王梦楼自书快雪堂诗稿，1册

王梦楼法书第二集，1册

荆溪十景六十自寿诗，1册

快雪堂法帖（1—5），5册

戏鸿堂法书（1—16），16册

拟山园帖（1—10），10册

怀素藏真律公二帖石刻，1册

褚书阴符经怀素山居诗，1册

大鹤山人诗汇册，1册

附录三 毛泽东晚年爱看的字帖、墨迹目录

书谱，1册

赵孟頫书寿春堂记，1册

明文徵明墨迹选，1册

苏轼丰乐亭记，1册

宋黄山谷书墨竹赋等五种，1册

养泉斋遗墨，1册

元鲜于枢书透光古镜歌，1册

明陈白阳草书诗帖，1册

元鲜于枢书王安石诗，1册

董玄宰草书，1册

平远山房法帖，1册

明唐荆川草书诗稿真迹，1册

祝枝山草书杜诗，1册

明董文敏日诗月诗，1册

明董文敏行书李太白诗墨迹，1册

明董文敏虎丘诗真迹，1册

宋拓中兴颂，1册

刘文清公法书，1册

岳飞帖，1册

放大古法帖，上、下册

听雨楼法帖，1函8册

挥墨轩集古帖，1函16册

楹联墨迹大观第4册，高野候编辑，1册

唐人十二月朋友相闻书，1934年出版，1册

南宋赵孟坚自书诗，文物出版社出版，1册

话山草堂帖，1函6册
筠清馆法帖，1函6册
话雨楼法书，1函8册
采真馆帖，1函6册

后　记

撰写本书，是我早有的愿望。迟至今日，全书终于完稿，久有的愿望初步实现了。此时，愉悦的心情自然是难以言表的。

本书的撰写，我始终遵循以下三条原则：一是实事求是。书中所记述的人和事及所见所闻，所记所录，或是自己亲身经历的，或是自己在服务工作过程中耳闻目睹的，是真实可信有据的。二是突出重点，力求全面。因为我们是毛泽东晚年的图书服务工作人员，介绍毛泽东晚年的读书生活当然非我们莫属。所以，本书的重点是翔实反映毛泽东晚年的读书实际。例如，读《鲁迅全集》《世界通史》《古代社会》《老子校诂》等社会科学和《物种起源》《基本粒子发现简史》《不平常的核态》等自然科学方面新印的大字线装书，读笑话书，读二十四史，博览字帖墨迹，等等。这些方面，都是毛泽东晚年读书的重要侧面，也是要介绍的重点。因此，介绍得都比较详细，比较具体，文字比较长一些。但是毛泽东的一生读书是很多的，是连续的，许多书是反复读的，有很多书在青年时代就读过，在延安时期读过。可是到了晚年，他老人家还手不释卷地读。例如，马列著作、鲁迅著作、诸子百家、古典小说、诗词歌赋、报章杂志、中外名人传记、地理历史，等等，对于这种情况，笔者在书中也有所顾及，有简有繁，力求全面反映毛泽东的读书生活。三是有利于维护毛泽东的伟大形象。毛泽东是我国各族人民心目中伟大的领袖，是当今国际社会公认的伟大的政治、历史人物。本书中的全部文字都是以有利于维护毛泽东、宣传毛泽东、研究毛泽东、弘扬毛泽东这个基本点为总的要求的。无论回首往事，无论反映实际，无论分析、议论，都始终坚持这个基本点，以真实、准确、全面反映毛泽东晚年读书生活和笃志嗜学、至死方休的刻苦读书精神为主旨，力图给人以启示，给人以教益，给人以榜样。

本书的撰写，自始至终得到了党的十一届中央委员会副主席、中共中央办公厅原主任汪东兴真挚的指导、支持和鼓励。这里特向汪东兴表示由衷的感谢！

本书的撰写、出版，还得到了中共中央文献研究室原主任逄先知的亲切指导，亲自帮助审阅修改部分文稿；中共中央党校出版社的同志为本书的出版做了很多很好的编辑方面的具体工作；本书在撰写过程中，参考、引用了曾在毛泽东身边工作过的同志写的回忆文章和一些同志的研究成果；还有彭凡等同志为我打印了全部书稿，在此一并致以诚挚的谢意。

本书的撰写出版，还要感谢我的爱人马芯兰。她是本

后　记

书的第一位读者，每篇文稿草拟之后，总是习惯性地请她先读一遍，从全书的结构、书名的拟定，到全部记述文字，都凝结她的很多心血。许多篇章，她在阅读中字斟句酌，一一提出修改意见。与其说本书是我一个人撰写的，不如说是我们夫妻二人共同努力完成的。所以，在这里我也要衷心地感谢我的爱人马芯兰老师。

我们知道，毛泽东的最大爱好是读书。读书是毛泽东一生的一项重要的日常工作和人生实践的一个重要组成部分。他几十年如一日，不懈地追求，不懈地读书，特别是最后 10 年，他老人家每天不分昼夜无休止地读书，确实读了很多很多的书。尽管我力求全面介绍，充分反映，但是，由于服务工作的经历、实践有限和个人所见所闻的局限，书中所记所述，所议所论，仅是我的管中窥豹，挂一漏万，定有不全、不妥甚至是错误之处，恳请读者批评斧正。

徐中远

2024 年 1 月